# 언어학사와
# 언어학의 제 문제

# 언어학사와
# 언어학의 제 문제

조두상·권연진 공저

한국학술정보㈜

## :: 머리말


1990년대 중반으로 기억한다. 언어학을 전공하는 학생과 언어학의 역사를 알고자 하는 일반 독자들을 위해서 우리말로 된 알기 쉬운 언어학의 유래를 엮은 역사책을 집필해 보았으면 하는 마음을 가지고 있었다. 그 당시에 언어학사 책이라고 하면 서양의 번역서가 몇 권 있을 정도였지만 그 용어들이 난해하여 읽고 이해하기에 어려움을 겪고 있었다. 그러던 중에 새로 부임한 언어정보학과 권연진 교수에게 나의 생각을 말하였더니 아주 좋은 생각이라고 동의해서 같이 나누어서 집필할 것을 약속하게 되었다. 그래서 언어학사의 초안이 완성되었다. 책으로 출간하기엔 양이 조금 부족한 듯하여 조금 더 보충해야 되겠다고 생각하면서 차일피일 미루어 온 것이 어느덧 지금까지 와 버렸다. 명예퇴직을 하기 위해 지난해에 그동안의 연구 논문과 짬짬이 써 놓은 언어학에 관한 내용을 합쳐 『영문법의 이해와 문체』라는 책을 출판했는데 운 좋게도 그해에 이 책이 문화관광부 선정 우수학술도서로 선정되면서 언어학사도 책으로 출판했으면 좋겠다는 용기가 났다. 언어학사의 내용에다 언어학의 제 문제점을 연구한 것을 보충하여 책으로 출간하면 좋을 것 같아 권연진 교수와 의논한 결과 많은 손질을 해서 책으로 꾸미게 되었다.

책에서 다룬 내용을 보면 제1부와 제2부로 나누었는데 제1부에서는 언어학사를 주로 다루었고, 제2부에서는 영어철자에서 한국 훈민정음 제 문제까지를 다루었다. 제1부 언어학사 편에서 보면 그리스, 로마 및 중세의 언어학을 다루었고, 이어서 르네상스 시대와 18, 19세기 언어학을 다루었다. 20세기는 장을 달리해서 구조주의, Saussure, 프라그 학파를 서술하였다. 제1부의 끝에는 현대 언어학인 Chomsky 문법 이론을 개략적으로 다루었다. 제2부에서는 언어학의 제 문제를 다루었는데, 우선 영어철자의 형성에 기여한 민족으로 그리스, 로마 및 영국인을 다루었고, 그다음 영어철자 형성 과정을 보다 자세하게 다루었다. 루운철자로 영국에 있는 영시를 십자가에 새긴 것을 다루면서 영국인들이 초기에 사용한 루운철자를 살펴보았다. 다음으로 현대영어에서 나타난 여성단어 퇴화현상과 현대영어의 불규칙한 동사들을 통시적 개념으로 살펴보았고, 영어철자 형성에 대비된 한글창제에 관한 세종임금이 참고한 문자와 원전『훈민정음』에 나타난 문제점을 살펴보았다. 제2부의 마지막은 현대시대 가게 이름과 글자와의 관계에서 어떤 현상이 일어나고 있는가를 현장의 예들을 모아 분석한 것으로 끝을 맺었다.

다소간 난해한 점도 있어서 쉽게 설명하려고 노력했지만 재능의 한계로 이 정도로 설명하게 되었다. 언어학사는 번역서가 다수 나오고 있고, 또한 한국 학자들의 저서가 나오고 있는 중이기 때문에 그것을 참고하면 좋을 듯하다.

　이 책을 꼼꼼하게 교정해 주고 그림 등을 잘 스캔해 준 부산대학교 언어정보학과 조교 권길호 선생에게 고마운 마음을 전하고 또한 이 책을 출판하게 도와준 한국학술정보(주) 김남동 님에게도 감사의 말씀을 올린다.


2010년 연구실에서
저자 대표 조두상 씀

## :: 목차

## ●●● Part 1 언어학사

# Part. 1 언어학사

# 제1장 그리스 시대의 언어학

## 1. 개관

언어학사를 통시적 관점에서 고찰해 볼 때, 언어학의 시발점은 고대 그리스의 여러 철학자들에게서 찾을 수 있다. 고대 그리스의 철학자들은 최초의 언어 이론가들로서 고대 서양 언어 문법의 창시자였으며 수 세기에 걸친 문법 연구의 전통을 쌓아 올렸다. 그러나 언어 이론에 대한 그리스인의 연구는 언어 자체에 대한 연구라기보다는 철학적인 관심과 함께 논리학의 일부로서 연구되었다. 철학(philosophy)과 논리학(logic)의 일환으로 발전된 이들의 언어관에서 현대문법의 시초를 발견할 수 있는데, 그 당시의 철학자들은 Heraclitus, Protagoras, Socrates, Plato, Aristotle, Zeno, Dionysius Thrax, Apollonius 등이다. 서구 문화의 뿌리가 그리스 문화에 대하여 단일체적인 성격을 지니는 것과 마찬가지로 그리스인의 언어 연구도 서구 언어 연구의 뿌리가 되었다.

이들 그리스인들은 철학적 견해를 완벽하고 정확하게 논증하기 위하여 언어 기원(etymology), 음성 구조와 대응하는 의미의 직접적 관계, 그리고 문법 형식의 본질을 설명하는 데에 논리적 원리를 이용할 수 있는 가능성 등에 주력했다. 그들이 자신들의 언어를 기술하기 위하여 사용했던 문법에 대한 관념과 방법은 로마 시대에 차용되었고, 중세 시대를 거쳐 근세에 와서 라틴 전통 문법으로 발전되었고, 그 뒤 실증론(positivism) 철학에 입각한 학교문법(school grammar)의 완성을 보게 되어 오늘에 이르고 있다.

초기 그리스 학자들이 특별히 관심을 가진 언어 연구의 세 가지 분야는 언어 기원학, 음성학(발음), 그리고 특히 문법이었다. 이들은 인간과 관계있는 모든 종류의 제도·관습이 당연히 자연스럽게 주어진 것이냐, 아니면 인위적으로 약속에 의한 것이냐 하는 맥락에서 언어 기원에 관한 문제에 부딪힌다. 초기의 이런 연구는 막연한 지식에 지나지 않았지만 철학과 언어의 접촉을 기반으로 문법의 오랜 역사가 시작되었다는 데 의의를 찾을 수 있다. 즉 언어 표현과 그것이 가리키는 대상과의 관계 내지 언어 기원에 대한 논쟁은 언어 현상을 자세하고 구체적으로 관찰하는 직접적 동기가 되어 언어의 규칙성이라는 새로운 논쟁을 낳았다. 따라서 언어 기원에 대한 관심이 문법 현상에 대한 면밀한 관찰로 이어져 지속적인 문법 연구의 기반이 된 것이다.

그리스인들은 음성 구조와 이에 대응하는 의미의 직접적 관계에 대하여 깊은 관심을 가지고 있었다. 먼저 그들은 조음 음성학 (articulatory phonetics)적 분류를 최초로 시도했고, 음운론적 기술의 구조적 단위로서 음절(syllable)을 도입했으며, 문자(letter)를 가지고 음성학에 접근했다. 그 당시의 음성학 연구는 Plato에서 스토아학파(Stoic school)로 이어졌으며 Plato는 자음과 모음을 구분하고 자음을 지속음(continuant)과 폐쇄음(stop)으로 구분했다. 스토아학파는 소리 연구를 언어학의 독립된 분야로 간주하였다. 특히 그들은 음절 구조를 자세히 연구함으로써 음소배열론(phonotactics)을 확립했다. 하지만 그리스 시대의 음성학은 그다지 큰 발전은 없었으며 또한 변이음(allophone)에 대한 인식도 없었다(Robins 1992).

문법 분야는 그리스 시대 언어학의 가장 큰 업적으로, Plato, Aristotle, 스토아학파, Dionysius Thrax 등 많은 학자들이 낱말의 범주(category), 용어(terminology)에 대한 체계적인 정의를 내렸는데, 이는 오늘날의 기술주의 언어학자들의 문법적인 도구로 활용되기도 한다. 이 시대의 문법 기술의 틀은 낱말(word)이었으며 고전적인 형태론(morphology)은 풍부하게 연구되었으나, 형태소(morpheme) 이론은 이루어지지 못했다.

## 2. 언어 기원: 필연론 대 관습론

'언어 표현과 그것이 가리키는 대상과의 관계'에 대해, 즉 '낱말이 나타내는 의미와 그 음성 형식 사이에는 직접적인 논리적 관계가 있는지 혹은 자의적(arbitrary)이고 따라서 우연의 결과인지'의 논의에 대해 당시의 철학자들은 필연론(nature; physis)과 관습론(convention; nomos)으로 나뉘었다.

필연론자들은 언어란 자연이 부여한 것으로 본질적으로 규칙적이고 논리적이어서 낱말의 음성 형식과 그 안의 의미 사이에는 직접적 논리적 관계가 존재해 서로 조화가 있다고 본다. 언어가 물질의 본질을 나타내는 필연론에 기우는 필연론자들은 Cratylus, Heraclitus, Plato 그리고 스토아학파를 들 수 있다. 또한 필연론자들은 의성어(onomatopoeia)의 경우, 언어 변화가 사회의 변화에 기인하는 경우 혹은 언어 표현이 갖는 성(gender) 혹은 수(number)의 구별이 그 언어 표현이 나타내는 실제 세계를 반영하는 경우를 들어 필연론을 주장한다. 이와 같이 필연론자들은 언어란 본래 체계적이고 규칙적이며 book : books＝teacher : χ와 같은 비례식의 답을 구하는 것과 같다고 생각하고서 낱말의 규칙적인 분류 모형을 찾는 데 노력하였다.

반면에 관습론자들은 낱말의 음성 형식이 낱말의 속성을 나타내지 않은 경우가 너무나 많다는 점을 들어 언어의 기원은 상호 약속 혹은 관습에 의해 발생했다고 본다. 언어와 사물은 약속 관계라는 관습론에 기우는 대표적인 관습론자들은 Hermogenes, Democritus, Protagoras, Socrates, 그리고 Aristotle 등이다.

한편, Epicurus는 단어 형태란 자연적으로 발생하지만 관습에 의해서 변화한다는 견해를 가짐으로써 필연론과 관습론의 중간적인 견해를 취하고 있다(Robins 1992: 22).

관습론자인 Democritus는 언어의 신성 기원 가설을 부정하고 언어의 불완전성을 동음어나 동의어의 존재, 언어 형식이 변화한다는 사실, 낱말의 문법적 기능이 규칙적이 아니라는 사실을 들어 관습론을 주장했다.

언어 기원에 관한 두 논쟁이 계속되는 가운데 기독교적 신의 기원설이 등장했지만, 이는 언어 기원을 인간과 관련하여 추구하지 않고 실제 세상이 아닌 곳에서 찾는다는 점에서 이 설도 설득력이 없다. 언어 기원에 대한 여러 주장들이 만족할 만한 설득력은 없지만 언어기원설이 중요하게 다루어진 이유는 이런 논쟁을 뒷받침하기 위해 언어 현상을 관찰하고 적절한 언어 자료를 수집했기 때문이다. 즉 고대 그리스인의 언어에 대한 철학적 관심이 문법적인 관심을 유도했다는 점에서 그 중요한 의의가 있는 것이다.

언어 기원과 관련한 필연론, 관습론의 두 주장을 뒷받침할 자료를 실제 언어 현상에서 찾는 과정에서 언어 현상이 규칙적이냐 그렇지 않느냐의 새로운 문제에 부딪힌다. 유추론자(analogist)들은 언어가 자연현상을 그대로 반영한다고 전제하여 언어 현상을 지배하는 문법 규칙도 자연현상만큼 필연적·규칙적이란 판단으로 문법은 예외 없이 규칙적이어야 한다는 입장에 선 것이다. 즉, 언어는 자연의 선물이며, 결코 인간 협정의 결과가 아니라는 것이다. 유추론자들의 견해로는 언어는 본질적으로 규칙적이고 논리적이어서 낱말의 음성 형식과 그 속에 숨어 있는 의미 사이에는 완전한 조화가 있다고 본 것이다. 이러한 조화가 존재하는 것을 증명하고 이러한 이상적 관계가 시간이 흐름에 따라 조금이라도 흐려지는 것을 막으려고 그들은 어원 연구에 특히 힘을 기울였다. 이러한 입장은 필연론자들의 시각과 같다. 다만 필연론은 언어 기원에 대한 문제를 언어와 실제 세계와의 관계에서 그 해답을 구한다는 점에서 철학적인 반면, 문법·규칙성의 문제는 언어 현상 그 자체에 관심을 가지므로 문법적이라 할 수 있다. 이들 최초의 어원 학자들의 연구는 결코 언어 변화에 대한 체계적인 연구 단계에는 이르지는 못했으나 규칙성을 주장하는 문법은 규범문법(prescriptive grammar)과 맥을 같이한다.

하지만 변칙론자들(anomalist)은 언어 현상은 임의적이어서 규칙적일 수가 없다는 입장을 취한다. 다시 말해서 낱말의 형식 구조와 의미 구조 사이의 상호관계를 인정하지 않고 언어의 모든 면에 나타나는 불규칙성을 지적했다. 이들은 또한 관습론자와 시각을 같이하며 기술 문법(descriptive grammar)과 맥을 같이한다.

문법의 이러한 규칙성과 불규칙성에 대한 논쟁은 기원전 3세기경의 Xenodotus Philadelphus(BC 284～257)에서부터 시작하여 수 세기 동안 지속되다가 기원후 2세기경의 Apollonius Dyscolus와 그의 아들 Herodian(AD 180)에 이르러 그 절정을 이루었다. 그 후 알렉산드리아 시대의 Dionysius Thrax는 문법가가 해야 할 6가지의 임무 중 하나가 언어의 규칙성을 나열하는 것이라고 하였다(Dinneen 1967).

## 3. 그리스 시대의 언어학자

앞서 언급했듯이, 고대 그리스인들은 언어 자체에 관심이 있었다기보다는 물질세계의 구성에 관심이 있었다. 이 시대에는 도시국가의 확장과 발전으로 인하여 순수 사변적인 관심에서 벗어나 시민 의식의 훈련과 논쟁에서 승리할 수 있는 시민을 양성하는 것이 시대적인 요청이었으므로 소피스트(Sophist)의 등장은 당연한 결과였다.

### 3.1. 소피스트(BC 5세기경)

소피스트의 원래 의미는 수사학적인 훈련이 지혜와 동일시되었기 때문에 지혜로운 사람(wise man)이었으나 Socrates는 이들을 지혜의 허수아비(false appearance of wisdom)라고 갈파하였다(Dinneen 1967: 73). 소피스트들은 언어 연구의 측면에서 공헌한 바가 지대한 것으로 평

가되기도 한다. 그 이유는 주로 경험주의적 방법(empirical method)으로
언어를 연구했기 때문이다. 그들은 성공적인 수사학적 구성에 대한
문제에 대하여 단순히 이론화하는 것이 아니라 이 분야에 정통한 사
람들의 연설문을 일정한 수의 단위로 분석하게 하고 또 제자들에게
이와 유사한 연설문을 작성하도록 가르쳤다.

소피스트들의 연구를 열거하자면, Heraclitus(BC 535~475)는 사물
의 속성이 그것을 나타내는 낱말 또는 언어 표현의 음성 구조에 반영
된다고 믿고서 사물 간의 필연적 관계를 내세운 필연론자였다. 그는
인간 지성의 총체와 언어의 기본 구조 사이에 동일성이 존재한다고
주장하며 panta rhei, 즉 '만물은 유전한다'고 했다.

오래전부터 내려온 언어의 철학적·논리학적 고찰에서 탈피하여
언어를 어느 정도 객관적으로 관찰함으로써 많은 업적을 남긴 최초
의 문법가인 Protagoras(BC 481~411)는 명사를 분류하기 위한 분류 기
준으로 문법적 성(grammatical gender)을 사용했고, 이때 사용된 성은
세 가지, 즉 남성(masculine), 여성(feminine) 그리고 중성(neutral)이었다.
생물을 가리키는 낱말의 경우에는 자연성(natural sex)과 문법성이 일
치하는 경우가 많았지만, 무생물을 나타내는 명사는 자연성과 문법성
이 서로 일치하지 않은 경우가 많았다. 예로서, 그는 그리스어의 성의
명사 범주를 연구하였는데, menis(노여움), pelex(헬멧)는 여성이 아니
라 남성인 이유는 이 단어들이 의미상 남성적 특성과 행위에 연관되
어 있기 때문이라고 지적했다. 여기에서 문법 현상이 예외 없이 규칙
적이어야 한다는 필연론적 입장과 문법 현상이 임의적이며 불규칙적
이라는 관습론적 입장이 서로 맞서게 되었을 때, Protagoras는 문법적
성(sex)의 불규칙성을 지적하면서 관습론적 입장을 취했다. 그는 또한

일반적 의미 기능을 문법적 구조와 관련시켜 최초로 문장 형태를 구분하였으며, 문장 형태를 네 가지 또는 7가지로 구분하였다.

> (1) a. 네 가지 구분: 기원문(prayer), 의문문(question), 진술문(statement), 명령문(command)
> b. 7가지 구분: 해설문(narration), 의문문(question), 응답문(answer), 명령문(command), 보고문(report), 기원문(prayer), 청유문(invitation)

Aristotle에 따르면 Protagoras는 성(gender)과 시제(tense)의 구분에 주의를 기울인 최초의 사람이었다. 그는 언어를 다루는 문법에서 일정한 논리적 기준에 의해 문법 범주(grammatical category)를 설정하려고 노력하였으며 이러한 그의 노력은 그 후 Aristotle에 의해 계승, 발전되었다. Prodicus는 주로 동의어(synonym) 구분에 많은 업적을 남긴 데 비해, Hippias는 전대의 학자들보다 세분화된 소리 연구에 업적이 많았다(Dinneen 1967: 73－74).

소피스트들은 언어의 분석 단위를 명확하게 구분, 제시하지는 못했지만, 단위(unit)로서 음절(syllable)(개별 음소(phoneme)는 아님)과 서로 다른 부류의 문장을 논의하였다. 즉 그들은 음운론적(음절과 소리), 문법적(시제와 성 구별), 어휘적(동의어 구분) 그리고 문체론적(다양한 수사학적 구분) 층위(level) 사이의 차이점을 인식했다. 그러나 이런 모든 것의 목적은 제자들로 하여금 어떻게 다른 사람들을 설득하느냐를 가르치는 것이었지 문법을 논의하는 것이 아니었으므로 그들의 업적은 언어학적으로는 유용하지 못하였다. 그래서 그들은 여러 종류의 단위를 구별하는 데 형식적 기준을 제공하지 못한 것이 약점으로 지적된다.

## 3.2. Socrates(BC 469~399)

Socrates의 언어에 대한 견해는 Plato의 대화편 *Cratylus*에 단편적으로 언급되어 있다. Plato는 대화편에서 Hermogenes와 Cratylus 사이의 논쟁을 중재하도록 요청을 받는다. Cratylus는 낱말의 이름과 그 낱말의 의미 사이에는 인위적이 아닌 자연적인 결과라고 보았다. 그러므로 낱말에 붙여진 명칭의 음성적 구성은 명명된 낱말 자체의 구성을 반영해야 한다고 생각했다. 그런고로 어떤 낱말의 경우에나 단지 하나의 정확한 명칭이 있어야 하고, 이것은 그리스어에 공통되는 것이어야 한다는 견해였다.

이와 반대로 Hermogenes는 이러한 가정을 부인하고 언어는 자의적이며, 사물의 이름은 화자들 사이의 관습이나 일치(agreement)에 따라 의미를 가지며 그 사물을 대신한다는 관습론을 주장하였다. 이러한 일치는 변화될 수 있기 때문에 지시물에 대한 화자 간의 일치가 있기만 한다면 아무런 문제가 없다는 것이다.

Socrates는 이들 두 가지 상반된 견해의 장·단점을 지적한 후, onoma(명칭, 명사 혹은 주어)란 언어 단위를 제시하였다. 그에 의하면 onoma는 logos(구, 절, 문장 혹은 논항)의 최소 단위로 교육상 또는 사물들을 구별하는 데 있어서 중요한 수단이다. 그는 대화편에서 사물의 명칭에는 두 종류가 있다고 지적하면서, 하나는 복합형(complex 혹은 compound form)이고, 다른 하나는 단순형(simple form)으로 이들은 분석 방법을 달리해야 한다고 지적한다. 그는 복합형의 예로 바다 신의 이름인 Poseidon을 들고 있는데 이는 posi(다리에, pous 다리의 여격)와 desmos(족쇄) 두 부분의 결합이 아니고 유포니 현상에 따른 문자의 첨가나 탈락이라고 하였다. Socrates가 이 점에 대해 신중했는지 명확하지는 않지만 언어와 자연의 상응 관계를 지지한 자들에게 많이 사용된 방법이기도 하다.

단순형의 경우를 보자. Cratylus는 사물의 속성이 그것을 가리키는 낱말 혹은 언어 표현의 음성 구조에 반영된다고 믿는다. 그리하여 rho를 발음할 때, 혀가 빨리 움직이기 때문에 동작을 표현하기 쉬우므로 rhoein(흐르다)과 같은 낱말에 적합한 소리라는 것이다. Sigma, phi 그리고 ksi는 호흡을 크게 함으로써 발음하기 때문에 psychron(떨다), kseon(끓어오르다) 그리고 seiesthai(흔들다)와 같은 낱말에 적합한 소리라는 것이다. 그리고 lambda의 l소리는 그것을 발음할 때 혀가 미끄러지므로 leios(미끄러짐)와 olisthanei(미끄러지다)와 같은 '미끄러운'의 의미를 가진 낱말에 적합하다는 것이다.

이와는 반대로 Socrates는 정반대의 예를 인용하고 있다. '딱딱함'을 의미하는 sklerotes와 같은 단어에서도 lambda가 쓰인다는 것이다. 이것에 대한 Cratylus의 대답은 이것은 극히 관습(custom)적인 문제라고 한다. 그러나 자연 음과 자연현상과의 관계를 살펴보고 사물과 명칭과의 관계는 "우리들이 말을 할 때 우리들 마음속에 어떠한 생각을 하고 있나를 보여 주는 관습과 관용적 용법(usage) 둘 다를 모두 인정하여야 한다"고 하면서 결국 언어는 근본적으로 관습적인 쪽으로 결론을 내리고 있다(Dinneen 1967: 74－76).


### 3.3. Plato(BC 427～347)

그리스 시대에 언어를 연구 분야로 다룬 가장 오래된 기록은 Plato의 대화편 *Cratylus*이다. 이것은 그리스 시대의 언어 연구에 대한 가장 오래된 기록일 뿐만 아니라, 가장 중요한 자료 중 하나이다. 그는

*Cratylus*에서 사물과 그 사물의 의미 사이에 자연적인 관계가 있는지 그렇지 않으면 관습적으로 내려오는 자의성이 있는지에 대해 논의한 바 있으나, 필연론 대 관습론의 논쟁에 대해 명확한 입장은 밝히지 않았지만 사물과 의미 사이에는 존재론적으로(ontologically) 타당하고 도 직접적인 관계가 있다고 믿었다. Plato에 의하면 우리가 일상생활에서 보고 듣는 현상계란 관념(Idea)의 세계에 존재하는 이상적인 원형(prototype)에 대한 그림자이며 언어라는 것은 결국 현상계에 속하므로 언어가 반영하는 실재와는 필연적인 관계가 성립하는 것이다. 즉 언어가 물질의 본질을 나타내는 것이라는 철학적인 판단을 내려 필연론적 입장을 취했다.

Plato의 언어에 대한 견해는 대화편 *Cratylus* 외에 *Theatetus*와 *Sophists* 에서 찾아볼 수 있다. 대화편에서 그는 개별 표현의 어원학에 대한 논의보다는 사고, 언어와 사물과의 관계에 더 많은 관심을 가졌다. 그는 언어란 관습적인 제약과 그 사물 자체의 본성 때문에 사물과 낱말과의 결합이 옳기도 하고 그렇지 않기도 하다고 생각했다. 그러므로 그는 사물과 낱말의 올바른 결합에 대한 기술적인 방법을 찾아내어 올바른 진술이나 정의를 이끌어 낼 형식논리(formal logic)를 찾아내는 데 관심을 가졌다. 그러나 언어학적 구성(문법적, 문체적 진리−기능적)을 구별하지는 못했지만 훗날 삼단논법 규칙(syllogistic rule)의 형식화(formulation)로 발전하게 된 분할법(division)이란 기술을 고안해 내게 되었다.

Plato는 *Theatetus*에서 Socrates의 입을 빌려 언어를 다음과 같이 정의하였다. "언어란 *onomata*와 *rhēmata*에 의해 어떤 사상을 표현하는 것, 말하자면, 입을 통해서 지나가는 공기의 흐름 속에 사람의 관념을 비추는 것이다.” 그는 또한 logos를 onoma와 rhema로 나누었다. 현재 우리는 Plato의 언어 단위 가운데 주요 개념으로 등장하는 onoma를 ‘이름’ 또는 ‘명사’, rhema를 ‘술어(동사)’, 그리고 logos를 ‘문장’으로 번역하여 쓰고 있는데 그 의미에 대해 살펴보도록 하자. 그는 이 세 가지 용어에 대해 일상 언어(ordinary language)로 쓰이는 경우, 문법적 용어로 쓰이는 경우, 논리학 용어로 쓰이는 경우 세 가지로 구분하여 설명하고 있다.

 

   (2)  a.  onoma(복수형: onomata)
         일상 언어로 쓰이는 경우: 이름
         문법적 용어로 쓰이는 경우: 명사 또는 주어
         논리학 용어로 쓰이는 경우: 논리 주어(logical subject)
     b.  rhema(복수형: rhemata)
         일상 언어로 쓰이는 경우: 구(phrase), 말(saying)
         문법적 용어로 쓰이는 경우: 동사, 동사류(verbal), 술어(predicate)
         논리학 용어로 쓰이는 경우: 논리 술어(logical predicate)
     c.  logos: onoma와 rhema를 구성 요소로 가지는 언어 단위로서 ‘문장’으로 번역된다. 그러나 logos는 자연, 계획, 논증, 구, 절, 문장, 명제 등의 여러 가지 의미로 쓰였다.

 

Plato는 훗날 *Sophist*에서 onoma를 ‘행위를 수행하는 사람의 이름’이라 칭하고 rhema를 ‘행위의 이름’이라고 하였다. 그의 이러한 정의는 전통 문법에서 ‘명사’와 ‘동사’의 개념에 접근되어 있음을 알 수 있다. 비록 그의 시대에는 grammatike techene(grammar)라는 술어를 사용하였으나 문법과 논리학을 구분하지 않았을 뿐만 아니라 당시의 grammatike techene는 형태론적 혹은 통사론적 구문의 연구가 아니라 문자와 쓰기에 관한 연구였다. 즉 Plato는 onoma, rhema와 logos를 형태

나 순수한 언어학적인 근거에서 구분한 것이 아니라, 언어 표현과 그
것이 가리키는 대상과의 관계인 순전히 의미론적인 단위에 근거하여
구별했다는 점에서 그의 분류는 논리 내지는 철학적 분류에 속한다
고 할 수 있다. 요컨대, Plato는 철학적 관점에서 기본적인 문법 범주
를 정의하려고 시도했으며 그리스어를 명사와 동사로 분류하는 2품
체계를 내세웠다.

그는 그리스어의 형용사는 형태상으로 동사보다는 명사에 더 가깝
지만, 술어(predicate)로 쓰일 수 있다는 형용사의 문법적 기능, 즉 의미
에 근거하여 형용사를 동사로 분류했다(이환묵 1992: 690). 그는 또한
음성학적 논의로서 모든 음을 자음과 모음으로 분류했으며 자음을
다시 지속음과 폐쇄음으로 분류했다. 마지막으로 악센트의 차이가 의
미의 변화를 가져올 수 있다고 지적하면서 그 예로 '신의 친구'인 Diḯ
phílos와 '이름'인 Diphilos를 들고 있다(Robins 1992).


## 3.4. Aristotle(BC 384~322)

Plato의 가장 유명한 제자인 Aristotle은 언어의 기원과 본질에 대해
그의 스승과 반대 입장을 취했으나, 그의 스승이 사용한 개념을 대부
분 받아들여 많은 언어학적 업적을 남겼으며 오늘날까지 서구 언어
문법에 영향을 미치고 있다. 그는 특히 그리스어의 낱말을 명사, 동
사, 그리고 연결사(syndesmoi)로 분류하는 3품 체계를 정립했으며, 낱
말을 나름대로 정의했다. 그리고 현행 격(Case)의 개념과 약간의 차이
는 있으나 문법적인 격의 개념을 확립한 최초의 문법가이기도 하다.

우선 그는 스승의 견해와 달리 언어관에 대해 명확한 입장을 취했
다. 그는 어떠한 이름도 자연적으로 생기지 않으므로 언어는 관습에

의해 생성된다는 관습론적 입장을 취하였다(Language is by convention, since no names arise naturally)(Robins 1990: 22). 사물의 이름이란 그것에 주어질 수 있는 수많은 다른 가능성 중에서 하나에 불과하다는 것이다. 이것을 설명하기 위해 그는 협의와 관습을 각각 뜻하는 thesis와 syntheke를 사용한다. 그에 의하면 참존재(real being)는 관념 또는 보편성에만 속하므로 이들 존재는 관념과 보편성을 불완전하게 표시하는 물질과 독립되어 있다는 Plato의 교리에 대해 반대적인 입장을 취한다. 이와 같이 언어가 관습적이므로 자의적(arbitrary)이라는 생각은 오늘날 대부분의 언어학자들에 의해 취해지고 있는 입장이다.

Aristotle은 *Poetics*(시학)에서 언어에는 문자, 음절, 접속사, 명사, 동사, 굴절 혹은 격, 문 혹은 구 등이 있다고 하고, 이들에 대해 각각 정의를 내리고 있다. 그는 낱말을 명사(onoma), 동사(rhema), 연결사(syndesmoi) 등 3품 체계로 분류했다. 다시 말해서 그 자체에 의미가 있는 낱말을 명사와 동사로 분류하고 이들을 제외한 문법적인 기능만을 가지는 낱말을 연결사로 분류하였다. 연결사는 논리적으로나 문법적으로 두 요소를 연결하는 기능을 가진 현대적 의미에서의 접속사(conjunction)를 비롯하여 인칭대명사, 전치사, 관사, 관계대명사 등의 낱말들이 포함되며 이것은 문장의 각 부분을 연결시키는 기능을 가지는 연결 수단이다. 하지만 이것은 연결사를 의미하는 것으로서 독립어의 성격을 띠고 있어 굴절형, 어순, 악센트 등 순전히 구조상의 관계를 표시하는 것은 제외되었다.

그의 *On Interpretation*(해석론)에 나타난 언어의 품사론과 언어관에 대해 살펴보자. 우선 Plato는 명사는 어떠한 동작을 하는 행위자(agent)를 의미하지만, 동사는 이러한 동작을 나타낸다. 그러나 Aristotle에 의

하면 onoma는 그 자체적으로는 시간성이 없으면서 단지 관습에 의해 수립된 의미를 가진 낱말이나 소리라고 하였다. 그리고 그 구성체의 일부를 분리해서는 의미를 가지지 못하는 단일어적 성격을 지닌 것이라고 하였다. 예를 들어, 고유명사 'Goodsteed'에서 'steed'를 분리할 경우 아무런 의미를 가지지 못한다. 그러므로 'Goodsteed'는 복합적이지만 하나의 onoma라고 하였다. 또한 어떠한 소리도 자연발생적으로 onoma가 아니지만 소리가 상징(symbol)이 되어 onoma가 되는 것이다. 그러므로 비록 야수들이 지르는 소리도 의미는 있을지라도 onoma가 아니라고 하였다.

rhema는 특별한 의미를 전달할 뿐만 아니라 시간성(time reference)을 가지고 있는 낱말이라 했으며 onoma와 마찬가지로 그 일부분만으로는 의미를 가지지 못한다고 하였다. rhema는 항상 '말하여지는 어떤 것'(something is said) 혹은 '주장되는 어떤 것'(something is asserted)을 가리킨다고 했다. 예를 들어, 'health'(그리스어, hygeia)는 onoma이지만 'is healthy'(그리스어, hygeiainei)는 rhema이다. 왜냐하면 후자의 경우, 그 자체로 의미를 가지는 경우 이외에도 어떤 존재하는 상태(state)를 의미하기도 하기 때문이다. 그러나 Aristotle에 의하면 rhema가 되기 위해서는 시제가 현재가 되어야 하며 과거나 미래 시제가 되면 rhema의 격(Case)이라고 하여 구분하였다.

Aristotle에 의하면 logos는 일부분으로 의미를 가지는 말이다. 그러나 긍정이나 부정의 판단을 하지는 못한다고 하였다. 'mortal'을 예로 들어 보자. 이것은 의심할 바 없이 의미를 가지지만 어떤 것을 긍정하거나 부정하지는 않는다. 오히려 긍정하거나 부정하기 전에 어떤 요소가 첨가되어야 한다. 그러나 'mortal'의 음절만으로는 아무런 의미를 가지지 못한다. 또한 모든 logos는 자연의 수단에 의해서가 아니라 관습에 의해 의미를 가진다.

요컨대, onoma와 rhema의 구성단위가 소리로 정의됨을 밝혔으며, 소리는 분절음과 비분절음으로 구분됨을 밝혔다. rhema는 시제를 형성하는 특성이 있다는 점에서 다른 부류의 품사와 달리, 그 개념이 동사, 서술어의 의미로 접근되어 있음을 알 수 있다. 그러므로 rhema의 일차적 기능은 술어 기능이다.

연결사에 대해 살펴보자. 이것은 대개 접속사(conjunction) 혹은 연결 분사(linking participle) 등으로 번역되지만, 일상어에서 가지는 일반적인 의미보다는 논리학에서 전문적 의미를 가지므로 후자의 번역이 바람직하다. 그는 *Poetics*에서 syndesmoi는 몇 개의 낱말이 모여 하나의 의미 있는 낱말이나 구(phrase)를 이루는 데 방해하거나 추진력이 되지도 못하는, 구체적인 의미를 가지지 않는 낱말이라고 정의한다. 여기서 말하고 있는 '구체적인 의미를 가지지 않는'이란 뜻은 onoma나 rhema처럼 구체적인 뜻을 가지고 문장을 성립시킬 수 있는 요소가 될 수 없다는 뜻이다. 즉 그 자체로는 독립적인 뜻을 가지지 못하나 문법적인 기능을 하여 어떠한 진술의 의미를 도와준다는 것이다.

해석론(*On Interpretation*)의 또 다른 구절에서도 명시적으로 연결사라고 부르지는 않았으나 "Man is healthy", "Every man is healthy", "No man is healthy"와 같은 문장에서 'every'나 'no' 같은 표현이 syndesmoi의 예이다. *men*과 *de*와 같은 그리스어 분사, *amphi*(about)와 *peri*(near)와 같은 단어가 이에 해당된다.

가장 난해하고 중요한 개념의 의미 개념을 살펴보자. 그는 영혼(soul)에 대한 연구에서 소리(voice)는 다른 종류의 소음(noise)과 달리

"이미지와 연관되어 있으며 동물에 의해 발화된 음성"이라고 정의했다. 언어가 표현하는 것에 대한 Aristotle의 개념은 실제로 복잡하지만 그의 의미에 대한 정의는 지시적 의미(referential meaning)에 국한시키고 있다. 한 표현이 의미를 가지느냐 그렇지 않느냐에 따라 결정된다고 하였다. 즉 이미지는 고통을 받고 있는 인간의 한숨이나 신음의 뜻을 나타내듯이, 동물들이 받고 있는 고통, 배고픔, 분노 등도 이미지와 연관이 되어 있기 때문에 동물들이 내는 소음도 이미지와 연관이 되어 있다고 했다. 다시 말해서 그는 의미와 이미지와의 연관을 고찰하는 이미지 이론을 전개시켰다.

다음으로 격(Case)의 개념을 살펴보자. 현행 격의 개념과 약간의 차이는 있지만 문법적인 격의 개념을 확립한 이는 Aristotle이다. 격은 그리스어 ptosis를 라틴어 casus로 번역하고, 이것을 다시 영어로 번역한 것인데 '떨어져 빗나간 것'을 의미한다. 원래는 격의 적용 범위가 넓어 명사나 대명사에만 국한된 것은 아니었다. 그럼 왜 이러한 문법적인 개념을 그리스인들은 '떨어져 빗나간 것'의 의미를 지닌 ptosis라는 용어를 써서 표현하였는지에 대해서는 고대부터 현대에 이르기까지 여러 가지 견해가 있다. 그 중에 '떨어져 빗나간 것'은 주사위가 떨어져 빗나가는 것을 의미한다. 주사위 자체는 아무런 변화가 없지만 어느 면을 위로 향하여 떨어지느냐에 따라 그것이 나타내는 의미가 달라진다는 것이다. 명사 혹은 대명사도 그 자체의 의미는 그대로 지니지만 다른 낱말을 향하여 그것이 어떻게 기울어지느냐에 따라 부속적으로 각각 다른 의미를 갖게 되는 것을 형태상의 차이로 나타내고 있는 것이 격이다. 이런 점에서 격을 ptosis라는 은유 표현으로 설명했는지 모른다(Pinborg 1975: 76).

Aristotle은 격에 대한 논의로 동사와 명사로 나누어 설명하고 있다. 먼저 동사에서 그는 어떠한 명제의 진술이 참(true)이냐 거짓(false)이냐의 결정은 상태(state of affair)를 살펴봄으로써 결정되는 것이다. 그의 견해에 따르면 과거의 상태는 참 혹은 거짓이 이미 과거에 결정되었고 미래의 상태는 미정이므로 참, 거짓 역시 미정이라고 하였다. 참, 거짓에 대한 진술은 현재의 경험에서 결정되어야 하기 때문에 그는 현재 직설법(present indicative)만을 진정한 의미의 동사 (real verb)라고 하여 연구의 대상으로 삼았으나 과거나 미래는 그의 연구에서 제외시켰는데 이것들은 동사의 격으로 불린다.

마찬가지로 명사의 경우도 Aristotle은 주격(nominative Case) 명사가 있는 문장만을 다루었다. 주격 명사가 있는 경우를 진정한 의미의 명사 (real onoma)라고 부르고 그 외의 사격(oblique Case: 속격, 여격, 대격)은 격이라고 불렀다. 왜냐하면, 이것들은 동사 'is'와 같이 사용될 때 참 혹은 거짓인 문장을 생성해 내지 못하기 때문이다.

문장에서 주어가 논리적 중심이 되기 때문에 주어 이외의 낱말이 차지하는 위치는 주어에서 떨어져 나간 것으로 보기도 했다. 이렇듯이 주어 이외의 모든 것을 ptosis란 술어로 나타내면서 주격 이외의 모든 격을 사격이라고 했다.

요약컨대, Aristotle은 격이란 용어를 사용하면서도 원래 '이름을 붙이는'이라는 뜻이나 '빗나가지 않고 곧은'이라는 뜻을 가지고 있었던 주격은 인정하지 않고 단지 주격에서 '빗나가 떨어진'이란 뜻을 가지고 있는 사격, 즉 속격·여격·대격만을 인정했다.

다음으로 Aristotle의 *Categories*에 대해 살펴보자. 이 책은 서양의 문법, 논리학과 철학에 상당한 영향을 끼쳤는데, 이것은 *Organon*의 일부이다. *Organon*은 3개의 작은 연구서로 구성되었는데 첫째가 *Categories*이고, 둘째가 *On Interpretation*이고, 셋째가 *Prior Analytics*(삼단논법론)이다. 전통적인 8품사(part of speech)의 분류에 대한 견해는 최초로 여기서부터 체계적으로 시작된 것으로 보인다.

*Categories*의 첫 절에서는 중의적 표현(equivocal expression)과 비중의적 표현(univocal expression)을 구별하고 있다. 중의적 표현이란 'animal'이란 용어를 사람과 황소에 적용시켰을 때와 같이 항상 동일한 의미로 사용되는 것이다. 둘째 절에서는 결합적 표현(combined expression)과 비결합적 표현(uncombined expression)을 구별하고 있다. 'man', 'walk', 'ox'와 같이 명제(proposition)를 나타내지 못하는 것은 비결합적 표현이고, "the man walks"와 같이 명제를 나타내는 것은 결합적 표현이다. 셋째 절에서는 연역적 삼단논법(deductive syllogism)에 대해 논의하고 있다.

Aristotle은 *Categories*에서 다양한 언어 단위를 구분하기 위해 사용된 기준(criteria)과 언어에 대한 전통적 견해의 기초를 제공하고 있다. 그는 언어 단위의 구분 기준으로 형태적인 것과 의미적인 것으로 나누었다. 우선 형태적 기준으로는 음운론적 기준, 형태론적 기준, 통사적 기준, 문법적 기준이 있고, 의미적 기준으로는 어휘적 의미(lexical meaning), 번역(translation), 환원(paraphrase), 문체적 의미(stylistic meaning), 부류 의미(class meaning), 문법적 의미(grammatical meaning) 등으로 구분된다. 그러나 *Poetics* XX장에서는 다음과 같이 구분하고 있다.

> (3) a. 음운론적 기준: 문자 혹은 자음, 모음, 반모음을 포함하는 소리, 조음위치(place of articulation)와 조음방법(manner of articulation)

차이, 억양(intonation)의 부류, 세 종류의 악센트, 유기음
(aspiration) 그리고 음절(syllable)의 개념

　b. 어휘적 기준: 구어 및 문어, 은유적·수식적·독창적·축약
적·동의어적·비동의어적 파생어
　c. 문법적 기준: 명사, 동사, 연결사, 관사(영어의 관계대명사도
포함), 성(gender), 시제의 구분
　d. 문체적 기준: 논리적·수사학적·시적·구어적 및 문어적 평
상어

Aristotle은 언어학적 단위로 낱말(word)을 "그 자체로 의미를 가지
고 있지만 더 이상 의미 단위로 나누어질 수 없는 문장의 부문"으로
정의하고 있다(a component of the sentence, having a meaning of its own
but not further divisible into meaningful units)(Robins 1992: 31). 이것은
Aristotle이 낱말을 최소 의미 단위(minimal meaningful unit)로 보았다고
말할 수 있을 것이다. 이러한 Aristotle의 낱말 정의는 미국 구조주의
언어학자인 Bloomfield(1933)가 낱말을 형태 혹은 기능에 근거하여 최
소 자유형(minimum free form)이라고 정의한 것과 어느 정도 유사하다
고 할 수 있겠다.

요약컨대, Plato의 명사와 동사의 2품 체계의 경우, 의미를 분류 기
준으로 삼아 언어 현상과 그것이 가리키는 대상과의 관계를 가지고
낱말을 분류하는 철학적 접근 방법을 사용한 반면, Aristotle은 연결사
를 따로 설정해 하나의 낱말 범주로 분류함으로써 언어 현상과 실재
세계를 분리시켜 언어 현상 자체만 가지고 낱말을 분석하였으므로 언
어학적 또는 문법적 시각이 싹트기 시작했다는 것을 알 수 있다(이환
묵 1992: 691). 다시 말해서, Aristotle의 언어에 대한 관심은 논리학 자
체였으며 언어 단위에 대한 기준도 형태적인 면과 통사적인 면보다도

의미적인 면에 중점을 두었다. 비록 그의 언어 연구가 논리학적이었지만 후세대의 문법 이론에 가장 많은 영향을 끼쳤다.

## 3.5. 스토아학파(BC 300~150)

스토아학파(Stoic School)는 아테네(Athens) 지역을 중심으로 약 BC 4세기 초엽부터 꽃피웠던 일군의 철학자와 논리학자들로 대표적인 인물로는 Zeno of Citium(BC 340~265), Chrysippos(BC 280~207), Diogenes (BC 240~150) 등이 있다. 이들은 Aristotle의 계승자, 소위 소요학파(Peripatetics)들과는 대립적인 위치에 있었다. 이들의 주장은 문법 이론의 발전에 크게 공헌했으며 문법의 전통에서 중요한 비중을 차지하고 있다. 우선 그들은 언어 기원에 대해 의성어(onomatopoeia)와 소리 상징(sound symbolism)을 바탕으로 언어의 필연론적 입장을 취했다. 즉 그들의 견해에 따르면 이름(name)은 자연적으로 생성된다는 것이다.

그들은 음성학 분야에도 큰 관심을 보임으로써 소리의 연구를 언어 연구의 독립된 부분으로 인식하기 시작했다. 특히 그리스어의 음절 구조(syllabic structure)를 담화의 의미 있는 부분으로 실제 존재하는 소리 연쇄(sound sequence), 음절 형성 규칙(rule of syllable formation)에 따르면 존재할 수는 있으나 실제 존재하지 않는 소리 연쇄(예: *blister*), 그리고 음운론적으로 불가능한 소리 연쇄 등 세 가지로 분류하였다. 이것은 현대 언어학의 음소배열론(phonotactics)과 일맥상통한다고 할 수 있다.

언어에 대한 스토아학파의 공헌을 요약하면 다음과 같다(Dinneen 1967: 88-94). 첫째, 언어의 논리학적 연구와 문법적 연구를 구별하여 발전시켰다. 둘째, 언어 연구에 있어서 명확한 전문적인 용어를 사용하였다. 셋째, 이러한 두 개의 발달은 스토아학파와 소요학파 사이의 차이점과도 연관성이 있다. 그들이 언어를 다룸에 있어서 최초로 취했던 단계는 다음과 같이 언어의 세 가지 상(aspect)을 구별하는 것이었다. 첫째, 상징(symbol) 또는 기호(sign)를 semainon이라 불렀는데, 이는 소리(sound) 또는 물질(material)이다. 둘째, 지시하는 것(significate) 혹은 의미를 semainomenon 또는 lekton(문이 표현된 내용, that which is said)이라 불렀다. 즉 문이란 일정한 뜻을 나타내는 것이고 lekton은 문에 의해 발화된 내용이다. 이것은 기술주의 언어학자인 Saussure가 말하는 기호 표현(signifier, signifiant, 의미하는 것)과 기호 의미(signifie, 의미된 것)에 해당된다. 셋째, 기호에 의해 명명된 외적인 사물을 '사물'(thing) 또는 '상황'(situation)이라 불렀다. '사물'과 '상징'은 형체를 가지고 있는 것으로 간주되었으나, 의미는 형체가 없는 것으로 간주되었다. 스토아학파에 따르면 우리가 Dion이란 이름을 발음할 때 그것은 물질적 상징을 표출하는 것이다. 다시 말하면, Dion 그 자체는 외적인 형체(external body)이지만 Dion의 의미는 우리의 사고 내에 존재하는 것으로서 우리들이 인식하는 사물이거나 혹은 야만인들이 그리스어를 들을 때 그들이 이해하지 못하는 것이라는 것이다. lekton은 이성적 표현에 따라서 구성된 것이라고 정의되므로 lekton은 대상(object) 자체나 또는 그 대상의 이름이라기보다는 오히려 인식되는 것으로서의 대상이다. 스토아학파는 lekton을 다음과 같이 분류하였다 (Dinneen 1967: 90).

(4)

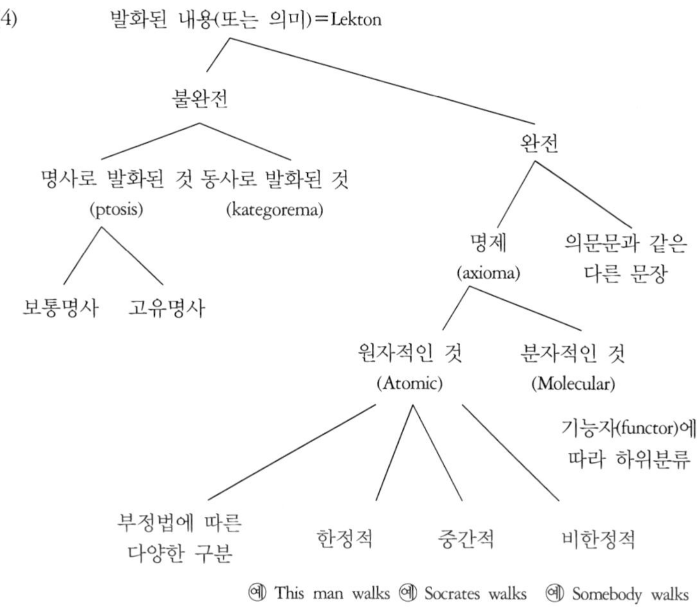



격(Case)에 대해 살펴보자. 스토아학파들은 처음에는 격의 사용을 격어미(Case ending)가 있는 형태에만 제한했다. 그러므로 명사, 형용사, 분사와 같이 굴절(inflection)에 바탕을 둔 품사에만 국한했다. 사격(oblique Case)과 마찬가지로 주격은 동등한 격으로 인정했으므로 격의 개념을 더 이상 동사에는 적용시키지 않았다.

요컨대, Aristotle은 주격을 인정하지 않고 사격만을 인정한 반면, 스토아학파는 직격(upright Case)과 사격으로 나누고 주격을 직격이라 했다. 또한 사격은 속격·여격·대격·호격으로 세분해 현재까지 이어지고 있다.

다음으로 스토아학파의 품사 체계에 대해 알아보자. Plato가 품사를 명사, 동사 2품 체계로 분류한 데 비해, Aristotle은 품사를 명사, 동사, 연결사로 분류해 3품 체계로 확립했다. 하지만 스토아학파는 처음에는 연결사(syndesmoi)를 다시 연결사와 관사(arthron)로 하위분류함으로써 4품 체계를, 나중에는 명사를 보통명사와 고유명사로 분류하여 5품 체계를 주장하였다. 스토아학파가 명사, 동사, 연결사 외에 arthron을 또 다른 품사로 설정한 것은 Aristotle보다 언어 현상을 논리적으로보다는 언어학적으로 분석한 결과라 할 수 있다.

그럼, 개개의 품사를 살펴보자. 첫째, 명사는 격변화를 함으로 형태론적으로 분류되고, 의미적으로 고유명사와 보통명사로 하위분류된다. 고유명사는 Socrates라는 존재의 특질과 마찬가지로 고유 특질(proper quality)을 의미하지만, 보통명사는 인간이란 존재의 특질과 마찬가지로 일반 특질(commom quality)을 의미한다. 영어에서는 고유명사와 보통명사를 형태상으로 구별이 가능한데 그 이유는 관사와 그 같은 요소와의 결합 여부에 따라 판별이 가능하기 때문이다. 그러나 이러한 구분이 그리스어에는 분명하지 않다.

둘째, 동사는 어떤 것을 진술하는 품사로 정의하였다. 이 정의는 Aristotle의 정의보다 꽤 정확한 것으로 보인다. 그 이유는 그리스어에서 명사−동사의 구성은 내심적(endocentric) 구조이고, 동사는 그 자체로도 참 혹은 거짓을 진술할 수 있기 때문이다. 여기서 한 가지 유의할 점은 소위 동사를 스토아학파에서는 다시 rhema와 kategorhema로 구분하고 있다. *grapho* 'I write' 또는 *lego* 'I speak' 등과 같이 격변화가 없는 문장의 요소로서, 문장에서 인간에 대해 뭔가를 의미하는 것은 스토아학파에서는 rhema라 부르지 않고 kategorhema라고 불렀다. 다시 말해서 rhema는 낱말 범주 명칭으로서 부정법사(infinitive)이지만, kategorhema는 문장의 술부(predicate)로 쓰이는 정동사이다.

셋째, 연결사는 문장에서 품사를 연결시키는 구실을 하는 격어미 (case ending)가 없는 품사로 정의하였다.

넷째, arthron은 명사의 성(gender)과 수(number)를 구별시켜 주며, 격 어미가 있는 문장의 요소로 정의하였다. 예로서 ho, he, to 와 hoi, hai, ta(남성, 여성, 중성주격관사, 단수, 복수를 각각 뜻함) 등이 있다. 후에 arthron은 관사(article)와 관계대명사(relative pronoun)를 포함하게 되었다.

태(voice)에 대해 알아보자. 동사가 나타내는 행위와 그 주어와의 관계를 나타내는 동사의 형태를 태라고 칭하였다. 스토아학파 이전에는 경험이나 사건과 같은 의미로서 태를 분류하였지만, 스토아학파는 능동형(active), 수동형(passive), 중립형(middle)을 구분하기 위하여 격형태와 굴절 어미 등 통사적 기준을 사용했다. 능동형은 사격(주격 이외의 격)으로 구성되는 형태이며 *akouei*(he hears)와 같이 동사의 유형에 따라 구성된다. 수동형은 수동성(passivity)의 분사 *hypo*(by)로 구성되며 *akouomai* ‘I am heard’와 같은 동사이다. 중립형은 이들 부류 중 어디에도 속하지 않는 *phronein, peripatein* 같은 것이다.

다음으로 시제(tense)에 대해 알아보자. 스토아학파는 통사적 작용과 형태적 구조에 따라서 동사의 형태를 구별했으면서도, 동사의 시제는 이런 방식을 취하지 않았다. 하지만 그들은 그리스어 동사 체계의 두 가지 중요한 의미론적 차원을 최초로 인식하였던바, 시간성(time reference)과 완전성(completed) 대 불완전성(incompleted action)에 따라서 동사를 구분하였다. 다시 말해서 그들은 시제를 현재와 과거로 나누고, 동사 상을 계속과 완료로 구분함으로써 현재진행, 현재완료, 과거진행, 과거완료와 같이 4시제 체계를 정립하였다(Dinneen

1967: 93).

(5) a. 현재진행: baino 'I am going'
    b. 현재완료: bebeka 'I have gone'
    c. 과거진행: ebainon 'I was going'
    d. 과거완료: ebebekein 'I had gone'

스토아학파가 시간을 현재, 과거, 미래로 구분하고, 그리스어 동사를 형태상으로는 이에 따라 구별하면서도 미래 *grapsei* 'will write'와 과거 *egrapse* 'write'는 불확실(indeterminate)하다는 이유로 시제 체계에서 제외시켰다.

스토아학파의 언어 이론에 대한 기본적인 견해는 "인간이 태어날 때 그의 영혼은 기록하기 좋도록 마련된 한 장의 백지(tabula rasa, blank page)와 같다"는 입장이었다. 스토아학파는 언어활동(speech activity) 자체가 심리적인 표상(psychological representation)이라고 간주하고 언어활동을 통해 표면화되며 구체화되는 언어적 표현이 일정한 뜻을 가지게 되므로 이렇게 해서 표현과 뜻의 대립 관계가 성립한다고 설명하였다. 게다가 이들은 언어적 표현이란 내용적인 의미뿐만 아니라 외적인 의미를 이루는 것이 음성(sound)이기 때문에 의미에 못지않게 외적인 음성의 중요성을 인식하여 음성의 객관적 고찰을 통한 음성학의 발달을 촉진시켰다.

## 3.6. 알렉산드리아 학파(BC 300∼AD 150)

알렉산드리아 시대(Alexandrian period, 약 기원전 3세기∼기원후 2세기)는 스토아학파의 문법 이론을 계승, 발전시켰을 뿐만 아니라

Alexandria를 중심으로 하여 그 당시에 융성했던 문헌학(philology)을 통해서 본격적인 문법 연구를 하였다. 알렉산드리아 학파 이전까지는 문법을 그리스 철학 연구의 일부분으로 간주하였지만, 알렉산드리아 학파는 그리스어의 기술 문법을 정교하게 다듬었으며 문법을 완전히 기타 학문과 구별하여 문법에 독자적인 위치를 부여하였다. 그 중 가장 대표적인 문법학자는 Aristarchus(BC 216~144)의 제자인 Dionysius Thrax(BC 170~90)로, 그는 *Techne Grammatike*(*Art of Grammar*, 문법학)라는 문법책으로 알려진 현존 최고 연대의 그리스어 문법을 남겼다. 그와 함께 알렉산드리아 학파의 뛰어난 학자인 Apollonius Dyskolus(AD 2세기경)도 역시 통사론 분야, 특히 기술 문법에 큰 관심을 보였다. 그의 아들 Herodian은 언어사 연구에 이바지했으며, 특히 BC 5세기경의 고대 그리스 작가들의 언어를 연구함으로써 그리스어 악센트에 대한 기술을 이룩해 냈다.

알렉산드리아 시대의 정치적 배경을 살펴보자. 알렉산드리아 학파 성립의 주요한 이유 중 하나는 아테네(Athens)의 정치적 몰락과 국외에서의 그리스 세력의 융성이었다. 알렉산더 대왕은 인접 국가를 정복한 후 몇몇 식민지에 자기의 부관들을 영지의 왕으로 두었던바, 대표적인 두 지역은 Ptolemy가 통치한 이집트에 있는 Alexandria와 Eumenes가 통치한 Pergamon이었다. 이 두 도시는 정치·문화적 중심지가 되었으며 도서관과 대학들이 세워졌다. 많은 사람들이 Alexandria에 정착했고 여러 분야에 걸쳐 많은 연구가 행해졌으며, 이 가운데 가장 유명한 책은 Euclid의 *Elements*와 Dionysius Thrax의 *Techne Grammatike*이다. 이 책은 Remmius Palaemon에 의해서 AD 1세기경에 Ars Grammatica란 이름으로 라틴어로 번역되었다.

문법을 철학, 논리학 및 다른 학문의 일부로서가 아니라 순수하게 하나의 독립된 학문으로 간주한 Thrax는 문법을 음운론과 형태론으로 대별하였다. Aristotle이 낱말을 최소 의미 단위(minimal meaningful unit)로 본 것과는 달리 Thrax는 의미를 배제한 채 낱말을 문장의 최소 단위 (minimal unit)로 보았으며, 약간의 차이는 있으나 명사·동사·분사·관사·대명사·전치사·부사·접속사 등 현재 쓰이고 있는 품사와 거의 같은 8품사론을 제정하였다.

Thrax의 저서인 *Techne Grammatike*는 25절로 구성된 15페이지 정도에 달하는 책이지만, 서구 문법 문헌 중에서 지금까지 전해 내려오는 가장 오래된 그리스어 문법책이다. 이 책은 간결하면서도 논리 정연하여서 고대부터 18세기에 이르기까지 그리스어 문법서로서 애용되기도 하였다. 그의 문법은 글자와 음절을 다룬 음운론과 품사를 주로 다룬 형태론으로 구성되어 있다. 그는 전자보다는 후자를 더 많이 다루었고, 형태론 중에서도 명사 편을 가장 자세히 다루었으며, 그 다음으로 동사 편을 자세히 다루었다. 하지만 통사론은 거의 다루지 않았다.

Thrax의 *Techne Grammatike*의 내용을 살펴보자(Dinneen 1967: 98−107).

1. 문법

문법이란 일반적으로 시인이나 작가에 의해 사용되는 전문적인 지식으로 6개 부분으로 구성되어 있다.

(1) 운율에 맞추어 소리 내어 정확하게 발음하기

(2) 작품에 나오는 문학적 표현을 설명하기

(3) 주석과 신화적인 예들의 보존 및 설명

(4) 어원의 발견

⑸ 유추의 발견

⑹ 시작법의 비평적 고찰

## 6. 문자에 대하여

알파에서부터 오메가까지 24개 문자가 있는데, 7개 모음(a, e, ē, i, o, y, ō)과 17개 자음(b, d, g, k, dz, th, l, m, n, ks, p, r, s, t, ph, ch, ps)이 있다.

## 7. 음절에 대하여

음절은 gar, bous에서와 같이 모음과 자음 혹은 자음과 몇 개의 모음으로 구성된다.

## 11. 품사에 대하여

낱말은 문장의 최초 단위이며, 문장은 운문이나 산문에서 완전한 의미를 가지고 있는 낱말들의 결합이다. 여기에는 8개 품사가 있는데, 명사·동사·분사·관사·대명사·전치사·부사·접속사 등이다.

## 12. 명사에 대하여

명사는 격변화를 하며 일반적이거나 혹은 특수한 사람이나 사물을 나타내는 품사로 '돌', '교육', '사람', '말', 'Socrates' 등이 그 예이다. 명사는 성(gender), 유형(type), 형태(form), 수(number), 그리고 격(Case) 등 5개 문법적 특징을 가진다. 첫째, 성에는 남성, 여성, 중성 등 3개 성이 있다. 둘째, 유형은 원형(original)과 파생형(derived)으로, 원형은 'earth'와 같이 최초로 특성화된 것이고, 파생형은 'earthy'와 같이 원형에서 파생된 다른 형태이다. 셋째, 형태에는 7개 파생이 있다. 성씨(patronymic), 소유격(possessive), 비교급(comparative), 최상급(superlative),

지소(指小)접미사(diminutive), 명사에서 파생된 낱말(denominative), 동사류(verbal) 등이 있다. 넷째, 수에는 단수(singular), 양수(dual), 복수(plural) 등 세 가지가 있다. 다섯째, 명사는 5개 격으로 주격(upright, 수직), 속격(origin, 기원), 여격(giving, 수여), 대격(어떤 힘이나 효력이 작용된 것을 가리킴), 호격(calling, 호칭) 등이 있다.

## 13. 동사에 대하여

동사는 격변화는 없으나, 시제, 인칭(person), 수, 능동성(activity), 수동성(passivity)의 의미를 가지는 품사이다. 동사는 8개 문법적 특징이 있으며, 서법(mood), 종류(kind), 유형(type), 형태(form), 수, 인칭, 시제, 활용(conjugation) 등이다. 서법은 직설법(indicative), 명령법(imperative), 기원법(optative), 가정법(subjunctive), 그리고 부정법(infinitive) 등이다. 종류는 세 가지로, 능동태(active), 중립태(middle), 수동태(passive) 등이다. 유형에는 원형(original)과 파생형(derived)이 있다. 형태에는 단순형(simple), 복합형(compound), 파생형(derivative)이 있다. 수에는 단수(singular), 양수(dual), 복수(plural) 등 3개가 있다. 인칭에는 1인칭, 2인칭, 3인칭 등 세 가지가 있다. 시제는 현재, 과거, 미래 세 가지가 있다.

## 15. 분사에 대하여

분사는 인칭과 서법을 제외하고는 동사와 명사의 특성을 공유하는 품사이다.

## 16. 관사에 대하여

관사는 명사의 앞이나 뒤에 오면서 격변화를 하는 품사이다. 선행하는 것으로는 *ho*가 있고, 후행하는 것으로는 *hos*가 있다.

17. 대명사에 대하여

대명사는 명사를 대신해서 쓰이는 품사이며, 한정된 인칭을 지시하는 품사이다.

18. 전치사에 대하여

전치사는 통사적 결합이나 낱말을 형성할 때 다른 낱말 앞에 놓이는 품사이다.

19. 부사에 대하여

부사는 어형 변화가 없고, 동사에 대해 무언가를 말하거나 동사를 수식하는 품사이다.

20. 접속사에 대하여

접속사는 일정한 순서에 따라 사상의 흐름을 연결하고 담화의 공백을 채우는 품사이다.


위에서 정의한 바와 같이 Thrax는 낱말 범주 체계를 낱말 어미의 형태와 낱말이 문장 안에서의 위치 혹은 기능과 같은 통사적 특성을 품사분류의 기준으로 삼았다. 앞서 언급했듯이, Thrax는 문법을 "시인이나 산문 작가에 의해서 사용되는 전문적인 지식(technical knowledge)"이라고 정의했다. 그 당시 그리스인들은 과학적 지식(scientific knowledge)을 숙련공이 가지는 지식(skill, peira), 직공장이 가지는 지식(artisanship, empeira), 예술가가 가지는 지식(art, techne), 위 세 가지 지식에 능숙한 철학자가 가지는 논증적 지식(demonstrable knowledge, episteme)으로 구분하였다. Thrax의 *Techne Grammatike*와 연관시켜 볼 때, 문법의 지식은 세 번째 지식, 즉 심층 원리(underlying principle)와 외관상으로 불규칙한 것을 유추할 수 있는 사람들의 지식과 연관되어 있다. 그의 *Techne*는 정교한 것으로 문법과 언어학 분야에 상당한 영향을 미친 것으로 평가되고 있다. 그의 문법은 주로 그리스어의 어형 변화와 관련이 있기 때문에 이 연구의 가장 큰 결점은 통사 구조에 대한 정보가 부족한 것으로 지적되어 왔다. 이러한 결점은 Apollonis Dyscolus(100, AD)의 문법에서 부분적으로 보완되었다. 하지만 Thrax의 문법은 라틴어 문법을 거쳐 전통 문법으로 계승·발전되어 왔다.

# 제2장 로마 시대의 언어학

## 1. 역사적 배경

현대 대부분 사람들은 그리스인, 로마인, 유대인들에게서 지적 · 도덕적 · 정치적 · 종교적 문명의 기원을 얻었다. 로마인들은 그리스인들이 이태리 남부에 정착함으로써 지적인 사상을 지속적으로 접촉해 왔으므로 로마 시대의 언어학은 그리스 사상을 많이 도입하였다. 로마인들은 그리스인들과의 접촉을 시작할 때부터 그리스인들의 탁월한 지적 · 예술적 업적을 인식했다. 언어학적으로 이것은 동부, 서부 지방의 다른 일상 언어에서도 반영되었다. 고대 로마는 서부 그리스로부터 글 쓰는 것을 배웠다고 알려져 있다. 그리스의 문명과 거의 접촉이 없었던 서로마에서는 라틴어가 그리스어를 대체하여 행정, 사업, 법률, 교육 그리고 사회 발전에 중추적 역할을 했으며, 궁극적으로 구어 라틴어(spoken Latin)가 대부분 서부 지방에서 그리스어를 대체하였다. 반면에 동로마에서는 헬레니즘 시대부터 그리스의 행정하에 주로 놓여 있었기 때문에 그리스어가 계속 사용되어 동부, 서부 지방의 일상 언어가 달라졌다. 로마의 관리들은 대개 업무 수행 중에 그리스어를 사용했으며 또한 그리스의 문학과 철학이 상당히 인기가 있다.

이러한 언어학적 분리는 정치적으로 동로마 제국과 서로마 제국이 분리되었음을 알 수 있게 한다. Constantinus(306~337 재위) 황제는 수도를 Byzantium에 옮겨 Constantinople이라 개칭하고 기독교를 공인하여 제국의 통일을 꾀하려고 하였다. 그러나 그가 죽은 후 약 반세기 동안 제국은 사실상 동서로 분할 통치되어 왔는데, Theodosius 황제가 395년 제국을 양분하여 두 아들에게 나누어 줌으로써 제국의 양분은 영구적으로 고정화되고 말았다. 그 후 Constantinople을 수도로 한 동로마 제국은 르네상스 시대까지 약 1,000여 년 동안 존속하였으나, 서로마 제국은 게르만족의 침입으로 혼란이 계속되던 끝에 476년에 멸망하고 말았다.

이렇듯 로마의 모든 계층과 여러 지역에서 라틴어와 다른 언어를 사용하는 사람들 간의 접촉이 성행해짐에 따라 통역관의 수요가 컸고 라틴어의 교습이 번성했으며 번역물의 수도 엄청나게 증가되었다. 헬레니즘 시대에 유태인 학자들에 의해 구약성서(Old Testament)가 그리스어로 최초로 번역되었으며 기원전 3세기부터 그리스 문학이 라틴어로 체계적으로 번역되었지만, 그리스어로 쓰인 작품이 너무나 많아서 라틴어 시는 고유의 운율을 가지지도 못하였다.

라틴어와 그리스어의 단어 형태는 여러 면에서 유사성이 많았으며, 로마인들은 언어 연구에서 그리스인, 특히 알렉산드리아 학파의 발자

취를 따랐다. 라틴 문법가들은 그리스 문법을 토대로 문법 체계를 세우려고 노력하였던바, 두 언어가 일반적인 구조 면에서 비슷했기에 그리스 학자들이 중세에 이르러서도 그대로 수용하였다.

로마 시대 초기의 대표적인 문법가는 Varro이며, 후기의 대표적 문법가는 Donatus와 Priscian 등이 있다. 기원전 1세기에 Varro는 *De Lingua Latina*를 저술함으로써 수사학 및 문법 분야에 커다란 업적을 남겼다. 그는 최초의 라틴 문법가로서 문법을 다룰 때 품사론이 가장 중요하다고 주장했으며, 그의 품사 분류법은 낱말이 가지는 의미 내용을 토대로 하지 않고 격과 시제의 굴절, 즉 형태론적 기준에 토대를 두었다는 점에서 의의가 크다. 그러나 그의 언어관은 독자적인 창의성을 가지고 라틴 문법을 창조한 것이 아니라 그리스 문법의 범주와 술어를 그대로 답습했다는 한계를 지니고 있다. Donatus는 문법 학자인 동시에 수사학에 깊은 조예가 있었으며 그의 대표적 문법서는 *Ars Grammatica*(*Art of Grammar*)이다. Priscian은 라틴어 문법의 대표적인 학자이며 그리스 학문 전통이 많이 남아 있는 Byzantium에서 연구했다. 그의 대표적 문법서는 *Institutions Grammaticae* (*Grammatical Course*)로 이 책은 라틴 문법의 체계를 종합적으로 정리한 저작이다. 그는 그리스 문법의 전통을 이어받아 라틴 문법의 체계를 정리함으로써 중세 시대의 문법에도 그대로 계승·발전되었다.

요약컨대, 로마 시대는 그리스 시대 언어관의 연장선상에 있었으므로 로마 시대의 언어학은 대개 그리스의 사고방식, 그리스의 자연론 대 관습론의 대립, 그리고 그리스어의 품사 범주를 라틴어에 적용시켰다. 특히, 이 시대에 언어 연구의 세 가지 주요 분야는 어원학(etymology), 형태론(morphology), 구문론(syntax) 등이었다.

## 2. 로마 시대의 언어학자

### 2.1. Varro(BC 116~27)

기록상 언어학적 문제에 대해 연구한 최초의 라틴어 학자로, 수사학 및 문법 분야에서 가장 박식한 사람으로 알려져 있다. 그는 스승인 Stilo(BC 154~74)를 포함하여 스토아학파의 사상에 크게 영향을 받은 것으로 전해진다. *De Lingua Latina*(라틴어론, *On Latin Language*)는 그의 언어학적 견해를 잘 피력하고 있는 대표적 저서로, Alexandria의 유추론자(analogist)와 Pergamon의 변칙론자(anomalist) 사이의 논쟁에 대한 자신의 견해와 평가 그리고 문법 일반에 대하여 다룬 것이다. 총 25권으로 구성되어 있으며 그중 5권부터 10권까지 6권밖에 남아 있지 않다. 그는 이 저서에서 문법을 3개 분야, 즉 어원학(etymology), 형태론(morphology), 구문론(syntax)으로 나누었다.

*De Lingua Latina*의 내용은 그리스 시대 때부터 이어져 내려온 유추(analogy)와 변칙(anomaly)에 관한 논쟁의 결과로 저술되었다고 알려져 있다. 그는 이 책에서 중립적인 입장을 취했다. 즉 라틴어에 규칙성과 불규칙성이 모두 다 존재하는 것에 주목하여 유추론과 변칙론 둘 다 인정되어야 한다는 입장을 취했던 것이다. 그는 단어 형성(word formation)에 있어서 엄격한 규칙성의 한계를 논의하면서 언어의 화용적 본질(pragmatic nature of language)을 인식했다. 그러므로 *equus*와 *equa*는 각각 수말인 horse와 암말인 mare로, 이와 같이 성(sex)의 차이는 화자에게 중요하게 여겨지기 때문이다. 하지만 *corvus*(raven)는 성의 차이가 없다. 이 단어의 경우 성의 차이가 인간에게 중요하지 않기 때문이다. 그러나 Varro는 *dove*의 여성 명사형인 *columba*에서 유추된 남성형

*columbus*와 같은 예 등을 들면서 언어는 근본적으로 규칙적인 모형이라는 점을 더 선호하였다(Robins 1992: 58). 또한 그는 극단적인 변칙론자에 대하여 "언어에 있어서 규칙성을 보지 못하는 사람은 언어의 본질을 보지 못할 뿐 아니라 세계의 본질도 보지 못한다"고 하였다(Those who do not see regularity in language not only fail to see the nature of language but of the world as well)(Dinneen 1967: 108).

Varro는 유추 대 변칙 사이의 중간적인 위치에 선 이유에 대해 다음과 같은 두 가지 이유를 들고 있다(Dinneen 1967: 108). 첫째, 질서(order)와 규칙성(regularity)은 가장 명백한 자연의 속성인 점을 인식해야 하지만 또 한편으로는, 인간의 선택이 무질서(disorder)와 다양성(variety) 요소를 동시에 인식해야 한다. 둘째, 언어가 규칙적이냐 불규칙적이냐에 대한 전체적인 논의는 두 개의 같은 사물 사이 유사성을 다루어야 한다는 것이다.

Varro는 라틴어가 규칙적이라는 점과 단어와 지칭되는 사물 사이의 불규칙성은 설명가능한 것으로 보고 있다. 이것을 설명하기 위해 그는 라틴어의 여러 특징에 대해 나름대로의 견해를 피력하고 있다. 예를 들어, 단어란 무엇인가, 여러 형태의 단어에서 규칙성과 불규칙성이 발견될 수 있는가, 이런 것들은 어떻게 설명될 수 있는가, 언어에서 상이한 문체(style)와 시대는 어떻게 이해되어야 하는가, 이들 다양한 문제를 연구하기 위해 누구의 업적이 있는가, 이런 의문점을 해결하기 위해 어떤 장치가 필요한가 등 문제에 대한 것이었다.

우선 Varro는 낱말을 더 이상 분석할 수 없는 의미를 가진 최소의 기본적 형태로 보았다. 단어 연구의 여러 방법 중 하나인 어원학(etymology), 즉 단어의 어원 형태를 찾는데 4개 계층(level)이 있다고 보았다. 첫째, 'Georgetown'과 'Goodman'과 같이 전문가의 정보가 필요 없이 분석가능한 일반적 의미의 계층, 둘째, 상식 이상의 지식이 요구되는 계층, 셋째, 철학적 지식이 요구되는 계층, 넷째, 애매모호한 단어의 기원을 밝히기 위해 문법적이고 철학적인 지식이 요구되는 가장 난해한 계층 등이다.

그는 어원학과 현행 어형(current form)을 논의하는 데 있어 declinatio(어형 변화, declension)란 용어를 사용하였다. 이는 그에게 매우 포괄적인 의미로서 Aristotle 격(ptosis)의 용법과 범위가 유사하다 하겠다(Dinneen 1967: 109－111). 현재의 파생(derivation: 예 *Romulus*에서 *Rome*), 활용(conjugation), 굴절(inflection: 예 현재형 *lego*에서 완료 시제 *legi*), 비교(comparison: 예 *candidus*, *candidius*, *candidissimus*, 'bright', 'brighter', 'brightest') 등 현재 다른 용어로 기술되는 언어 현상을 Varro 는 어형 변화란 용어를 사용해서 표현했다. 어형 변화가 성립되기 위해서는 기본형과 여기에 형태적·의미적으로 연관되어 있는 다른 형태가 있어야 한다.

그는 또한 1930년대 Bloomfield 등의 구조주의 언어학자들이 수립한 직접 구성 성분(immediate constituent)과 유사한 방법으로 이분법을 수립하였다. 그는 피타고라스(Pythagoras) 방식의 기술에 의한 것이라기보다는 라틴어의 결과로서 된 것으로 보고 있다. 어쨌든 언어 분석에서 형태의 의미가 아닌 형태 자체에서 이분법을 최초로 시도했다는 점은 특별한 의미를 지닌다.

그는 라틴어의 단어 분석을 다음과 같이 3단계로 제시하였다.

1. 언어를 변화사(variable word)와 불변화사(invariable word)로 나눈다.
2. 변화사는 규칙적인 것과 불규칙적인 것이 있다.

3. 규칙적으로 변하는 것(declinatio)은 다음과 같이 네 가지 유형으로 나누어진다.

| 격변화가 있는 낱말 | 명사(형용사 포함) |
| --- | --- |
| 시제 변화가 있는 낱말 | 동사 |
| 격과 시제 변화가 있는 낱말 | 분사 |
| 격과 시제 변화가 없는 낱말 | 부사 |

위의 도표에서처럼, Varro는 낱말을 분류함에 있어서 낱말이 가지는 의미 내용을 토대로 하지 않고 격과 시제의 굴절, 즉 형태론적 기준에 의하여 품사를 분류하였다는 점에서 의의가 있다.

동사 시제를 분석함에 있어서 Varro는 시제의 어형 변화표에 두 개의 의미적 기능, 즉 시간과 상(aspect)으로 구별된다는 스토아학파의 주장과 유사한 방법을 취한다.

(6)

| 상＼시간 | | 과거 | 현재 | 미래 |
| --- | --- | --- | --- | --- |
| 능동 | 불완전 | discebam<br>'I was learning' | disco<br>'I learn' | discam<br>'I shall learn' |
| | 완전 | didiceram<br>'I had learned' | didici<br>'I have learned' | didicero<br>'I shall have learned' |
| 수동 | 불완전 | amabar<br>'I was loved' | amor<br>'I am loved' | amabor<br>'I shall be loved' |
| | 완전 | amatus eram<br>'I had been loved' | amatus sum<br>'I have been loved' | amatus ero<br>'I shall have been loved' |

(Robins 1992: 60)

Varro는 그리스어 완료 시제 형태 위치에 상응하는 라틴어 완료 시제 형태인 didici를 두었으며 라틴어 완료 시제에는 단순 과거 의미(I did)와 완료 의미(I have done)가 있었다.

그의 가장 큰 업적 중 하나는 고대에 이루어지지 않았던 굴절(inflection)과 파생(derivation)을 구별하였다는 점이다. 굴절형의 특징은 일반성에 있다. 즉 굴절 변화에 있어서 생략이 거의 없고 표준어 사용 화자 또는 방언 사용 화자 모두에게 거의 똑같이 적용된다. 이런 부류의 형태론을 Varro는 규칙적인 변이형(regular variation, declinatio natualis)이라 불렀다. 그 이유는 굴절은 거의 모든 단어에 적용되어 한 단어와 그것의 굴절형만 주어진다면 모든 다른 형태도 추론해 볼 수 있기 때문이다. 예로, *ovis*(sheep)와 *sus*(pig)에서부터 *ovile* (sheepfold)와 *suile*(pigsty)가 파생되었다. 또한 *hujus Romae, hanc Roman, hac Roma* 등을 말할 때와 같이 그 단어의 구성이나 격변화 등에 상관없이 모두가 자동적으로 사용하는 유형이다. 이와는 반대로 파생(derivation)은 용법에 있어서, 사람에 따라서 그리고 단어의 어근(root)에 따라 매우 다양하다. 이처럼 유동적이고 임의적인 언어 현상을 Varro는 선택에 의한 변이형(variation by choice, declinatio voluntaria)이라 불렀는데, 이는 파생과 유사하다. 'Rome'가 'Romulus'에서 파생된 것과 같은 예이다(Dinneen 1967, Robins 1992).

그는 단어가 만들어지는 원천을 두 가지, 즉 조어(coining)와 어형 변화(declension)로 분류하였다. 그에 따르면 대부분의 경우는 조어에 의한 것이고, 소수의 경우에만 어형이 변화되거나 굴절된다. 또한 단어는 생산적인(productive) 것과 비생산적인(unproductive) 것이 있다. 생산적인 것은 *lego*(I read), *legis*(you read), *legam*(I will read)과 같이 어형 변화를 하는 것으로, 유추는 생산적인 단어에서만 다루어져야 한다. 반면에 비생산적인 것은 *vix*(scarcely)와 *cras*(tomorrow)와 같은 불변화사이다.

Varro는 어원학의 계층과 다양한 유형의 단어를 구별하는 것 이외에 소위 Saussure의 랑그(langue)와 빠롤(parole)의 개념에 상응하는 추상적 언어(abstract language)와 구체적 언어(concrete language)를 구별하였다. 그는 여러 종류의 용법, 이를테면 고대인, 현대인, 시인의 용법 등을 주의 깊게 살피다가, 언어에는 추상적인 언어와 개인에 의해 발화되는 구체적인 언어 사이에 차이점이 있다는 것을 최초로 발견한 사람이었다. 그는 언어란 근본적으로 사람들이 일상생활에서 필요한 실용적인 도구로서 옷, 건축, 예술에서의 유행과 마찬가지로 시간이 흐름에 따라 변화, 발전한다는 견해를 내세웠다. 예로, 철자상의 변화가 발생하기도 하는데, 고전어의 *bellum*(war)는 *duellum*으로 바뀌었다. 또한 의미상의 변화가 발생하기도 하였는데, *hostis*는 stranger의 의미였지만 Varro 시대에는 enemy의 의미였다. *Anas*(duck)는 *nare*(to swim)에서, *vitis*(vine)은 *vis*(strength)에서, *cura*(care)는 *cor urere*(to burn the heart)에서 온 단어들인데 이것들은 Varro의 전형적인 어원학적 업적이다(Robins 1992: 56).

Varro에 의하면 또한 언어적인 규범(norm)은 시대에 따라 변하므로 절대적인 기준이 없다. 그러므로 이전에 올바른 표현이 시간의 흐름에 따라 틀린 표현이 될 수도 있고 그 반대의 경우가 생길 수도 있다. 그는 사물들 사이에 명확한 차이점이 있을 때에도 그들 구분에 대한 실질적인 필요가 없을 경우, 언어적으로 구분되지 않는 경우도 있다고 하였다. 예로서 라틴어 *columba*(dove)는 암수 구별이 없었지만 가정에서 비둘기를 사육하면서 *columbus*와 *columba*로 암수를 구별하여 사용하였다(Dinneen 1967: 112).

Varro는 단어를 변화사(variable)와 불변화사(invariable)로 구분하고 변이(variable) 유형을 다시 하위분류한 것 이외에 명사류(nominal class)를 다음과 같이 네 가지로 하위분류하였다.


(7) a. provocabula: 관계사(relative)나 의문사(interrogative) *quis*와 *quae*(who)와 같이 다른 단어들을 위한 단어
   b. vocabula: *scutum*(shield)와 gladius(sword) 등과 같이 일반 명사인 단어
   c. nomina: *Romulus*와 *Remus*와 같은 사람 이름
   d. pronomina: *hic*(he, this), *haec*(she, this) 등과 같이 명사를 대신하는 것(Dinneen 1967: 107－113)


## 2.2. Remmius Palaemon

그는 로마 시대의 문법 학자로서 Thrax 문법을 라틴어로 번역하였고 문법의 규칙과 용어를 체계화하였다. Thrax의 8품사에 대하여 라틴어는 관사가 없기에 제외시키고 대신 감탄사(interjection)를 추가시켜 라틴어 8품사 체계의 토대를 마련하였다.


## 2.3. Quintilian(AD 35~95)

문학 비평가이자 교육자인 Quintilian은 Palaemon의 제자로 교육에 관해 많이 저술했고, *Institutio Oratoria*(*Orational Course*)를 저작하는 데 전념하였다. 그는 훌륭한 웅변가를 양성하기 위해 세 가지 단계를 설정하였다. 제1단계는 기초 교육과정, 제2단계에서는 문학비평과 간단한 문법을 다루었는데 문법을 자유로운 교육을 할 때 문학 감상의 기초로 간주하면서, 문법을 Thrax가 *Techne*의 서두에서 정의했던 것과 유사하게 정의했다. 제3단계에서는 산문을 공부하여 웅변술을 배우게 되

어 있다. 그는 독자적인 방법론에 입각하여 수사학(rhetoric)을 체계화하는 데 노력했으며, 7격으로서 탈격(ablative Case)의 도구적 사용을 분리하도록 제안하면서 라틴어의 격 체계를 확립하는 데 노력했다.

## 2.4. Aelius Donatus(4세기)

그는 St. Jerome의 선생이며 *Ars Grammatica*(*Art of Grammar*)를 쓴 문법학자인 동시에 수사학에 조예가 깊었다. 그는 특히 기본적인 품사인 명사와 동사를 비롯하여 대명사, 부사, 분사, 접속사, 감탄사 8품사 체계를 세웠다. 로마인들은 8품사에 관사를 포함시키지 않았지만 그리스인들은 감탄사를 인정하지 않았다. 그의 대표적인 저서 *Ars Grammatica*는 학교문법의 기본 텍스트로 중세기를 통해 교과서로 널리 쓰이기도 하였다. 그의 문법 체계는 Palaemon의 체계, 다시 말하면 Thrax의 체계를 따랐다. 전대 연구에 비하여 독창적인 발전은 모든 인칭 혹은 3인칭에 동사와 함께 쓰이는 기능에 기초하여 한정 대명사(definite pronoun)와 비한정 대명사(indefinite pronoun)를 논의하였다.

## 2.5. Priscian(512~560)

그는 AD 6세기에 콘스탄티노플(Constantinople)에서 그리스어를 가르쳤으며 라틴 문법가들 가운데서 가장 유명한 사람이었다. 그의 문법은 Apollonius Dyscolus의 그리스어 연구서에 기초를 둔 것으로 그의 저서 중 가장 유명한 책은 *Institutiones Grammaticae*(문법 과정, *Grammatical Course*)로, 이 책은 라틴 문법의 체계를 종합하였다. 책 체계도 Dyscolus의 양식에 따라 모두 18권으로 되어 있다. 첫 16권은 주로 음성(sound), 단어 형성(word formation) 및 굴절(inflection) 등 라틴어의 형태론(morphology)을 주로 다루었다. 중세인들은 이를 *Priscianus Major*라 불렀다. 나머지 2권은 구문론(syntax)을 다루고 있는데 *Priscianus Minor*라고 불렀다.

Priscian의 업적은 두 가지 이유에서 중요하다. 첫째, 그의 문법은 모국어 화자(native speaker)에 의한 가장 완전하고 정확한 기술이라는 점이고, 둘째, 그의 문법 이론은 언어를 다루는 전통적 방식의 주춧돌 역할을 했기 때문이다. 그는 의미론적 기준을 언어에 대한 논의의 기본적인 기준으로 삼았지만 때로는 형태적인 기준도 사용했다. 그는 의미적 기준이 품사분류의 기준이 되어야 하지만 이는 현대적 관점과는 상반되는 것이다. 또한 아리스토텔레스학파의 전통에 따라 명사를 다른 품사보다 우위에 두었고, 주격형을 명사 굴절에서 우위에 두었다.

Priscian은 언어의 요소로 음성(sound), 문자(letter), 음절(syllable), 단어(dictio: word), 문장(oratio) 등을 들고 있다. 그에 의하면 음성은 조음적 음성(vox articulata), 비조음적 음성(vox inarticulata), 표기가능한 음성(vox literata), 표기불가능한 음성(vox illiterata) 등 네 종류로 나누고 있다. 문자는 표기될 수 있는 가장 작은 소리이며 음절은 표기될 수 있고 또한 단일 악센트로 숨을 한 번 쉬면서 발화될 수 있는 소리이다. 단어는 복합적인 표현의 최소 부분이며 전체의 의미와 연관시켜 한 부분으로 이해된다고 하였다. 문장은 완전한 사상을 의미하는 단어들의 용인가능한 배열이라고 하였다. 여러 종류의 문장이 가능한데, 질문에 대한 대답으로서 단 한 개의 단어도 하나의 문장이 될 수 있다.

다음으로 Priscian의 라틴어 품사 체계를 알아보자. 그는 다음과 같이 8개의 품사로 분류하였다.

(8) a. 명사(nomen, 현재의 형용사도 포함됨): 사람이나 물건에 대하
여 일반적 혹은 고유한 속성을 부여하는 품사이다.
b. 동사(verbum): 격은 없으나 시제와 서법(mood)을 가지고 있는
품사로 동작하는 것이나 혹은 동작되는 것을 의미한다.
c. 분사(participium): 동사에서 파생된 낱말이며 명사와 같이 격
을 가지며, 동사처럼 태(voice)와 시제(tense)를 가지나 양자와
판이하게 다르다.
d. 대명사(pronomen): 고유명사를 대신하며 한정된 사람을 지시
하는 품사인데, 1인칭, 2인칭 및 3인칭 등 구별이 있다
(Priscian은 *quis*, *qualis*, *quitalis* 같은 형태들은 사람에 한하여
비한정적이므로 명사라고 주장했다).
e. 전치사(praepositio): 다른 품사 앞에 단독으로 쓰이거나 또는
다른 품사들과 결합할 수 있는 품사이다.
f. 부사(adverbum): 동사에 의미를 부가해 주는 품사이다.
g. 감탄사(interiectio): 구문상 동사와는 달리 취급되며 감정을 나
타내는 품사이다.
h. 접속사(conjunctio): 두 개 또는 그 이상의 낱말을 구문상으로
연결하여 이들 낱말 사이의 관계를 나타내는 품사이다.

Priscian은 품사를 분류하는 방법으로 형태론적·통사론적 기준뿐
만 아니라 의미론적 기준에 중점을 두었다. 예를 들어, 동사에 대한
논의에서도 의미적·형태적 특성을 고려하고 있다. 다시 말하면, 동
사의 의미는 동작하는 것(acting)과 동작을 받는 것(being acted upon)이
라고 의미적인 기준을 강조하였다. 하지만 어미가 '−o'나 '−or'로 굴
절되는 것이 동사의 형태적 특성으로, '−o'로 끝나는 동사는 능동사
(타동사, active, transitive verb)와 중립 동사(자동사, neutral, intransitive
verb)가 있고 '−or'로 끝나는 동사는 피동사(passive verb), 일반 동사
(common verb), 이태 동사(deponent verb) 세 종류가 있다. 여기서 이태
동사는 그리스, 라틴 문법에서 수동형이면서 능동의 의미를 지니는
동사이다. 타동사는 사격(oblique Case)과 같이 결합하는 동사로, *laudo*

*te* 'I praise you', *noceo tibi* 'I injure you', *egeo miserantis* 'I need someone to pity me' 등의 예가 있다(Robins 1992: 69).

명사에 대해서 Priscian은 스토아학파의 형태적 정의를 따르고 있으나 주격은 실질적인 격(real Case)이라고 부르는 데 주저함으로 보아 Aristotle의 영향을 받은 것으로 보인다.

그는 품사에도 자연적인 순서가 있듯이, 명사의 격도 순위가 있는 것으로 생각했다. 주격(nominative), 속격(genitive), 여격(dative), 대격(accusative), 호격(vocative) 순서로 나타난다. 그는 또한 탈격(ablative Case)의 예문을 제시하고 있다. 그 예로 *me vidente puerum cecidisti* 'while I saw it you beat the boy' 와 *Augusto imperatore Alexandria provincia facta est* 'when Augustus was emperor Alexandria was made a province' 등이다.

그는 마지막 권에서 동사의 서법(mood: 직설법, 가정법, 기원법, 명령법)을 연구하였으며, 인칭 주어(personal subject)에 따라서 네 가지 유형의 구문을 구별하였다.

> (9) a. 자동사(intransitive): 어떤 사람의 행위가 다른 사람에게 옮겨지지 않는 경우
> *percurrit homo excelsus.* 'The exalted man ran.'
> b. 타동사(transitive): 어떤 사람의 행위가 다른 사람에게 작용하는 경우
> *Aristophanes Aristarchum docuit.* 'Aristophanes taught Aristarchus.'
> c. 재귀동사(reciprocal): 어떤 사람의 행위가 자기 자신으로 되돌아오는 경우
> *Ajax se interfecit.* 'Ajax killed himself.'
> d. 재귀적 타동사(retransitive): 어떤 사람의 행위가 다른 사람에게 작용하고, 이 행위가 다시 행위자(actor)에게 재작용하는 경우
> *Jussit ut tu ad se venias.* 'He ordered that you come to him.'

Varro가 의미적 내용을 배제시키고 형태론적 관점에서 언어학을 기술하려고 노력한 데 비해, Priscian는 언어에 대한 논의를 의미론적 기준을 기본적 골격으로 삼았고 때로는 형태론적 기준도 사용했다. Priscian의 업적은 시대의 끝 이상으로 언어학사에서 고대와 중세를 잇는 가교 역할을 한 것이라고 할 수 있다. Donatus나 Priscian 등 문법가들은 그리스 문법가들의 용어와 범주를 라틴어에 적용하는 데 최선을 다했으므로 독창성은 거의 없었으나, 그들의 8품사 체계는 중세를 거쳐 현대까지 계승되고 있다. 특히 Priscian은 그리스 문법의 전통을 이어받아 라틴 문법의 체계를 종합·정리하여 이에 궁극적인 형태를 부여해 중세기를 거쳐 현대까지 계승되고 있다.

## 3. 결론

로마 시대에 Varro, Quintilian의 업적들은 라틴어를 다루는 데 있어 그리스어의 언어학 이론, 그리스의 자연론 대 관습론의 논쟁, 그리스어의 문법 범주가 흡수되었음을 보여 주었다. 하지만 대표적인 초기 문법가인 Varro는 로마인들 중에서 언어학에 관한 독립적이고 독창적인 문법가로 인정되고 있다. 이후 Priscian과 같은 후기 라틴어 문법학자들 역시 이 두 언어 틀 내에서 지속적으로 연구했으며 그들에 의해 정리된 고대 그리스어와 로마어의 문법 연구들이 천 년 동안 라틴어 교육의 근간을 이루었다. 오늘날 현대 언어학자들과 언어 교사들에 의해 보편적으로 또한 매우 널리 사용되고 있는 여러 문법 범주들이 이에 기초하고 있다.

# 제3장 중세 시대의 언어학

중세 시대(Middle Ages)란 용어는 주로 사실의 정확한 기술보다는 역사가의 기술적 편리를 위해 도입된 것으로 로마제국의 붕괴(6세기) 이후부터 르네상스(14, 15세기)에 이르기까지 기간을 말한다. 이 시기에는 기독교가 널리 전파되었고 당연히 성서 번역에 치중하였으며 스콜라 철학(scholastic philosophy)이 융성하였다. 이 시대는 크게 두 시기로 구분된다. 중세 전반기는 대략 6세기에서 12세기까지 시기로 훗날 르네상스 시대 사람들이 암흑시대(Dark Ages)라 불렀다. 중세 후반기는 대략 12세기부터 르네상스 시기(14, 15세기)까지로 초기의 침체를 다시 회복하는 중세 문명 발전기라 할 수 있다.

## 1. 중세 초반기(6세기~12세기)

중세 전반기의 정치적 배경을 살펴보자. 로마제국의 붕괴에 결정적인 요인이 된 것은 게르만족의 침입이었다. 게르만족의 침입은 로마제국(동서 제국) 분열의 중요한 요인이 되었는데, 이 분열은 기독교를 공인한 콘스탄티누스 1세(Constantinus Ⅰ, 280~337)가 비잔티움(Byzantium)을 건설하여 다시 제국 통일을 획책한 데서 비롯되었으며 테오도시우스(Theodosius, 346~395)는 사후 이를 완전히 분할하여 두 아들에게 물려주고 말았다. 동로마제국(Eastern Roman Empire)은 그 뒤 1,000년 동안이나 유지되었지만, 서로마제국(Western Roman Empire)은 게르만의 침입하에 혼란을 거듭하다가 476년 서로마제국의 마지막 황제인 Romulus Augustulus가 게르만 용병 대장 오도아케르(Odoacer)에 의해 폐위되면서 멸망하고 말았다.

중세 전반기는 그리스와 로마 시대의 문법을 그대로 계승하였으므로 별다른 언어학적 발전은 없었고 Donatus나 Priscian 등의 문법이 그대로 통용되었다. 또한 문법뿐만 아니라 학교 교육도 상당히 부진했다. 그러나 서로마제국을 차지한 게르만족 중 대다수가 신앙과 문화적인 면에서 로마제국에 융화되길 원했다. 야만족을 몰아내고 서로마의 고전문학이 상당수 소실되는 등 시대적 혼란과 이교도의 권위와 규범이 붕괴됨에 따라 교회의 위상은 날로 향상되었다. 이는 그 시기 대부분의 전형적인 문학작품들이 기독교에 관한 내용이었다는 것으로 짐작할 수 있다. 특히 전반기에는 교회나 행정상의 업무를 수행하기 위해 학문과 언어가 부수적인 기능으로 유지되었다. 라틴어가 교부 문학(patristic literature)의 언어, 미사(service)에 사용되는 용어, 성서 번역, 서부 지역의 행정어로 필요했기 때문에 이 시기의 언어 연구는 대부분 라틴어 문법에 대한 연구였다. 중세 전반기에 세워졌던 수도원, 사원, 교회, 대학 등에서 고대 문헌이 지속적으로 연구되었으며 고대 문헌들도 복사록은 보존되었으며, 문법 이론도 가르쳤다.

중세 시대의 교육은 7개 교양과목(liberal arts)을 기초로 세워졌다. 언어의 비밀을 밝히는 3학(trivium)과 자연의 신비를 밝히는 4학(quadrivium)으로 크게 나누어졌다.


    (10) a. 3학: 문법, 논리학, 수사학
         b. 4학: 음악, 산수, 기하학, 천문학


이러한 분류는 로마 시대의 학자이자 정치가인 Boethius(AD 500)의 업적이었다. 7개 교양과목 중에서 문법은 교양과목으로서 또한 라틴어를 정확하게 읽고 쓰기 위해서 중요시되었으므로 중세 학문의 토대가 되었으나, 기독교의 믿음과 교리를 연구하는 신학(theology)이 다른 모든 연구보다 더 중요시되었다. 특히 이 시대의 연구는 대체로 실질적(practical)이면서도 규범적(normative)이었다. Donatus와 Priscian의 라틴어 문법을 그대로 이어받아 어원학(etymology)과 사전 편찬 작업(lexicographical work)이 행해졌다.

기독교(Christianity)는 초창기부터 전 세계적인 종교로서 잠재적인 것으로 생각되어 왔으며 또한 선교 활동은 대부분의 종파에서 교회의 중요한 사업의 일환으로 간주되었다. 기독교인들은 이교도들과 접촉을 갖던 초기부터 언어학적 연구를 결부시켜 왔고, 성경의 라틴어 번역 사업도 활발히 진행되어 왔다. St. Jerome은 성경을 라틴어로 번역하는 데 책임을 맡았으며 번역 이론서에서 그는 단어와 단어의 번역보다는 의미에 치중하였다. 영국에서 Bede와 Alcuin이 7세기와 8세기에 라틴어 문법에 관한 책을 썼으며 Aelfric은 라틴어 문법(Latin Grammar)과 라틴어 대화를 담은 책(cooloquium) 그리고 라틴어-고대 영어 주해집(glossary) 등을 썼다.


## 2. 중세 후반기(12세기~14, 15세기)


중세 후반기(12세기~14, 15세기)는 스콜라 철학(scholastic philosophy)이 융성했던 시기로 언어학 연구에도 중요한 시기이며 많은 양의 언어학 관련 연구가 수행되었다. 또한 이 시기는 중세 건축양식인 고딕(Gothic)양식이 융성하였다. 이 시대 언어학 연구는 거의 전적으로 교육용으로 Alexander of Villedieu는 1200년경에 '청년을 위한 교육'(Doctrinale puerorum)을 저술하였다. 이 문법서는 거의 실용적인 것으로 알려져 있으며 중세기에 있어서 학교문법(school grammar)의 근간이 되었다. 스콜라 철학의 영향으로 11세기 중엽부터 논리학 체계가 문법에 도입되었고, 특히 William of Conches(12세기 초)와 그의 제자 Peter Helias(12세기 중엽)가 큰 역할을 하였다. William of Conches는 품사(part of speech)를 소홀히 다룬 Priscian 문법을 설명력이 부족하다고 비판했다. 이는 마치 생성 문법가들이 Bloomfield와 기술 문법을 비판한 것과 유사하다고 하겠다(Robins 1992: 85). 이러한 비판들은 12세기 이후 사변 문법을 이끌어 내는 촉매 역할을 하였다. Peter는 12세기 중엽의 대표적인 문법가로 Priscian이 정립한 문법 규칙들의 해석에 주석을 달았을 뿐만 아니라 언어학적 논제에 논리학을 적용시킬 것을 주장하였다.

## 3. 사변 문법

　중세 시대의 언어학사에서 가장 흥미진진하고도 중요한 발전은 스콜라 철학의 전성기인 1200년~1350년경 이른바 사변 문법(speculative grammar) 또는 의미 작용 양상(De modis significandi, on the modes of signifying)에 대한 수많은 저서들의 출판을 들 수 있다. 사변 문법은 언어 이론이 명확하고 분명했기 때문에 양상론자의 이론적 관점에서 의미 작용 양상이라는 용어를 고찰하였다. 사변 문법가들은 Donatus와 Priscian의 문법을 스콜라 철학 체계 안으로 재정립함으로써 라틴 문법 기술이 완성되었다. 사변 문법은 모든 저술들이 의미 작용 양상이라는 제목을 가졌기 때문에 이 문법가들을 양상론자(modistae)라고도 불렀다.

　스콜라 철학은 13세기경에 절정을 이루었으며 스콜라 철학자들은 신학과 철학, 신앙과 이성, 자연과 인간을 조화시킴으로써 기독교의 교리를 철학적으로 논증하고 합리적으로 설명하고자 하였다. 이를 위해서 그들은 플라톤주의자들의 이데아론, Aristotle의 논리학과 Augustinus(354~430)의 신학 사상을 연구하였다. 가장 대표적인 사상가는 St. Thomas Aquinas(1225~1274)로, 그는 스콜라 철학을 가톨릭 신학(Catholic theology)으로 통합시켰다. 그에 의하면 하나님과 자연의 법칙에 따르는 생활만이 이상적인 삶이라는 것이다. 여기서 이상적인 삶이란 이성과 양심에 따르는 삶을 의미한다. 스콜라 철학의 영향으로 11세기 중엽부터 논리학 체계가 문법에 도입되기 시작하였고

William of Conches와 Peter Helias의 역할이 지대했다. 이들의 영향으로 사변 문법 모든 언어에 관련된 고정불변의 보편 문법(Universal Grammar)이 존재한다고 믿었다. 사변 문법의 초기 학자인 13세기의 Roger Bacon은 "문법은 단 하나이며 모든 언어의 본질은 동일하다. 그리고 서로 다른 언어들 사이의 표층상 차이는 단지 우연한 변이형(accidental variation)에 불과하다"고 주장했다. 또한 그는 철학적 배경에 입각하여 품사를 명사와 동사로 나누는 2품사론을 주장하기도 했다 모든 언어에 보편 문법이 존재한다는 사실은 언어학사에서의 획기적인 일대 변혁이었다. 보편 문법의 최초 연구는 사변 문법가들이 시작했고 보편 문법의 타당성을 설명하려 했다. 이들의 보편 문법 개념은 Descartes로 이어져 Chomsky에 이르게 된다. Chomsky의 보편 문법은 모든 언어에 보편적으로 원리(principle)가 존재하고 개별 언어의 다양성을 매개변인(parameter)으로 설명하고 있다. 현재의 보편 문법 개념의 근원을 사변 문법가들에 두어야 할 것이다.

사변 문법론자들에 따르면, 사물(thing)은 다양한 속성 혹은 존재 양태(modes of being; modi essendi)를 가진다. 즉 인식의 능동 양태(active modes of understanding; modi intelligendi activi)와 인식의 수동 양태(passive modes of understanding; modi intelligendi passivi)를 가진다. 각 언어에서 음성에 의미의 능동 양태(active modes of signification; modi significandi activi)를 부여하면 낱말(words; dictiones)과 품사(part of speech; partes orationis)가 된다. 한편 그 사물이 정신(mind)에 의해 파악될 때는 의미의 수동 양태(passive modes of signification; modi significandi passivi)가 된다.

모든 사물에 존재하는 존재 양태(modi essendi)는 시간 속에서 영속성의 속성인 modus entis와 변화의 속성인 modus esse(modus fluxus, modus fieri, modus motus)로 구분된다. 이런 점에 비추어 다음과 같이 체계화될 수 있다.

(11)

| 존재 양태 | |
| --- | --- |
| 인식의 능동 양태 | 인식의 수동 양태 |
| 의미의 능동 양태 | 의미의 수동 양태 |

의미 양상론자에게 있어서 의미 작용 양상(modi significandi)은 아주 중요한 용어이다. 그들에 의하면 모든 품사는 독특한 양상 또는 독특한 관점(point of view)을 통해 대표적 실체에 의해 구분된다. 즉 모든 품사에 적용되는 범주(category)는 그 자체로서 의미 요소에 기여하는 양상인 것이다. 각각의 품사를 살펴보면 다음과 같다.

(12) a. 명사(nomen): 존재하는 것과 특별한 특성과 관련되어 있는 것을 의미하는 품사
　　 b. 동사(verbum): 실체와 분리되는 일시적인 과정의 양상을 의미하는 품사
　　 c. 완료(participium): 실체와 분리되지 않는 일시적인 과정의 양상을 의미하는 품사
　　 d. 대명사(pronomen): 특별한 특성 없이 존재 양상을 의미하는 품사
　　 e. 부사(adverbium): 일시적인 과정의 양상을 의미하는 다른 품사와 함께 구성되는 존재 양상을 의미하는 품사
　　 f. 접속사(coniunctio): 서로 다른 두 개의 용어를 연결하는 양식을 의미하는 품사
　　 g. 전치사(praepositio): 격 굴절어, 연결어, 행위와 관련된 것과 함께 통사 구문의 양상을 의미하는 품사
　　 h. 감탄사(interiectio): 느낌 또는 감정을 의미하는 품사

(Robins 1992: 89 – 90)

아리스토텔레스의 학설에 대한 스콜라 철학파의 해석은 사변 문법을 통해서 명백하게 되었고 Thomas of Erfurt의 통사론은 사변 문법으로 요약될 수 있다. 그의 통사론에 따르면, 수용가능한 문장(sermo congruus et perfectus)은 아리스토텔레스의 우주의 궁극적 원인인 4원인(형상, 질료, 작용, 목적)에 비유되는 다음의 네 가지 원리를 따른다는 것이다.

> (13) a. 형상(formal): 다양한 구문에서의 낱말의 결합
> b. 질료(materiel): 문법적 부류의 구성 요소로서의 낱말
> c. 작용(efficient): 굴절 형태로 표현되는 서로 다른 품사 사이의 문법 관계로 이것들은 화자의 정신에 의해 부과된다.
> d. 목적(final): 완전한 사고의 표현

위의 원리는 다음의 세 가지 조건을 만족시켜야 한다. 첫째, 관련되어 있는 품사는 통사 구문을 구성해야 한다(예 명사와 동사). 둘째, 낱말은 적절한 굴절 범주를 가져야 한다. 셋째, 개별 어휘 항목으로서 낱말은 의미에 맞도록 연결될 수 있어야 한다. 예를 들어, cappa nigra(black cap)은 연결이 적합하지만, *cappa categorica(categorical cap)은 문법적으로는 적합하나 낱말의 순서상 수용될 수 없으므로 적절하지 못한 표현이다.

양상론자들은 초기의 통사 기술에서와 마찬가지로, 명사와 통사로 구성된 구문은 기본적인 것으로 보았고, 주어(suppositum)와 술어(appositum)라는 용어를 단순문의 통사 기능을 나타내기 위하여 사용하였다. 또한 명사와 동사의 본질적 의미 양상(modi significandi essentiales)은 주어와 술어의 상호작용으로 보았다.

　명사와 동사의 구문 분석은 초기 통사 기술에서와 마찬가지로 중세 시대에서도 기본적인 것으로 인식되었기 때문에 주어와 술어는 문장에서의 기본적인 부분으로 통사적 기능에 사용되었다. 예를 들어, Socrates albus currit bene 'white Socrates runs well'에서 주어인 Socrates와 술어인 currit가 하부요소인 albus, bene들을 대동해 주요한 구성 요소로 작용하고 있음을 알 수 있다.

　그들은 나아가 통사적 관계를 의존(dependence)과 완성(termination)이라는 관점에서 분석했다. 의존은 의존 관계의 출발점이고 완성은 의존 관계의 종착점이다. 즉 "어떤 구문의 한 부분은 그 구문에 의존되거나 그 의존 관계를 만족시키는 또 다른 부분에 의존되어 있다"(Robins 1992: 92). 양상론자들의 의존과 완성의 관계는 다음과 같다.

(14)

| 의존 | 완성 | 예 |
|---|---|---|
| 동사 (appositum) | 주격 명사(suppositum) | Socrates currit 'Socrates runs' |
| 동사 | 사격 명사(목적어) | legit librum 'read a book' |
| 형용사 (nomen adiectivum) | 명사 | Socrates albus 'white Socrates' |
| 부사 | 동사 | currit bene 'run well' |
| 명사 | 속격 명사 | filius Socratis 'son of Socrates' |

(Robins 1992: 92)

　한 단어와 다른 단어 사이의 관계(relation)를 규정하는 지배(government, regimen)란 용어는 Peter Helias 시대에 이미 사용되었다.

격 형태가 관련되어 있는 범위 내에서의 관련 형태뿐만 아니라, 전치사(preposition)와 사격 명사(oblique case noun)와의 관계를 표시하는 데 사용되었다. 이처럼 전통 문법에서 지배란 개념은 한 문장에서 한 단어가 다른 단어의 형태적 특성의 선택을 규정하는 것으로, 동사, 전치사는 그 목적어를 지배하므로 목적어 자리에 쓰이는 명사는 목적격을 써야 한다. 이와 같이 지배의 개념은 전통 문법에서는 격(Case)을 설명하기 위해 쓰였다.

양상론자들은 종속절과 독립절 혹은 주절을 구별하기 위해서도 의존과 완성을 사용하였다. 예를 들어, Si Socrates currit 'if Socrates runs'는 다른 사실이 뒤따른 것이라고 기대되기 때문에 의존이다. 또한 그들은 자동사 구문과 타동사 구문을 통사 범주로 분류했다. 그런데 로마 시대까지는 자동사, 타동사의 개념을 통사적 개념으로 사용하지 않았다. 우선, Socrates legit librum 'Socrates reads a book'과 같은 명사ー동사ー명사 문장에서 첫 번째 명사인 Socrates와 동사인 legit와의 관계는 자동사 구문이다. 또한 Socrates currit 'Socrates runs'과 같은 문장에서 명사와 동사의 관계도 역시 자동사 구문이다. 반면에 Socrates legit librum에서 legit와 librum 사이의 관계는 타동사 구문이다. 형용사와 명사 사이의 일치(concord)관계도 똑같이 적용되었다. Socrates albus 'white Socrates'는 자동사 구문인 데 비해, 명사와 사격인 filius Socratis 'son of Socrates'와 형용사와 사격인 similis Socrati 'like Socrates'는 타동사 구문이다. 양상론자들에 의하면, 이러한 모든 구분은 모든 언어에 적용될 수 있으므로 보편 문법에 속한다고 할 수 있다. 그리스나 로마 시대의 언어 연구가 주로 철자법이나 형태론에 치중한 데 반해 중세 시대의 양상론자들은 주로 구문 연구에 많은 노력을 기울였다.

중세 시대의 언어학을 요약하자면, 우선 중세에는 기독교의 전파로 성서를 자국어로 번역하는 데 주력했다. 성직자 훈련에 라틴어 교육이 필수였고 '청년을 위한 교육' 교재가 중세 학교문법의 기초가 되어 Priscian이 중요한 위치를 차지했다. 읽고 쓰기를 위한 목적 이상으로 라틴어는 스콜라 철학과 관련지어 학습되었고 기초 교과목이 되었다. 중세 초기에는 전반적으로 언어학 연구에 별다른 성과가 없었다. 하지만 후반기에 들어서 중세 문명의 절정기를 맞게 되었다. 스콜라 철학의 등장과 그에 영향을 받은 사변 문법의 등장이 바로 그것이다. 중세 철학, 논리학이 언어학에 영향을 주어 사변 문법이 등장하게 되고, 이 시기의 사변 문법가들의 연구가 현대 언어학 연구에 많은 영향을 끼쳤다. 보편 문법, 지배 개념의 등장, 통사론이 언어학의 일부로 등장하게 되는 등 여러 가지 면에서 현대 언어학에 영향을 끼쳤다고 볼 수 있겠다. 다시 말해서, 사변 문법가들이 지배와 의존이라는 개념을 체계적으로 다루었다는 점은 문법사에 있어서 하나의 중요한 진전이라 할 수 있으며 이러한 접근방법은 현대 언어학 연구 방법론과도 유사한 면이 있다(Bursill-Hall 1971, Covington 1984).

# 제4장 르네상스 시대와 그 이후

## 1. 개관

중세와 현대를 잇는 15세기에서부터 17세기까지는 르네상스(Renaissance, 문예부흥 운동)와 종교개혁 운동(Reformation)으로 특징지어진다. 대개 역사 기술에서 현대 세계의 탄생기로 간주되는 르네상스란 원래 '재생'을 의미한다. 보다 구체적으로 설명하자면, 14세기 무렵부터 16세기에 이탈리아에서 발생하여 외국, 특히 북부 유럽으로 전파되었고 고대 그리스, 로마 고전 문화의 부흥, 그리고 그에 따른 인간 중심주의적인 문화의 탄생을 의미한다. 특히 이 운동은 중세 시대의 신(God) 중심 사고방식에서 벗어나, 자연적이고 현실적인 인간 본성을 다루었던 고대 그리스와 초기 로마 시대의 문예로 되돌아가자는 운동으로서, 기본적으로 인본주의(humanism) 성격을 띠고 있다. 또한 이 운동은 고대 사상으로의 맹목적인 복귀만을 추구하지 않고, 인간의 현실에 바탕을 둔 지식이나 진리를 추구하고자 하였다. 이러한 관점에서 르네상스 시대는 유럽 역사상 가장 빛나는 시대로 인식되어 왔으며, 중세에서 근대로의 전환이 일어난 것이 바로 이 시대라고 생각된다.

르네상스 시대에 사용된 인본주의란 중세 스콜라에 있어서 철학·신학·법학 등 교과목에 대하여 문법·수사·역사·시·윤리 등 모두 그리스, 라틴어 고전 작품 연구에 입각한 일반 교양과목을 뜻하는 말이었다. 그러므로 인본주의는 그리스, 로마 시대의 고전 작품 연구에 바탕을 둔 언어학, 문학, 역사 등 인문 교육의 복귀를 강조하였다. 따라서 인본주의자는 그리스, 로마 시대의 고전을 가르치고 연구하는 자들을 지칭하였다.

르네상스 운동과 때를 같이하여 일어난 종교개혁 운동 역시 중세의 세속화된 중세 교회에서 벗어나 초기 교회의 순수한 신앙으로 복귀를 추구하였다. 중세 가톨릭교회의 권위와 전통은 봉건 사회의 신분제를 확립하는 데 중심적인 역할을 했지만, 이것으로 말미암아 개인의 내면적인 신앙생활은 점점 순수성을 잃어버리고 세속화되었다. 이러한 16세기 종교개혁 운동은 몇몇 특출한 종교 지도자에 의해 추진되었는데 대표적 인물로는 Martin Luther(1483~1536), Zwingli(1484~1531), Calvin(1509~1564) 등이다.

르네상스와 종교개혁은 여러 가지 점에서 밀접한 관련성이 있다. 강렬한 개인의식이 중심이 되어 중세 가톨릭교회를 비판하였으며, 또한 근원으로의 복귀를 추구하였는데, 전자는 그리스, 로마 고전에의 복귀, 후자는 성경과 교부 철학에의 복귀를 추구하였다. 이렇듯 르네상스와 종교개혁 운동에서 나타난 기본 정신은 중세까지 지배해 온

신 중심의 사상에서 벗어나 인간 중심적인 생활로의 변천을 의미하였다. 이 두 운동으로 현대 유럽이 시작되었다고 말할 수 있다.

이와 연관지어 르네상스 시대에 어떤 언어들이 연구되었고 이들이 어떤 철학적 사상 아래 전개되었는지를 살펴보고 또한 이들이 현대 언어학과 어떤 연관 관계가 있는지 살펴보고자 한다.

## 2. 언어 연구

르네상스 시대의 학문은 이탈리아에서 시작된 고대 그리스어와 고대 라틴어 연구의 재생이다. 이 시기는 과학과 예술에 많은 관심을 가진 인류와 인류 문화의 발달을 의미하는 지적인 휴머니즘을 촉진시켜 뛰어난 문학작품을 매개물로 고대 언어인 그리스어와 라틴어를 연구하였고, Columbus의 신대륙 발견(1492) 등을 포함한 해외 팽창의 산물로 아랍어, 히브리어, 중국어 등 지금까지 접해 보지 못한 언어에 관심을 가지고 연구하기 시작했으며, 민족 언어에 대한 관심의 확산으로 새로운 로망스 언어들이 연구되었다. Erasmus(1466~1536)는 라틴어와 그리스어의 정확한 발음에 대해 썼고, 그의 그리스어 발음 체계는 북유럽에서 수용되었다. 그는 라틴어의 c와 g의 발음이, 모든 로망스어에서는 강세가 있는 모음 앞에서 연구개 폐쇄음으로 발음되는 것과 달리, 모든 모음 앞에서 연구개 폐쇄음(velar stop) k와 g로 발음된다고 주장하였다.

또한 중세 후반기에 연구되기 시작한 히브리어(Hebrew)와 아랍어(Arabic)는 유럽에서 많이 연구되었으며, 14세기 파리 대학에서 두 언어가 공식적으로 인정되기 시작하였다. 특히 종교의 힘과 관련되어 집중적으로 연구되었다. 성서의 노아와 대홍수 이야기 때문에 가장 오래된 언어로 생각되어, 그리스어와 라틴어만큼 그 지위가 향상된 히브리어는 신의 언어(language of God)로 간주되어 폭넓게 연구되었다. 특히 Reuchlin은 히브리어의 문법적 전통과 라틴어의 전통을 대비시킨 *De rudimentis Hebraicis*를 썼다. 그는 기본적인 히브리어 문법을 세움에 있어 다른 학자들과는 근본적으로 다른 품사분류 체계로 학자들의 관심을 끌었다. 품사분류 체계를 명사, 동사, 불변화사(particle)로 분류하고, 명사와 동사는 어형 변화를 하지만, 불변화사는 어형 변화를 하지 않는다고 하였다. 또한, 그는 품사를 재분류하였는데, 명사를 명사, 대명사, 분사로, 불변화사를 부사, 접속사(conjunction), 전치사, 그리고 감탄사로 분류하여 히브리어의 문법적 전통을 라틴어의 전통과 대비시켰으나 히브리어 문법은 라틴어와 동일한 범주(category)를 사용하지 못한다고 주장하였다. 이렇듯 르네상스 기간 동안에 히브리어는 그리스어, 라틴어와 더불어 중요한 언어로 자리 잡았다.

아랍어는 히브리어와 마찬가지로 이슬람교 성서인 Koran을 통해 연구되었다. 자음이 낱말에서 어근이 되고 모음은 보조적 역할로 시제의 변화 등을 나타낸다. Roger Bacon은 히브리어 문법과 더불어 아랍어 문법을 썼고, 아랍어 문법은 18세기 Sibawaih of Basra 문법에서 그 절정에 달한다.

또한, 유럽의 제 언어들, 로망스(Romance) 언어들의 연구가 많이 진행되어 역사언어학이 시작되었다. 국가적 차원과 중간상인 계층에 의해 언어가 국가를 배경으로 애국심 고취 차원에서 공식적으로 영토권 내에 단일어로서 민족 언어를 쓰는 것을 강조하게 되었다. 스페인어와 이태리어의 최초 문법들은 15세기에, 최초의 불어 문법은 16세기에 나타났고, 비슷한 시기에 폴란드어(Polish) 및 슬라브어(Slavic) 등의 연구가 있었다. 르네상스 시기에 로망스 언어들과 라틴어 사이의 관계 조명을 통해서 고대에 대체로 결핍하였던 언어적 변화를 다루는 타당한 틀을 마련하게 되었고, 철자 변화로서 표현되는 음 변화들을 통해 스페인어, 불어, 이태리어의 낱말들과 고대 라틴어 형태들과의 역사적 연관성을 추측할 수 있게 되었는데, 이 음 변화들은 체계적으로 기록되었고 중요하게 연구되었다.

르네상스 시대에는 새로운 대륙에 대한 식민지와 지구 전체의 탐험, 선교사 파견 등을 통해 과거에는 접해 보지 못했던 다양한 언어를 접하게 되었다. 1558년에 아메리카 인디언에 대한 첫 문법이 공표되었고, 17세기에는 일본어와 페르시안 문법이 세상에 알려졌다. 13세기 말에 Marco Polo가 중국과 그 주변의 아시아 언어를 연구한 것에서 알 수 있듯이, 무역업자와 선교사가 언어학 연구에 일조했는데 대표적인 사람으로 Ricci를 들 수 있다. 그는 중국어와 서유럽 언어들 사이의 차이를 기록해 중국어 연구의 첫걸음이 되었다. 특히, 16세기 말부터 중국어 문자 체계가 유럽에 알려져 언어학 연구 방향에 아주 중요한 역할을 하게 되었고, 이를 통해 유럽 학자들은 일찍부터 접해 온 언어인 그리스어 및 라틴어와 음운론, 문법, 어휘 구조 측면에서 현저하게 차이가 있는 언어가 존재한다는 사실을 알게 된 계기가 되었다.

뿐만 아니라, 르네상스 시대에 인쇄술(printing)의 등장으로 고전 작가들이 원문을 수집해 발간했고, 문법 지식의 보급이 활발해졌다. 또한 인쇄술의 등장은 표준어의 인식과 통일된 철자법(orthography)의 개선에도 기여하였다. 비록 19세기 이전에 유럽에서 보편 교육이 이루어지지 않았지만, 그때부터 식자와 교육에 대한 요구가 확산되었고,

고전적 언어는 물론이고 외국어 연구가 인쇄된 교과서, 문법서, 사전의 다양성으로 인해 매우 활성화되었다.

르네상스 시대에 가장 대표적인 문법가는 Pierre Ramee(Petrus Ramus)였다. 그는 현대 언어학적 관점에서 볼 때, 현대 구조주의의 선구자이며, 중세에서 현대로의 전환점에 위치한 사상가들 중의 한 사람이다. 그리스어, 라틴어, 불어의 문법을 썼다. 불문법에서 라틴어와 연관시키는 면도 보이긴 했지만, 각 개별 언어에 대해 타당한 평가를 내리기도 했다. 문법에 대하여 철학적 논증을 따르기보다는 고전 언어들에서는 고전 저자들의 사용법을 따르고, 현대 언어에서는 모국어 화자들의 사용법을 따를 필요가 있음을 주장했다. 그의 불문법은 언어의 발음에 대해 최초로 다루었으며, 라틴어 형태론을 설명할 때 그는 품사에 대한 기본적인 기준을 만듦으로써 어형 변화의 전통적인 체계를 구축했다. 또한 통사론을 살펴보면, 수의 굴절(number inflection)이 있는 낱말과 그렇지 않은 낱말 사이의 구별에 바탕을 두었고, 두 개의 통사적 관계, 즉 일치(concord)와 지배(government)에 의해 설명하였다.

## 3. 르네상스 시대의 언어철학

16세기부터 18세기에 이르기까지 르네상스 시대의 철학적 세계는 영국에서 발전하게 된 경험주의(empiricism)와 프랑스의 이성주의(rationalism)의 대립으로 특징지어진다. 경험주의는 Francis Bacon, John Locke, Berkeley, Hume이 대표적인 철학자로 모든 지식의 관찰적 유래를 강조했다. 경험주의적 입장에 의하면 인간에게 정신은 별로 없으며, 정신 상태와 인지는 외부 세계의 자극에 대한 반응으로서 결정된다는 것이다. 이들은 연구에 있어서 귀납법(induction) 방법을 취하는 데, 귀납법은 자료를 수집하고, 가설을 설정하고, 검증하여 공통적인 요소를 규칙화한다. 이처럼 철저히 객관적인 자료와 방법만을 사용하고 언어 사용자의 언어적 직관(linguistic intuition)과 언어 능력(linguistic competence) 또는 언어 보편성(linguistic universal)을 부인한다. 경험주의의 대표적 인물인 Bacon은 관찰한 사실들로부터 일반적인 명제를 추출하는 귀납법을 주장하여 과학적인 방법의 발전에 공헌하였다. 즉 관찰과 실험에 의해서 인간과 외부 사물을 인식하고 얻어 낸 지식이 유용한 참된 지식이며, 이를 통해서 행복한 삶이 실현될 수 있다고 하였다. Locke는 인간의 마음은 백지상태(tabula rasa)와 같으며 모든 지식은 감각과 경험으로부터 얻어진다고 하여 경험론을 확립하였다. 이러한 경험주의적 입장은 20세기 미국의 기술주의 언어학에 지대한 영향을 주었던바, 엄격한 경험주의적 입장을 취했던 Bloomfield는 언어에 대한 연구는 귀납적 일반화에 의해서 이루어져야 한다고 역설하였다. 그 뒤 Bloch와 Trager 역시 기술언어학의 기본 원칙으로서 품사는 보편 문법의 도식에 의해서 정의되어서는 안 되고 굴절(inflection)이나 통사 기능에 의해 정의되어야 한다고 주장했다.

반면에, 이성주의는 인간 지성의 반박할 수 없는 진실에서 지식의 필연성을 추구하며, 내재적 사상을 중요시 여긴다. 프랑스에서 발전한 이성주의는 Descartes와 네덜란드의 Spinoza, 독일의 Leibnitz 등이 대표적인 철학자들이다. 사람이 태어날 때부터 언어의 보편적 구조가 사람의 마음이나 정신 속에 주어진다는 선천적인 언어 능력 가설을 내세운다. 이들은 규칙을 먼저 설정해 놓고 자료를 검증해 나가는 연역법(deduction)을 채택하였으며, 이들의 대표적인 언어 보편성에 대한 생각은 Port-Royal 문법가를 거쳐 Chomsky에까지 이어진다. 특히 이들의 입장은 언어 사용의 창조적인 면(creative aspect of language use)을 강조한다. 즉 언어 습득과 언어 사용은 단순한 암기(rote memorization)가 아니라 아주 창조적인 것이다. 이 점이 동물이나 기계와 인간의 정신작용 과정이 다르다는 것이다.

프랑스의 Descartes(1596~1650)는 감각적 경험을 통해서 얻은 지식은 개인의 편견에 따라 달라질 수 있기 때문에 단편적이고 우연한 지식이라고 보고, 철학적 사유를 통해서 완전하고도 확실한 지식을 추구하였다. 그는 확실한 것을 찾아 모든 것을 의심한 끝에 내가 지금 사유한다는 사실만은 결코 의심할 수 없다는 결론에 도달하게 되어 "나는 생각한다. 그러므로 나는 존재한다"(Cogito ergo, sum)라는 유명한 명제로부터 출발하여 모든 것을 이성의 빛으로 연역하여 설명함으로써 합리론을 전개시켰다. Chomsky는 Port-Royal 문법에 대한 Descartes의 영향을 강조한 그의 저서 *Cartesian Linguistics*(1966)에서 이성주의 언어학의 배경으로 Descartes와 Port-Royal 문법을 지적하면서, Descartes 철학이 Port-Royal 문법의 이론적 배경이 되었으며, 동시에 변형 생성 문법의 이론적 근간이 되었다고 하였다. 실제로 Descartes는 언어의 본질을 규명하려고 한 것이 아니라, 오히려 인간의 본질을 고찰하기 위해 인간과 동물을 구별하는 기준은 언어에 있다고 하였다. 즉 동물의 모든 행위는 하나의 자동장치(automation)라는 가정하에 설명될 수 있다고 보고, 인간이 동물과 구별되는 것은 독특한 언어 능력(linguistic competence) 때문이라는 것이다. 동물이나 기계는 어느 특정한 자극에 대해서만 반응을 보이는 데 반해, 인간은 언어라는 도구를 가지고 생각을 자유로이 표현할 수도 있고, 변화된 상황에 대해 적절한 반응을 보일 수도 있고, 또한 외부의 자극에 대해 무한정의 연상 작용도 할 수 있다는 것이다. 결국 인간의 언어 습득과 언어 사용은 단순한 암기에 의해서가 아니라 창조적으로 행해지기 때문에 Chomsky는 언어 사용의 창조적인 면을 강조하였다.

경험론자와 이성론자 사이의 가장 큰 차이점은 내재적 사상(innate ideas)이다. Bacon, Locke, Berkeley, Hume과 같은 경험론자들은 경험(experience) 이전에 인간의 정신(mind) 속에 내재된 어떠한 사상의 존재도 부정하는 데 반해, Descartes 학파의 이성론자(cartesian rationalist)들은 우리 지식의 기초로서 확실한 내재적 사상의 존재를 인정한다. 이러한 사상은 수(number)나 형상(figure)에 대한 사상뿐만 아니라 논리적·수학적 개념까지도 포함한다.

16세기 이후 라틴어가 쇠퇴함에 따라 유럽의 모든 언어들에 대한 연구가 시작되었다. 그 당시에는 라틴어와 같은 하나의 언어를 연구하는 것이 아니라, 인식과 사고, 사상들이 직접적이고 보편적으로 표현될 수 있는 하나의 체계를 만들어 내려는 시도가 있었다. 즉 어떤 개별 언어에 국한되지 않고, 보편 언어로 표현할 수 있는 보편 구조에 대한 개념이 이성론자들에겐 자연스러운 것이었다. 실제로 언어 문법에 대한 보편성 연구는 Port-Royal 문법론자들에게서 뚜렷이 나타났으며, 이들은 스콜라 철학의 중세 사변 문법가(speculative grammarian)들의 오래된 보편주의에 근거하고 있다. 이처럼 보편 문법은 중세 시대의 사변 문법에서 시작되어 경험주의와 이성주의의 대립에서 이성론자들의 지지를 받아 Port-Royal 문법 학자들로 이어졌으며, 20세기 Chomsky로 이어졌다. Chomsky는 다양한 언어 공동체에 서로 다른 언어 현상들에 기반을 이루고 있는 언어 보편성의 존재를 바탕으로 해서 언어학 연구를 해야 한다고 주장했다.

16, 17세기 영국의 경험주의는 언어학 연구 과정에서 자료를 수집하고 비교함에 있어서 소리 비교가 가장 손쉬운 방법이었다. 이런 이유로 음성학 연구가 시작되었는데, 인쇄술의 등장과 글을 읽고 쓰는 교육이 보급됨에 따라 철자와 발음을 연결시키려는 연구가 활성화되었다. 주로 이 시기의 음성학 연구는 철자법(orthography)과 정음법(orthoepy) 연구에 한정되어 그 당시의 영어 발음 확립에 널리 사용되었다. 특히, 단일 기호(single symbol)로 각각의 소리를 내게 하는 것으로, 모든 언어의 발음을 정확하게 배우고 표기하도록 하는 목적하에, 또한 일치하지 않은 인습적인 철자와 다양한 개별적인 음성 표기 체계의 혼란을 피하기 위해 1888년 Jesperson이 주축이 되어 국제음성기호(IPA; International Phonetic Alphabet)를 개발하기도 하였다. 오늘날 국제음성기호에서 널리 사용되는 음성기호는 16세기, 17세기 동안에 최초로 발명되고 제안된 것이다.

르네상스 시대 이후 경험주의자들은 개별 언어의 다양성과 관찰에 의해 자료를 분류하고 범주를 구분하는 것을 강조한 데 반해, 이성주의자들은 표층적 차이에 상관없이 그 이면에 있는 모든 언어의 공통적인 요소, 즉 기저형의 존재를 강조하였다. 예를 들어, Bloomfield는 언어들 사이에는 공통점이 거의 없이 독립적으로 존재하는 개별 언어의 형태에 대한 기술을 시도하였다. 반면에 Chomsky를 비롯한 변형 생성 문법가들은 언어 보편성의 중요성을 강조하였으며 어린이들이 자기 모국어를 거의 일정한 속도로 습득한다는 점에서도 언어 보편성을 강조하였다. 한편 18세기 이후 언어에 대한 역사적 연구는 유형별 비교와 연계하여 연구되었으며 또한 이 시기에 언어학사에 있어

서 중요한 연구인 고대 산스크리트 학문과 언어에 대한 총체적 발견
으로 연구의 초점이 변화되었다.

## 4. Port-Royal의 일반 이성 문법

17세기의 가장 두드러진 문법 연구서는 Port-Royal 수도원에서
1660년에 발간된 Claude Lancelot와 Antoine Arnauld의 공동 저작인
*Grammaire generale et raisonne*였다. 이 문법서에는 Port-Royal에서 이루어
진 연구들의 이론적 원리가 명확하게 표현되어 있는데, 개별 언어를
초월하여 이성주의적 사고의 바탕 위에서 세계 모든 언어의 본질에
맞는 보편 문법을 만들어 내는 것이 가능하다는 것이다. 특히, 그들에
의하면 논리란 통일적이며, 모든 인간에게 보편적이며 공통적이므로
문법 규범들은 고도의 논리(logic)에 부응해야 한다.

Port-Royal 문법은 보편 문법을 지지하며 라틴어를 모델로 하여 불
어 문법을 완성시키는 것을 목표로 삼았다. 그 이론적 배경은 Port-Royal
의 논리학에 두고 있다. Port-Royal 논리학은 1662년에 Antoine
Arnauld와 Pierre Nicole에 의해 출간된 *La Logique oulart de penser*에서 제
출된 것이다.

또한 Port-Royal 문법은 명제문의 구성 요소들을 품사로 보고, 이
들을 사고의 대상(object of the thought)과 사고의 형태 또는 방식(form
or manner of the thought)으로 구분하였다. 먼저 사고의 대상에 속하는
품사로는 명사, 관사, 대명사, 분사, 전치사 그리고 부사이며, 사고의
형태 또는 방식에 속하는 품사는 동사, 접속사, 감탄사이다. 이러한
분류는 Port-Royal 문법이 형태적 또는 통사적인 기준에 근거하여 품

사 분류를 하였던 Donatus나 Priscian의 전통에서 벗어나, 논리적 기준에 의해 품사분류를 시도했다는 점에서 중세 사변 문법가들과 유사성이 있다고 하겠다.

Chomsky의 생성 변형 문법과 마찬가지로 문장의 의미를 결정하는 심층구조(deep structure)를 연구하였다. 실제로 Chomsky는 Port-Royal 문법의 명제문을 관계사절을 중심으로 심층구조와 표층구조(surface structure)의 이론에 적용시키고 있다. 즉 의미해석을 결정하는 추상적 내적 구조인 심층구조와 음성해석을 결정하는 표층구조로 구분하는 것이다. 하나의 명제문 The invisible God has created the visible world(보이지 않는 신이 보이는 세계를 창조했다)는 좀 더 명확한 형태인 God, who is invisible, has created the world와 연관되어 있다. 또한 이 명제문 속에 세 개의 판단이 일어난다. 왜냐하면, 첫째, God is invisible(신이 보이지 않는다)과 둘째, God created the world(신이 세계를 창조했다)와 셋째, the world is visible(세계가 보인다)이라는 사실을 판단하기 때문이다. 그리고 세 개의 명제문 중에서 두 번째가 전체 명제문의 가장 근본이 되며, 첫 번째와 세 번째 명제는 부수적인 것이다. 결론적으로 Port-Royal 문법가들은 일반 문법(general grammar)과 보편 문법(universal grammar)에 대한 연구를 심도 있게 하였다. 그들에 의하면 기저형은 인간의 내적 구조를 나타내는 것으로 일반적(general)이고 이성적(rational)인 것이다. 한편 중세 스콜라 철학자와 마찬가지로 Port-Royal 문법가들이 보편 문법의 중요성은 강조하지만, 가장 두드러진 차이점은 이들은 보편성의 기초를 인간 이성(human reason)과 사고(thought)에 두었다는 점이다.

## 5. 결론

　중세와 현대의 가교 역할을 한 15세기부터 17세기의 유럽은 르네상스와 종교개혁이라는 커다란 두 운동으로 사회 곳곳에서 인문주의가 팽배했고, 유럽의 팽창으로 인해 많은 언어와 접하게 되었다. 또한 이 시기는 인쇄술의 발명으로 교육에 대한 욕구 확산과 지식 보급이 가능했으며, 언어 연구에 있어서는 고전어 이외에도 외국의 다양한 언어 연구로 문법서, 사전의 출판이 활성화되었다. 신학을 중심으로 학문을 연구했던 중세와 비교해 볼 때, 폭넓은 학문의 시도가 행해겼던 시기이기도 하였다. 특히 이 시기의 중요한 철학 사조는 경험주의와 이성주의로, 전자는 현대 구조주의 언어학에 영향을 주었고, 후자는 Port—Royal의 일반 이성 문법을 거쳐 현대 Chomsky를 비롯한 변형 생성 문법가들에게 영향을 끼쳤다.

# 제5장 18세기 언어학

## 1. 개관

　18세기 초기에서 19세기 초기까지는 역사적·사회적·지적인 면에서 현대 시대의 전초가 되는 시기이다. 유럽의 여러 나라들, 독일, 이태리는 이 시기 동안에 독립적인 존재를 획득했고 고대부터 유럽의 특징인 농경문화가 산업 문명이 퍼짐에 따라 변화되었다. 지적인 면으로 유럽과 미국에서 새로운 대학들이 설립되었고, 유럽과 미국 학자들의 상호 교류가 있었다. 언어학적인 측면에서 19세기에 많은 업적을 남긴 학자들로는 Grim, Whitney, Meyer－Lübke, Max Müller, Brugmann, 그리고 Sweet 등이 있다. 지금도 잘 알려진 학자인 인도에 있는 영국 법원의 판사이자, 19세기에 전통적으로 연구된 비교언어학의 기초자인 William Jones(1746～1794)가 1786년 캘커타(Calcutta)에 있는 Royal Asiatic Society에서 자신의 유명한 논문을 발표했다. 그는 이 논문에서 인도의 고대 언어인 산스크리트어와 라틴어, 그리스어, 게르만어와의 관계를 비교하여 역사적인 친족 관계를 최초로 정립하였다. Jones에 따르면 산스크리트어는 고대 언어일지라도 훌륭한 구조를 가진, 여러 면에서 너무나 완벽한 언어였다. 다시 말해서 그리스어보다 더 완벽하고, 라틴어보다 더 표현이 풍부하여, 그리스어와 라틴어보다 훨씬 더 정교하고 세련된 언어라고 한다. Jones의 이러한 업적은 직접적으로 비교언어학 시대를 열지는 못했으나 그의 이론은 언어에 대한 비교연구가 시작되는 토대를 마련해 주었다.

유럽인들에 의한 산스크리트어의 연구는 두 가지 측면에서 중요한 의의를 지닌다. 첫째는 유럽의 제 언어와 산스크리트어의 비교는 19세기 유럽의 비교·역사언어학의 성장과 발전에 커다란 기여를 했다는 점이고, 둘째는 고대 인도의 산스크리트어 문법가들의 음성학뿐만 아니라 언어학 제 분야의 기술적 방법에서 이루어 놓은 탁월한 업적이 산스크리트어 문법 연구를 통해 유럽 학자들에게 인식되었다. 실제로 Pānini와 인도 언어학자들의 업적이 유럽의 산스크리트어 연구에 끼친 영향이 막대하여 산스크리트어 연구는 19세기의 비교·역사언어학 연구의 밑거름이 되었다.


## 2. 인도 문법


고대 인도인들의 문법 연구에 대한 재능은 명성을 얻기에 충분하다. 오늘날 그들이 높이 평가되는 이유는 그들의 연구와 그들이 이룩해 놓은 성과가 방대하기 때문이라기보다는 오히려 언어 사실을 정확하고 객관적으로 기술한 그들의 감각 때문이다. 고대 인도 문법가들은 거의 수학적이라고 할 만큼 언어 현상을 아주 간결하면서도 정확하게 정의하였다. 이러한 분석 방법 때문에 현대 언어학자들에 의하여 구조주의 및 수학적 시대에 가장 앞선 선구자로 높이 평가받고 있다.

인도에서는 기원전 수 세기 전에 이미 언어에 대한 관심이 싹트기 시작했는데, 이것은 당시의 사회 및 문화적 분위기와 직접적으로 관련되어 있었다. 그 사회는 카스트(세습적인 계급)에 따라 나누어져 있었기 때문에 최상급 특권계급의 문화를 나타내는 언어에 대한 관심이 일어났다. 이 특권층 언어의 순수성을 유지하기 위하여 문법학교를 설립하고 언어 현상을 충분히 관찰하고 기술할 수 있는 유능한 문법가를 양성하려고 했다. 이러한 문법 연구의 뿌리는 고대에까지 거슬러 올라가며 그 전통은 오늘날에도 생생히 남아 있다.

인도인의 문법에 대한 관심은 그들의 고대 문헌에 나타나 있다. 이제까지 알려진 가장 정밀하고 체계적인 문법은 태고 인도에서 발견된 Pāṇini(BC 5~4세기)의 범어 문법(Sanskrit grammar)이다. 산스크리트어는 인도의 고대어로 여러 고전어들과는 확실히 친족 관계에 있는 것으로 알려져 있는데, 1786년에 인도에 있던 영국 법원의 판사이자 19세기에 전통적으로 연구된 비교언어학의 초안자인 William Jones는 Calcutta에 있는 Royal Asiatic Society에서 자신의 유명한 논문을 발표했다. 그 논문의 내용은 인도의 전통적 언어인 산스크리트어와 라틴어, 그리스어, 게르만어와의 친족 관계를 최초로 체계화한 것이었다. 그는 산스크리트어에 대해 다음과 같이 진술하고 있다.

산스크리트어의 역사가 오래된 것인데도 불구하고 참으로 훌륭한 구조를 가지고 있다. 산스크리트어는 완벽하기로는 희랍어보다 더하고, 어휘는 라틴어보다도 더 풍부하다. 우아하고 세련미 나기로는 희랍어와 라틴어와는 비교할 수 없을 정도이다. 그럼에도 산스크리트어는 인두언어와는 보다 강한 유사성을 가지고 있다. 특히 동사의 어근과 문법의 형태에서 우연히 닮았다 하기에는 너무나 닮았기에 이 세 언어, 즉 산스크리트어, 그리스어 및 라틴어를 조사한 어떠한 언어학자라도 이 세 언어가 지금은 존재하지는 않지만 옛날에 존재했을 하나의 언어에서 파생되어 나왔다고 믿지 않을 수 없을 만큼 많이 닮았다. 그렇게 큰 설득력은 없지만, Goth어와 Celt어도 산스크리트어와 같은 어원을 가졌다고 생각하게 된다 (Robins 1992: 149).

그렇다면 이렇게 훌륭한 문법이 인도에 나타난 이유는 어디에 있을까? 그 이유를 BC 1200~1000의 베드 시대(Vedic Period)부터 유래한 의식적(ritual)이고 종교적인 구술로 전해진 문헌을 보존하려는 필요성에서 찾아볼 수 있다. 고대 인도의 브라만교에는 베다(Veda)라는 성전이 있어, 여기에 쓰인 언어가 바로 베다의 범어(Vedic Sanskrit)였다. 이 베다는 모든 종교의식에 쓰이는 찬송가(hymn), 기도문(prayer), 연도문(litany) 등이 포함되어 있고, 베다 중에서 가장 오랜 역사를 가지고 있는 것이 바로 리그베다(Rig-Veda)인데, 이것은 기원전 1000년경부터 존재해 온 것이며 문자가 인도에 도입되기 전부터 구전(orally)으로 후세에 계승되어 왔다. 그 당시에는 문자가 없었고 또한 고대인들은 종교적 의식에 쓰이던 언어를 신격화하여 이 안에 신의 존재를 의식하였기 때문에 각각의 문자는 정확하게 발음되어 올바르게 전달되지 않으면 안 되었다. 한 걸음 더 나아가 베다 원문의 순수성을 유지하면서 베다의 범어에서 내려온 고대 인딕어의 정화를 위하여 문법가들은 이 언어의 모든 면을 치밀하게 관찰하여 문법과 음을 충실히 기술하려고 노력하였다. 이러한 노력의 일환으로 가장 간결하고 정확한 범어 문법을 기술한 사람이 인도의 문법 학자 Pānini이다. 사실 범어의 문법 중 Pānini의 문법을 능가할 만한 것이 없을 정도며 적절한 문법 술어를 제정하는 등 그는 19세기부터 본격화된 언어학 연구에 알맞은 방법론을 제시해 주었다. 그보다 앞서 간 사람들에 대해서는 거의 알려져 있지 않지만, 범어의 단어 형성(word formation)에 대한 명확한 연구를 구현한 그의 범어 문법은 언어학의 커다란 축이 되었다. 따라서 19세기 역사언어학자들에게 특별한 관심을 끈 것은 다름 아닌 Pānini의 범어 문법이었다.

Pānini의 문법을 가리켜 Bloomfield(1933: 11)는 "인류의 지성이 이룩해 놓은 최고의 기념비 중의 하나"라고 극찬했다.

> This grammar, which dates from somewhere round 350 to 250 BC is one of the greatest monuments of human intelligence. It describes, with the minutes detail, every inflection, derivation, and composition, and every syntactic usage of its author's speech. No other language, to this say, has been so perfectly described.

인도 언어학자들은 명사, 동사, 전치사, 분사 등 네 가지로 산스크리트어의 품사를 분류하였다. 산스크리트어에서 인칭, 수, 시제에 굴절하고 있는 동사는 그리스어, 라틴어와 마찬가지로 문장의 핵심으로 분류되어, 동사 자체가 문장에서 완전히 독립적으로 쓰일 수 있고, 또한 동사 하나만으로도 완전한 문장이 된다. 다른 품사들은 동사와 특별한 관계를 가지고 있으며, 그중에서 가장 중요한 것은 격 굴절을 하는 명사이다. 이제 Pānini 문법의 특징을 살펴보자(Robins 1992: 161－163).

첫째, 산스크리트어의 단어 형성 규칙(word formation rule)은 Pānini 의 산스크리트어 문법인 아스따다이(Astādhayāyī)의 대부분을 차지하 고 있다. Pānini의 산스크리트어 단어 형성 규칙은 2,000년 후에 현대 Chomsky의 변형 규칙과 마찬가지로 일정한 순서로 적용되어야 하고, 이러한 규칙은 산스크리트어를 언급하지 않고서는 기술하거나 예시 하기가 어렵다. 훗날 Bloomfield는 Pānini 방법론을 잘 요약했다. 단어 형성에 있어서 한 단어가 생성될 때, 어근(root)으로부터 일련의 규칙 이 차례대로 적용되어 실제 단어가 생성된다. 예를 들어 설명해 보자.

 

(15) a. bhū−a
     b. bhū−a−t
     c. a−bhū−a−t
     d. a−bho−a−t
     e. a−bhav−a−t
     f. ábhavat

위의 예는 *to be*라는 뜻을 가진 어근 *bhū* −에서부터 *he, she, it was*라는 뜻인 *ábhavat*가 생성되는 각 과정을 나타낸 것으로, 각 과정에는 규칙 들이 순서대로 적용되었음을 알 수 있다. (15)에서 맨 마지막 *ábhavat* 가 발음이 되는 실제 단어 형태이다. 이것은 약 2,000년 후에 생성 문 법가들이 기저형(underlying form)에서부터 순차적인 규칙에 따라 실제 의 형태인 표층형(surface form)에 도달한다는 논리와 상당히 유사하다. 이것은 불어의 *bon*이 [bõ]로 발음되는 것이 비음화(nasalization)가 적용 된 후 끝 자음 탈락(final consonant deletion)이 적용되어야 되지, 만약 그 반대로 적용될 경우 올바른 발음이 되지 못한다. 즉 규칙의 적용에 는 일정한 순서가 있다는 것이다.

둘째, 그는 어근(root)과 접사(affix)를 분리하였는데, 이는 오늘날의 문법 분석에 있어서 형태소(morpheme) 개념에 직접적으로 영향을 주었다. 그는 특히 자음과 모음의 결합, 자음과 모음의 특징 및 낱말을 분석하여 어근과 접사를 나누는 등 기술 문법의 선구자가 되었다.

셋째, Pānini의 형태 음소론(morpho phonemics)은 오늘날 기능적으로 동등한 요소 사이의 형태적 변이를 단일 형태소(morpheme)로 처리하는 것과 같은데, sthānin(having a place, original)이라 불리는 추상적 기본 형태(abstract basic form)를 정하고 규칙에 의해 실제 형태로 표출된다. 예를 들어, 영어에서 동사의 과거 시제 형태는 /−t/(walked)와 /−id/(waited)처럼 환경적으로 결정되는 변이형과 연관되어 있다. Bloomfield의 형태 음소론은 Pānini의 방법에서 영향을 받은 것으로 여겨진다.

넷째, 단어 형성(word formation)에 있어서 하위 규칙과 관련된 어떠한 규칙도 반복하는 것은 불필요한 것으로 간주했다. 이처럼 경제성(economy)을 준수하기 위해 많은 방법들이 제안되었는데, 이 중 한 가지는 어떤 연속적인 음에 한정적으로 사용되는 음이 삽입됨에 따라 그 연속음의 첫 번째 소리와 맨 끝소리로 축약된다는 것이다. 예로서, *aiu(n)*은 *an*으로, *aiu(n)rleo(n)aiau(c)*는 *ac*로 된다는 것이다. 이러한 생략의 유형은 문법적인 요소들에까지 그 범위가 확장되어 모든 명사의 격 어미는 *sup*이, 모든 동사의 인칭 어미는 *tin*과 관련이 되어 있다. 가장 잘 알려진 예는 모음 합병(vowel coalescence)규칙으로서 a−a=a, i−i=i, u−u=u로 기술되는데 2개 연속해서 나타나는 모음을 한 개의 모음으로 표기했다.

다섯째, 현대 언어학에서 성분이나 범주(category)의 영 표기(zero representation)는 직접적으로 Pānini에 영향을 받았다. 그의 영 형태소

(zero morph)에 의해 표시되는 형태소의 가정에 의하면 불규칙형이라고 여겨지는 것이 추상 단계에서는 오히려 더 규칙적인 것같이 보인다. 그러므로 대부분의 영어 복수 명사는 접미사(suffix)인 명백한 형태소가 있기 때문에 복수로서 *sheep*과 같은 예는 실제로 /ʃiːp/－∅로 분석된다. 또한 Pānini는 명사형의 최소한 문법 구조를 어근(root)＋어간 접미사(stem suffix)＋굴절 접미사(inflectional suffix)라고 하였는데, 이 구조가 항상 나타나는 것은 아니다. 예를 들어, *bhajam*(sharing, 대격 단수)의 경우, *bhaj*는 어근이며 am은 굴절 접미사이므로 어간 접미사가 영 형태소로 되었다. 현대 언어학에서 영(zero) 개념이 다양하게 사용되었는데, Saussure의 그리스어 주격형 분석이 이에 해당된다. 즉 그리스어 주격형인 *phlóx*(/phlóks/) 'flame'에서 /phlóg－/는 어근이며 /－s/는 주격 단수 접미사인 데 반해 어간형(hīppos(/hīpp－o－s/), horse)은 영 접미사(zero suffix)(/phlóg－∅－s/)이다.

언어 연구 분야에서 인도인들이 이룩해 놓은 업적은 Pānini로 끝나는 것이 아니라 그의 후계자들에 의해 지속되었다. 그 대표적 인물은 Patañjali(BC 2세기)와 Bartṛhari(AD 7세기)이다. 인도인들은 음성 기술에도 많은 조예를 가져 음성을 기술함에 있어서 최초로 조음 요소들에 주의를 기울였다.

19세기 초엽 산스크리트 문법이 영어로 출판되기 시작하였다. 대표적인 문법서는 W. Carey의 *Grammar of the Sanskrit Language*(1806)와 C. Wilkin의 *Grammar of the Sanskrit Language*(1808)이다. 이와 같이 그 가치를 인정받은 산스크리트어 연구는 두 가지 면에서 중요하다. 첫째, 19세기 유럽의 역사·비교언어학의 성장과 발전에 대단한 기여를 했고, 둘째, 장기적으로는 음성학과 그 밖의 언어학 분야에서의 기술적 방법이 고대 산스크리트어 연구를 통해 유럽 학자들에게 인식되었다는 것이다. 이는 곧 산스크리트어에 대한 연구가 19세기 유럽의 역사·비교언어학뿐만 아니라 언어 자체의 구조를 객관적으로 분석 기술하는 기술주의 언어학에까지 영향을 끼쳤음을 의미한다.

# 제6장 19세기 언어학

## 1. 개관

18세기 문법을 학교문법 혹은 규범문법이라고 한다면 19세기 문법은 역사·비교 문법으로 부를 수 있다. 역사·비교 문법의 태동은 산스크리트어와 연관되어 있다. 역사·비교 문법은 산스크리트의 발견과 더불어 18세기 문법과 결별하고 새로운 방법의 언어 연구로 도입된 방법이다. 물론 산스크리트와 힌두 문법은 선교사를 통해서 16세기와 18세기에 유럽에 유입되었고, 또한 이것은 유럽인들의 언어에 대한 커다란 혁명을 유발하는 계기가 되었다. 힌두 문법은 유럽인에게 음성형태를 분석하게 했을 뿐 아니라 분석된 성분 구조를 서로 비교해 보면 지금까지 어렴풋이 알던 개념을 확실하게 또한 명확하게 해 주었던 것이다.

특히 18세기 인도에 있던 영국인들은 보다 더 정확한 산스크리트어에 대한 정보를 본국인 영국에 보냈으며, 19세기쯤에서는 산스크리트어에 대한 지식이 유럽 학자들 사이에 널리 알려지게 되었던 것이다. 인도에서 브라민 종교(Brahmin)는 매우 오래된 찬송가 모음집을 귀중한 책으로 여겨 보관해 왔다. 이 찬송가 모음집에서 가장 오래된 것 중의 하나가 Rig−veda인데 이것은 BC 1200년쯤의 것으로 보고 있다. 이 경전의 언어가 시대에 뒤떨어지게 되자 학식 있는 자들은 이 경전을 올바르게 발음하고, 그들을 올바르게 해석하는 것을 그들의 제일 중요한 일로 여기게 되었다. 힌두 문법가들은 그들의 관심을 경전은 물론이고 상류층의 언어에까지 확대시켰으며, 이 언어의 발음 형태를 정확하게 기술하는 방법과 규칙을 정했던 것이다. 차츰 고대 힌두 문법가들은 문법과 어휘를 조직적으로 정비하는 일들을 해 왔으며, 그것들 중의 하나가 Pānini 문법이며 이것은 약 BC 350~250년 정도의 일이었다. 이 문법에 대해서 Bloomfield(1933: 11)는 "……one of the greatest monument of human intelligence", 즉 이것은 인류의 지성이 만들었던 위대한 업적에서 가장 위대한 것 중의 하나라고 찬사를 아끼지 않았다.

유럽 문법가들은 산스크리트 문법을 접하게 되자마자 한 언어를 정말 완벽하고도 정확하게 기술해 놓은 것으로 생각했으며, 또 산스크리트어는 유럽 제 언어를 비교 연구할 수 있게 한 기본 틀이 된 것이다. 서로 비교한 예를 보면 산스크리트어에서 mātā(mother)이고 대격은 mātaram인데 그리스어는 mèter이고 라틴어는 māter이다. 또 산스크리트어에서 dvāu(two), 그리스어 duo, 라틴어 duo이다. 또 산스크리트어에서 trayah(three)이고 그리스어 treis, 라틴어 très 등이다. 그런데 유럽어의 제 언어가 산스크리트에서 나왔는지 아닌지에 대하여 명백한 견해를 가지지 못했다. 즉 선사 이전 한 언어에서 산스크리트어와 유럽 제 언어가 파생되어 나왔을 것이라고 처음 설명한 사람은 영국인인 William Jones(1746~1794)였다.

## 2. 언어학자들

### 2.1. William Jones(1746~1794)

Jones는 인도에 있는 영국 법원 판사로 재직하면서 산스크리트어에 대한 연구를 계속했다. 그는 산스크리트어가 라틴어, 희랍어, 게르만 언어와 역사적으로 혈연관계가 있다는 보고서를 1786년 캘커타에서 개최된 왕립 아시아 학회(The Royal Asiatic Society)에 제출했다. 1786년을 현대 언어학 발전의 획기적인 해로 보는 것은 바로 Jones의 보고서 때문이다. Jones가 발표한 보고서의 내용 일부는 많은 책에서 인용되었지만 여기서도 인용해 보면 다음과 같다.

> The Sanskrit language, whatever be its antiquity, is of a wonderful structure; more perfect than the Greek, more copious than the Latin, and more exquisitely refined than either; yet bearing to both of them a stronger affinity, both in the roots of verbs and in the forms of grammar, than could possibly have been produced by accident; so strong indeed, that no philologer could examine all three without believing them to have sprung from some common source, which, perhaps, no longer exists. There is a similar reason, though not quite so forcible, for supposing that both the Gothic and Celtic had the same origin with the Sanskrit(Robins 1992: 149).

해석해 보면, 산스크리트어의 역사가 오래된 것인데도 불구하고 참으로 훌륭한 구조를 가지고 있다. 산스크리트어는 완벽하기로는 희랍어보다 더하고, 어휘는 라틴어보다도 더 풍부하다. 우아하고 세련미 나기로는 희랍어와 라틴어는 비교할 수 없을 정도이다. 그럼에도 산스크리트어는 인두언어와는 보다 강한 유사성을 가지고 있다. 특히 동사의 어근과 문법의 형태에서 우연히 닮았다 하기에는 너무나 닮았기에 이 세 언어, 즉 산스크리트어, 그리스어 및 라틴어를 조사한 어떠한 언어학자라도 이 세 언어가 지금은 존재하지는 않지만 옛날에 존재했을 하나의 언어에서 파생되어 나왔다고 믿지 않을 수 없을 만큼 많이 닮았다. 그렇게 큰 설득력은 없지만, Goth어와 Celt어도 산스크리트어와 같은 어원을 가졌다고 생각하게 된다.

Jones의 연구 보고서가 발표된 이후 19세기의 언어학은 역사·비교언어학의 전성기를 구가하게 되었다. 이미 많은 학자들은 그리스어와 라틴어를 알고 있었고 또한 게르만 언어들을 자기의 모국어로 사용하는 학자들도 많았다. 그래서 산스크리트어를 연구하면서 산스크리트를 기본 연구 모델로 하여 유럽의 제 언어를 비교 분석하게 된 것이다. 특히 산스크리트의 문법과 정교하게 분석된 어휘를 접하게 되면 우선 그들이 알고 있는 유럽 언어에서 비슷한 특징들을 회상하게 됨으로써 연구하는 데 더욱 큰 흥미를 부여하게 된 것이다.

19세기의 역사·비교언어학이 언어학자들의 끈질긴 노력으로 19세기 유럽 과학에서 가장 성공한 것 중에 하나라고 Bloomfield(1933: 12)는 주장하고 있다. 유럽에서 Jones의 보고서는 동양과 인도 연구에 흥미를 유발시키는 계기가 되었다. 그의 보고서는 유럽에서 산스크리트어를 진지하게 연구하게 하는 계기를 마련했을 뿐 아니라 현대 기술 언어학이 고대 인도의 산스크리트어로 된 힌두교 경전의 기술 방법을 접하게 된 계기가 되었던 것이다. 동양 언어 중에 산스크리트어가 페르시아어와 많이 닮았으므로 이 두 개 언어의 혈연관계를 규명하는 연구에서부터 역사·비교언어학이 시작됐던 것이다. 역사·비교언어학자들은 인딕어와 페르시아어를 합쳐서 인도-이란어로 분류할 정도로 유사성이 많다. 또한 발틱언어와 슬라브언어 사이에도 혈연관계가 있다는 것이 밝혀졌다. 또한 Jones는 게르만 제 언어들이 라틴어, 희랍어, 그리고 산스크리트와 관련 있을 것으로 추측했는데, 연구 결과 그것이 사실로 판명되었다.

여기에 속하는 언어로 인딕어와 이란어로 대별한다. 이 인딕어는 후에 산스크리트어로 모습을 바꾸게 된다. 인딕어로 된 가장 오래된 문헌은 종교 성가가 수록된 리그베다라는 성가집으로 기원전 1000년경 이루어진 것으로 추측된다. 이 성가집 언어가 세월이 흐름에 따라 힌두 성직자들에게조차 이해하기 곤란하게 되자 그 언어를 유지시켜야 되겠다는 자각이 생겼다. 그 이유는 힌두 성직자들은 종교의식에 쓰이는 성가의 언어를 정확하게 발음하지 않으면 불경스런 일이라고 생각하여 그 언어의 발음을 정확히 발성해야 된다는 의무감이 생기게 된 것이다. 또한 베다의 내용을 틀리지 않게 후세에 전하고자 조직적이고 상세하게 분석된 언어가 필요하게 된 것인데 이것이 곧 산스크리트어요, 그 문법이다. 그래서 산스크리트 문법과 음을 충실히 기술하려고 노력한 문법가 중에 Pānini라는 승려가 가장 뛰어났다. 그는 산스크리트어를 조직적으로 기술하고, 분석할 때 정교한 방법론을 도입해서 산스크리트 문법을 저술했다. Pānini 문법은 고풍적이고, 망각되어 가는 언어의 형태와 음운을 충실히 유지하겠다는 것에 목적을 두었기에 그의 기술 태도는 객관적이고 또한 사실 그대로를 기술하는 데 있었다. 이러한 언어 자체의 구조를 객관적으로 분석·기술하는 방법은 19세기 역사·비교언어학자들에게는 신선한 충격이었다. 종교적인 기반 위에 성장한 산스크리트어는 계속 발전하여 문어(literary language)로 확고한 위치를 갖게 되고, 이것이 고전 산스크리트이다. 그래서 기원전 1200년경에서 800년까지 종교를 배경으로 하는 산스크리트를 베딕 산스크리트어라 하고, 기원전 400년경에 이루어진 것을 고전 산스크리트어라고 한다. 기원전 400년경부터 기원후 1000년경까지를 프라크리트어(Prakrit)라고 한다.

인도의 산스크리트어가 서양에서 붐을 타고 많은 학자들이 연구하게 되었고, 그 언어가 유럽 제 언어와 유사하다는 사실을 발견하고는 이웃 언어와도 서로 비교 분석하는 일이 유행하였다. Humboldt(*Über die Verschiedenheit des menschlichen Sprachbaues*, 1949: 291)는 산스크리트어가 지금까지 알려진 언어 중에서 가장 훌륭하게 발전되어 온 언어라고 선언했다. Jones는 짧은 일생으로 더 이상 연구를 할 수 없었다. 그러나 그는 비교 방법으로 여러 관련 언어들이 어떤 특징을 공유하고 있을 때 그 언어들은 그 이전 어떤 모어가 되는 언어에 그 특징이 있을 것임이 분명할 것으로 여겼다. 예를 들어 'mother'라는 의미의 단어가 있으면 이 단어를 여러 언어, 즉 이 고대 영어 mõdor, 고대 노스어 mõðer, 고대 페르시아어 mõder, 고대 색슨어 mõdar, 고대 고지 독어 muoter 등을 보면 이 단어는 *mõder이라고 가정하는 원시 게르만어 단어에서 파생되어 나온 단어라는 것이며, 그래서 원시 인구어에서 m이란 글자로 시작되는 글자의 소리로 시작될 것이라고 추측하게 되는 것이다. 따라서 서로 연관된 언어가 일치하지 않은 것은 세월이 지나면서 변화가 일어났기 때문이라고 설명하였다. 이러한 인구어의 조직적인 연구 방법의 도입은 후에 나오는 역사·비교언어학자들에게 커다란 영향을 끼쳤던 것이다.

## 2.2. Rasmus Rask(1787~1832)

Jones에서 시작된 역사·비교언어학은 Rask에 의해 확고한 기초를
닦게 됐다. 특히 아이슬란드에 머무르면서 쓴 논문이 1814년에 덴마크
과학원(Danish Academy of Science) 주최 현상 논문 고대 노스어 기원 연
구(*Undersøgelse om det gamle nordiske eller islandske sprogs oprindelse*)로 당선되
어 상을 타게 되었다. 이 논문이 1818년에 발간되었는데, 좀 더 빨리
발간되지 못했음을 Jespersen(1922: 37−38)은 애석하게 생각했었다.

> If it had been published when it was finished, and especially if it had
> been printed in a language better known than Danish, Rask might well
> have been styled the founder of the modern science of language, for his
> work contains the best exposition of the true method of linguistic research
> written in the first half of the nineteenth century and applies this method
> to the solution of a long series of important questions. Only one part of
> it was ever translated into another language, and this was unfortunately
> buried in an appendix to Vater's Vergleichungstafeln, 1822.

이 논문이 탈고되자마자 발표되었다면, 또한 덴마크 언어보다 좀
더 잘 알려진 언어로 발표되었더라면 Rask는 아마도 현대 언어학을
과학으로 끌어올린 선구자라고 하기에 충분한 사람으로 평가받을 만
한 것이었다. 그 이유로 그의 논문은 19세기 전반부에서 언어학 연구
의 참된 방법을 가장 잘 설명하였을 뿐 아니라 이 방법으로 풀리지
않은 중요한 언어학 문제를 해결하는 길을 열어 주었기 때문이다. 그
러나 이 논문은 한 부분만이 다른 한 외국어로 번역되기는 했지만

1822년도 Vater의 Vergleichungstafeln에 부록으로 첨가되어 있어 불행히도 묻혀 버렸었다. 그의 선구자적인 이론이 추앙받아야 되지만 언어적인 한계 때문에 Rask가 받아야 할 영광이 다른 사람인 Grimm에게 돌아갔다.

그러나 오늘날에 Rask의 업적을 되새겨 보면서 그를 높이 평가하고 있다. Rask는 1787년 덴마크 중앙부에 위치한 농부의 자녀로 태어났다. 그는 청소년 때부터 문법에 특히 관심이 많았고 고등학교 때에는 이미 문법책이나 사전 없이도 단어의 어형 변화표를 작성할 수가 있었다. 또한 아이슬랜드어에서 해박한 지식을 터득했다. 코펜하겐 대학에 입학해서 문법에 관심을 기울였고 다양한 언어들의 문법 구조를 분석했다. 특히 고대 아이슬랜드어가 가장 좋아하는 언어였다. 그의 첫 저서도 아이슬랜드 문법이었다. 또한 Rask는 음 변화를 설명할 때 그 언어의 선사 시대 때까지 가정해서 설명하는 최초의 사람이었다. 1814년에 아이슬랜드에 머물면서 쓴 논문의 내용을 간단히 살펴보면 그의 19세기 전반부 이전 문법 학자와 다른 면을 볼 수 있다.

Rask는 언어 선사 시대에 민족의 역사를 밝혀 주는 열쇠와 같았다. 종교, 법 등은 모두 사라졌지만 언어는 다소간 변했다 하더라도 알아볼 수 있을 정도로 남아 있다는 관점이다. 특히 언어와 언어를 비교할 때 단순히 어휘들을 비교하면 단편적인 것만을 볼 수 있고, 경우에 따라 잘못 볼 수도 있기 때문에 언어의 구조를 서로 비교 분석해야 된다는 관점이다. 그 중에서 제일 중요한 것은 문법 조직의 연구와 비교·분석하는 것이다. 단어는 언어 간에 빌려 줄 수도 받을 수도 있는 것이지만, 문법 구조는 그렇지 못하기 때문이다. 지금까지의 학자들 주장에서 이 문제를 소홀히 다룬 데 반해서 Rask는 이 점을 가장 중시했던 것이다. 이런 것을 강조하고 있다. 가장 복잡한 문법을 가진 언어가 가장 원전에 가까우며, 한 언어가 여러 언어와 혼합되어 있다고 하더라도 서로 비교 언어가 가장 기본적인 가장 구체적인 또한 사람이 불가피하게 쓰는 단어를 공유하고 있으므로 그 비교 언어들은 서로 같은 혈족에 속한다는 주장을 했다. 그 중에서 가장 결정적인 공통 요소는 대명사와 수사라 했다. 이 공통 요소를 두 언어가 공유하고 있어 한 언어에서 다른 언어로의 변화에 대한 규칙을 만들 수 있을 정도이고, 더더욱 두 언어의 구조와 구성이 상호 유사성이 있을 때에 이 두 언어는 근본적으로 혈족 관계가 있다고 판단한다. 이런 원리를 고대 아이슬랜드어 기원을 찾는 데 도입했다.

그는 게르만어와 비교해서 같은 혈연관계를 발견했고, 바스크(Basque)어와 대비시켜 보았을 때 곧바로 바스크는 혈연관계가 없다는 것을 알게 되었다. 이렇게 혈연관계를 찾아 나갔다. 그는 이런 연구를 계속하면서 페르시아어와 인딕어도 아이슬랜드어와 먼 거리나마 혈족 관계가 있을 것을 간파했다. 그래서 그는 게르만어 단어에 다른 인구어의 단어 관계에 음의 문제에 대해 일정한 규칙적인 관계가 있다는 사실을 규명했다. 예를 들면, 게르만어가 아닌 다른 인구어에 음 p를 가지고 있는 고셍 게르만어에는 f로 나타나 있다는 사실을 밝혔는데 게르만어에서 father의 f로 나타나면 라틴어에서 pater, 게르만어에서 foot이면 라틴어에서 pès, 게르만어에서 five이면 그리스어에서 pente로 게르만어에서 few이면 라틴어에서 pauci로 나타났다. 이런 분류 작업을 계속하다 보니 어떤 언어는 어떤 언어에 속하고, 어떻게 관련이 있게 된다는 사실을 명확하게 보여 주었다. 동양 언어에 대해서도 관심을 가져 인도를 여행하면서 연구한 내용은 그가 말라바리

크(Malabric)라고 불렀던 드라비디어는 산스크리트어와는 전혀 다르다
는 사실을 밝혀내기도 했다.

　Rask는 일생 동안 가난과 병으로 고통받았고, 그가 쓴 논문의 언어
가 세계 학자들에게 잘 알려지지 않은 덴마크어였던 악조건이었음에
도 불구하고 그는 현명한 판단과 추상적이고 공상적인 가설을 싫어
했던 19세기 전반 언어학을 일으켜 세운 큰 공로자 중의 한 명임에
분명하다. Jespersen은 "one of the foremost leaders of linguistic science!"
라 하여 언어과학 선두 지도자의 한 사람으로 평가했다.


## 2.3. Jacob Grimm(1785～1863)

　19세기 초에 언어학을 과학으로 끌어올린 가장 잘 알려진 학자로
는 덴마크인 Rasmus Rask, 독일인 Jacob Grimm, Bopp(1791～1867), 그
리고 Humboldt(1767～1835) 등 4명을 꼽을 수 있다. 그중에서도 Rask
와 Grimm은 인구어족에 대한 역사・비교언어학을 시작하게 한 학자
이다. 그들의 공로로 1823년에 처음으로 indogermanisch(Indogermanic)
란 단어가 생겨났고 1814년에는 영어 Indo－European이 쓰이기 시작했
다. Grimm이 쓴 *Deutsche Grammatik*는 게르만 언어학의 시발을 뜻하고
있으며 이 책은 독일 문법책이 아니라 게르만어 문법책이다. 그도
Rask와 마찬가지로 음 변화를 언어비교에서 찾는 작업을 했으며, 더
많은 예를 제시하고 있는데 그는 복잡한 음 변화의 규칙을 찾아서 공
식화하고 도표화했다는 데 그의 공로를 인정하고 있다. 또한 언어학사
에서 널리 쓰이고 있는 그림의 법칙(Grimm's law)도 그의 저서 *Deutsche
Grammatik* 2판에서 처음 쓰였고, 그것이 지금도 쓰이고 있다. 또한 영
어 굴절에서 약변화, 강변화하는 용어도, 모음이 앞의 모음에 영향을

받아 변화하는 것을 움라우트(Umlaut)라고 하는 용어도, 모음변화도의 용어도 Grimm에 의해 만들어진 언어학적 용어이다.

Grimm은 1785년 법률가의 아들로 독일에서 태어났고 법을 공부했다. 그러다 그는 사서가 되었고, 1811년에 첫 저서를 발행했다. 그는 시에도, 민담에도 관심을 기울였지만 언어에는 큰 관심을 기울이지 않았다. 그러다가 언어의 어원에 대해서 자기 나름대로 분석을 해 보기도 했다. 어원 분석을 Schlegel이 비판을 해 주고, 또한 Rask의 예를 보다 주의해서 관찰하다 보니 차츰 안목을 가지게 되었다. 그래서 보다 철저하게 연구의 필요성을 느끼게 되어 독일어 및 그에 파생된 언어의 옛날 형태에 대해서 연구하기 시작했다. 특히 그는 언어학의 범위를 언어 자체보다도 민간 민요, 전설, 미신, 자장가와 같은 소재들에서 언어학적 관점으로 보았다. 이런 일반적 소재를 연구하면서 과거의 언어 형태들에 관해서도 주의를 기울여 연구했다. 그는 옛날 고스니크어(Old Gothonic(altdeutschen))에서도 희랍어나 라틴어에 갖는 부러움과 시샘을 갖게 하는 정도의 성숙함을 보았다. 그는 역사적인 관점에서 언어를 연구하다가 그의 역작인 *Deutsche Grammatik*를 저술하게 되었으며, 1819년에 발행하였다. 그는 이 책을 통해서 문법을 보는 새로운 지평을 열었고, 그 방법을 제시했던 것이다. 그는 자기 언어를 자연스럽게 말할 수 있는 사람은 비록 교육을 받지 않았다 하더라도 그 자신이 바로 자신의 살아 있는 문법이라고 부를 수 있다고 갈파했다. 그래서 Grimm은 어떤 것이라도 규제하고, 규범화하는 것을 원치 않았다. 그보다는 자연적으로 발생되는 상태를 관찰하고 분석했던 것이다. 그는 자기의 저서를 저술할 때까지 Rask를 알지 못했는데 거의 끝 날쯤 해서 Rask가 상을 타게 된 논문을 Grimm이 받아 볼 수 있었다. 그의 책 서문에서 Rask에 대해서 최상의 찬사를 아끼지 않았고, 특히 Rask의 Angle－Saxon 문법과 아이슬랜드 문법을 보고는 열광했을 정도로 단숨에 Rask의 영향을 받게 됐다. 그는 첫 번째 책을 완전히 다시 고쳐 쓰고 1822년에 두 번째 판을 발간했다.

이 책은 주로 음운론 등 음 변화에 관계된 내용이다. 이 책은 Grimm을 문법가로서 명성을 날리게 했다. 또한 Max Müller가 음의 변화 규칙을 그림의 법칙(Grimm's law)으로 명명하여 영국에서는 일반화가 되었을 정도였다. 이 음 변화 규칙을 정확히 붙인다면 Rask's Law라고 해야 옳은 일인데 안타까운 일이나 Grimm으로서는 행운이었다. 왜냐하면 이러한 음 변화 규칙은 Rask의 책 *Undersøgelse*에 잘 정리되어 있었고, 그 예로 Latin, Greek p＝f, t＝p(th), k＝h 등등이 기술되어 있기 때문이다. 이러한 음 변화 규칙은 Grimm이 음 변화에 대해서 단한 줄도 쓰기 전 이미 기술되어 있었다. 음 변화에 대해서는 Rask의 업적이 더 크다는 의견을 Robins(1992: 188－189)는 다음과 같이 인용하고 있다.

> If there is found between two languages agreement in the forms of indispensable words to such an extent that rules of letter changes can be discovered for passing from one to the other, then there is a basic relationship between these languages.

"기본 필수의 단어 형태는 두 언어에서 비교할 때 한 시대에서 다음 시대로 전환으로 일어난 철자 변화에 일정한 규칙을 발견할 수 있을 정도로 일치할 때 그때는 이 두 언어 사이에는 기본적인 혈연관계가 있다"라고 갈파했다. 바로 이것을 Rask가 언급했지만 음 변화 규칙 발견의 명예는 Grimm에게 돌아갔다. 또한 Rask는 음 변화에 대해서 충분한 설명과 예를 들어 보였지만, Grimm은 그 예를 다양하게 했을 뿐 아니라 음 변화의 전 과정을 하나의 공식으로 조직화한 공로를 인정하지 않을 수 없다. 특히 그의 독일어가 음 변화를 한 제2 자음 전이까지도 포함시킨 공식을 보면 다음과 같다.

(16) a. Greek      p   b   f    t   d   th    k   g   ch
     b. Gothic    f   p   b    th   t   d    h   k   g
     c. High.G   b(v) f   p    d   z   t    g   ch   k

위 공식을 보면 인구어 시대의 철자 모양을 이해하기 어렵다. 따라서 Pyles(1971: 108)의 예로 보면 다음과 같은 도표로 설명하고 있다.

(17) First Sound Shift(Grimm's Law)
    a. IE  bh, dh, gh  ⟶  Gmc ƀ, ð, ɜ  ⟶  b, d, ġ
    b. IE  p,  t,  k  ⟶  Gmc f, þ, x(⟶ h initially)
    c. IE  b,  d,  g  ⟶  Gmc p, t, k

위 공식에서 IE는 인구어(Indo−European)의 약자이고 Gmc도 게르만어의 약자이다. 인구어 bh 형태가 사실상 예로 찾기 힘들고 또한 가상 단어로 재구성을 해야 되기에 실제 예로서 라틴어와 희랍어를 사용하고 있는데 이때는 이미 인구어 시대에서 발전되어 나왔기 때문에 음 변화를 했다. 따라서 bh, dh, gh의 예를 보면 bh는 라틴어에서는 f로, 희랍어에서는 ph를 철자 및 음 변화를 한 모습을 예로 들고 dh도 라틴어에서 이미 f로 희랍어에서는 th로, gh도 라틴어 h, 희랍어에서 ch로 변한 모습을 예로 들고 있다. 그 예를 보면 bh의 경우, dh의 경우, gh의 경우 등이다.

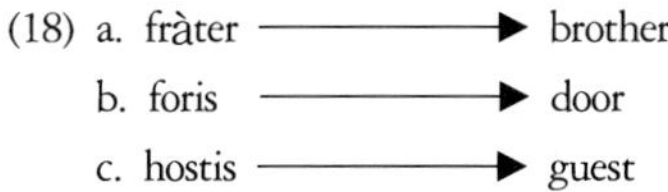

(18) a. fràter ──────────► brother
     b. foris ──────────► door
     c. hostis ──────────► guest

그런데 이 공식은 바로 언어를 과학으로 올려놓은 것이다. 그리고 추상적인 설명보다는 많은 예에서 일정한 규칙을 찾아서 체계화시킨 것은 보다 과학적인 작업이었고, 언어학을 과학으로서 위치를 갖게 하였다. 그러나 이 공식은 많은 예외들이 있었다. 즉 이 공식에 맞지 않는 예들이 많이 나타났기에 문제가 제기되었다. 공식에 맞지 않은 예를 보면 Gothic어에 h를 가지고 있는데도 불구하고 High. G에서도 h를 가지고 있었다. Grimm의 공식에 의하면 g로 나타나야만 된다. Gothic h는 Greek에는 k로 나타나고 있다. 또 High. G에서 g를 가지고 있는 곳에서도 Gothic어에서 또한 g 음으로 나타나는 경우가 있었다. 이것은 Grimm의 공식에 맞지 않는 예외들이었다. 이것은 그 후 Verner에 의해서 설명되었고, 그 이름을 따서 Verner's law라고 했다.

Verner(1846~1896)는 덴마크의 언어학자로 1875년 Grimm의 법칙에서 설명하지 못한 부분을 Verner가 설명한 것을 간단히 살펴보고자 한다. 예를 들면, Gothic faðar, Icelandic faðir, Old English fæder와 같은 인구어가 희랍어는 patèr이고 산스크리트어는 pitè였다. Grimm의 공식으로 희랍어, 산스크리트어 단어 중간 t는 게르만어로는 þ로 나타나야 정상이다. 그런데 ð로 나타나서 공식에 맞지 않다. Verner가 면밀히 조사한 끝에 밝혀낸 것은 게르만어가 아닌 동족어 중에 희랍어 patèr처럼 강세가 t음 다음에 있을 때는 음 변화를 계속해 나갔고, 강

세가 t음 앞으로 전환했을 때, 즉 게르만어의 특징인 첫 음절에 강세
가 놓이는 강세 전환이 있고부터 음 변화는 멈추었던 것이다. 그래서
희랍어 patèr → 게르만어 Gothic faðar처럼 þ → ð로 전환되었고, 그
뒤에 ð → d로 전환되었다. 이 변화는 그림의 법칙에 따른 것이다. 공
식화하면 다음과 같다.

> (19) IE OtÁ → Gmc OþÁ → Gmc OðÁ → Gmc ÒðA (→W. Gmc
> ÒdA)
> (이때 O는 앞 음절, A는 앞의 자음으로 시작되는 음절. Á의 ´
> 는 강세 표시이다)

위의 설명은 Verner의 논문 "Eine Ausnahme der ersten Lautverschiebung"
에 있다. 사실 Grimm도 Verner가 지적한 예외에 어떤 공식이 있을 것
이라고 생각은 했지만 찾아내지 못했었다. Verner는 강세를 조사해서
음 변화를 설명하게 된 것이다. Verner의 위 논문에서 불규칙에도 찾
아보면 법칙이 있는데, 다만 그 법칙을 찾는 것이 문제라고 큰 소리
를 쳤던 것이다. 그러나 Verner의 설명은 Grimm의 법칙을 보충하는
역할을 했다고 생각된다. 사실 Grimm은 음성학자가 아니었다. 그의
음성학에 관한 지식은 초보 단계에도 못 미치는 지경이다. 그럼에도
불구하고 음 변화 역사에 정말 가장 강력한 영향력을 끼친 것은 어떻
게 설명해야 될까?

그는 문법이나 음 변화에 관한 목록을 많이 수집했으며, 이 목록으
로 많은 언어학자들에게 음 변화에 일정한 규칙이 있다는 사실을 일
깨워 주었으며, 언어학 발전에 큰 보탬을 주었던 것이다. 특히 그는
자음의 변화에 대하여 설명할 때는 규칙이나 법을 도입하게 한 학자

이다. 그래서 Grimm과 더불어 역사·비교언어학의 전성기를 맞이한 셈이었다. Verner를 비롯해서 소위 젊은이 문법 학파 그룹을 형성한 소장 문법 학자들은 음을 다룰 때에 규칙을 발견하려고 노력했으며, 예외가 있으면 예외에 대한 공식을 발견하는 데 주력했다. 이런 음 변화 연구의 전제는 세월이 가면 언어는 항시 변한다는 것이다. 그 변화는 이전 규범 문법 시대에서는 변하지 않게 규제하고, 학교교육 을 통하여 무던히 애를 태웠다. 규범 문법 시대에는 언어가 변화하는 것은 곧 타락이나 잘못된 것으로 여겼다. 그러나 역사·비교언어학들 은 수천 년의 언어 변천을 보면서 변화하는 것이 자연스런 현상이란 사실을 파악했으며, 그 변화도 우발적인 것이 아니라 일정한 규칙 속 에 변해 왔다는 사실을 발견했던 것이다. 이런 사상을 갖게 한 공로 를 Grimm은 받을 수 있었다.

## 2.4. Franz Bopp(1791~1867)

역사언어학의 창시자로 Rasmus Rask를 생각한다면, 게르만 언어학 의 창시자는 Jacob Grimm으로 자리매김할 수 있고, 비교언어학의 창 시자로는 Franz Bopp를 손꼽을 수 있다. 1816년에 발간된 산스크리트, 희랍어, 라틴어, 페르시아어, 게르만어의 동사 굴절 어미에 관한 논문 을 인도유럽어족에 대한 체계적인 비교연구의 시작으로 보고 있다. 이 논문의 이름은 *Über das Conjugations system der Sanskritsprache in Vergleichung mit jenem der grieehischen, Lateinischen, persischem und germanischen Sprache*(그리스어, 라틴어, 페르시아어, 게르만어의 동사 활용 체계와 비교한 산스크리트어와 동사 활용 체계에 관하여)이다. 이 책은 1816 에 출간되었고, 1820년에 영어로 번역되었다. Bopp의 생애는 평범하다고 말할 수 있다. 청년 시절에 파리에 가서 산스크리트어를 연구했고 그 이후에도 이 언어 연구에 온 정열을 다 바쳤다. 앞에 인용된 첫 저서의 발행연도가 독일에서는 비교언어학의 탄생 해로 보는데 1816년이다. 그는 이 저서에서 산스크리트에 정열을 바쳤고, 산스크리트어 전문가가 됐다. 그래서 당연히 비교 문법가가 된 것이다. 그는 1822년 독일 베를린에 대학교수로 있으면서 여러 저서들을 냈고, 그의 유명한 책은 1833과 1849년 사이에 발간된 것이며, *Vergleichende grammatik des sanskrit, send, armenischen, griechischen, lateinischen, litauischen, altslawischen, gotischen und deutschen* 등이다.

Bopp가 인구어 어족의 제 언어를 비교 연구하는 목적 중에는 산스크리트어의 도움으로 인구어족 최초의 단어 형태를 규명하려는 데 있었다. 물론 산스크리트어가 라틴어, 희랍어보다 완벽한 더 옛날 형태를 보유하고 있기는 하지만 그 산스크리트어 단어 형태도 다른 더 옛날 형태에서 파생된 것에 불과하다는 관점을 가지고 있었다. 산스크리트의 문법 형태와 희랍어, 라틴어 문법 형태를 비교해서 이들 형태가 동일한 것은 물론 언어들 중에서 가장 오래된 형태라는 사실을 발견하고는 이 형태의 더 옛날 형태를 찾는 데 심혈을 기울였다. 언어 변화는 원래의 완전한 상태에서 조금씩 퇴화하는 과정으로 보았다. 그래서 그는 산스크리트가 이 어족 중에 초고조상어는 아니라 해도 조상어에 가까운 언어라고 생각하였다. 그 조어로 형태 구조에서 그렇게 나타난다고 보았다. 비교 방법을 통해서 더 옛날의 형태를 찾아내는 방식과 옛날 완전한 상태에서 점차 온전한 것이 퇴화되어 간다는 식의 언어 변화 관점이 19세기 과학적 사고의 특성이었고 이것을 이념으로 여긴 사람이 Bopp라고 볼 수 있다.

1820년 Bopp의 독일어로 된 책이 영어로 번역되어 나온 것은 *Analytical Comparison of the Sanskrit, Greek, Latin and Teutonic Languages* 인데 여기서는 독일 원전을 C로 쓰고 영어로 번역된 것은 AC로 한다. AC 에서 그의 연구 방법을 볼 수 있다. 문장은 주어(subject), 술부 (predicate) 그리고 be 동사(copula)로 구성된다. 동사는 술부를 주어의 속성으로 나타내게 하는 요소를 지닌 것이고 진정한 동사는 be 동사 이며, 라틴어에는 esse이다. 희랍어나 라틴어처럼 같은 구조를 가진 언어는 이 동사에 의해서 논리적 명제는 다 표현될 수 있고, 동사의 특징은 주어와 그 속성과의 연결을 해 주는데 그 동사가 일반적으로 생략되거나 나타나지 않지만 있는 것으로 이해하게 된다. 라틴어 동 사 dat는 'he gives' 또는 'he is giving'이라는 명제를 나타낸다. dat의 t 는 3인칭을 가리키는 면의 주어이고 da는 giving한다는 속성을 나타낸 다. 그러니까 문법적으로 be, 즉 copula가 나타나지는 않았지만 숨어 있다는 주장이다. be가 나타나는 것을 보면 동사 popest에서는 세 가 지 기본 품사로 결합되어 있는데 끝의 t는 주어이고, es는 연결사 be 동사이고, pot는 술어라는 것이다. 이런 논리를 적용해서 Bopp는 모든 것에서 존재를 나타내는 동사 be(substantive verb)가 있는데 산스크리 트에서 완전한 동사 형태로 as와 bhu로 나타나 있다고 주장한다.

그는 산스크리트 어근 as(to be)를 발견하고, 시제가 다른 것을 지적 하는 동일한 접사도 곧 잘 설명했다. 라틴어 fueram은 fu＋es＋am에서 왔다고 했다. 어근 fu는 과거 시제를 지적하지 않는데 언어를 사용하 다 보니 적당한 굴절형이 없을 때 fui가 완료 시제를 나타내게 되었다. 따라서 fu－eram은 반과거에 불과했던 것이 대과거를 받게 되었다. 이 런 식으로 하다 보니 fu－ero는 'I shall be' 대신에 'I shall have been'의 의미를 나타내게 되었다.

그는 인구어족의 굴절형을 분석하면서 18세기에 사용된 용법을 그대로 인정했는데, 그 내용은 굴절형은 더 옛날에는 독립적인 보조 단어였던 것이 접사화된 결과라고 생각했다. 고딕 약변화 과거 sōkidódun(they searched)을 분석해 보면 이 동사에는 기본 동사 'to be'를 포함하고 있다는 것이다. 라틴어 미래와 반과거에 사용하는 −b−(amãbõ, I shall love, amãbam, I was loving)는 어간 bhū−(to be)에서 파생되어 나온 것으로 분석했다. 또 라틴의 미래 amãbo(I shall love)라 반과거 amãbam(I was loving)에서 −b− 철자는 어근이 되는 bhū−(to be)에서 파생되어 나온 굴절형이라고 분석하였다.

프랑스 언어학자 Meillet(1922: 458)는 Bopp가 언어학에 끼친 공헌에 대하여 은유적 표현을 하였다. Columbus가 인도로 가는 새로운 길을 찾아갔다가 미국을 발견한 것과 꼭 같이 Bopp가 인구어의 원조를 찾다가 비교문법의 원리를 발견했다고 했다. Bopp가 위에 가서 비교문법이라는 책에서 그의 연구 목적은 관계있는 언어를 기술하는 것이며 그 언어들을 지배하는 법을 찾고, 그들 굴절형의 원조를 찾는 데 있다고 했다. Bopp는 그의 저서 *Vergleichende grammatik*에 언어 유형별로 분류를 시도했다. 그의 분류는 세 가지로 하고 있다.

첫째, 중국어와 같은 언어: 고유한 어근이 없고, 단어 합성 능력이 없고, 유기 조직체나 문법이 없는 언어. 이들 언어의 문법 관계는 어순에 의해서 결정된다.

둘째, 인구어족과 같은 언어와 첫 번째와 세 번째에 포함되지 않는 언어: 단음절 어근을 갖고, 단어 합성력이 있고, 문법이 있는 언어. 단어 형성을 할 때는 동사와 명사 어근을 연계시켜 만드는 것을 기본

원칙으로 하는 언어.

셋째, 셈어족과 같은 언어: 이 음절 어근과 단어에 의미를 부여하기 위해서는 반드시 3개의 자음이 필요한 언어. 문법적인 형태는 단어 합성에뿐만 아니라 어근의 내부 변화에 의해서 만들어지는 언어.

Bopp의 형태별 언어 분류에서는 Schlegel이 사용한 굴절어(inflecting language), 첨가어(agglutinating language) 등과 같이 굴절이나 첨가되는 단어를 사용하지 않았다. 첨가 또는 교착이란 단어는 인구어와 대조되는 언어로 사용해 왔기 때문에, 그리고 굴절이란 단어는 Schlegel이 내부 변화만을 설명했기 때문에 사용하지 않았다.

Schlegel에 따르면 영어 sing, sang, sung에서 굴절만이 순수 굴절이라고 했다. 독일어 trink-em trank, ge-trunk-en에 사용된 굴절은 접사의 요소도 포함하기 때문에 순수 굴절형이 아니라고 하였다. 따라서 굴절이 언어 유형 분류의 원칙이 될 수가 없다. 그래서 굴절이란 Schlegel이 쓴 용어는 언어 유형 분류에서 더 이상 쓰이지 않았고, 굴절이란 용어는 산스크리트어나 희랍어 문법에서 실제로 사용되고 있다. Schlegel이나 Bopp의 형태적 언어 분류는 세계 여러 언어 분류에 꼭 맞는 분류가 될 수가 없는 것은 당연하다. Bopp의 언어 유형 분류는 한 언어가 역사적으로 발달되는 과정을 설명하는 데 적합한 것으로 인식되고 있다. 즉 인구어 원래는 독립적인 어근이었다가 어미로 변화한 것이라고 한 Bopp의 설명은 설득력이 있었고, 한 언어가 처음에 고립, 그 다음에 교착, 끝으로 굴절 형태로 변화 단계를 거치는 과정을 설명하게 된 것이다.

## 2.5. Wilhelm von Humboldt(1767~1835)

Humboldt는 19세기 언어학의 여러 의문점을 가장 심도 있게 생각하고 해결하려고 노력한 사람이다. 그가 쓴 책의 문장이 산만하지 않고, 아주 분명한 예를 들어 주어서 대단히 많은 독자가 그의 책을 읽고 생각만 했더라도 현대 언어학의 창시자인 Saussure에 버금가는 창시자로 존경받았을 정도로 학문이 깊은 사람이다.

그는 19세기 초기에 역사언어학에 집중하지 않은 몇 안 되는 사람 중의 한 명으로 통시언어학(diachronic linguistics)과 공시언어학(synchronic linguistics)을 예리하게 분리시키지 않았고, 일반 언어학에 제기되는 근본 문제에 대한 답을 주려고 노력한 사람이다. 그는 여러 곳으로 여행을 많이 해 많은 언어를 접해 보고 또 배웠고, 동서양 언어 및 미국의 인디언 언어에까지 지식을 넓혔다. 그는 언어에 관한 많은 저술 활동을 했다.

따라서 Humboldt는 언어 자체를 연구하는 일반 언어학 창시자로 널리 인정받고 있다. 그는 인구어족 언어들을 다른 어족들보다 더 중요시할 이유가 없다는 견해를 가지고 있었으며, 실제로 중요한 그의 저서도 인구어가 아닌 인도네시아 언어들 중의 하나를 택하여 쓴 것인데 그것은 *Ueber die Kawisprache auf der Insel Jawa*였다. 이것은 자바섬 언어 카비어를 연구한 것이었다. 그는 인구어와 본질적으로 다른 언어를 연구함으로써 얻은 결론으로 문법의 규칙들은 개별 언어의 구체적 사실을 근거로 귀납적으로 찾아보아야 된다는 것이다. 언어를 보다 완벽하다, 보다 완벽하지 못하다고는 말할 수 있어도 언어를 비난하거나, 얕잡아 보면 안 된다고 하였다. 야만족의 언어라고 하더라도 마찬가지이다. 왜냐하면 각 언어는 그 민족들이 언어에 갖고 있는 원래의 성향을 그대로 나타낸 것이기 때문이다.

그는 언어를 정체된 것이 아니고, 역동적이며, 계속적인 활동성을 갖고 있는 것으로 보고, 언어는 어떤 완성된 물질이 아니며, 행위 자체로 여겼다. 다시 말하면 언어는 행위를 통하여 발생하는 것 모두라고 생각한다. 그는 언어는 민족정신의 외적 표현이며, 민족 발전은 민족의 성격, 세계관과 연결된다고 했다. 언어를 단어와 규칙 등으로 분석하는 것은 과학적인 분석으로 인하여 이미 죽은 산물에 불과하고, 언어는 정체성이 없으며, 언제나 역동적이라는 것이다.

그는 훌륭한 생각의 도구로 인정할 수 있는 언어는 모두 특별한 우수성이 있다고 하였고 그 예로 옛날의 중국 언어가 지속적으로 훌륭한 존엄성을 가지고 있다고 하였다. 왜냐하면 그 언어는 불필요한 보조적 요소를 모두 없애 버리고, 순수한 사고를 유발하게 하기 때문에 위대함을 갖는다고 하였다. 또 말레이(Malay) 언어도 그 자체의 용이성 구조의 단순성을 칭찬하였다. 또한 샘 언어에 대해서 여러 모음에 부여된 훌륭한 의미 구별법에 놀랄 만한 비법이 있다고 주장하였다.

또한 Humboldt의 언어 분류를 보면 교착어(agglutinating language), 굴절어(inflecting language), 합병어(incorporating language), 그리고 고립어(isolating language) 등으로 분류했다. 분류에 기본이 되는 두 가지 언어는 중국어와 산스크리트였다. 중국어는 가장 순수하게 분석적이면서 고립어이고, 산스크리트는 가장 순수한 굴절어이다. 그리고 나머지는 교착어로 분류한 것이다. 이 분류가 미국의 많은 인디언 언어에 충분히 적용되었다. 그는 중국어, 즉 고립어를 제외하고 모든 언어는 굴절, 교착, 합병의 형태를 다 포함하고 있다고 했다. 그래서 한 언어가 유별나게 교착형만 가지고 있다든지 굴절형만 가지고 있다든지 하는 것은 잘못된 것이며, 이 두 원칙이 서로 엉켜서 이루어진다고 했다.

Humboldt는 언어는 언어 사용자의 변화무쌍한 지적 능력의 영향을 받으면서 지속적인 발전을 거듭한다고 주장하고, 이 발전 단계는 두 시기로 구분된다고 했다. 첫째 시기는 언어에 대한 창조적인 본능이 계속 자라고, 활발한 활동을 하는 시기이며, 그 다음 시기는 침체되면서 창조적 본능이 퇴화하는 시기라는 것이다. 그렇지만 이 침체되고 퇴화되는 시기에도 언어에는 새로운 생의 원리와 새로운 지속적 변화를 이룰 수 있는 시기의 시작으로 볼 수 있다는 것이다.

인간의 마음이 가장 능동적일 때에 언어가 가장 큰 변화를 일으킨다고 보았다. 그의 언어 이론은 모든 인간이 타고난 창조적 언어 능력을 강조하였다. 화자가 말하고 이해하는 능력이 곧 언어라고 생각한다. 언어는 창조적 능력이지 이미 만들어진 산물이 아니라는 것이다. 그래서 언어는 문법가들이 분석하고, 정리하는 죽은 산물일 수가 없고, 언어의 능력은 곧 인간이 갖고 있는 근본적인 것이라고 보았다. 언어가 변화하는 것은 이러한 언어 능력의 성질에 의해서 일어난다. 화자는 한정된 언어적 자료를 가지고 어느 때고 무한하게 사용하는 것이라고 한다.

Humboldt는 언어 능력은 어떤 사람에게나 공통적이다. 하지만 각 언어는 그 언어를 사용하는 민족 또는 단체의 특성에 따라 차이가 있다고 주장하였다. 따라서 언어와 사상은 같이 발전하며, 한 민족의 언어와 사상은 분리할 수가 없는 것이라고 했다. 즉 한 민족의 언어는 곧 그들의 정신이며, 그들의 정신은 곧 그들의 언어라는 것이다. 모든 언어는 또한 과거의 산물이며 어떤 언어는 상당히 진보된 언어도 있다. 시대적으로 보면 산스크리트가 지금까지 알려진 언어 가운데 가장 발달된 언어라고 평가했다. 사고와 인지는 언어를 통해서 확인되고, 의사 교환이 되며, 서로 의존적이고, 분리할 수가 없는 것이다. 모든 언어는 옛날 그 언어가 발전되어 나온 산물이라고 보았다. 어떤 언어는 다른 언어에 비해서 생각의 도구나 모형으로 더 발달된 것도 있다.

Humboldt의 이러한 이론은 Saussure뿐만 아니라 현대 언어학에서 생성 변형 문법의 기본 원리와도 적잖은 공통성을 가지며, 영향을 끼친 흔적을 찾아볼 수가 있다.

## 2.6. August Schleicher(1821~1868)

19세기 중엽에 언어학사에 가장 영향력 있는 인물로는 Schleicher가 있다. 그는 역사언어학 및 언어학 이론에 관해서 많은 저술 활동을 했다. 그중에서 영향력이 있었던 책은 *Compendium of the Comparative Grammar of the Indogermanic languages*이다. 이 책은 인구어족을 중심으로 한 역사·비교언어학에 대해 체계적으로 연구한 책이고, 그 자신의 학문 발전을 나타내 주는 책이다.

그는 슬라브어(Slavonic)와 리투아니아어(Lithianian)에 특히 관심을 기울였고, 리투아니아어는 독학을 했으며, 농부들이 부르는 노래와 전설 등을 연구하였다. 그는 체코의 프라하 대학 교수로 몇 년간 재직하기도 하였다. 그는 살아 있는 언어에 큰 관심을 가졌고 그래서 그의 고향 방언에 대한 연구를 했다. 그는 일련의 책을 통하여 과학에 대한 견해를 상세히 밝혔고, 언어 이론에 대한 근본적인 문제에 대하여 근원적이면서 포괄적인 견해를 제시했던 것이다.

그는 언어학 이외에 식물학에도 특히 관심을 기울였는데, 언어도 하나의 물질이라고 할 정도였다. 일반적으로 언어 과학의 방법은 자연과학의 방법이라 하였다. 그렇다고 해서 언어학의 대상이 자연과학의 대상과 같다고는 할 수가 없는데, Schleicher는 좀 지나친 면이 있다. 생물학과 다윈의 이론에 관한 논문을 쓰면서 그는 언어는 자연 물질(material things)이며, 실질적인 자연 대상물이라고 했다. 그는 어느 기관의 활동은, 즉 소화 기관의 활동 등은 그 기관의 구성 요소로서 이루어진다고 하고, 종류가 다르면 그 방법도 달라진다고 하면서 걷는 것은 분명히 다리 구조에 의해서 야기된다고 하였다. 그러므로 어떤 기관의 활동이나 기능은 그 기관의 특성이다. 걷는 방법에 관계되는 것은 마찬가지로 언어에도 적용된다. 언어는 귀를 통해서 인지할 수 있는 뇌 구조, 발성 구조에 있는 물질들의 활동 결과인 것이라고 하였다. 그는 논문에서 두뇌와 발성 기관의 구조적 차이가 실제 언어인데, 다만 이 숨겨진 구조를 조사할 적당한 방법이 없어서 언어 연구에서는 다만 들을 수 있는 언어의 외부적 표현으로 알고 만족해야 한다는 것이다.

그는 인간의 종족 분류에는 두개골 형태나 머리털의 특징 등으로 구분하지 않고 언어를 기준으로 구분하는데 그 이유로 언어는 일정한 기준을 가지고 있기 때문이다. 언어란 완전한 자연 조직체이다. 그래서 이것을 기준으로 하면 모든 터키인(Turks)은 하나로 분류할 수 있다. 이 기준으로 하지 않으면 오스만 터키인(Osmanli Turk)은 코카스인(Caucasian)에 속하고 타타르 터키인(Turks)은 몽고족(Mongolian)에 속한다고 분류해야 된다는 것이다. 반대로 마키아인(Magyar)과 바스크인(Basque)은 인구어족과 육체적으로 별로 구별이 안 되지만 그들의 언어는 닮지 않았다. 그래서 그에 따르면 언어의 자연 조직은 인간의 자연 조직이다. 그 이유로 언어는 인간의 보다 향상된 생활과 밀접하게 연관되어 있기 때문이라고 한다.

그의 언어 이론은 19세기 후반부에 유행한 다윈 사상(Darwinian idea)을 따르고 있다. 그는 언어 분류에 큰 공헌을 했던 학자로 언어를 세 가지로 분류하였다.

첫째, 음에 의해서 지시된 사물만이 의미이며 그 연관 관계는 단지 단어 위치에 의해서 결정되는 언어군, 즉 고립어

둘째, 의미와 그 연관 관계는 음에 의해서 표현되지만 형식적 요소들은 어근에 보이며 어근은 변하지 않는 언어군, 즉 교착어

셋째, 의미와 그 연관 관계 간의 요소가 융합되거나 더 높은 단계에 흡수되고 어근은 형태를 나타내기 위해 접사되거나 내부적 변화를 감지할 수 있는 언어, 즉 굴절어

위의 세 가지는 고립어, 교착어, 굴절어이다. 그는 이 세 가지 종류는 오늘날 우리 시대의 언어에서 자동적으로 발견될 수 있으며, 언어 발달 단계도 3단계로 제시되었다고 본다. 어떤 언어든지 굴절어 이상 더 발달을 하지 못하고 있다고 한다. 처음에 고립어에서 교착어로, 그리고 굴절어로 변한다는 것이다.

그의 언어 분류는 Hegel에 의존한 분류였다. 그렇지만 이 분류는 커다란 인기를 끌었다. 그러나 이 분류에는 편견이 분명히 보인다고들 하였다. 세계 문명에 크게 이바지한 문명권에서 사용한 언어인 인구어와 셈어족을 가장 높은 위치에 놓는 등이 그 이유이다. 그러나 자세히 살펴보면 그런 것만은 아니다. 현대 유럽의 언어 중에 리투아니아어보다 더 순수하게 굴절형을 유지한 언어도 없다. 이 언어는 옛날 산스크리트어 굴절형을 거의 그대로 가지고 있다. 그렇다고 이 언어를 영어보다 더 훌륭한 언어와 문화를 이룩한 언어로 주장할 사람

이 없을 것이다.

Schleicher는 원시 인구어를 재구성하는 데 독보적인 위치를 차지하고 있다. 그의 저서에서 자세히 설명하고 있다. 산스크리트어, 라틴어, 희랍어 등의 조상어도 인구어가 있을 것이고 이태리어, 스페인어, 불어, 고딕어의 조상어는 라틴어인 것처럼 인구어는 어떤 모양을 하고 있을까에 대한 의문의 재구성(reconstruction)을 연구하였다. 물론 이 재구성은 정말 어려운 작업이다. 지금 존재하는 언어들에서 유추하여 사라져 버린 언어를 다시 만들어 내어야 하기 때문이다.

19세기 후반 비교언어학의 개가로서 Schleicher의 재구성 인구어를 보면 다음과 같다. 1868년에 발간된 것으로 Schleicher가 우화를 인구어로 재구성한 것이다.

### AVIS AKVASAS KA

Avis, jasmin varnã nã ã ast, dadarka akvams, tam, vãgham garum vaghantam, tam, bhãram magham, tam, manum ãku bharantam. Avis akvabhkams a vavakat: Kard aghnutai mai vidanti manum akvams agantam.

Akvasas ã vavakant: Krudhi avai, kard aghnutai vividvant—svas: manus patis varnãm avisãms Karnauti svabhkam gharman vastram avibhkams ka varnã na asti. Tat kukruvants avis agram ã bhugat.

영어 번역

(A) Sheep and horses

(A) Sheep on which(there) was no wool (＝a shorn sheep) saw horses, (the one) drawing (a) heavy wagon, (the one) (a) great burden, (the one) carrying a human quickly. (The) sheep said to (the) horses: (My) heart feels anguish seeing (the) man driving (the) horses. (The) horses said: listen sheep, (the) heart feels anguish having seen (the) man, (the) master make (the) wool of sheep into warm clothes (for himself) and (there) is mo wool for the sheep. Having heard that (the) sheep turned away into (the) field.

## 2.7. Otto Jespersen(1860~1943)

19세기 말부터 20세기 초엽 영국인이 아닌 외국인으로서 영문법에 큰 공헌을 했던 사람은 단연 Jespersen을 꼽을 수 있을 정도로 영문법뿐만 아니라 세계 언어학계, 특히 역사언어학, 통사 문법, 음성학, 교수법에 이르기까지 탁월한 업적을 남긴 사람이다. 영문법에 끼친 공로는 아마도 Jespersen에 필적할 만한 사람은 없을 것이다. 20세기 언어학에서 이룩한 최대의 업적은 *A Modern English* 전 7권(1909~1949)이며, 다른 하나는 *Language*(1922)이다.

Zandvoolt가 3대 전통 문법 학자인 H. Poutsma, O. Jespersen, E. Kruisinga 중에 Jespersen이 가장 포괄적인 학자라고 칭송했을 정도이다.

그는 덴마크 사람으로 코펜하겐 대학에서 법률을 전공하다가 언어학에 매료되어 언어학과로 옮겨서 로망스어인 불어, 스페인어 등에 정열을 쏟아 공부했다. 그는 "영어의 격에 관한 연구"로 박사학위를 받고 코펜하겐 대학에서 본국인으로는 처음으로 영어학 교수가 되었다. 그 후 언어학에 관한 해박한 지식을 유감없이 발휘하여 많은 저서를 출간하였다. 그의 주요 저서를 보면 *A Modern English*(1909~1949) 전 7권, *The Philosophy of Grammar*(1924), *Essentials of English Grammar*(1933), *Growth and Structure of the English Language*(1905), *Analytic Syntax*(1937), *Language: Its Nature, Development and Origin*(1922) 등이 있다.

그는 Saussure가 쓴 *Course de Linguistique Generale*(1916)의 서평에서 공시적 방법과 통시적 방법을 혼합해서는 안 된다는 Saussure의 주장에 반대 의사를 분명히 나타내고 있다. Saussure는 언어 연구가 학문으로서 가치를 가지려면 언어의 통시적인 면과 공시적인 면을 엄격하게 구별해서 연구해야 된다고 주장했다. 전자를 역사언어학, 후자를 기술언어학이라고 부르고 있기는 한다.

Jespersen은 이 두 접근 방법은 엄격하게 분리하기가 어렵고, 언어는 항상 변화하기 때문에 엄격한 공시적 접근도 불가능하다고 보았다. 역사 문법가로서 그는 통시적인 것과 공시적인 것을 엄격하게 구분하여 문법을 기술할 수 없다고 했다. 따라서 공시적 방법의 한계를, 즉 기술 문법에서 설명하지 못한 부분을 역사 문법에서 해결할 수 있는 서로 보완적인 입장을 견지하는 것이 타당하다고 보았다. 어떤 면에서는 언어가 항상 변하기 때문에 역사 문법이 더 우수하다는 견해를 가졌다.

그는 문법 기술을 두 가지 관점에서 할 수 있는데, 하나는 형태를 먼저 연구하고 그것에서 차츰 의미를 연구하는 방법과, 언어의 의미를 먼저 연구하고 차츰 형태를 연구하는 방법 두 가지로 보았다. 전자는 형태론이고, 후자는 문장론 또는 통사론이다. 이것은 두 학자의 대담으로 생각해 보면 형태론은 외부의 음성을 듣고, 의미를 알게 되는 경우로 청자의 입장으로 보고, 통사론은 먼저 뜻을 생각하고 음성을 통하여 의사를 전달하는 화자의 입장으로도 볼 수 있다고 했다.

그는 통사론을 기술할 때도 두 가지로 구분하였다. 낱말을 그 성질에 따라 분류하는 품사론(word class)과 문장에서 두 단어 이상이 서로 상호 간에 예속 관계를 기준으로 분류하는 Rank라는 것을 설정한다. 이때 기술의 중요성은 어떻게 분류하느냐에 초점이 주어졌다. 품사 분류는 형태, 기능, 의미를 고려해서 다섯 가지로 분류하였다.

 

(20) 실사(substantives, 고유명사 포함)
    형용사(adjectives)
    대명사(pronouns, 수사와 대명사적 부사 포함)
    동사(verbs)

불변화사(particles, 부사, 전치사, 접속사, 감탄사 포함)

그는 품사 용어를 parts of speech로 하지 않고 word class로 불렀다. 이 분류의 특징은 형태, 기능, 의미를 기준으로 삼아서 분류하였으나 품사의 특징이 형태 변화를 하는 것도 포함하고 있다. 즉 실사는 복수, 소유격의 굴절형을 갖고 형용사는 −er, est의 비교 굴절을 갖고, 대명사는 인칭, 수, 격에 따른 굴절을 갖고, 동사는 3인칭 단수, 과거형, 과거분사형, −ing의 굴절을 갖는 것 등을 설명하였다.

통사론에서 Rank는 primary, secondary, tertiary로 나누는데 그 설명을 다음과 같이 하였다. terribly cold weather에서 가장 중요한 위치에 있는 것은 weather이고 terribly cold는 이 weather에 예속되어 있고, 또한 terribly cold 두 단어에서 cold가 terribly보다 더 중요한 위치에 있으므로 terribly는 cold에 예속되어 있다고 보고 primary는 weather, cold는 secondary, terribly는 tertiary라고 했다. 각 품사는 각각 하나 이상의 Rank에 쓰이므로 그 관계는 복잡하다.

그는 또한 구문과 문장과의 설명에서 다음과 같은 예를 들고 있다. a furiously barking dog와 The dog barks furiously로 두 가지를 들고 있다. 위 두 예의 Rank 관계는 같다고 보고 있다. 그러나 기능은 분명한 차이를 보이고 있다. 전자는 문장이 아니고 구인 데 반해서 후자는 완전한 문장이다. 그래서 앞의 것을 adjunct라 하고 뒤의 것을 nexus라고 했다. Jespersen은 위의 예를 Chomsky의 초기 이론인 표층구조(surface structure)와 심층구조(deep structure)에 해당되는 것으로 보았다. 표면상으로 다르지만 내면적으로는 Rank가 같다고 보기 때문이다.

# 제7장 20세기 언어학

## 1. 구조주의 언어학

　18~19세기는 역사・비교언어학 시대로 언어의 변화 과정이나 법칙을 독립적으로 규명하려 했으며, 또한 서로 다른 언어를 비교하여 규칙을 발견하려 했던 시대였다. 이에 반해 구조주의 언어학(structural linguistics)은 1930년대 이전에 이미 유럽과 미국에서 동시에 시작되었으나 상호간에 밀접한 접촉은 없었다. 구조주의 언어학은 이미 알고 있는 사실을 체계 내에서의 기능과 관련해서 연구하는 것이다. 즉 구조주의 언어학은 언어의 사회적 기능을 강조하는데, 여기서 언어는 단순히 이질적인 요소의 결합이 아니라 상호 의존적 요소의 결합으로 이루어진 체계이다. 그래서 구조주의 언어학자들의 공통된 관심 사항은 주관적・심리적 기준들은 배제하고 오로지 객관적인 분석 기

준을 마련하는 것이었다.

유럽의 구조주의 언어학 창시자는 Saussure로 그는 언어를 상호 결합되어 있는 기호들의 체계(system)로 보았으며, 또한 이러한 체계로서 언어는 연구되어야 한다고 주장했다. 반면에 미국의 구조주의는 Bloomfield에 의해 과학적인 면모를 갖추게 되었다. 미국 구조주의는 언어를 보다 객관적·귀납적·과학적으로 분석하려 하였는데 Skinner(1957) 식의 자극과 반응에 의해 특징지어지는 행동주의 심리학(behaviorist psychology)과 경험주의 철학(empirical philosophy)에 이론적 근거를 두고 있다. 따라서 언어의 분석이나 연구는 우리가 눈으로 직접 관찰할 수 있는 현상에만 초점을 두었다.

## 1.1. 유럽의 구조주의 언어학

구조주의 언어학은 유럽과 미국에서 거의 동시에 시작되었다. 서로 간에 상호 접촉은 별로 없었으나 유럽의 구조주의 언어학이 Saussure의 사상에 기초를 둔 반면, 미국에서는 Saussure가 거의 알려지지 않았던 점에서 처음부터 기본적인 차이가 있었다. 유럽의 구조주의에는 세 가지 기본적인 유형이 있다.

첫째가 제네바 학파(Geneva school)이다. 이 학파는 Saussure의 고전적 구조주의와 성질이 같았으나 나중에는 독자적인 방향으로 발전해 나갔다. 제네바 학파라는 명칭은 Saussure의 학설로부터 생겨나서 제네바에서 일반 언어학 교수로 있던 Charles Bally(1865~1947)의 연구를 통해서 최종적인 형태를 가지게 된 언어학파임을 말한다. Saussure의 제자인 Albert Sechehay(1870~1946)는 문장 영역에 있어서의 심리적 요인과 언어적 요인 간의 관계를 주로 연구했다. 오늘날 이 학파의 가장 뛰어난 학자는 Henri Frei로 그의 연구는 주로 통사 관계를 다루고 있다. 이 학파의 주요 특징은, 첫째, 언어에서 정서적 요소를 연구하려는 강한 경향, 둘째, 공시 언어학에 대한 일관된 노력, 셋째, 언어는 하나의 중요한 사회적 기능을 수행하는 조직화된 전체라는 확신 등이었다. 이 학파는 후에 프라그 학파(Prague School)와 합류하지만 현재 이들의 언어학에 대한 기여는 별로 크지 못하다.

둘째는 프라그 학파(Prague School)이다. 이 학파의 중심 학자들은 당시 프라그 대학의 교수이면서 창립자인 V. Mathesius를 비롯하여 R. Jakobson, S. Karcevskij, B. Trnka, N. Trubetzkoy 등이었다. 이 학파는 기능주의 언어학(functional linguistics)으로 널리 알려져 있는데, 그 이유는 의사소통 기호로서의 음성 단위들의 기능(function)에 특히 관심을 집중하였기 때문이다. 그들은 주로 음운론 연구에 많은 업적을 남겼다. 프라그 학파의 대표자인 Trubetzkoy는 음을 분석하는 데 있어서 유표(marked)와 무표(unmarked) 관계를 발견했는데, 예를 들어 /b, d, g/는 유성음(voiced)이라는 유표, /p, t, k/는 무성음(voiceless)이라는 무표적 음으로 대립된다. Jakobson은 유표, 무표의 기준을 더욱 발전시켜 음운론 층위를 넘어서 형태론, 통사론에도 도입했다. 이와 같이 프라그 학파들은 이원적 대립(binary opposition) 및 기능주의적으로 언어를 분석, 기술하였다.

셋째는 코펜하겐 학파(Copenhagen School)이다. 이 학파는 언어 기호에 대하여 Saussure의 견해와 일치하는 추상성을 아주 강조하기 때문에 일명 Neo-Saussurianism라고도 불리었다. 그들의 언어 이론을 언리학(glossematics)이라고 명명하는데, 이 학파는 오늘날 구체적인 언어 연구보다는 오히려 언어 기호에 관한 일반 이론을 수립하는 데 큰 관심을 가진다.

코펜하겐 학파는 1934년 덴마크의 언어학자인 Viggo Brøndal(1887∼1942)과 Louis Hjelmslev(1899∼1965)에 의해서 창립된 학파로서, 1934년 그들의 지도하에 코펜하겐 언어학자 서클이 출간되었으며, 1939년 *Acta Linguistica ─Revue internationale de linguistique structurale*를 창간함으로써 현대 언어학의 발전에 국제적인 중요성을 인정받았다.

Brøndal의 주요 관심 사항은 논리학의 기본 범주들이 언어 현상에 어떻게 나타나는가 하는 문제를 연구하는 데 있었다. 그에게 언어 문제란 기본적으로 철학 문제였으며 이러한 철학 내지 기호 논리학의 문제로 그는 언어 문제를 해결하려 했다. 그러나 그 후 Hjelmslev는 자신의 이론을 언리학이라 불렀는데 이 명칭은 그리스어의 glossa(언어)라는 용어에서 조어된 말인데 코펜하겐 학파는 오늘날 언리학이라고 한다. 그는 1928년에 *Principles de grammaire générale*를 출판했으며, 1943년 *Omkring Sprogteoriens Grundlaeggelse*라는 단행본을 화란어로 출간했으며 1953년에 이 책은 *Prolegomena to a Theory of Language*라는 이름으로 영어로 번역되었다. 그의 언리학은 의사소통 기호의 일반 이론, 즉 기호학(semiotics 혹은 semiology)의 일반 이론에 기여하였다. 이 학파는 또한 언어 기호(linguistic sign)에 관한 Saussure의 해석과 일치하는 추상성을 지향하므로 흔히 Neo─Saussurianism이라고도 불린다. Saussure는 음성들이 심리적 단위로서 상호 의사소통 과정에서 갖는 역할을 강조한 데 반해, Hjelmslev는 음성을 전적으로 추상적 단위로 연구했다. 또한 Saussure가 음성 단위들은 의사소통을 위한 기호이며 이 기호로서 연구되어야 한다고 지적했는데 Hjelmslev 역시 의사소통 기호에 입각해서 음성 단위들을 연구해야 한다고 지적했다.

Hjelmslev의 가장 중요한 업적 중 하나는 Saussure의 의미에서 내용(content, signifie)과 표현(expression, signifiant)이라는 두 가지 층위(level)를 다시 형식(form)과 실질(substance)로 구별함으로써 실제로는 네 개의 언어 층계(stratum)가 된다는 것이다.

(21)

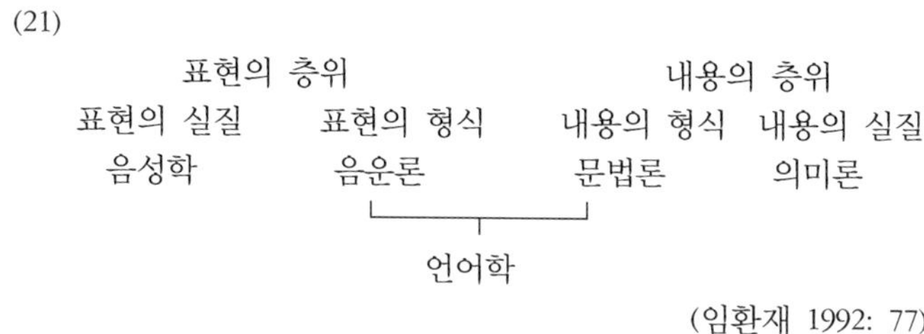

(임환재 1992: 77)

다시 말해서 이전의 내용과 형식의 구별에서 표현의 실질과 표현의 형식, 내용의 형식과 내용의 실질이라는 4차원적 구별이 이루어지게 된 것이다. 여기에서 표현의 실질은 모든 언어에서 물리적·음성적인 면을 의미하며, 표현의 형식은 표현의 실질에 대한 정신적 표상, 즉 의사소통 과정에서 언어 기호를 어떻게 받아들이며 이해하는가 하는 것인데 한 언어에서 통용되는 음운 체계이다. 내용의 형식은 내용의 실질에 대한 정신적 표상을 의미하며 내용의 실질은 현존하는 실재성 자체, 즉 우리 주변의 전체 세계를 포함한다. 이런 식으로 형식과 실질을 구분하여 독립적으로 연구하며 언리학자의 과제는 결국 표현의 형식을 내용의 형식에 관련시켜 연구하는 것이다. 그러므로 자신들을 흔히 형식주의자(formalist)라고도 부른다.

Hjelmslev의 견해에 의하면, 관계(relation)를 연구하는 것이 가장 중요한 일이다. 언어 관계의 구조를 연구함에 있어서 그의 계열론

(paradigmatics)과 통합론(syntagmatics)의 구분은 오늘날 언어 이론에서 주목할 만한 업적으로 평가받고 있다. 계열론은 어떤 언어 단위가 다른 단위들과 전후해서 구성되는 관계를 연구한다. 이에 반해서 통합론은 어떤 단위들이 같은 환경에서 대치되어 구성되는 관계를 다루는 것이다. 이렇게 하여 Hjelmslev는 언어 구조를 각 요소가 상호 의존하는 관계의 망으로 정의하고 있다. 이러한 견해는 언어는 하나의 체계이며 또한 이러한 체계로서 언어는 연구되어야 한다는 것이다. 즉 개개의 요소는 고립적으로 고찰되어서는 안 되며 각 개체는 체계 속에서의 위치에 의해 결정되어야 한다는 것이다(이덕호 1984: 206-218).

## 1.2. 미국의 구조주의 언어학

구조주의는 유럽과 미국에서 거의 동시에 시작되었으나 상호간에 접촉은 이루어지지 않았다. 앞서 언급했듯이 유럽의 구조주의가 Saussure의 사상에 기초를 둔 반면 미국에서는 그렇지 않았다. 미국의 구조주의 언어학은 Edward Sapir와 Leonard Bloomfield에 의해 급속도로 발전하게 되었다. 미국 구조주의 언어학의 발전 과정을 살펴보면 1924년에 미국 언어 학회(Linguistic Society of America; LSA)가 창설되어 1925년에 기관지인 *Language*가 창간되었다. Sapir는 *Sound Patterns in Language*를 게재했고 Bloomfield는 *Why a Linguistic Society?*란 논문을 게재했다.

미국 구조주의 언어학은 예일 대학에서 시작했다 해서 예일 학파(Yale School) 또는 Bloomfield 학파라고도 하며, 또한 언어 분석을 외형적인 분포(distribution)에 의존했기 때문에 분포주의자라고도 한다. 그들은 1930년대 후반부터 1950년대에 이르기까지 음운론 연구에 깊이 몰두했지만 여기서 변별적 자질(distinctive feature)에는 큰 관심을 보이지 않고 언어 단위의 분포에 관심을 집중했다. 음운론 다음으로 형태론, 통사론 단계로 점차 연구 범위를 넓혀 갔다.

미국의 구조주의 언어학은 처음부터 인류학과 밀접한 관련을 갖고 있었고 그 학자들은 인디언 언어의 분석, 기술을 토대로 직접 현장에서 작업하여 귀납적으로 이론을 전개하고 체계를 세워 나갔다. 이들은 객관적으로 직접 관찰할 수 있는 대상에 한정하였으므로 그들의 주장을 기계주의(mechanism)라고 불렀고, 또한 의미와 정신을 배제하고 현상 실습(field work)에 중점을 두었으므로 물리주의(physicalism)라고도 했다.

그들의 언어학에 대한 기본 입장을 다음과 같이 요약할 수 있다. 첫째, 기술언어학은 객관적인 기준에 따라 언어 구조를 분석·기술하며, 언어의 요소는 관련적(relevant)인 것을 잉여적(redundant)인 것과 구별하고, 모든 언어의 요소들을 이원적 대립이라는 원리에 따라 분석, 기술한다. 둘째, 언어의 기술은 체계 속에서 현상들의 계층(hierarchy)을 반영해야 하며, 그 현상을 정의하는 데 있어서는 음운론적·형태론적·어휘론적·의미론적 층위가 고려된다. 셋째, 언어 요소의 기능은 대치(substitution)에 의해 점검되며 동일 환경에서 같이 나타날 수 있는 요소의 관계를 평행적 분포(parallel distribution), 동일 환경에 나타날 수 없는 요소들의 관계를 상보적 분포(complementary distribution)라고 했다. 넷째, 언어 현상의 정의는 될 수 있는 한 간결성·엄밀성·일관성을 유지해야 한다.

미국에서의 언어 연구의 전통은 19세기 후반기에 William Dwight Whitney (1827~1894)부터 시작되었는데 그의 언어관은 *Language and the Study of Language*(1867)와 *The Life and Growth of Language*(1875)에 잘 나

타나 있다. 그에 의하면, (1) 언어는 화자와 청자 간 의사 전달의 도구로 사용된다. (2) 언어는 하나의 제도(institution)이다. (3) 언어 연구는 역사적 또는 정신적 과학이다. (4) 언어는 하나의 큰 체계로서 매우 복잡하면서도 균형을 이루고 있다. (5) 언어는 문화 그 자체이다. 그는 또한 공시적인 연구 방법으로 언어 자료 현상의 과학적이고도 정확한 기술에 힘을 기울여 말은 있으나 기록이 없는 인디언(Indian) 언어 연구에 훌륭한 전통을 수립했다.

미국 구조주의 언어학의 전통은 미국 인디언어의 전문가이며 콜롬비아 대학의 인류학 교수였던 F. Boas(1858~1942)로부터 시작한다. 그는 어떤 민족의 문화에 근접하는 첩경은 언어라는 생각하에 인디언어들을 체계적으로 연구했는데 인디언어에는 문자의 전통도 없었을 뿐만 아니라 역사도 없었으므로 자연히 공시적 기술에 연구의 초점을 두었다. 그의 기념비적 대작인 *Handbook of American Indian Languages*(1911)는 19개 미국 인디언들의 자료를 종합, 분류했다는 점에서 미국 인디언어의 조사 분석 방법을 정립하는 데 중요한 계기가 되었다. 그의 이 대작은 기술언어학 분야에 있어서의 이정표로 알려져 있으며 그 영향은 단지 인디언 언어들의 연구 영역을 훨씬 넘는 광범한 언어 이론을 제시하고 있었다. Boas의 연구에서 시작되어 미국의 구조주의 언어학은 Edward Sapir와 Leonard Bloomfield에 의해 꽃을 피웠다.

### 1.2.1. Edward Sapir(1884~1939)

Sapir는 Boas의 제자로 미국 구조주의 언어학의 개척자이다. 그는 Saussure와 달리 언어가 조직체라는 생각을 가지고 언어 연구를 하였으며 언어 구조의 유형을 연구하는 것이 기술 언어학의 제일 중요한 임무라고 생각했다. 그의 견해에 따르면, 인간은 누구나 자기 머릿속에 언어 조직의 기본적 도식을 가지고 있다. 즉 인간의 언어 행위란 그 사회 공동체를 구성하는 문화의 총체와 밀접한 관계가 있다는 것이다. 의사소통과 자기표현을 보장하기 위해서 일정한 사회집단에서 이루어지는 사회관계를 결정하고 또한 개개인 인격의 기본 요소인 언어가 꼭 필요한 것이다. 따라서 그는 구조주의 언어학을 개척하면서 언어 현상을 어디까지나 인간의 정신적 활동의 본체로서 파악하려 했다. 특히 그는 '언어 없이 사고가 가능한가?'라는 문제를 제기함으로써 Sapir—Whorf 가설(hypothesis)을 내세웠다. 이 가설에 따르면 인간의 경험이나 사고 양식은 그의 언어 습관에 의해 결정된다는 설로서 언어 상대성 이론(the theory of linguistic relativity) 또는 언어결정론(linguistic determinism)이라 불리기도 한다.

그는 특히 Bloomfield와 달리, 음소를 심리적 실재(psychological reality)로 간주했는데 이는 생성음운론(generative phonology)에 영향을 미친다. 그에 의하면 음소란 체계 내에서 다른 요소들과의 일정한 관계를 통해서 특수한 심리적 가치를 가지면서 그 언어의 음성 구조에 의해 실현된다는 것이다. 다시 말해서 음소를 정의함에 있어서 분포(distribution)의 기준을 도입했는데, 이것은 미국 언어학의 방법론적 기초가 되었다. 또한 그의 저서 *Sound Patterns in Language(1925)*는 미국 언어학회지인 *Language*에 수록되어 있다.

### 1.2.2. Leonard Bloomfield(1887~1949)

Bloomfield는 미국 구조주의 언어학의 대표자로, 원래 소장 문법 학파의 영향을 많이 받았고 유럽 언어학의 제 문제에도 정통하였다. 그리하여 그는 보다 광범위한 언어 이론 연구에 몰두하게 되었는데 그의 저서 *Introduction to the Study of Language*(1914)는 언어 연구의 독자적 분야를 규정한 것으로서 Wilhelm Wundt의 정신주의(mentalism)에 입각한 역사적·심리적 입장에서 출발했다. 그의 대표작이라 할 수 있는 저서는 바로 *Language*(1933)이다. 이것은 J. B. Watson과 A. P. Weiss의 행동주의(behaviorism) 심리학의 원리를 바탕으로 쓰였고 과학성, 정밀성, 완벽성으로 대표되는 그의 이론은 언어 연구를 행동주의 이론과 접목시켜 역사적 비교에 의한 통시적 관점과 공시적 관점에서 언어 현상들을 새로운 기술 방법으로 나타내고 있다.

그의 언어학적 주요 업적을 살펴보면, 첫째, 귀납적으로 기술적인 언어 연구 방법을 취함으로써 구체적인 언어(parole)로부터 출발하여 언어학을 하나의 정밀과학으로 만들었다. 둘째, 의미 개념과 기능 개념에서 방향을 제시했다. 언어 형식의 의미란 화자가 발화하는 상황(S)과 청자가 반응(R)하는 것이다. 즉 의미 개념은 상황과 그것에 대한 반응이며 형식에 상응하는 반복적 자극과 반응이라 할 수 있겠다. 기능 개념은 문장에서 나타날 수 있는 분포와 결부되어 있다. 셋째, 음운론적 측면에서 분포에 입각해서 음소를 분석했으며 초분절 음소(suprasegmental phoneme)란 개념을 도입했다. 여기서 음소를 물리적 실재이며 실제로 일정불변의 모습으로 존재하는 음성적 실재로 정의했으며 더 이상 나눌 수 없는 음운 분석의 최소 단위로 보았다. 형태론적 측면에서 그는 여러 관계들의 기본적인 구분을 제시하였고 형태론의 단위인 형태소라는 것은 의미를 지닌 최소의 언어 단위라고 정의하였다. 통사론적 측면에서는 직접 구성 성분(immediate constituent)

분석으로 문장을 분석하는데 이는 문법적으로 서로 직접적으로 결합되어 있는 표현을 연결하는 것으로 현대 통사론에 지대한 영향을 미쳤다.

### 1.2.2.1. Bloomfield와 행동주의

Bloomfield는 행동주의(behaviorism) 심리학의 창시자인 심리학자 J. B. Watson과 A. P. Weiss에 특히 많은 영향을 받았다. 그의 언어학 이론에 행동주의의 원리를 도입함으로써 미국 언어학에 결정적 영향을 미쳤다. 행동주의에 의하면 인간은 그가 살고 있는 주위환경에 의해 결정되며 인간의 모든 행위는 외부의 자극(stimulus)과 반응(response)으로서 나타나는데 반응적이라는 것이다. 즉 인간의 행동은 그의 주위 환경에 의해 영향을 받은 인간의 심리를 나타내는데 심리는 그 사람의 환경에 의해 결정되는 것이다. 따라서 인간의 심리보다는 행동을 연구함으로써 더욱 객관적이고 정확한 기술이 이루어질 수 있으므로 심리 연구는 행동 연구에 전념해야 한다. 이러한 행동주의 이론의 사고 과정은 인간 의식의 현상을 관찰 대상에서 제외하고 직접적인 경험에서 주어지고 직접적인 관찰이 가능한 대상에게만 한정시키는 통속적·기계적 유물론의 사고 과정이다. 모든 행동은 출발 상황(자극)과 그것에 의해 야기되는 행위(반응)를 통하여 기술될 수 있으며 인간 행동의 본질은 자극과 반응의 내적 관계이다.

그는 이러한 행동주의 이론을 언어학에 적용시켰으며 언어를 인간 행동의 특수한 형태로 이해하고 자극과 반응의 내적 관계로부터 설명한다. 즉 엄밀한 관찰 조사가 가능한 실제 현상만을 객관적으로 기술하였고 일반적 이론의 입장에서 언어 분석의 범위를 의도적으로 한정시켰다. 그리고 객관적이고 정확한 연구를 위해서는 언어의 물리적(음성적) 측면이 가장 적합했다. 그러므로 그는 전적으로 현실적인 발화체에서 출발했다. 하지만 그는 언어의 의미 면을 배제시켰는데 그 이유는 언어의 의미 면을 분석에 포함시키면 분석하는 데 있어서 주관적 기준이 개입될 우려가 있다고 생각했기 때문이다. 이렇게 해서 그는 언어학에서 반심리주의(anti-mentalism)적인 면을 취했다.

Bloomfield의 행동주의의 개념을 도표로 설명하면 다음과 같이 된다. 혼자의 경우 자극과 반응은 (22)처럼 나타난다.

(22)　　　　　　　S —————————————→ R
　　　　(실제 자극, practical stimulus) (실제 반응, practical reaction)

Bloomfield에 의하면 이 경우, 두 사람이 길을 걷다가 그중 한 사람이 배고픔을 느꼈고 나무 위의 사과를 보고 사과나무 위로 올라가서 자기가 먹고자 사과를 따 가지고 내려왔다. 이 경우에는 인간의 행위가 동물의 행위와 결코 구별되지 않는 자극과 반응의 간단한 연속성을 볼 수 있다. 하지만 자극을 제3자에게 전달하면 자극과 반응의 관계는 (23)처럼 발화 행위를 통하여 중단된다.

(23)

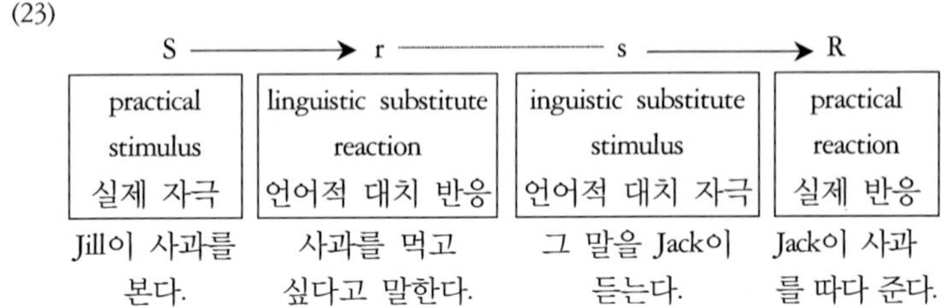

| S ——→ r ————— s ——→ R | | | |
|---|---|---|---|
| practical<br>stimulus<br>실제 자극 | linguistic substitute<br>reaction<br>언어적 대치 반응 | inguistic substitute<br>stimulus<br>언어적 대치 자극 | practical<br>reaction<br>실제 반응 |
| Jill이 사과를<br>본다. | 사과를 먹고<br>싶다고 말한다. | 그 말을 Jack이<br>듣는다. | Jack이 사과<br>를 따다 준다. |

(23)에서 청자와 화자 사이의 공백(gap), 즉 두 신경계의 불연속성 (discontinuity)은 소리음파(sound wave)에 의해 연결된다. 다시 말해서, 인간은 다른 동물들과 달리 언어를 이용하여 서로 협력할 수 있다는 것이다. 인간 행위에 있어서 실제적인 자극(S)은 인간에게 실제적인 반응(R)을 일으키는 대신에 먼저 말을 하도록 유도된다. 이것이 언어적인 표현으로 나타나고(r), 이것이 청자에게 대치 자극(s)이 되어 실제로 반응(R)을 일으키게 한다. 여기에서 실제로 일어난 일은 S, R이지만, 이것은 언어적 영역이 아니므로 언어 연구의 대상이 되는 것은 r, s가 된다.

실제 Bloomfield의 예를 보면, Jill이 사과를 보는 것이 실제 자극(S)이 되어 자기가 직접 그것을 따는 대신에 그것을 먹고 싶다는 마음을 언어적으로 표현(r)하게 된다. 그 말을 Jack이 들었을 때 언어적 자극(s)이 되어 사과를 따다 주는 실제적인 반응(R)이 일어나는 것이다. 이 과정에서 언어적으로 수행된 것은 s, r의 단계이다. 따라서 Bloomfield는 언어 행위는 인간 행동의 특수한 한 형식에 지나지 않는다고 본다.

### 1.2.2.2. Bloomfield의 음운론

음소를 심리적 실재(psychological reality)로 보는 Sapir와 달리 Bloomfield는 심리적인 면을 배제하고 오히려 즉물주의(physicalism)적 관점으로 접근한다. 그는 음소를 화자의 심리와는 별개로 현실의 음파(sound wave) 속에서 객관적이고 물리적으로 확인하려 하였다. 그에 의하면 발화(utterance)를 규정하는 여러 음성적 자질 가운데 뜻의 차이를 가져오며 인식할 수 있고 일정한 형태로 반복되는 자질이 있는데, 이러한 변별적 음성 자질들은 덩어리(lump)나 혹은 뭉치(bundle)로 나타나며 이 덩어리 하나하나가 음소라는 것이다. 화자는 발화 시에 음파 속에서 이와 같은 음소 자질(phoneme feature)을 만들도록 훈련되고, 또한 실제 음을 들을 때 많은 음성 자질 중에서 이런 자질에만 반응을 보이도록 훈련된다. 즉 그는 음소를 변별적 음성 자질의 최소 단위(a minimum unit of distinctive sound feature)로 정의하면서 한 언어의 음소란 소리(sound)가 아니라 실제 말소리(speech sound)에서 화자들이 만들어 내고 인식하도록 훈련된 음들의 자질이라고 하였다. 그러므로 Bloomfield에게 있어서 음소는 물리적인 실재이며 그것은 실제의 말소리에서 일정불변의 모습으로 존재하는 음성적 실재인 것이다. 예를 들어 *pin*과 같은 단어는 3개의 음소로 구성되어 있다. 즉 음소 /p/는 *pet, pack, push*와 같은 단어에 나타나며, 음소 /i/는 *fig, hit, miss* 등에 나타나며, 세 번째 음소 /n/은 *tan, run, hen* 등과 같은 단어에 나타난다 (Bloomfield 1933: 79－80).

Bloomfield는 음소를 일차 음소(primary phoneme)와 이차 음소 (secondary phoneme)로 구분한다. 그에 의하면 단순 일차 음소(simple primary phoneme)의 수는 언어마다 달라서 약 15개 정도에서 50개 정도까지 되는데 Chicago를 중심으로 하는 표준 영어(Standard English)는 약 32개 정도이다. 단순 일차 음소와 똑같은 위치를 차지하는 단순 음소의 결합체를 복합 음소(compound phoneme)로 분류하였는데 *buy*와 같은 단어와 같이 이중 모음(diphthong)이 복합 음소인데 표준 영어는 12개의 복합 음소가 있다. 일차 음소는 모음(vowel)과 자음(consonant)으로 구분되고 모음은 자음과의 결합 방식에 따라 구분된다. 한편 이차 음소(secondary phoneme)에는 강세(stress), 고저(pitch), 그리고 억양 (intonation) 등이 있다. 영어뿐만 아니라 거의 모든 언어에서 말을 할 때 일정한 강약, 고저, 억양이 수반되는데 제일차 음소 못지않게 제이 차 음소, 즉 초분절 음소(suprasegmental phoneme)의 중요성을 인식한 사람이 바로 Bloomfield였다.

Bloomfield는 음소 분류의 기본이 되는 교체 현상(alternation)에 관심을 가져 형태론 체계에 있어서의 이 형태(allomorph) 음소 구조를 연구하는 형태 음소론(morphophonemics)이라는 하나의 새로운 언어 연구 분야가 생겨나게 되었다. 예를 들어, 영어 복수형(plural form)의 경우 하나의 형태소로 /−s, −z, −iz/는 형태음소(morphophoneme)이다. 반면에 극단적인 경우 교체형이 다른 교체형과 전혀 다르다. 예를 들어 *ox*의 복수형은 *oxen*이고 *child*의 복수형은 *children*이다. /−n/, /−rən/처럼 전혀 무관한 교체형을 Bloomfield는 보충적 교체형(suppletive alternant)이라 부른다. 또한 *sheep, deer, moose, fish* 등과 같은 복수형을 영 교체형(zero alternant)으로 분류하고 *geese, teeth, feet, mice, lice, men, women*처럼 단수에 어떠한 구속형(bound form)을 더하지 않지만 서로 다른 음절을 포함하는 교체형을 대용 교체형(substitution alternant)이라 불렀다. 어떤 형태소에 속하는 교체형을 비교할 경우 이들 형태 중의 하나를 기저형(underlying form)으로 설정하고 이것을 기준으로 하여 다른 형태를 기술하는 것이 편리하다. 예를 들어, 영어 복수형 /−s, −z, −iz/에 있어서 /−z/를 기저형으로 설정하는 것이 기술하기에 편리하다. 또한 *knife −knives, mouth −mouths, house −houses*의 경우에 교체가 어간에서 일어나므로 [naif], [mauθ], [haus]를 기저형으로 택한다. 이처럼 Bloomfield가 형태음소론을 다룸에 있어서 추상적인 기저형을 설정하여 교체형을 설명한 점은 고대 인도의 Pānini 문법 기법과 유사하다 하겠다.

Bloomfield 이후 미국 언어학은 그가 제시한 음소 이론에 대한 원리의 적용, 음소 설정의 수순 등을 찾는 데 매진하였던바, 대표적인 사람은 Bernard Bloch, Freeman Twadell, Zellig Harris, Charles Hockett, Morris Swadesh 등이다. 이들은 한결같이 음소 설정을 위한 기준을 나름대로 제시하였는데, 최소 대립(minimal pair), 상보적 분포(complementary distribution), 음성적 유사성(phonetic similarity) 그리고 자유 변이(free variation) 등이다.

앞서 언급했듯이, Bloomfield는 객관적이고도 과학적인 연구를 하는 데에는 언어의 물리적 측면이 가장 적합하다고 주장하였고 이러한 생각하에 의미 연구는 언어학의 대상에서 제외되었다. 의미를 해석하는 데에는 주관적인 해석이 개입될 수 있고 그것을 또 정확히 기술하기도 어렵기 때문이다. 이렇게 객관적이고 과학적으로 관찰할 수 있는 실제 언어 현상을 기술하기 위해서 그는 언어 단위의 분포(distribution)에 관심을 가졌다. 분포란 어떤 단위, 즉 음소, 형태소 또는 낱말 같은 것이 나타나는 언어적 환경의 집합을 말한다. 이 분포는 대치(substitution)방법에 의해 검증된다. 대치란 어떤 단위를 동일한 문맥에서 다른 단위와 바꾸어 보는 것이다. 만약 대치하더라도 그 문맥이 기본적으로 변하지 않으면 두 단위는 동일한 부류에 속한다고 할 수 있다. 예를 들어 다음 문장을 보자.


    (24) a. The man is walking along the street.
           b. The dog is walking along the street.


위의 문장에서 *the man*과 *the dog*는 양자가 모두 동일한 자리에 올 수 있으므로 동일한 부류, 즉 명사류(NP)에 속한다.

이러한 분포의 개념 도입으로 구조주의자들은 처음에는 음운론에 많은 관심을 보였다. 음운론 분석을 분포에 의해 음운 원리로 발전시켜 나갔으나 점차 형태론, 통사론 분야에 이르기까지 영역이 확장되었다. 형태론의 기본 단위는 형태소인데 형태소는 의미를 가진 최소 단위(minimal meaningful unit)이다. *John, book, run* 등과 같이 하나의 형태소가 독립해서 쓰일 수 있으면 자유 형태소(free morpheme)이고, 복수형인 -s, 진행형 -ing 등과 같이 그렇지 못하면 구속 형태소(bound morpheme)이다.

Bloomfield는 고차적인 언어 단위들의 복잡한 문제를 다루면서 언어 구조의 서로 다른 층위들을 구분하는 것이 필요함을 느끼게 되었다. 예를 들어, 영어의 /s/는 *snow, swim, desk*와 같은 낱말의 음운 층위(phonological level)에서는 하나의 음소(phoneme)이지만, *pens, lips*와 같은 낱말의 형태 층위(morphological level)에서는 복수를 표시하는 하나의 복수 형태소(plural morpheme)가 된다. 이처럼 구조의 층위를 엄격하게 구별함으로써 문법 기술은 고도의 정밀성을 갖추게 되었다.

현대 통사 이론 가운데 중요한 연구 중의 하나가 직접 구성 성분(immediate constituent) 분석이다. 직접 구성 성분은 문법적으로 서로 직접적으로 결합되어 있는 표현들의 부분들이다. Bloomfield(1933: 161)는 구성 성분을 이루고 있는 언어 형식을 형태소와 복합 형태(complex form)로 구분하고 다시 복합 형태를 형태소로 세분화했다. 예를 들면 다음과 같이 세분화한다.

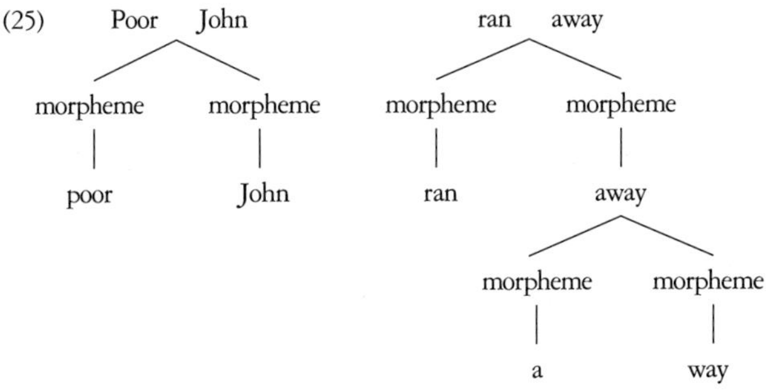

위에서 보듯이, *Poor John ran away*란 문장의 직접 구성 성분은 두 개의 형태 *poor John*과 *ran away*로 나누어지는데 이것 역시 복합 형태이다. 다시 *ran away*의 직접 구성 성분은 형태소 *ran*과 복합 형태인 *away*로 세분되며 *away*는 다시 두 개의 형태소 *a*와 *way*로 세분화된다. *poor John*은 두 개의 형태소 *poor*와 *John*으로 구성되어 있다.

Bloomfield가 주장했던 구조주의 이론은 언어 현상을 단지 기술만 했을 뿐 언어의 규칙성(regularity)과 일반성(generalization)을 포착하지 못했으나 언어학에 과학적 방법을 도입한 것은 언어학사에 대한 지대한 공헌이 아닐 수 없다. 실제로 Bernard Bloch는 1949년 *Language*라는 학회지의 Bloomfield 추도문에서 그의 공적을 다음과 같이 말하고 있다.

There can be no doubt that Bloomfield's greatest contribution to the study of language was to make a science of it.
(언어 연구에 대한 Bloomfield의 최대 공헌은 그것을 과학으로 만들었다는 점이라는 것을 의심할 여지가 없다)

또한 그는 행동주의 언어학을 제시했고, 형태소를 규정했으며 분포주의에 입각하여 음소를 분석하고 초분절음소(suprasegmental phoneme) 를 도입했다. 특히 직접 구성 성분 분석은 그의 중요한 업적 중 하나 이다. 그의 과학적 연구 방법은 아직까지도 많은 언어학자들에 의해 사용되고 있다.

### 1.2.2.3. 후기 구조주의 언어학 및 한계

Bloomfield의 *Language*(1933)에 의해서 이론적 근거를 마련한 미국의 구조주의 언어학은 *Language*에 제시된 여러 원리들의 적용 그리고 그 원리에 입각하여 언어를 분석하는 기법과 수순의 발견으로 이어졌다. 후기 구조주의 언어학자들은 대개 다음과 같은 수순을 따랐다. 첫째, 자료를 정확히 분석·기술한다(phonetics). 둘째, 이것을 대조를 이루 는 음소적(phonemic)인 것과 그렇지 않은 음성적(phonetic)인 것으로 구 분하여 분류한다. 이때 분류는 분포에 의한다(음소론). 셋째, 음소론 을 근거로 하여 형태소를 마찬가지 방법으로 분류·기술하고(형태 론), 넷째, 이 형태소들의 결합 방법은 통사론의 순으로, 즉 밑으로부 터 위로 올라가야 하며 그 반대 순서는 불가능하다. 다섯째, 각 층위 (level)는 엄격히 분리해야 한다. 즉 음운론적 층위, 형태론적 층위, 통 사론적 층위, 그리고 의미론적 층위 간의 엄격한 독립성을 강조한다.

Sapir에 이어 Bloomfield 이후 미국의 구조주의 언어학은 Block, Trager, Harris, Hockett, Pike 등으로 이어졌다. 이 중 특히 Hokett는 음 소 및 형태소 분석, 문법 이론, 일반 언어학과 과학의 방법론 등에 큰 공헌을 하였고, Lamb은 언어 구조는 몇 개의 구조층으로 되어 있다는 관점에서 성층문법(stratification grammar)의 이론을 발전시켰으나 표면 적 형식에 너무 치우친 점이 단점으로 지적되고 있다. 한편 Pike는 언어학의 방법론을 검토하여 문법소론(tagmemics)으로 알려진 새로운 문법 이론을 세웠다. 언어를 객관적·귀납적·과학적으로 분석하려는 구조주의 언어학은 Bloomfield를 시작으로 1940년대와 1950년대 초에 Bloomfield 학파의 거장인 Zellig Harris의 저서 *Methods in Structural Linguistics*(1951)에 이르러 그 정점에 달한다. 하지만 그 당시 미국 언어학은 유럽 언어학과 접촉하지 않았을 뿐만 아니라 방법론적으로도 배타적이었다. 그들의 견해에 따르면 의미가 분류 기준이 되지 못하였고 의미 차이는 형태에 의해서만 나타난다는 것이다. 다시 말하면 형태가 달라지면 의미가 바뀌고 형태가 같으면 의미도 같아진다는 것이다. 하지만 이러한 견해는 많은 한계를 지니며 1950년대 Chomsky의 변형 생성 문법에 의해 언어학은 새로운 전기를 맞이하게 된다.

다음의 예문에서 보듯이 표면적인 형태로만 가지고는 설명이 불가능하다.

    (26) a. This seems a big price.
           b. This brings a big price.

위의 두 문장은 표면적인 형태가 같으며 품사(part of speech)의 분포도 똑같다. 하지만 (26b)는 수동태로 바꿀 수 있으나 (26a)는 불가능하다. 또한 구조적 중의성(structural ambiguity)을 가진 문장도 구조주의 언어학의 직접 성분 분석(immediate constituent analysis)으로는 설명이 불가능하다.

    (27) Flying planes can be dangerous.

위의 문장은 '나는 비행기는 위험할 수 있다'와 '비행기 여행은 위험할 수 있다'의 두 가지 의미가 있는데 단순히 표면상의 분포를 기술하는 것만으로는 설명이 불가능하다. 전자의 경우 *flying planes*가 명사구(NP)로서 이 문장의 주어가 되고, *flying*은 *planes*의 형용사적 수식어(modifier)로 쓰이고 있다. 반면에 후자의 경우 *flying planes*가 동명사구(gerundive phrase)로서 이 문장의 주어가 되고, 이 경우 *planes*는 *flying*의 목적어로 쓰였다. 다음과 같은 문장도 구조주의 방식으로는 설명 불가능하다.

(28) a. John is easy to please.
     b. John is eager to please.

위의 두 문장은 겉으로는 동일한 구조를 가진 것처럼 보이지만 (28a)의 의미는 다른 사람이 '*John*을 기쁘게 하기는 쉽다'로, 이때 *John*은 표층구조(surface structure)에서는 *please*의 주어이지만 심층구조(deep structure)에서는 목적어로 쓰였다. 반면에 (28b)의 의미는 '*John*이 다른 사람을 기쁘게 하고 싶어 한다'로, 이 경우 *John*은 표층구조에서뿐만 아니라 심층구조에서도 *is eager to*의 주어로 쓰였다. 또한 비록 구조상으로는 정문이라도 의미상으로는 비문법적인 문장을 설명할 수 없다.

(29) a. The man eats an apple.
     b. *The desk eats an apple.

위의 두 문장은 NP V NP의 분포는 동일하나 (29b)는 비문법적이다. 이처럼 문법 범주(grammatical category)의 설정에 있어서 심층의 의미 문제를 배제한 채, 표면구조에만 너무 집착한 나머지 전반적인 언어 현상을 설명하는 데 한계를 드러냈다.

## 2. Ferdinand de Saussure(1857~1913)

Saussure는 제네바 학파의 창시자로서 20세기 최대의 이론가였다. 그는 파리와 제네바에서 산스크리트, 게르만 제 언어, 그리스어, 라틴어 등을 가르쳤다. 약관 21세인 1878년에 그의 최초 저술이자 중요한 저술인 *Mémoire sur le système primitif des voyelles dans les langues indo－européemmes*(인구어 모음의 원시 체계에 관한 논고) 이외에 세계의 다른 언어학의 조류에 대해서도 관심을 기울였다. 하지만 그는 19세기까지의 인문·사회 과학에서 지배적이었던 역사주의적 관점에서 언어의 역사적 변천을 주로 다루었던 역사·비교언어학과 인구어의 역사언어학을 중심 과제로 하는 그의 스승들인 청년 문법 학파(Junggrammatiker)의 이론적·문법적 원리에 회의를 품었다. 오히려 그는 언어 자체의 형식적 체계화라는 고도의 자주적인 과학적 접근 방법을 보여 주었다. 즉 그는 언어 현상들을 전체성 속에서 체계(system)로 파악했다. 이러한 방법론의 변화는 그 당시로서는 언어학 연구 영역에서 가히 혁명적인 일이었는데, 그의 첫 논문이 출판된 해인 1878년은 언어학의 역사에서 중요한 해로 기억되고 있다. 그는 언어학에서 해결이 불가능한 것으로 여겨졌던 인구어 장모음과 단모음의 관계에 대한 문제를 해결하였다. 그에 의하면 언어는 모든 것이 서로 연결되어 있고, 한 체계의 문법 형식을 전체로 통합시켜 주는 기본 구조가 존재한다고 했다.

언어에 대한 Saussure의 기본관은 1907년, 1908~1909년 그리고 1910~1911년 사이에 세 번에 걸쳐 쥬네브대학에서 행한 *Course de linguistique générale*(일반 언어학 강의)에 잘 나타나 있다. 그의 이 강의는 언어학사에서 독창적이고도 혁신적인 것으로 알려졌으나 불행하게도 Saussure 자신의 손에 의해 집필·출판되지 못하고 그의 사후, 위대한 스승을 기념하고 스승의 사상에 심취되었던 두 제자인 Charles Bally와 Albert Sechehaye에 의하여 Saussure의 강의 제목 그대로 *Course de linguistique générale*라는 제목으로 Roy Harris에 의해 영어판으로 번역되었다.

그는 과학적 연구의 대상으로서 언어를 파악했는데, 이 문제를 명쾌하게 설명하기 위해 언어의 기능과 장기 놀이의 기능을 비교했다. 첫째, 장기 놀이의 상태(state)는 언어의 상태와 똑같다. 장기에서 사용되는 말 하나하나의 가치(value)는 장기판 위에서의 그들 위치에 의존한다. 마찬가지로 언어에 있어서도 각 용어(term)의 가치는 다른 모든 용어와의 대립에 의해 정해진다. 둘째, 장기의 말들은 반드시 지켜져야 하는 특정한 규칙에 따라 움직인다. 장기를 두는 도중에 한 번 옮긴 말들의 가치를 바꾸는 것은 허용되지 않듯이 언어의 경우에도 이와 비슷하다. 즉 언어 기호의 음성 형태와 의미와의 결합은 언어마다 다르며 아주 우연한 결과로 생긴 것이므로 자의적(arbitrary)이다. 그러므로 국어의 '물'에 대응하는 영어는 'water'이며 독일어는 'Wasser'로 각각 달리 표현된다. 하지만 음성 형태와 의미와의 결합은 한 번 정해지면 더 이상 마음대로 바꿀 수 없게 된다. 셋째, 장기 놀이에서 말이 움직일 때마다 장기판에 새로운 상황이 전개된다. 언어의 경우에도 시간이 경과함에 따라 여러 가지 변화가 일어난다.

그는 사회학의 기본 이론에도 영향을 받았다. 특히 Émile Durkheim (1858~1917)의 이론이 그에게 깊은 인상을 주었다. Durkheim은 사회 현상의 객관적 상대성을 강조하였다. 그에 의하면 비개인적이며 따라서 비주관적인 집단적 사고(collective thinking)는 인간 일반의 의식 형성에 대하여 개인적 사고(individual thinking)보다는 훨씬 더 큰 의의를 갖는다고 하였다. 집단적 사고는 가치 면에서만 개인적 사고보다 우위에 있는 것이 아니라, 개인적 사고는 또한 집단적 사고에 의존되어 있다. 이러한 Durkheim의 사회 이론은 사회의 언어(langue)가 개인적 언어 실현(parole)에 대해 갖는 관계에 관한 Saussure의 이론에 잘 나타난다.

Saussure는 언어의 본질을 분명히 구별하여 랑그(langue)와 빠롤(parole)로 구분하였다. 랑그는 언어활동의 사회적 부분, 즉 사회적 계약에 의해 규정된 형상이며 빠롤은 개개인의 의도에 의해서 언어를 사용하는 개인적인 행위이다. 그리고 랑가쥬(langage)는 랑그와 빠롤을 통틀어 생각하는 경우의 언어이다. 기호(sign)로서의 기능을 가진 음성기호로서 의사소통을 하는 인간의 능력을 가리킨다. Saussure에 의하면 랑그는 음악에 있어서의 작품 자체이고 빠롤은 작품의 연주이다. 예를 들어 어떤 문장을 발화해서 그것을 들어서 이해한 경우 그 발화(utterance)는 화자에 따라 다르고 또한 같은 사람이 같은 문장을 계속 발화했을 경우에도 각각 다르다. 하지만 그 발화의 기저에 있는 추상적인 문장은 동일하다고 할 수 있다. 그러므로 추상적인 기저의 문장은 랑그요 구체적인 발화문은 빠롤이라 할 수 있겠다.

랑그는 언어활동의 사회적 측면이며 개인을 벗어나 있으므로 랑그를 구사하여 타인과 의사를 소통하려는 개인은 혼자서 그것을 창조할 수도 없고 변경할 수도 없으며 도리어 그 제약에 순응해야 한다.

랑그는 빠롤과 달리, 개별적으로 연구할 수 있는 대상이다. 예로서, 사어(dead language)의 언어 구조를 쉽게 습득할 수 있다. 언어 구조를 연구하는 과학은 언어의 다른 요소들이 없어도 가능하다는 것이다. 랑그는 동질적(homogeneous) 성질을 지니는 반면, 빠롤은 이질적(heterogeneous) 성질을 지닌다. 또한 언어 체계로서의 랑그는 사회적이며 본질적인 반면에 언어 운용으로서의 빠롤은 개인적이며 부수적이고 다소 우연적(accidental)인 것이다. 따라서 랑그의 존재는 빠롤에 대한 필연적인 전제조건이 된다. 랑그는 화자(speaker)의 기능이 아니고 개인이 수동적(passive)으로 습득하는 산물인 데 비해, 빠롤은 개인의 의지적 행위(act of the will)이며 지적(intelligence)인 행위이다.

그의 랑그와 빠롤은 Chomsky의 생성 문법 이론에서 언어 능력(linguistic competence)과 언어 수행(linguistic performance)으로 각각 발전하였다. 전자는 언어를 말하고 이해하기 위해서 사람이 태어나면서부터 자기 모국어(native language)에 대해 내재적으로(inborn) 가지고 있는 지식인 언어 능력을 말한다. 이에 비해 빠롤, 즉 언어 수행은 화자가 언어 지식을 이용하는 방법, 다시 말하면 구체적이고 직접 말하고 듣고 관찰할 수 있는 것으로 부주의, 말더듬, 기억력의 한계 등 여러 언어 외적인 요인 때문에 불완전한 언어 행위를 말한다. 다시 말하면, 언어 능력이란 보편적(universal)인 것으로 화자에 의해 내면화(internalized)되어 그의 언어 지식을 이루는 규칙(rule)의 체계로, 언어 능력으로 말미암아 화자는 무한수의 문법적인 문장을 생성해 낼 수 있고 이해할 수 있다. 또한 아동들은 언어를 습득할 때 언어의 규칙을 습득하는 것이다.

그에게 있어서 언어는 사회적 기능을 지니고 있는 조직화된 체계다. 즉 언어는 상호 결합되어 있는 기호(sign)들의 체계이며, 여기에서 한 기호의 가치는 다른 기호들의 존재를 통해서 조건 되어 있다. 언어 기호(linguistic sign)는 사물(thing)과 명칭(name)을 결합하는 것이 아니고 무엇을 표현하는 데 사용되는 음성 표현(phonetic expression)인 시니피앙(signifiant)과 의미 내용(semantic content)인 시니피에(signifie) 두 측면을 공유하고 있으며 하나의 개념(concept)과 청각영상(acoustic image)을 결합시키는 것이다. 그의 언어 기호의 이원적 특성은 다음과 같다.

(30)
```
          ┌ 청각영상 : 음성 표현   →  시니피앙
   기호 ─┤
          └ 개념      : 의미 내용   →  시니피에
```

여기에서 청각영상은 순전히 물리적인 것이라 할 수 있는 물질적 음이 아니라 음의 심리적 인상(impression), 곧 감각의 직관에 새겨진 음의 표상(representation)이다. Saussure에 의하면 언어 기호는 두 가지 측면을 가지는 하나의 심리적 실체(psychological entity)로서 다음과 같이 도식화될 수 있다.

(31)

위에서 알 수 있듯이, 기호를 일차적으로 단순히 청각영상으로 파악하는 것과는 달리 기호는 항상 개념과 청각영상의 결합체이며 항상 이 두 요소는 서로 밀접하게 결합되어 있어서 서로 호응하게 되어 있는 이원적인 것이다. Saussure는 시니피앙과 시니피에의 불가분 관

계를 종이 한 장의 표리에 비유했다. 즉 이 둘의 관계는 종이의 표리와 같아서 이면을 절단하기 위해서는 전면도 동시에 절단할 수밖에 없는 것과 같이 기호의 두 측면이란 불가분의 관계라고 주장했다.

이와 같이 정의된 언어 기호는 두 가지 근본적인 특성을 가지고 있음을 Saussure는 제시하고 있다. 그중 하나는 자의성(arbitrariness)이다. 언어의 자의성이란 어떤 사물을 가리키는 음성의 연속과 그것이 가리키는 개념과의 사이에는 자연적 관계, 내적 관계가 없으며 오로지 자의적이라는 것이다. 예를 들어 '자매'를 가리키는 영어의 *sister*라는 기호의 시니피앙, 곧 s−i−s−t−e−r라는 음성의 연속과 '자매'라는 사물 사이에는 아무런 자연적·내적 관계를 가지고 있지 않다. 만약에 그러한 내적인 관계가 있다면 어느 언어에서든 '자매'는 [jamae]이거나 [sister]이거나 똑같은 음성의 연속으로 불렀어야 할 것이다. '자매'라는 개념을 두고 영어에서는 *sister*, 독일어에서는 *Schwester*, 불어에서는 *sör*, 한국어에서는 '자매'와 같이 각 언어마다 다르게 이름이 붙여져 있다.

그는 기호의 자의성 원리에 대해 예상되는 반론에 대해 다음과 같이 설명하고 있다. 첫째, 의성어의 경우 자의성의 원리에서 벗어나지 않느냐 하는 반론을 제기하면서 *fouet*(회초리) 같은 불어 낱말은 그 사물이 암시하듯 회초리 소리를 모방한 것이라고 생각할 수 있으나 실제 이 단어는 라틴어의 *fagus*(너도밤나무)에서 파생된 것을 보면 음운 진화의 우연한 결과이다. 또한 통속 라틴어(vulgar latin) *pipio*(비둘기)가 불어의 *pigeon*이 된 것은 반드시 비둘기의 음운 소리를 그대로 옮겼다고는 볼 수 없고, 또 그러한 예는 언어 기호 체계에서 아주 소수에 지나지 않으며 음운변화에 의해서 불어에서 *pigeon*으로 된 것은 의성어

단어(onomatopoeic word)들이 본래의 특징을 잃어버리고, 거의 협약화되어 있다는 것을 알 수 있는 명백한 증거다.

둘째, 의성어와 비슷한 경우로 감탄사 같은 표현은 시니피앙과 시니피에 사이에 필연적인 유대 관계가 있지 않느냐 하는 반론이 제기될 수 있으나, 이런 표현들이 언어에 따라서 얼마나 다른지를 알아보면 잘 알 수 있을 것이다. 즉 아픔을 나타내는 감탄사의 경우 불어에서는 '*aïe!*', 독일어에서는 '*au!*', 한국어에서는 '*아야!*'인 것을 보면 그 사이에는 필연적인 관계가 아님을 알 수 있다.

언어 기호의 두 번째 특징은 선적 특징(linear character of the signal)이다. 언어 기호는 본래 청각적이기에 시간 안에서만 전개되고 그 특징들은 시간에서 얻어진다. 인간이 문장을 발화할 때 모든 요소들은 전·후 차례로 발음되므로 인간의 말은 선적 특성을 지닌다. 따라서 어떤 두 가지 언어 요소가 동일 선상에 동시에 자리 잡을 수는 없다. 다음의 경우를 보자.


    (32) a. John loves Mary.
         b. Mary loves Mary.


위의 문장에서 *John*과 *Mary*가 동사 *love* 앞에 위치하느냐 그렇지 않느냐에 따라 주어가 되고 목적어가 된다. 이러한 위치가 기호의 선적 특징이다.

19세기의 역사·비교언어학 시대의 언어 연구는 주로 인구어들이 어떤 계보를 이루었고 어떠한 음운변화를 겪었는지를 연구하는 통시적 연구가 주축을 이루었고 한 언어 자체에 대한 독립적인 기술은 부수적인 것으로 취급되었다. 하지만 그는 언어 사실을 연구하는 시각을 공시언어학(synchronic linguistics)과 통시언어학(diachronic linguistics)으로 엄격하게 구별하였다. 공시언어학은 과학에 있어서 정적인 측면을 연구 대상으로 하는 모든 것을 말하는 것으로 어느 일정한 시기에 동시성의 축(axis of simultaneity)에서 언어 체계를 연구의 대상으로 삼는다. 이에 반해 통시언어학은 발전 과정과 관계되는 모든 것을 말하는 것으로 연속성의 축(axis of succession)에서 언어 진화(변화)의 과정을 대상으로 삼는다. 간단히 말해서, 공시언어학은 언어 상태를 기술하는 것을 목적으로 삼는 데 비해 통시언어학은 언어의 역사를 다룬다. Saussure는 언어를 다음과 같이 구별하였다.

(33)
```
                           ┌ 공시태
              ┌ 랑그 │
    랑가쥬 │            └ 통시태
              └ 빠롤
```

Saussure에 의하면 공시태란 일정한 시기에 체계를 구성하는 것으로 간주된 언어 사실의 총체인 동시에 언어를 일정한 시기에 체계를 구성하는 것으로 연구하는 것인 데 비해, 통시태란 언어 사실을 역사의 어느 시점에서 다른 시점으로 이르는 연속성, 즉 언어 변화 관계를 다루는 것이다. 그는 통시적 연구에 공시적 연구를 대립시켰을 뿐만 아니라, 공시적 연구를 바탕으로 하여야만 비로소 통시론적 기술도 가능하며 한 언어의 두 시점에 있어서 공시적 연구가 없이는 통시적 연구가 완전할 수 없다는 점을 강조하여 공시적 연구를 통시적 연구보다 우위에 두었다. Saussure 이전까지는 언어 진화를 설명하는 것이 유일한 과학적인 방법으로 생각되어 왔으나 그에게는 언어 상태를 기술하는 것이 과학적인 방법인 것으로 간주되었다. 다시 말하면 언어의 여러 관계나 구조는 체계 속에서만 파악될 수 있기 때문에 진정한 역사적 관찰은 체계의 공시적 연구 기반 위에서 가능하다는 것이다.

체계(system)와 가치(value)의 개념을 통해서 형식(form)으로서의 언어에 도달하게 되는데 형식과 실질(substance)의 구별은 추상적인 체계와 구체적인 자료와의 구별이다. 예를 들어, 장기 게임의 경우 각각의 말들을 어떻게 움직여야 한다는 규칙이 있다. 이 규칙이 추상적인 개념으로서의 형식인 데 반해, 말들이 실제 어디에 새겨졌는지 하는 것은 실질이 되는 것이다. 실제로 장기 게임에서 각각의 말을 어떻게 움직여야 하는지의 규칙이 중요하지, 말들이 어떤 재료로 만들어져 있는지는 중요하지 않듯이, 언어에서도 형식이 중요하지 실질은 중요하지 않다(language itself is a form, a substance). 시니피앙 면에서 볼 때 영어의 음소 /p/는 /p/, /t/, /k/라는 폐쇄음(stop)의 대립 체계에 속하는 것이 형식이며 음성적 실현 [p]는 무성음(voiceless)이고 [b]는 유성음(voiced)에 속하는 것이 실질이다. 그는 기술 언어학에서 자주 언급되는 '언어는 실질이 아니라 형식이다'는 것을 그의 구조 개념으로서 정당화했다고 할 수 있다.

그는 또한 언어의 두 가지 관계를 연합적(associative) 관계와 통합적(syntagmatic) 관계로 구분하였다. 연합적(또는 계열적, paradigmatic) 관계란 체계 내의 요소들 사이의 대립에 기초를 두는 것으로 어떤 언어 단위가 같은 환경에서 대치되어 일어날 수 있는 관계를 말한다. 반면에 통합적 관계란 언어 연쇄 내에서의 전후에 놓인 다른 언어와 대립 관계에 있는 것으로 어떤 언어 단위가 다른 단위들과 전후해서 공기하는 관계를 말한다. 쉽게 말하면 연합은 종적으로 대치되는 관계이며 통합은 횡적으로 공기(cooccurrence)하는 관계이다. 예를 들어 보자.

(34) a. e-a-t
　　 b. h-i-m
　　 c. b-e-d

*eat*에서 첫 자리의 e는 h, b와 연합 관계에 있으며, a, t와는 통합 관계에 있다. 중간 자리의 a는 i, e와 연합 관계에 있으며, e, t와는 통합 관계에 있다. 끝자리의 t는 m, d와 연합 관계에 있으며, e, a와는 통합 관계에 있다. 다음의 문장에서도 똑같이 적용된다.

(35) a. John　　came
　　 b. Mary　 is coming
　　 c. He　　 went
　　 d. You　　left

(35)에서 'John'과 'Mary', 'He', 'You' 등의 횡적 관계나 'came'과 'is coming', 'went', 'left' 등의 횡적 관계는 연합 관계에 있다. 반면에 'John'과 'came', 'Mary' 와 'is coming', 'He' 와 'went', 'You' 와 'left' 사이의 관계는 주어-술어라는 통합 관계이며, 두 개 기호들의 표현 사이에 존재하는 통합 관계는 선형 연속체이다. 통합 관계의 가장 대표적인 예는 문장이라고 하는 낱말의 연쇄를 들 수 있다.

의미론적 측면에서 그의 이론은 훗날 의미의 장이론(field theory)의 기초를 이루었다. 장이론이란 어휘의 의미를 개개의 언어 형식과 개념의 독자적인 결합으로 파악하지 않고, 의미의 단일체를 구성하는 어휘들의 집단을 뜻한다. 이 장이론은 독일의 철학자인 Wilhelm von Humboldt(1767~1835)에 의해 제시되었으며, Saussure에 있어서 장이론은 하나의 장(field)을 이루는 어휘들 사이의 관계가 앞서 언급한 대로 연합 관계와 통합 관계로 나타나는데 이러한 내적 조직은 의미적 국면이 된다. 이 장이론은 주로 독일 학자 W. Porzig, J. Trier 등에 의해 연구되었고 또한 비슷한 이론이 미국의 B. Whorf(1897~1941)에 의해 제시되었다. Trier는 모든 단어의 의미는 다른 단어들과 개념적으로 연관되어 있는 단어들의 의미와 연관 지어 정의될 수 있다고 하여 그는 단어의 의미적 관계를 연합적 관계에 기초를 둔 것으로 보았다. 반면에 Porzig는 통합적 관계를 바탕으로 장이론을 정의한다.

## 3. 프라그 학파

1926년 프라그에서 프라그 언어학 서클(Prague Linguistic Circle)이라는 이름으로 언어 학회가 창설되었는데 이것이 프라그 학파(Prague school)이다. 이 학파의 기본 사상은 Saussure에 직·간접적으로 영향을 받았다. 주요 학자들은 러시아에서 망명해 온 3명의 언어학자인 R. Jakobson(1896~198?), S. Karcevskij(1884~1955), N. Trubetzkoy(1890~1938), 그리고 체코의 언어학자인 V. Mathesius(1882~1945), B. Trnka, B. Havránek 등으로 1920, 1930년대에 가장 활발한 활동을 전개했다.

프라그 학파는 1929년에 그들의 논문집 「프라그 언어 학회 논집」(Travaux du cercle linguistique de Prague)의 제1권에서 기본 입장을 밝히고 있다. 그들의 견해에 의하면, 언어는 상호 의사소통을 위한 표현 수단의 체계이다. 그러므로 언어학자는 구체적 발화의 현실적 기능,

즉 무엇이, 어떻게, 누구에게 어떤 경우에 전달되는가를 연구해야 한다. Saussure는 공시적 연구가 통시적 연구의 기초가 됨을 강조하여 전자가 후자에 우선해야 함을 주장하였다. 이에 반해 프라그 학파에 있어서는 언어 체계 내에서의 변화를 고찰할 때 비로소 언어사는 참다운 의의를 지니게 됨을 강조하여 공시적 연구뿐만 아니라 통시적 연구도 병행해야 한다.

프라그 학파는 주로 언어 연구에 대한 자신들의 연구를 주로 음운론에 국한하였다. 음성 구조에 대한 그들의 중요한 개념은 음운 대립(phonological opposition)이라는 기능(function)이다. 다시 말해서 의미의 차이를 유발시키지 못하는 음성적 차이는 변별적(distinctive)이 되지 못하며, 말하자면 음소적(phonemic)이 아니다. 그래서 Trubetzkoy는 음소란 더 이상 작은 음운 단위로 분석될 수 없는 것으로서 뜻의 차이를 가져오도록 기능(function)하는 최소 음운 단위인데, 실존하는 음이 아니라 하나의 추상적인 음이라고 하였다.

Trubetzkoy와 더불어 프라그 학파의 대표자인 Jakobson은 음소란 변별적 자질의 집합(bundle of distinctive features)으로 정의하고 변별적 자질을 분석의 최소 단위로 삼았다. 그의 업적은 음운론 연구에 있어서 음향적 자질(acoustic feature)을 사용한 점이고 또한 각각의 음운 자질은 두 개의 대립만을 허용하는 이원적 대립에 근거한다.

이처럼 프라그 학파의 언어학자들은 언어 내부의 요소들에 의해 대비되는 기능으로 언어 체계를 세우려고 노력하였던바, 주로 음운 체계 연구로 명성을 쌓았다. 특히 그들은 변별적 자질(distinctive feature)을 이용하여 음운 분석을 하였고 이 분석으로서 각 언어의 개별 음운이 서로 대비되는 조음적·음향적 자질들로 구성되어 있음을 밝혔다.

### 3.1. N. S. Trubetzkoy(1890~1938)

Trubetzkoy는 Saussure에 결정적인 영향을 받았다. *Principles of Phonology*
(1939)에서 음소란 심리적 실재의 근거에서, 또는 음성적 변이형의 관
계를 기초로 해서는 안 되며 어떤 언어의 언어 체계 내에서의 대립
(opposition)이라는 기능(function)에 기초하여 정의되어야 한다고 하였
다. 그는 한 사물과 다른 사물을 구분할 때 이 두 사물이 서로 대립
관계가 존재할 때 서로 구분되듯이, 한 음성 자질도 다른 음성 자질
에 대립될 때만 구분이 가능하다는 것이다. 그러기 위해 그는 음운
대립(phonological, distinctive opposition)이란 개념을 도입하였다. 음운
대립이란 주어진 언어 내에서 두 단어의 지적 의미(intellectual meaning)
를 구별해 주는 소리들의 대립(opposition)이다. 다시 말해서, 음소란
더 이상 작은 음운 단위(phonological unit)로 분석될 수 없는 것으로서
뜻의 차이를 가져오도록 기능하는 최소 음운 단위로, 실존하는 음이
아니라 추상적인 음이다. 따라서 한 음소를 다른 음소로 대치했을 때
의미의 변화가 생긴다. 예를 들어, 영어에서 /p/ 와 /b/는 두 개의 서로
다른 음소이다. 왜냐하면 'pin' 과 'bin'에서 /p/와 /b/를 교체했을 때 의
미의 변화가 생기기 때문이다.

Trubetzkoy는 하나의 음소를 음성적 변이음(phonetic variant)과 구분
짓고, 다른 한편으로는 음소 결합과 구별될 수 있는 규칙을 제시하고
있다. 즉 어떤 조건하에서 두 개의 음이 서로 다른 음소로 간주되어
야 하고, 또 어떤 조건이 주어졌을 때 두 개의 음이 한 음소의 변이음
(allophone)으로 간주되는가에 대해 다음과 같은 음소 설정의 네 가지

규칙을 제시하였다.

> (36) 규칙 Ⅰ: 두 음이 동일한 환경에 나타나고 의미의 변화 없이
> 　　　　　교체가능하면 이 두 음은 동일 음소의 우발적 음성
> 　　　　　적 변이음들이다.
> 　　　규칙 Ⅱ: 두 음이 동일한 환경에 나타나고 두 음이 교체되어
> 　　　　　단어의 의미를 변화시키거나 혹은 알아볼 수 없는
> 　　　　　단어가 되면 이 두 음은 두 개의 서로 다른 음소의
> 　　　　　실현이다.

위의 예는 독일어 i와 a 사이에 존재한다. *Lippe*(lip)과 같은 단어에서 i가 a로 교체되면 *Lappe*(Lapp)라는 단어가 생겨 의미의 변화가 일어난다. 하지만 *Fisch*(fish)와 같은 단어에서 i가 a로 교체되면 *Fasch*라는 알아볼 수 없는 단어가 된다. 그러므로 독일어에서 i와 a는 서로 다른 음소이다.

> (37) 규칙 Ⅲ: 음향적으로나 조음적으로 관계있는 두 음이 똑같은
> 　　　　　환경에 나타나지 않으면 이 두 음은 똑같은 음소의
> 　　　　　결합적 변이음(allophone)들이다.

이 규칙에 의하면 서로 다른 위치에 나타나는 두 개의 음이 음성적 유사성이 있으면 이 두 음은 하나의 음소로 간주된다. 예로서, 한국어에서 s와 r은 말음에 나타나지 않지만 l은 말음에만 나타난다. 그런데 l은 유음(liquid)으로서 s보다는 r에 더 가까우므로 l과 r은 한 음소의 결합적 변이음으로 간주될 수 있다.

> (38) 규칙 Ⅳ: 규칙 Ⅲ의 조건을 만족하는 두 음이라도, 만약 두 음

중에서 어느 하나가 독립해서 나타나는 위치에서 음
성 연쇄의 일부분이라면 이 두 음은 같은 음소의 변
이음으로 간주될 수 없다.

　예로서, 영어에서 r은 모음 앞에서만 오지만 ə는 모음 앞에 나타나
지 않으므로 영어의 r과 ə를 동일 음소의 변이음으로 생각할 수 있다.
그러나 'profession'[prəfeʃn]과 같은 단어에서 r과 ə는 인접해서 나타나
지만 'perfection'[pəfekʃn]과 같은 단어에서는 동일한 환경에서 ə가 독
립해서 나타나기 때문에 r과 ə는 같은 음소의 변이음으로 간주될 수
없다.

　Trubetzkoy는 /p/와 /b/가 어떻게 구별되는지, 또한 음운 체계 내에서
의 대립의 속성이 무엇인지에 관심을 가졌다. 그러므로 그는 대립의
개념을 더욱 분류하여 (1) 대립의 전체 체계와의 관계, (2) 대립 항들
사이의 관계, (3) 대립의 변별적 작용 범위란 관점에서 고려하였다.

　첫째, 대립의 전체 체계와의 관계에 따라 일원적 대립(bilateral
opposition)과 다원적 대립(multilateral opposition), 고립적 대립(isolated
opposition)과 비례적 대립(proportional opposition)으로 구분된다. 일원적
대립이란 두 대립의 항들이 공유하는 자질의 총체가 이들 두 대립 항
에만 존재하고 다른 항에서는 일어나지 않아야 한다. 예로서, 영어의
p/b의 대립은 일원적이다. 왜냐하면 단지 두 개의 대립 항들만 가지기
때문이다. 반면에 p/t의 대립은 다원적이다. 왜냐하면 p/t/k 경우처럼
두 개 이상의 대립 항을 갖는다. 비례적 대립은 대립 항들 사이의 관
계가 다른 대립의 관계에서도 생기는 경우인데 p/b의 대립은 비례적
이다. 왜냐하면 p/b의 관계는 t/d 혹은 k/g의 관계와 같기 때문이다. 반
면에 고립적 대립은 그러한 관계가 생기지 않는 경우인데 r/l이 대표

적인 예이다.

둘째, 대립 항들 사이의 관계에 따라 결여적 대립(privative opposition), 단계적 대립(gradual opposition) 그리고 등가적 대립(equipollent opposition)이 있다. 결여적 대립은 한 대립 항이 다른 대립 항에 없는 성질을 가지는 경우로서 유성/무성, 비음성, 원순성 같은 것이다. 여기에서 변별적 표시를 갖는 항을 유표항(marked)이라 하고 그렇지 않은 항을 무표항(unmarked)이라 한다. 단계적 대립은 각 항이 상이한 정도(degree)로 특징지어지는 대립인데 u−o, i−e와 같은 예가 여기에 해당된다. 등가적 대립은 두 항이 논리적으로 동등한 대립으로 p/t, f/k와 같은 대립이다.

셋째, 대립의 변별적 작용 범위에 따라 불변적 대립(constant opposition)과 중화적 대립(neutralizable opposition)으로 구분된다. 불변적 대립이란 대립의 두 항이 동일한 환경에서 일어나는 경우인데 중화(neutralization)가 일어나지 않는다. 예를 들어 덴마크어(Danish)에서 æ와 e는 모든 가능한 위치에 나타난다. 중화적 대립이란 두 항 사이에 대립이 존재하지 않는 위치인데 독일어의 어말 위치(final position)에서 p/b, t/d, k/g 대립은 전혀 일어나지 않는다.

Trubetzkoy는 중화의 위치에서 일어나는 대립의 요소를 원음소(archiphoneme)라 칭한다. 독일어에서 음소 /t/와 /d/는 *Tier* [ti:r] 'animal'와 *dir* [di:r] 'to you'에서처럼 어두음에서 서로 대립한다. 또한 *leiten* [lɑitən] 'to lead' 과 *leiden* [lɑidən] 'to suffer'에서처럼 어중음(intervocalically)에서도 서로 대립한다. 하지만 *Rat* 'advice'와 *Rad* 'wheel'는 둘 다 [rɑ:t]로 중화되어 발음된다.[1] 이와 같이 중화의 위치에서 일

---

1) 접미사가 붙어 복수형이 될 경우 *Räte* [rɛ:tə] 'advices'와 *Räder* [rɛ:dər] 'wheel'에서처럼 /t/와 /d/ 사이

어나는 대립의 요소를 원음소라 칭하고 위의 두 단어를 /ra:T/로 표기
한다. 이때 원음소인 대문자 /T/는 /t/와 /d/에서의 유성/무성만을 제외
한 모든 자질을 가지고 있다. 이처럼 프라그 학파에게 있어서 음소란
음운 체계 내에서의 대립이라는 기능으로 파악되는 하나의 추상적인
존재가 된다.

### 3.2. Roman Jakobson(1896~1982)

Jakobson은 Trubetzkoy와 함께 프라그 학파의 대표적 학자이다.
Jakobson에게 음소란 변별적 자질의 집합(set or bundle of distinctive
feature)으로 정의되며 이 변별적 자질을 분석의 최소 단위로 삼았다.
예를 들어, 영어의 *pin*과 *bin*에서 /p/는 양순(bilabial)·폐쇄(stop)·무성음
(voiceless)인 데 반해, /b/는 양순·폐쇄·유성음(voiced)이다. 이 두 음소
사이에는 공통된 성질(양순·폐쇄음)도 있고 차이가 있는 성질(유성·
무성)도 있다. 이처럼 음소 대립을 초래하는 음성적 성질을 변별적 자
질(distinctive feature)이라 한다. 이와 같이 변별적 자질은 한 언어의 음
운 체계 내에서 한 음소를 다른 음소와 구별시켜 주는 음성 자질이다.
　음운 연구의 초창기에는 분절음(segment)이 조음적(articulatory) 특성
에 따라 분류되었으나, Jakobson의 큰 업적 중 하나가 음운론 연구에
있어서 음향적(acoustic) 자질을 사용했다는 점이다(Hyman 1975: 29-
42). 즉 이러한 자질들은 음향 음성학(acoustic phonetics)적인 물리적 자
질이다. 이러한 음운 자질로는 고음조성(acute, high tonality)과 저음 조
성(grave, low tonality)이 있는데 Jakobson은 스펙트럼(spectrum)상의 윗
부분과 아랫부분에서 측정되는 양극을 나타내는 자질로 사용했다. 전

---

의 구별이 생긴다.

설 고모음(high front vowel)과 경구개음(palatal)은 스펙트럼상의 고주파
수(high frequency) 쪽에 에너지가 집중되는 고음조성(acute)인 데 반해
후설모음(back vowel)과 연구개 자음은 스펙트럼상의 저주파수 쪽에
에너지가 집중되는 저음 조성(grave)이다. 다음의 아프리카 언어를 보
자.


    (39) a. [vɑp] 'to whip'
         b. [fat] 'to eat'
         c. [čɑk] 'to seek'


이 언어에서 구강 폐쇄음(oral stop) [p], [t], [k]는 비원순 저모음(low
unrounded vowel) 뒤의 어말 위치에 나타난다. 그런데 [ɑ]는 [p]와 [k]
앞에, 그리고 [a]는 [t] 앞에 나타난다. 이처럼 차이가 나는 이유는 [p]
와 [k] 둘 다 [t]와 공유할 수 없는 음향적 특성을 갖고 있다. 즉 [p]와
[k]는 구강(oral cavity) 내의 주변(periphery)에서 만들어지는 음이므로
음성 스펙트럼의 저주파에서 에너지가 집중된다. 치경음(alveolar), 치
음(dental) 그리고 경구개음들은 구강을 양분하므로 커다란 구강을 만
들지 못하고 오히려 더 작은 두 개의 구강을 만든다. 그 결과 그들은
음성 스펙트럼의 고주파에서 에너지가 집중된다. 이와 같은 음향적 차
이점으로 인해 Jakobson은 양순음(labial)과 연구개음(velar)을 저음 조성으
로, 치경음과 경구개음을 고음조성으로 분류하였다. 양순음과 연구개음과
마찬가지로 [a]와 [ɑ]의 경우에도 혀가 구강 뒤에서 상승되므로 구강의
주변에서 생기는 음이 된다. 반면에 전설모음은 치음, 치경음 그리고 경
구개음과 마찬가지로 구강의 중앙에서 만들어진다. 따라서 자음과 모음은
저음 조성과 고음조성의 음향적 특성에 따라 다음과 같이 나누어진다.

(40)

| 저음조성(grave) | 고음조성(acute) |
| --- | --- |
| 양순음 | 치음, 치경음 |
| 연구개음 | 경구개음 |
| 후설모음 | 전설모음 |

이처럼 Jakobson의 업적 중 하나는 음향 음성학(acoustic phonetics)을 음운론에 결합시킨 점이고 또 다른 업적은 각각의 음운 자질을 두 개의 대립만을 허용하는 이분적 대립에 근거한다. 이분 대립이란 일정한 자질에 대해 이 자질을 가지고 있으면 [+F] 기호로, 이 자질을 가지고 있지 않으면 [−F] 기호로 표기된다. 예를 들어, /p/는 [−유성음]인 데 반해, /b/는 [+유성음]이다. 이와 같이 변별적 자질의 이분 대립에 의해 음소들을 기술한다면 그 관계를 명확하게 제시할 수도 있을 뿐만 아니라 언어 구조를 분명하게 나타내어 준다. 또한 음운 결합을 지배하는 음운 규칙(phonological rule)을 명시적으로 기술할 수 있는 장점이 있다.

Jakobson은 음향 음성학적 관점에서 이분 대립을 도입하여 모든 언어의 음소 체계를 12개의 고유 자질(inherent feature)의 이분 대립으로 구분하였다. 다음은 Jakobson & Halle(1956)의 *Fundamentals of Language*에서 음향적 그리고 조음적 요소를 이용한 12종류의 이분 대립이다.

(41) a. 모음성(vocalic) — 비모음성(nonvocalic)
    b. 자음성(consonantal) — 비자음성(nonconsonantal)
    c. 집중성(compact) — 분산성(diffuse)
    d. 긴장성(tense) — 이완성(lax)
    e. 유성음성(voiced) — 무성음성(voiceless)
    f. 비음성(nasal) — 구강음성(oral)

g. 지속성(continuant) ― 비지속성(discontinuant)
h. 소음성(strident) ― 유연성(mellow)
i. 억제성(checked) ― 비억제성(unchecked)
j. 저음조성(grave) ― 고음조성(acute)
k. 변음조성(flat) ― 상음조성(plain)
l. 예음조성(sharp) ― 비예음조성(nonsharp)

이처럼 Jakobson의 업적은 음운론에만 국한되는 것이 아니다. 그의 형태론 연구도 중요하며 특히 러시아어의 동사 체계와 격 체계에 대한 연구도 중요한 의의를 지니고 있다.


## 4. Chomsky 문법 이론

언어학의 연구 방법에서 혁명을 일으켰다고 볼 수 있는 Chomsky의 문법은 그 초기 이론에서부터 지배·결속이론에 이르기까지 크게 4단계로 나누어지면서 발전되어 왔지만, 모형 자체는 전혀 다른 문법 모형으로 바뀌어 가고 있다. 첫째 단계는 Chomsky(1965) 이후의 표준 이론(Standard Theory)으로 문장의 의미는 심층구조에서 표시되며 여기에 투사 원리(Projection Principle)가 적용되어 의미 해석이 이루어지는데 의미가 문법의 완전히 독립된 한 부분으로 등장한다.

둘째 단계는 1970년대 전반기의 확대 표준 이론(Extended Standard Theory)으로 의미 해석은 심층구조에서뿐만 아니라 표층 구조, 중간 구조에서도 나온다는 이론인데 Katz―Postal의 가설을 포기하고 표준 이론을 보완한 이론이다. 이 이론은 의미를 결정하는 데 대부분의 경우 심층 구조가 큰 역할을 한다는 점에서 표준 이론과 동일하지만, 부정어(negation)와 수량사(quantifier)의 영역(scope), 동지시관계(coreference), 전제

(presupposition)와 초점(focus), ONLY, EVEN의 분포는 음성 표출된 표층구조에 의해 의미가 결정된다는 것이다.

1970년대 후반기의 수정 확대 표준 이론(Revised Extended Standard Theory)에서는 모든 의미는 S-구조에서 결정된다는 것으로서, S-구조는 종래의 표층구조에 매우 가까운 구조로서, 수정 확대 표준 이론은 문장의 의미 해석도 표면구조에 아주 가까운 구조에서 결정된다는 통사 이론이다.

1980년대는 원리 체계 중심의 새로운 문법 모형을 제시했는데, 변형 규칙뿐만 아니라 구 구조 규칙도 축소되어 가는 한편 규칙 체계와 더불어 원리 체계가 상호 작용함으로써 언어의 기술과 설명이 용이하다고 주장한다. Chomsky는 이러한 문법 모형을 지배·결속이론(Government and Binding Theory)이라 부른다. 이러한 Chomsky 자신의 언어 이론에 대한 수정, 변화로 인해 변형 문법의 골격이 초기 변형 문법의 모습과는 판이하게 다르게 되었다.

## 4.1. 표준 이론

### 4.1.1. *Syntactic Structures*(1957)

Chomsky는 생성력이 있는 언어 기술 모형을 유한 상태 문법(finite state grammar), 구 구조 문법(phrase structure grammar) 그리고 변형 문법(transformational grammar)으로 구분하였다. 유한 상태 문법은 상태 도표(state diagram)라는 형식으로 다음과 같이 나타낼 수 있다.

(42)

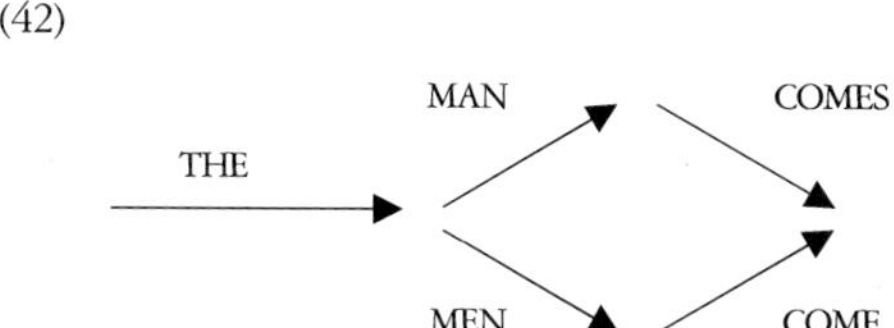

    (42)에서 최초 상태(initial state)에서 출발하여 몇 단계의 상태를 지나 최종 상태(final state)에 도달한다고 가정할 때 최초에서부터 최종 상태까지 이루어진 단어의 연결체를 문장이라 한다. 이와 같은 종류의 기계가 만들어 내는 언어를 유한 상태 언어(finite state language)라 부르며 그 기계 자체를 유한 상태 문법이라 한다. 예를 들어 다음 문장은 (42)로 나타낼 수 있다.


(43) a. The man comes.
     b. The men come.


    유한 상태 문법은 다음과 같은 상태 도표 (44)에 의해 임의로 반복하는 고리(loop)를 달고 있어 무한수의 문장을 생성할 수 있다.


(44)

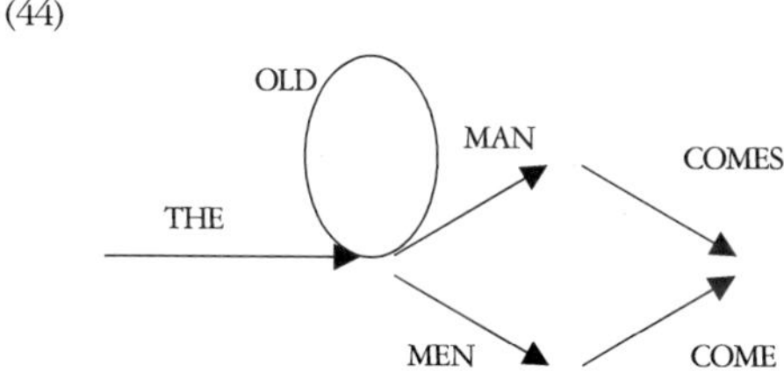

(45) a. The old man comes.
     b. The old men come.

이러한 방식으로 언어를 만드는 기계들을 수학적으로 유한 상태의 Markov 과정(finite state Markov process)이라고 한다.

Chomsky는 이러한 유한 상태 문법이 자연 언어를 생성할 수 없음을 지적한다. 문장을 나타내는 기호로서 S를 택한다면, 다음과 같은 영어 문장들을 생각할 수 있다.

> (46) a. If $S_1$, then $S_2$
> b. Either $S_3$, or $S_4$
> c. The man who said $S_5$, is arriving today

(46a)에서 *then* 대신에 *or*를 쓸 수 없고, (46b)에서 *or* 대신에 then을 쓸 수 없으며, (46c)에서 *is* 대신에 *are*를 쓸 수 없다. 각 문장에서 코마(comma) 양쪽의 단어들 사이에 의존 관계(dependency)가 있다. 하지만 위의 세 문장에서 의존 관계가 있는 단어들 사이에 다른 구문들이 내포되어 무한히 반복될 수 있으나 이 문법으로는 너무나 복잡한 과정을 거칠 뿐만 아니라 설명불가능하다. 따라서 Chomsky는 구 구조 문법(phrase structure grammar)을 제안했다.

*Syntactic Structures*(1957)에서는 문법을 구 구조(phrase structure), 변형 구조(transformational structure), 형태음소 구조(morphophonemic structure)로 구분하였다. 구 구조는 다음과 같은 구 구조 규칙(phrase structure rule)에 의해 생성된다.

> (47) a. Sentence $\rightarrow$ NP + VP
> b. NP $\rightarrow$ T + N
> c. VP $\rightarrow$ V + NP
> d. T $\rightarrow$ the

e. N $\rightarrow$ man, ball, etc

f. V $\rightarrow$ hit, took, etc

여기서 X→Y의 규칙은 'X를 Y로 고쳐 써라'(rewrite X as Y)로 해석한다. 고쳐 쓰기 규칙(rewriting rule)은 한 번에 하나의 기호만을 대치하는데 (47)에 의해 다음 (48)이 생성된다.

(48) Sentence

| | |
|---|---|
| NP + VP | ( i ) |
| T + N + VP | (ii) |
| T + N + V + NP | (iii) |
| the + N + V + NP | (iv) |
| the + man + V + NP | ( v ) |
| the + man + hit + NP | (vi) |
| the + man + hit + T + N | (ii) |
| the + man + hit + the + N | (iv) |
| the + man + hit + the ball | ( v ) |

(48)의 둘째 줄은 규칙 (47 i )에 따라서 문장(sentence)을 NP+VP로 고쳐 쓴 것이고, 셋째 줄은 규칙 (47 ii)에 따라서 NP를 T+N으로 고쳐 씀으로써 성립된 것이다. 이와 같이 반복함으로써 완전한 문장이 생성되는데 (48)의 도출 과정을 다음과 같이 수형도(tree diagram)로 나타낼 수 있다.

(49)

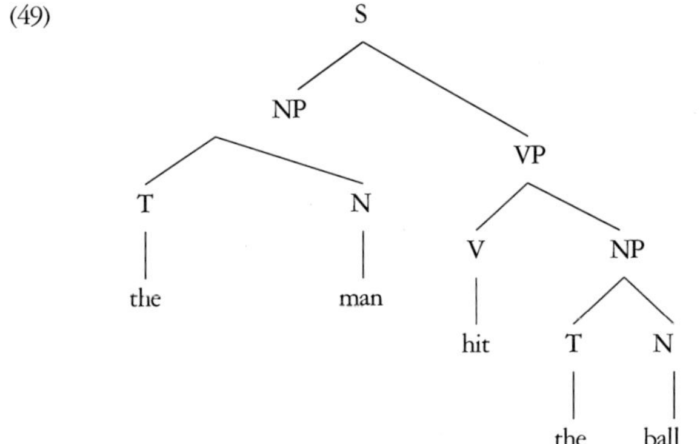

Chomsky는 구 구조 문법만으로는 영어의 모든 문법적인 문장을 설명할 수 없으므로 변형(transformation)의 필요성을 역설하였다. 다음의 조동사 구문을 보자.

(50) The man has been reading the book.

위의 문장은 구 구조 규칙 (51)과 변형 규칙 (52)에 의해 생성된다고 주장하면 조동사 구문을 쉽게 설명할 수 있다는 것이다.

(51) a. V → Aux + V
   b. V → hit, take, walk, read, etc
   c. Aux → Tense (Modal) (have+en) (be+ing)

(52) a. Tense → ┌S/NPsing ____ ┐
              │ Ø/NPpl ____   │
              └Past          ┘
   b. Affix Hopping: Af + V → V + Af #(#는 단어 경계 표시)
   c. +를 #로 대치하라 (단, v−Af의 경우는 제외), 문장 처음과

마지막에 #를 삽입한다.

(50)의 문장은 다음과 같은 방식으로 생성된다.


(53) a. the ＋ man ＋ Verb ＋ the ＋ book (47a－e)
　　 b. the ＋ man ＋ Aux ＋ V ＋ the ＋ book (51a)
　　 c. the ＋ man ＋ Aux ＋ read ＋ the ＋ book (51b)
　　 d. the ＋ man ＋ Tense ＋ have ＋ en ＋ be ＋ ing ＋ read ＋
　　　　the ＋ book (51c)
　　 e. the ＋ man ＋ S ＋ have ＋ en ＋ be ＋ ing ＋ read ＋ the ＋
　　　　book (52a)
　　 f. the ＋ man ＋ have ＋ S # be ＋ en # read ＋ ing # the ＋
　　　　book (52b)
　　 g. # the # man # have ＋ S # be ＋ en # read ＋ ing # the
　　　　# book (52c)


변형은 의무적(obligatory) 변형과 수의적(optional) 변형으로 구분된다. 전자는 (52)처럼 유도 과정에서 의무적으로 적용해야 하는 변형이고 후자는 수동(passive) 변형처럼 적용될 수 있는 경우에 적용해도 좋고 적용하지 않아도 되는 경우이다.

### 4.1.2. *Aspects of the Theory of Syntax*(1965)

Chomsky의 표준 이론은 *Syntactic Structures*를 거쳐 1965년에 출판된 *Aspects of the Theory of Syntax*(이하 *Aspects*)에서 완성을 보게 된다. *Syntactic Structures*에서는 의미를 문법에서 제외시켰으나 Katz and Fodor(1963)의 "The Structure of a Semantic Theory"와 Katz and Postal(1964)의 *An Integrated Theory of Linguistic Descriptions* 등의 영향으로 의미 이론에 일대 변혁이 일어났다. 즉 *Aspects*에서는 의미 이론이 문법의 독립된 부문으

로 설정되었는데 문장의 의미는 심층구조(deep structure)에서 결정되며 변형은 의미를 변화시키지 않는다는 Katz−Postal 가설(Katz−Postal hypothesis)에 따라 의미 보존 가설(meaning preserving hypothesis)을 도입했다.

Chomsky는 Aspects에서 언어 능력(linguistic competence)과 언어 수행(linguistic performance)을 구별하였다. 언어 능력이란 화자(speaker)와 청자(hearer)의 자기 모국어에 대한 내재적 지식을 말하며, 언어 수행이란 실제 상황에서 언어를 사용하는 것을 말한다. 언어학의 주된 대상은 모국어 화자에 내재되어 있는 언어 지식을 규명하는 것이다. Chomsky의 이러한 구분은 Saussure의 랑그(langue)와 빠롤(parole)에 비교할 수 있다.

Aspects에서 문법 기술의 타당성에 대하여 관찰적 타당성(observational adequacy), 기술적 타당성(descriptive adequacy) 그리고 설명적 타당성(explanatory adequacy) 등 세 단계의 타당성을 제시했다. 어떤 문법이 대상 언어 자료(data)를 정확하게 관찰하여 기술할 때 그 문법은 관찰적 타당성을 지니며, 어떤 문법이 모국어 화자의 언어학적 직관(intuition)에 맞게 주어진 자료뿐만 아니라 그 언어에 내재되어 있는 규칙성을 설명할 수 있는 중요한 일반성(generalization)을 포착할 때 기술적 타당성을 지닌다. 마지막 단계인 설명적 타당성은 달성하기 힘든 단계로서 개별 언어의 문법 중에서 인간이 생득적으로 타고난 언어 습득 능력을 보편적 원리로 설명할 수 있으면 성취된다.

Aspects 이론에서는 문장의 의미는 심층구조에 표시되며 여기에 의미 해석 규칙이 적용되어 의미 해석이 이루어지고 의미가 문법의 완전히 독립된 한 부문으로 간주한다.

*Aspects* 이론은 통사 부문(syntactic component), 음운 부문(phonological component), 그리고 의미 부문(semantic component) 세 부문으로 구성되어 있으며, 이 중에서 통사 부문은 문을 생성하는 기능을 하며 음운 부문과 의미 부문은 해석 기능을 갖는다. *Aspects* 모형은 대략 다음과 같이 나타낼 수 있다.

(54)

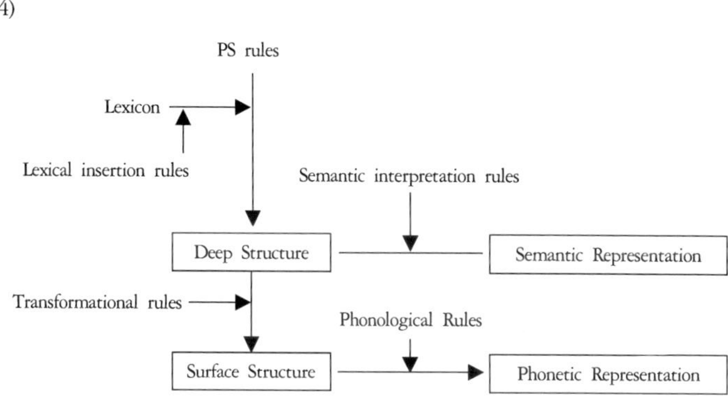


*Aspects*에서 통사 부문은 기저 부문(base component)과 변형 부문(transformational component)으로 구분되고 기저부는 구 구조 규칙과 어휘부로 구성되는데 어휘부에는 각 어휘 항목(lexical item)의 음운 자질, 통사 자질, 의미자질 및 문맥 자질 등이 명시되어 있다. 구 구조 규칙에 의해 문장의 구조가 생성되고 거기에 어휘 삽입 규칙에 의해 어휘부로부터 어휘가 삽입되면 심층구조(deep structure)가 생긴다. 이 심층구조에 변형 규칙이 순환적(cyclical)으로 적용되어 도출된 구조를 표층구조(surface structure)라 하는데 이 구조에 다시 음운 규칙이 적용되어 음성 표시(phonetic representation)가 유도된다. 또 다른 한편으로는 심층구조에 의미 해석 규칙(semantic interpretation rule)이 적용되어 의

미 표시(semantic representation)가 유도된다.

구 구조 규칙에서부터 표층구조까지의 과정을 통사 부문이라 하며, 표층구조에서 음성 표시가 나오는 과정을 음운 부분, 그리고 심층구조에서 의미 표시까지의 과정을 의미 부문이라고 한다. 여기서 중요한 사실은 의미는 심층구조에서만 결정되며 변형 규칙은 의미를 바꾸지 않는 것으로 간주된다.

*Aspects*이론은 문맥 규칙(contextual rule)을 엄밀 하위 범주화 규칙(strict subcategorization rule)과 선택 규칙(selectional rule)으로 구분하여 이를 구 구조 규칙에 두었다. 먼저 목적어 NP의 존재 여부에 따라서 그 동사가 자동사냐 타동사냐로 구분되는데 결국 엄밀 하위 범주화 규칙은 다음과 같은 문법성의 차이를 설명해 준다.

(55) a. John <u>admires</u> sincerity.
　　 b. *John <u>disappears</u> sincerity.

(55a)에서 *admire*는 타동사로서 *sincerity*를 목적어로 취할 수 있는 데 반해, (54b)에서 *disappear*는 자동사로서 *sincerity*를 목적어로 취할 수 없기 때문에 비문법적인 문장이 되었다. 이처럼 엄밀 하위 범주화 규칙은 admire와 같은 동사는 목적어를 취할 수 있는 동사라는 의미에서 [+___ NP]와 같은 엄밀 하위 범주화 자질(feature)을 배당하고 *disappear*와 같은 동사는 목적어를 취할 수 없는 동사라는 의미에서 [+___ ]와 같은 자질을 배당한다.

선택 규칙은 다음과 같은 문법성의 차이를 설명해 준다.

(56) a. John drank a glass of water.

     b. *John drank a piece of paper.

     c. *Sincerity drank a glass of water.

(56b)에서 동사 *drink*는 목적어로 [+fluid], 즉 유동성인 물질의 명사를 필요로 하나 *a piece of paper*는 그렇지 않아 비문이 되며 (56c)에서 *drink*의 주어로서 [+animate]를 필요로 하나 *sincerity*는 [−animate]이기 때문에 비문이 된다. 이와 같이, 특정한 동사의 주어나 목적어로 쓰일 수 있는 명사구에 부과하는 제한을 선택 제약(selectional restriction)이라 한다. 이러한 선택 제약을 준수하게끔 어휘 삽입을 할 수 있도록 구 구조 규칙에 의하여 심층구조를 유도하는 과정에서 선택 제약은 *drink*와 같은 동사는 주어 명사구(subject NP)가 [+animate]여야 하고 목적어 명사구(object NP)가 [+fluid]일 것을 요구한다.

## 4.2. 확대 표준 이론

앞서 언급한 대로 표준 이론인 *Aspects* 모형에서 의미는 심층구조에서 결정되고 변형은 의미를 변화시키지 못한다는 Katz−Postal 가설을 받아들였다. 하지만 1960년대 말에서 1970년 초에 이르기까지 Jackendoff, McCawley 등의 연구에 의해 변형 규칙이 의미의 변화를 초래하며 의미 해석은 심층구조에서뿐만 아니라 중간 구조, 심지어 표층 구조에서도 결정된다는 반증이 나오기 시작했다. 예를 들면, 다음의 (57a)와 (57b)는 같은 의미의 문장이 아니라는 것이다.

(57) a. Everyone in the room knows at least two languages.

     b. At least two languages are known by everyone in the room.

(57a) 문장은 방에 있는 모든 사람들은 적어도 두 개의 언어를 알고 있다는 뜻이다. 이를테면, A라는 사람은 영어와 불어를 알고, B라는 사람은 독일어와 스페인어를 알고 있는 상황을 표현할 수도 있다. 그러나 (57a)의 수동문인 (57b)에서는 어떤 특정한 언어 둘을 모든 사람들이 알고 있다는 의미이다. 따라서 능동문 (57a)와 그것의 수동문 (57b)는 뜻이 서로 다르다.

양화사(quantifier)와 부정어가 있는 다음의 문장에서 능동문과 수동문의 차이는 두드러진다.


(58)  a.  Mary arrows didn't hit the target.
      b.  The target was not hit by many arrows.
      c.  Not many arrows hit the target.


능동문인 (58a)는 표적을 맞추지 못한 화살이 많다는 뜻인 데 반해 수동문인 (58b)는 표적을 맞춘 화살이 많지 않다는 뜻이다. (58c) 역시 (58b)와 동일한 의미를 가진다. 여기서 알 수 있는 것은 양화사와 부정어가 표면에 나타나는 순서에 따라서 의미가 달라지는데 왼쪽에 나오는 요소가 오른쪽에 나오는 요소보다 넓은 작용역(wide scope)을 가진 것으로 해석된다. 이러한 차이는 (58b)에 수동 변형이 적용됨으로써 일어난 것이다. 따라서 의미 해석이 표층의 어순에 의해 결정된다는 증거이다.

다음의 현재완료형이 있는 능동문과 수동문도 의미가 서로 다르다.


(59)  a.  Einstein has visited Princeton.
      b.  Princeton has been visited by Einstein.

능동문인 (59a)가 참(true)이 될 경우는 *Einstein*이 살아 있다는 전제
가 되어야 하지만, 수동문인 (59b)는 그런 전제가 필요 없다. 따라서
전제의 문제는 심층 구조에서가 아니라 표층 구조에서 결정된다는
것이다.

위의 여러 자료를 비롯하여 대부분의 변형 규칙이 의미를 변화시
킨다는 데 착안하여 Chomsky(1970)는 Katz－Postal의 가설을 파기하고
표층 구조도 의미에 기여한다는 수정을 가하는데 이를 해석 의미론
(interpretive semantics) 또는 확대 표준 이론(Extended Standard Theory)
이라 부른다.[2] 확대 표준 이론은 표준 이론의 심층 구조, 변형 규칙,
의미 해석 규칙 등은 그대로 유지하면서 의미 해석을 심층 구조에서
한번하고 또다시 표층 구조에서도 의미를 얻을 수 있도록 수정하였
으며, 종래에 변형 규칙으로 처리하던 것을 상당 부분 의미 규칙으로
전환시켰다. 즉 변형의 기능을 축소하고 의미 해석 규칙의 적용 범위
를 확대시켰는데 그 모형은 다음과 같다.

---

2) 해석 의미론이 등장하게 된 배경은 1960년대 후반에 Lakoff, Postal, Ross 및 McCawley 등이 중심이 된
생성 의미론(generative semantics)의 도전이 있었다.

(60)

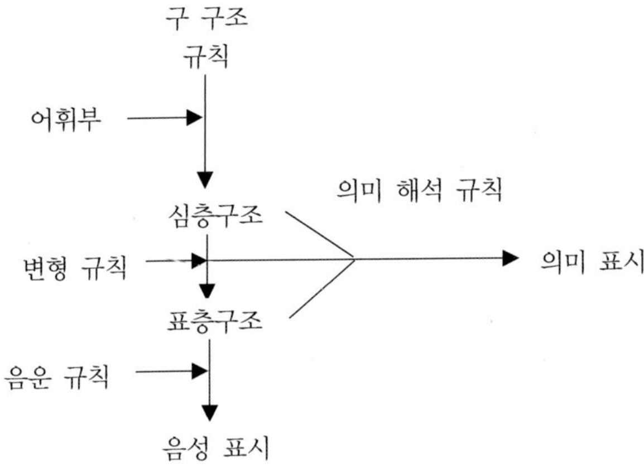


확대 표준 이론은 동시에 어휘론자(lexicalist)의 입장이기도 한데, Chomsky(1970)는 "Remarks on Nominalization"의 논문에서 동사와 파생 명사(derived noun), 이를테면, *refuse —refusal, destroy —destruction, prove —proof* 등은 변형에 의해 서로 관련 있는 것이 아니라고 주장했다. 그는 오히려 파생 명사들은 어휘 부문(lexicon)에서 직접 얻어진다고 보는 입장을 취했다.

## 4.3. 수정 확대 표준 이론

Chomsky의 "Conditions on Transformations"(1973)에서 제시된 통사 제약은 문법 이론의 일대 전환을 가져왔다. 그 후 "On Wh—Movement" (1977)에서 Chomsky는 문장의 의미 해석은 S—구조에서 결정된다고 주장하기에 이르렀다. 여기서 S—구조는 종래의 표층구조에 아주 가까운 구조이다. 이러한 입장의 이론을 수정 확대 표준 이론(Revised Extended Standard Theory)이라고 부른다. 또한 이 이론은 이동 변형 후

생긴 빈자리에 흔적(trace; t)을 남겨 두는 분석 방법이므로 일명 흔적 이론(trace theory)이라고도 부른다.

　지금까지 우리는 언어가 문장의 집합이며, 유한 수의 규칙에 의해 무한 수의 문장을 생성하는 것으로 이해되어 왔다. 따라서 언어학자의 임무는 무한 수의 문법적인 문장을 생성해 내는 규칙을 기술하고, 그 규칙을 적용하는 데 있어서 부과되는 제약이나 조건을 설정하는 것이 주된 과제였다. 그러나 지난 30여 년간 이러한 규칙 체계와 제약에 대한 연구 결과 표면적으로 보이는 각 문법 체계는 상당한 공통점을 지니게 됨에 따라 종래의 여러 변형 규칙을 없애고 알파(α)-이동 (move-α)이라는 하나의 규칙만을 두고서 D-구조에 이 규칙을 적용하여 S-구조가 생성되는데, 여기에서 의미 해석을 한다는 것이다. 수정 확대 표준 이론의 문법 체계는 다음과 같이 도식화될 수 있다.

(61)

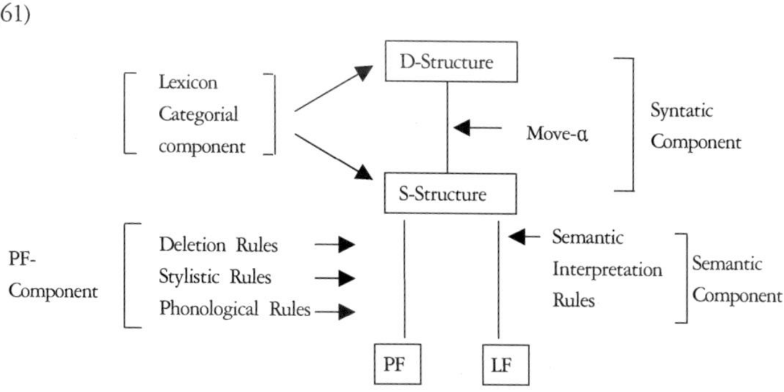


　위의 모형에서 알 수 있듯이, 기저(Base)는 범주 부문(Categorial Component)과 어휘부(Lexicon)로 구성되며 이것이 D-구조를 도출한다. 그리고 S-구조는 D-구조에서 α-이동이라는 보편적인 규칙에

의해 도출된다. 한편 왼쪽을 보면 S-구조에 삭제 규칙(deletion rule), 문체 규칙(stylistic rule) 등이 적용되어 음성 형태(phonetic form: PF)가 도출되며, 또한 오른쪽에서는 의미 해석 규칙이 적용되어 논리 형태(logical form: LF)가 도출된다. 기저에서부터 S-구조까지의 과정을 통사부문(syntactic component)이라 하고, S-구조에서 LF까지의 도출 과정을 논리 형태 부문(LF component)이라 하고, S-구조에서 PF까지의 도출 과정을 음성 형태 부문(PF component)이라 한다.

표준 이론에서 수정 확대 표준 이론에 이르기까지 변형 규칙은 계속 축소되어 가는데 그 이유는 변형 규칙이 음성 형태 부문과 논리 형태 부문에 흡수되어 갔기 때문이다. 예를 들어 의미 해석 규칙 중에는 양화사 해석 규칙(quantifier interpretation rule), 의문사 해석 규칙(Wh interpretation rule) 등이 있다.

앞서 언급했듯이, α-이동은 마음대로 적용하되, 그 결과 생성된 비문법적인 문장들을 배제하기 위한 일반적인 제약들이 제안되었는데, Chomsky(1973)에서 이동 변형에 대한 제약 조건으로 시제문 주어 조건(tensed subject condition: TSC)과 명시 주어 조건(specified subject condition: SSC)이 제안되었다. 시제문 주어 조건은 시제가 있는 문장 안의 요소는 문장 밖의 요소와 어떤 규칙에 의해서도 서로 연관될 수 없다는 조건이다.

(62) 시제문 주어 조건
No rule can involve X, Y in the structure
··· X ··· [$_α$ ··· Y ···] ···   where α is a tensed sentence.


다음 예문을 보자.

(63) a. I consider [ₐ myself to be right]

b. *I consider [ₐ myself am right]

(63b)가 비문인 이유는 매입문(embedded sentence) 내에 시제가 있기 때문에 시제문 내의 주문(matrix sentence)과 관련시킬 수 없다.

명시 주어 조건은 NP나 S 내에 명시 주어가 있을 경우 어떤 요소도 NP나 S 밖의 요소와 연관시킬 수 없다는 조건이다.

(64) 명시 주어 조건
No rule can involve X, Y in the structure
··· X ··· [ₐ ··· Z ··· −WYV ···] ··· where Z is the specified subject of WYV.

다음 예문을 보자.

(65) a. The men read [stories about each other/themselves].

b. *The men read [John's stories about each other/themselves].

(65b)의 문장이 비문인 이유는 명시 주어인 *John*이 있으므로 *the men* 과 조응소 *each other/themselves*가 연관될 수 없기 때문이다.

## 4.4. 지배·결속 이론

예전의 변형 생성 문법이 규칙 체계(rule system)에 연구의 초점을 두었던 것과는 달리, Chomsky는 *Lectures on Government and Binding*(1981) 에서 원리 체계 중심의 새로운 문법 모형을 제시하였다. 변형 규칙뿐만 아니라 구 구조 규칙도 축소되어 가는 반면 규칙 체계와 더불어

원리 체계(system of principle)가 상호 작용함으로써 언어의 기술과 설명이 용이하다고 주장한다. Chomsky는 이러한 문법 모형을 지배·결속이론(Government and Binding Theory) 또는 보편 문법(Universal Grammar)이라 부르는데, 지배·결속이론이라는 명칭은 여러 원리들 중에서 지배 이론과 결속 이론이 중추적 역할을 하기 때문에 붙여진 이름이다. 지배·결속이론에서 규칙의 하위 체계는 다음과 같다.

(66) subcomponents of the rule system
    a. lexicon(어휘부)
    b. syntax(통사부)
      ⅰ) categorical component(범주 부문)
      ⅱ) transformational component(변형 부문)
    c. PF component(음운 부문)
    d. LF component(논리 부문)

(66)은 다음과 같이 도표화될 수 있다.

(67)      어휘부
         |← X′−이론
      D−구조
         |← 변형 규칙
      S−구조
      ┌─────┴─────┐
    음성 형태      논리 형태

규칙 체계에는 어휘부, 통사부, 음성 형태(PF), 논리 형태(LF) 네 가지 층위(level)가 있다. 이 중에서 음성 형태와 논리 형태를 해석 부문이라고 한다. 어휘부는 각 어휘 항목이 지니고 있는 내재적 특성을 명시해 준다. 즉 각 어휘 항목의 모든 특유한(idiosyncratic) 음운론적·통사론적·의미론적 정보를 포함한다. 통사부는 기저 규칙과 변형 규칙으로 구성되는데, 기저 규칙은 X′-이론을 따른다. 기저 부문에서 생성되는 D-구조는 의미역 구조를 나타내 주는 구조이다. D-구조는 α-이동이라는 변형 규칙에 의해 S-구조로 전환된다. 모든 변형 규칙은 아무 제한이 없이 적용되는 "모든 범주를 어디로든 마음대로 이동하라"(move anything anywhere)라는 α-이동(Move-α) 또는 α-처리(Affect-α)로 통합되었다. S-구조에 문체 규칙(stylistic rule), 삭제 규칙(deletion rule), 조동사 축약(auxiliary reduction) 등과 같은 음성 형태부의 규칙이 적용되어 음성 형태(phonetic form)가 도출된다. 또한 S-구조에 양화사(quantifier), 운용소(operator)의 작용역(scope)을 결정하기 위해 α-이동이 적용되면 논리 형태(logical form: LF)가 도출된다. 또한 원리 체계는 다음과 같다.


    (68) subsystems of principle
        a. X′-이론(X′-Theory)
        b. 의미역 이론(θ-Theory)
        c. 격 이론(Case Theory)
        d. 지배 이론(Government Theory)
        e. 결속 이론(Binding Theory)
        f. 통제 이론(Control Theory)
        g. 한계 이론(Bounding Theory)
        h. 투사 원리(Projection Principle)
        i. 공범주 원리(Empty Category Principle)


위의 원리들을 좀 더 구체적으로 살펴보면 다음과 같다. 우선 X′-이론은 Chomsky(1970)에 X′-규약(X′-convention)이라는 이름으로 도입되어 Jackendoff(1977), Chomsky(1981) 등에 의해 X′-이론으로 발전되어 왔다.

(69) a. XP $\rightarrow$ SPEC X′
     b. X′ $\rightarrow$ X°Comp

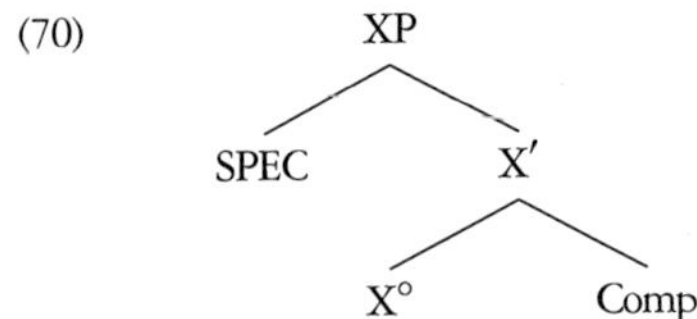

(70)

  XP는 X°를 투사(project)한 것으로 NP, VP, AP, PP 등과 같은 구(phrase)이며 X′는 구보다는 작고 어휘 범주(lexical category)인 X°보다는 큰 일종의 중간 범주이다. 또한 X°는 N, V, A, P 등의 어휘 범주이다. SPEC은 지정어(specifier)인데 소유격, 관사, *very*와 같은 정도(degree) 부사가 나타나는 장소이다. Comp는 보충어로서 타동사나 전치사의 목적어가 여기에 해당된다.

  의미역 이론은 서술어와 그것이 지배하는 논항(argument)과의 행위자역, 수동자역 등과 같은 의미역($\theta$-role) 관계를 다룬다. 의미역 이론의 가장 핵심적인 원리로는 의미역 기준($\theta$-criterion)이 있다.

(71) 의미역 기준
Each argument bears one and one $\theta$-role, and each $\theta$-role is assigned to one and only one argument (Chomsky 1981: 36)
(모든 논항은 반드시 하나의 의미역만 부여받고, 하나의 의미역은 하나의 논항에만 부여해야 한다.)

  다음 문장을 보자.

(72) *John seems [Tom to love Mary].

(72)에서 동사 *seem*은 주어인 *John*에게 의미역을 부여하지 못한다. 반면에 *Tom*은 동사구인 *love Mary*에 의해, Mary는 동사 *love*에 의해 의미역을 부여받는다. 그러므로 *John*이 의미역을 부여받지 못하므로 의미역 기준을 위배하여 (72)가 비문이 된다. 하나의 명제 안에서 각 논항이 갖는 의미적 역할(semantic role)이 의미역(θ-role)인데 의미역에는 행위자(agent), 수동자(patient), 대상(theme), 목표(goal), 장소(location), 도구(instrument) 등이 있다.

격 이론은 추상격(abstract Case) 부여와 그 형태적 실현을 규정하는 원리로서, 격 이론에서 핵심적인 역할을 하는 것은 격 여과(Case filter)이다.

(73) 격 여과
　　 *NP if NP has phonetic content and has Case.
　　 (모든 명사구는 반드시 격을 가져야 한다.)

격 부여는 다음과 같은 기본적인 특성이 있다.

(74) a. 명사구는 AGR에 지배될 때 주격(nominative)이다.
　　 b. 명사구는 하위 범주화 자질: -NP를 가지는 동사(타동사)에 지배될 때 목적격(accusative)이다.
　　 c. 명사구는 전치사에 의해 지배될 때 사격(oblique)이다.
　　 d. 명사구는 [NP-X']에서는 속격(genitive)이다.
　　 e. 명사구는 [-N] 지배자의 속성에 의해 고유적으로 격 표시될 수 있다.

(Chomsky 1981: 170)

(74)에서 알 수 있듯이, 문장의 주어는 AGR에 의해 주격을, 타동사와 전치사의 목적어는 목적격을 부여받으며 명사구의 지정어는 속격을 부여받는다. (74a-d)에 부여되는 격을 구조격(structural Case)이라 하며, (74e)에 의해 부여되는 격은 고유격(inherent Case)이라 하는데, 고유격은 구조적 위치와 상관없이 전치사와 동사의 고유한 특성에 의해 결정된다. 여기서 한 가지 중요한 사실은 격 부여자는 격을 부여받는 요소를 지배해야 하며, 또한 양자는 인접해(adjacent) 있어야 한다. 다음 문장을 보자.

(75) a. John read the book easily.
　　 b. *John read easily the book.

(75b)가 비문인 이유는 격 부여자인 동사 *read*와 *the book* 사이에 부사가 있어 양자가 서로 인접되어 있지 않으므로 명사구가 격을 부여받지 못하기 때문이다.

지배 이론은 핵(head)과 보충어(complement)와의 구조적 관계를 다루는 이론으로 성분통어(c-command)라는 개념을 바탕으로 격 이론, 결속 이론, 한계 이론, 의미역 이론, 공범주 원리 등과 밀접한 관계를 갖고 있기 때문에 보편 문법의 원리 체계에서 중추적 성격을 지닌다. 먼저 지배의 개념을 보자.

(76) 지배
　　 α가 β를 지배하려면
　　 a. α＝X°
　　 b. α가 β를 성분통어하고
　　 c. β가 최대 투사(maximal projection)에 의해 보호받지 않아야

한다.

(Chomsky 1982: 19)

여기에서, 지배자(governor)는 X°이므로 어휘 범주(lexical category)인데 [±N, ±V]의 자질을 가지는 N, V, A, P에 국한하며 구 범주(phrasal category)는 제외된다. 또한 전치사적 보문소인 for와 INFL이 [+Tense]의 자질을 가질 때만 나타나는 AGR도 역시 지배자가 된다. 또한 성분통어의 개념은 Reinhart(1976)에 의해 제안된 개념으로 다음과 같이 정의된다.

(77) 성분통어
    α가 β를 성분통어하려면
    a. α가 β를 관할(dominate)하지 않아야 하고,
    b. α를 관할하는 첫 분지절점(first branching node)이 β도 관할해야 한다.

다음과 같은 구조로 성분통어 관계를 살펴보자.

(78)

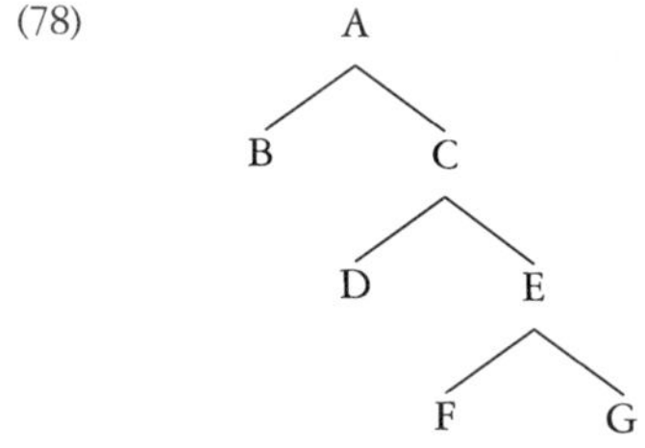

(78)에서 B는 C, D, E, F, G 모두를 성분통어하고, C는 B를, D는 E, F, G를, E는 D를, F는 G, G는 F를 각각 성분통어한다. 하지만 A는 그

자체가 관할하는 B와 C를 성분통어하지 않으며, C는 D와 E를, E는 F
와 G를 성분통어하지 못한다.

　　결속 이론은 명사구, 대명사, 조응소 혹은 흔적과 그 선행사 사이
의 관계를 다루는 이론으로서, 이 이론 역시 성분통어와 같은 개념이
그 바탕이 된다. 결속 이론은 Chomsky(1973)에서부터 발전되어 온 이
론으로 시제문 주어 조건(TSC)과 명시 주어 조건(SSC)이 결속 이론의
모체가 된다. 하지만 Chomsky는 이 조건들에 문제점이 있음을 지적하
고 1981년에 새로운 결속 이론을 제안하고 있다.

(79) 결속 이론(Binding Theory)
    a. Binding Condition (A): An anaphor is bound in its governing category.
       결속 조건 (A): 조응소는 지배 범주 내에서 결속되어야 한다.
    b. Binding Condition (B): A pronominal is free in its governing category.
       결속 조건 (B): 대명사류는 지배 범주 내에서 자유로워야 한다.
    c. Binding Condition (C): An R−expression is free.
       결속 조건 (C): 지시적 표현은 어디서든지 자유로워야 한다.

　　성분통어의 개념과 연결 지어 보면 결속의 개념은 다음과 같이 정
의된다.

(80) 결속
    α가 β를 결속하려면,
    ⅰ) α와 β가 동일 지표(co−index)를 가져야 하고,
    ⅱ) α가 β를 성분통어해야 한다.

　　다음 (81)의 문장을 살펴보자.

(81) a. John_i painted himself_i.

    b. John_i's painting of himself_i.

즉 *John*이 *himself*를 성분통어하고 동시에 *John*과 *himself*는 동일 지표가 붙어 있기 때문에 *John*은 myself를 결속한다고 말할 수 있다.

Chomsky(1981)는 예전의 NIC와 SSC를 통합하여 결속 이론에 대한 통사 제약으로 다음의 (82)과 같은 지배 범주(governing category)를 정의했다.

(82) 지배 범주
α가 β의 지배 범주가 되려면 α가 β, 그리고 β의 지배자 (governor)를 포함하는 최소 범주(minimal category)로서, α는 NP 이거나 S이다.

(Chomsky 1981: 188)

(82)에서 정의하고 있는 지배 범주란 조응소와 조응소의 지배자를 포함하는 최소의 NP 혹은 S 교점이라는 것이다. 그럼 결속 이론이 어떻게 적용되는지 살펴보자.

(83) a. The men_i saw themselves_i/each other_i.
    b. *The men_i saw them_i.
    c. *He_i saw the man_i.

먼저 조응소(anaphor)인 *themselves/each other*는 독립적인 지시(reference)를 가지지 못하므로 결속 이론(A)에 의해 지배 범주 내에서 반드시 선행사를 가져야 한다. (83a)에서 조응소의 지배자는 see이며 조응소와 그 지배자를 포함하는 최소의 S는 전체 문장으로 이것이 지배 범주가 된다. 이 지배 범주 내에 선행사가 있으므로 정문이 된다. 반면에, 대명사류(pronominal)는 조응소와는 달리 결속 이론(B)에 의해 지배 범주 내에 선행사가 있어서는 안 된다. (83b)에서 대명사인 *them*이 지배 범주 내에서 결속되어 있으므로 비문이 된다. 다음으로 지시적 표현(R-expression)은 *John, Mary* 등과 같은 이름인데, 결속 이론(C)에 의해 항상 선행사를 갖지 말아야 한다. (83c)에서 지시적 표현인 *the man*이 결속되어 있으므로 비문이 된다.

통제 이론은 부정사 구문의 주어로 쓰인 PRO와 그 선행사 간의 관계를 다룬다. 다음의 문장을 비교해 보자.

(84) a. John promised Bill PRO to leave.
     b. John persuaded Bill PRO to leave.
     c. It is unclear how PRO to solve the problem.

(84a)에서는 PRO가 주절의 주어인 John의 통제를 받지만, (84b)에서의 PRO는 주절의 목적어인 Bill의 통제를 받는다. *promise*나 *persuade* 등과 같은 동사의 부정사 보문의 주어는 PRO인데, 이 경우 PRO는 상위문의 주어나 목적어에 의해 통제되어야 한다. 이처럼 상위의 주어나 목적어에 의해 반드시 통제되는 경우를 의무적 통제(obligatory control)라 한다. 하지만 (84c)에서처럼 조건이 없는 경우를 임의적 통제(optional control)라 한다.

한계 이론은 $\alpha$-이동(Move-$\alpha$)이라는 변형 규칙을 써서 한 구조 층위의 구조를 다른 구조 층위의 구조로 바꾸는 과정에 대한 조건을 다루는 것으로서 이 이론의 핵심적인 원리는 하위 인접 조건(Subjacency Condition)이다.

(85) No constituent can move across more than one bounding node in any
single rule application(bounding node = NP or S).
(어떤 요소가 이동할 때 두 개 이상의 경계 교점을 넘어 이동
할 수 없다.)

위의 조건으로 다음의 문장이 왜 비문법적인지를 설명할 수 있다.

(86) a. *What did you believe [NP the claim [S' that [S Mary bought t]]]?
b. *Who did you hear [NP stories about [NP a picture of t]]?

(86a−b)의 이동은 NP나 S경계를 두 개 이상의 경계 교점을 넘어
이동했으므로 하위 인접 조건을 위배하여 비문이 된다.

투사 원리는 모든 통사 층위(LF, D−구조, S−구조)는 어휘 항목이
지닌 하위 범주화의 속성을 반영해야 한다는 원리이다.

(87) 투사 원리
Representations at each syntactic level(i, e., LF, and D− and S−
structure) are projected from the lexicon in that they observe the
subcategorization properties of lexical items(Chomsky 1981: 29).
(모든 통사 층위는 어휘 항목의 하위 범주화 속성을 준수한다
는 점에서 어휘부에서부터 투사된다.)

공범주 원리는 공범주(empty category)에 대한 원리이지만 일반적
으로 흔적에 대한 원리를 지칭한다. 즉 흔적은 고유 지배(properly
governed)되어야 한다는 원리이다(A trace must be properly governed).
공범주는 음성적으로는 실현되지 않지만 문법적 자질을 갖는 통사
범주로 Chomsky(1982)는 다음과 같이 네 가지의 공범주를 설정하고

있다.

(88) a. NP trace: [＋anaphor, －pronominal]
    b. pro    : [－anaphor, ＋pronominal]
    c. PRO   : [＋anaphor, ＋pronominal]
    d. variable: [－anaphor, －pronominal]

먼저 명사구 흔적(NP trace)은 명사구가 이동함으로써 생긴 흔적으로서 [＋anaphor, －pronominal]로 규명된다. *John$_i$ seems {t$_i$ to like Mary}*에서처럼 명사구 흔적은 격이 없어야 하며 고유 지배되어야 한다. pro는 영어에서는 존재하지 않으며 스페인어나 이탈리아어와 같이 AGR이 발달된 언어인 pro 탈락 언어(pro－drop language)의 소실 주어(missing subject)가 이에 해당된다. PRO는 [＋anaphoric]인 동시에 [＋pronominal]이다. Chomsky(1981)는 PRO에 대한 공범주 원리로서, 'PRO는 비지배되어야 한다'(PRO must be ungoverned)라고 설정하였는데, PRO는 결속 이론과 별개인 통제 이론에서 설명되어야 한다고 주장했다. 예를 들어, *John tries {PRO to win}*과 같은 구문에서 PRO는 비지배되는 위치에 나타나기 때문에 정문이다. 마지막으로 변항(variable)은 의문사가 이동하고 난 뒤 생긴 흔적으로서, [－anaphor, －pronominal]이다. *What$_i$ did you do t$_i$?*에서처럼 변항은 격을 부여받으며 고유 지배되어야 한다.

Part.
2 언어학의 제 문제

# 제1장 영어철자 형성에 기여한 국민

## 1. 개관

　로마 글자는 라틴인이 사용한 글자인데 로마제국이 멸망하자 여러 나라로 갈리어 각기 독립 국가를 세우고 그들의 언어를 표기하기 위하여 차용되어 오늘날까지 유럽인들이 쓰는 글자다.

　영어 글자는 로마 글자를 도입, 영어에 필요한 3개의 글자를 첨가한 것이니 로마 글자나 다름없다. Mason(1928: 429)에 의하면 로마 고전알파벳 23글자는 A, B, C, D, E, F, G, H, I, K, L, M, N, O, P, Q, R, S, T, V, X, Y, Z인데 여기에 J, U, W 세 가지를 첨가한 26자가 영어를 표기하는 글자다.

　영어 글자의 기본이 된 이 로마 글자는 라틴인이 그리스글자를 도입하여 라틴말을 표기할 수 있도록 적절히 다듬고 고쳐서 23자를 가지게 된 것이다. 그리스인들도 페니키아의 글자를 도입해 인구어족에 알맞게 글자를 적절히 고치고 다듬고 몇 자는 만들어 그리스어를 표기했다. 영국인, 로마인, 그리스인 등 모두가 그들의 글자를 처음부터 다른 나라의 글자를 도입하여 다듬고, 고쳐서 그들의 글자로 정착시킨 것이다. 이들은 결국에 오늘날의 영어 글자를 만드는 데 기여했다고 볼 수가 있지만, 그들의 노력과 공로를 따진다면 꼭 같다 할 수는 없을 것이다.

본 장에서는 그리스인은 페니키아 알파벳을 도입하여 그리스글자로 만들기 위해서 다듬고 고치는 노력과 공헌을, 라틴인은 그리스글자를 도입해서 라틴말을 표기하도록 글자를 고치고 다듬어 전 유럽에 전파했던 노력과 공로를, 그리고 영국인이 로마 글자를 도입해서 영어 표기에 기울인 노력 등을 따져 보고, 결국에 영어 알파벳이 된 로마 알파벳에 끼친 공로가 어느 민족이 가장 큰 것인지를 살펴보고자 한다.

## 2. 페니키아글자의 그리스 도입

그리스에 도입된 페니키아글자는 페니키아인들이 창조적으로 만든 것이 아니라는 주장도 있다. 김인숙 외(1989: 388)는 후기 이집트어의 24개 상형문자가 서부셈족에게 전달되었고 서부셈족의 22개 자음문자는 이집트의 자음문자와 같이 그림문자였다고 했지만 Mason (1928: 338)은 페니키아인이 이집트 상형문자에서 알파벳에 대한 개념(idea)을 가져온 것은 분명하지만 알파벳의 형태는 이집트인이 아니고 페니키아인이 창조했다고 주장했다. 실제로 모든 학자들이 페니키

아인이 이집트의 문자에서 가져온 것은 알파벳 형태가 아니라 두음
원리(acrophonic principle)를 도입했다는 것은 인정하고 있다.

그리스에 도입된 알파벳은 페니키아글자 중에 모압(Moabite) 글자
이며, 페니키아의 중심도시 티르(Tyre) 지역에서 사용된 글자다. 모압
글자가 사용된 시기를 알 수 있는 가장 오래된 새김글은 모압돌
(Moabite Stone)에 새겨진 모압 왕 메사(Mesha)에 대한 기록이다. 이것
은 BC 9세기에 새겨진 것으로서 34줄로 단어와 단어 사이에 점(dot)이
찍혀 있고, 문장과 문장 사이에 짧은 직선이 있었다. 읽는 방향은 오
른쪽에서 왼쪽인데 오늘날까지 셈어족 지역의 문자는 오른쪽에서 왼
쪽으로 읽는다. 페니키아글자의 형태와 이름은 ꓘ 'aleph, ꓚ beth, ꓶ
gimel, △ daleth, ꓮ he, Y vau, ꓔ zayin, ꓱ cheth, ⊗ tech, ꓜ yod, ꓬ
kaph, ꓩ lamed, ꓳ mem, ꓨ nun, 𝌆 samekh, O 'ayin, ꓶ pe, ꓩ tsade, φ
q'oph, ꓯ resh, ꟽ shin, ✕ tau 등 22개다.3)

그리스인들이 초기 도입한 모압 알파벳은 22자이고 알파벳의 끝
자는 T였다. 그리스 알파벳에 T 이후에 첨가된 Υ Φ Χ Ψ Ω 등 5개
글자는 그리스인이 창조해서 첨가시켰다. 현대의 그리스 알파벳은 24
자이지만 그리스글자가 이태리에 전달될 때는 다른 형태이며 알파벳
의 숫자도 차이가 있었다.

그리스글자의 발달과정은 초기 도입에서 적응과 창조 시기를 겪고
나자 각기 도시국가 중심으로 글자가 발달되면서 동부 글자와 서부
글자로 둘로 나뉘게 됐다. 동부 글자는 그 후에 변화를 거듭하여 전
체 그리스에 쓰이는 고전 그리스글자로 정착되었고, 서부 글자는 그

---

3) 페니키아 알파벳의 또 다른 종류로 시돈(Sidon) 글자가 있는데 BC 6세기경에 시돈과 페니키아의 주요도시
에서 사용된 철자다.

리스 식민지인 이태리 지역 등에 쓰이다가 라틴인들이 도입했다. 그리스 서부 알파벳에는 Ω, Ξ 등이 없는 모두 23글자가 사용되었다. 서부 알파벳에 T철자 이후의 철자로 Ω가 없는 Y Φ X Ψ 등 4자가 만들어진 상태에서 이태리 지역에 들어갔다.

지금까지 발견된 초기 그리스 새김글에 쓰인 그리스글자들 즉, 비블루스(Byblus)에 쓰인 글자와 초기 페니키아 기념비에 쓰인 글자를 비교하면 거의 같거나 닮았다. 그리스글자의 이름도 페니키아글자 이름과 유사하다. Mason(1928: 307)이 페니키아, 그리스, 아람(Aramean), 시리아(Syriac), 아라비아(Arabic), 인도(Indian) 알파벳 이름들을 아래와 같이 제시했는데 각 알파벳의 이름이 페니키아글자 이름과 유사함을 누구나 직감하게 된다.

| 페니키아글자: | 'aleph, | beth, | gimel, | deleth |
|---|---|---|---|---|
| 그리스글자 : | alpha, | beta, | gamma, | delta |
| 아람글자 : | alaf, | beth, | gamal, | dalath |
| 시리아글자 : | ôlaf, | bêth, | gômal | dôlath |
| 아라비아글자: | alif, | be, | jim, | dal |
| 인도글자 : | alf, | bet, | gemel | dent |

또한 초기 그리스글자와 페니키아글자의 순서가 꼭 같은 것을 보면 아무래도 먼저 발생해서 쓰이고 있었던 페니키아글자가 그리스에 전달된 것은 거의 확실하다고 볼 수가 있다.


## 2.1 그리스글자 구성

Driver(1976: 181)는 그리스인들이 BC 9세기 중엽이나 그 이전에 글자를 도입해서 약 2세기 정도는 그리스글자로의 전환에 걸린 시간이라고 했다. 그리스인들이 페니키아인의 글자를 채택할 때에 해야 할 일은 셈어족에 알맞은 글자를 인도유럽어족에 알맞도록 고치는 일이었다. 페니키아 알파벳은 자음으로만 구성된 글자이기에 일부를 변화시켜 그리스어의 모음을 표현하도록 함으로써 세계 역사상에서 진정한 자음과 모음을 표현하는 음소문자를 만들었다.

### 2.1.1. 그리스글자의 모음 만들기

우선 페니키아 자음 중에서 모음에 거의 가까운 자음을 사용했다. 그래서 그리스인들은 처음 5개 모음, 즉 a, e, i, o, u 등을 만들었고 곧이어 eta(e장모음)를 만들고 1세기 후에 omega(o장모음)를 만들었다.

(1) a 모음 만들기에서는 페니키아 알파벳의 첫 자인 'aleph에서 첫 글자 '는 그리스인들은 도저히 발음할 수가 없는 약한 자음이었다. 그래서 그리스인들은 첫 철자 '을 생략하고 그 다음 철자인 a를 모음 a로 정했다. 그리고 이것을 그리스 알파벳의 첫 글자 alpha로 했다.

(2) e 모음 만들기에서 페니키아 알파벳 he의 첫 음은 일종의 기식음(h)으로 그리스인들이 he의 첫 음 h를 없애고, 그 다음 글자인 e를 단모음 e의 음가를 취하고, 그 이름을 epsilon이라고 했다.

(3) i 모음 만들기에서 페니키아 알파벳 yod는 반 자음이었고, 쉽게 모음으로 전환할 수가 있었다. 그리스어에서는 모음 i만을 표현하고 이름은 iota라 했다.

(4) o 모음 만들기에서 페니키아 알파벳 'ayin의 첫 철자 '음도 'aleph와 마찬가지로 그리스어에는 없는 음이라 철자를 없애게 되면

남은 것은 첫 철자가 a음으로 시작된다. 만약에 'aleph에서 모음 a음을 먼저 만들지 않았다면 'ayin의 첫 철자 '가 없어지고 그 다음 철자 a가 알파벳의 첫 모음이 되었을 것이다. 그러나 이미 a 모음이 만들어졌기 때문에 다른 음인 o음을 나타내는 글자로 임무가 부여되었다. 그리고 글자 이름은 omicron이라 불렀다.

(5) u 모음 만들기에서 페니키아 알파벳 6번 vau가 그리스에 도입되면서 자음과 모음 두 가지 자음 F(w 발음)와 모음 Υ(u 발음)으로 되었다. F는 6번 자리를 그대로 지키고 있지만 Υ는 모음으로 알파벳의 끝 자 T 다음에 오게 되었다. 이 글자 이름은 upsilon이며 F는 digamma라고 불렀다. 그리스의 서부 글자에서 이 두 글자가 그들의 음가를 계속 유지했지만 동부 글자에서는 F는 사용치 않았고 숫자로만 쓰일 뿐이었다. 이런 변화현상은 페니키아글자가 그리스에 도입된 직후에 곧 발생한 것이어서 그리스의 모든 지역 알파벳에서 upsilon이 반영되어 있다. 위에서 언급한 5개 모음은 전부 페니키아 알파벳의 자음에서 만들었다. 이렇게 해서 Ullman(1989: 25)이 지적한 것과 같이 결과적으로 자연스럽게 그리스글자 모음 만드는 것이 어느 정도 제약과 제한되는 방식으로 이루어졌다. 그리스 알파벳의 다른 모음 eta와 omega는 아이오니아(Ionia) 알파벳에서 한참 후에 만들어짐으로써 그리스 서부 글자에 영향을 주지 않아 그리스 알파벳에서만 사용하게 된 것이다.

(6) Eta의 생성 과정을 보면, eta 글자의 기록은 태라의 새김글에 나와 있다. eta는 페니키아형 日 형태로 유기성 음가(h)를 갖고 있었다. 6세기 초 아부심벨에 나온 것을 보면 eta 형태는 日이었고

장모음 e를 정상적으로 표현하고 있었다. 따라서 그리스 서부 글자의 H는 유기성 h음을 표현하는 자음이었고, 반면에 동부의 H는 장모음 e로 사용했다.

(7) Omega는 eta보다 약 1세기 후에 만들어졌다. 만들어진 유래의 단서는 아부심벨에 새겨 놓은 새김글에 있다. omicron의 장모음과 단모음을 구별하는 데 사용한 표기로는 o, ov, w 세 가지가 있었다. omicron은 처음에 ayin에서 나왔을 때에 ov라는 이름이었는데, 후에 omicron으로 바뀌었다. 그 이유는 장모음 o를 만들어 omega라고 불렀기 때문에 서로 구별하기 위해서 omicron으로 했고, omega도 처음에는 w라는 이름이었으나 뒤에 omega로 바뀌었다. 아이오니아글자에서 짧은 모음은 큰 o로 표기하고 긴 모음은 큰 o의 밑 부분이 열린 형태인 Ω로 표기하게 되었다. omega의 현 표기는 파로스(Paros), 시프노스(Siphnos) 그리고 타소스(Thasos)에서 O 형태의 밑 부분이 열린 Ω 형태를 사용하게 된 것이 시초이다.

그리스인들이 실질적으로 창조한 모음은 upsilon(Υ)과 omega(Ω) 두 모음이다. 다른 모음은 사실 페니키아 알파벳에서 비슷한 철자에 약간의 변화를 주어서 만든 것에 불과하다.[4]

2.1.2. 그리스글자의 자음 만들기

그리스에서 새로 생긴 글자는 모음 upsilon과 omega이고, 자음은

---

4) 쓰는 방향에 대해서 그리스인들은 아주 초기에 오른쪽에서 왼쪽으로, 또한 초기 라틴 새김글에서도 같은 방향이었는데 이것은 오른쪽에서 왼쪽으로 쓰고 있는 페니키아인들에서 배운 것이었다. 얼마 가지 않아서 이러한 방식에 변화가 생겼다. 글 쓰는 방향이 한 줄 건너 다른 방향으로 쓰는 황소밭갈이 식(ox turning)이 생겨났다. 그 뒤에 차츰 왼쪽에서 오른쪽으로 글 쓰는 방향이 고정되어 갔다.

phi, chi, psi 등 모두 5개이다. 이 글자들은 tau 다음에 오게 됐는데 그들의 순서가 비문에 새겨진 것에서도 증명되고, 그리스에서는 글자가 숫자의 역할도 겸하고 있다. 특히 q'oph가 동부의 아이오니아글자에는 없으나 서부에는 koppa라는 이름으로 사용하게 된 이유를 Taylor (1899: 68)에 의하면, koppa의 이름이 알람(Aramean)5) 형태이고, 이 이름이 아이오니아글자에는 없고 서부 찰시디언(Chalcidian)에 있는 것을 보면 서부그리스 알파벳에 주로 영향을 끼쳤던 것이다.

### 2.1.3. 그리스글자의 서체 발생

비석에 새겨진 글의 형태는 변함이 없이 거의가 반듯한 정자 위주였다. 그러나 파피루스나 양피지 같은 글쓰기가 다소 쉬운 재료에다 글을 쓸 때에는 글 쓰는 속도가 붙어서 합자나 연자를 쓰기가 쉬워 비석에 쓰는 글자 형태가 다소 변화되는 계기가 됐다. 비석 글자는 알파벳 변천의 초기자료를 제공하는 반면에, 언셜체(uncial)나 소문자체의 발달은 비석글자 형태 쇠퇴시기에서 문예부흥 시대로 계승되게 된다. 그리스글자와 로마의 글자에서 언셜체, 초서체(cursive) 그리고 소문자체의 발달과정과 시기는 거의 비슷하다.

초기 시기부터 세 가지 글씨체가 있었는데 비석에 쓰인 대문자체 (capital), 대문자체에서 약간 변경된 언셜체, 그 다음으로 초서체 등이고 소문자체는 그 이후에 나왔다. 그 예를 다음 도표(필자가 조합 정리한 것임)에서 확인할 수가 있다.

---

5) 그리스 알파벳의 이름 끝에 a가 붙은 것(예: alpha, beta 등)도 알람어의 영향이라는 어느 문자학자의 연구를 필자가 읽고 메모를 했으나 잃어버렸다.

| | 언설체 | | | 초서체 | | | 소문자체 | | |
|---|---|---|---|---|---|---|---|---|---|
| | 초기 | 중기 | 말기 | 초기 | 중기 | 말기 | 초기 | 중기 | 말기 |
| 1 | λ | d | λ | λδ | λδ | σα | α | α | αd |
| 2 | β | β | β | βυ | β | βμ | μ | μβ | μβε |
| 3 | Γ | Γ | Γ | Γ | Γ | γ | γ | γ | Γγ |
| 4 | Δ | Δ | Δ | Δ | Δ | λδ | δ | δΔ | δΔ |
| 5 | e | ϵ | ε | εε | εϵ | εϵ | ϵ | ϵε | ϵε |
| 6 | Z | Z | Z | Z | Zζ | ζζ | Zζ | Zζ | ζζζ |
| 7 | Η | Η | Η | η | η | hζ | h | hμH | Hhχηη |
| 8 | Ο | θ | θ | θ | θδ | θδδ | θ | θδ | θδδ |
| 9 | ι | ι | ι | ι | ι | ιιζ | ιι | ιι | ιζ |
| 10 | κ | κ | κ | κ | κμ | hμ | μ | κκ | κμκ |

대문자체는 가로세로로 직선으로 각이 지고 크기가 동일하며 주로 사용된 곳은 비석이나 동전이었다. 이 서체는 초기 수서체에서 간혹 사용되었으나 주로 책제목, 표제 등에 사용되었다.

언설체는 다소 둥글고, 직선 획이 약간 기울고, 비석의 알파벳처럼 꼿꼿하거나 똑바르지도 않다. 이 서체는 파피루스나 양피지 같은 것에 사용되었고, 필사생들이 명확하고 쉽게 읽도록 하기 위한 것으로 공식적인 서적서체로 즐겨 사용됐다. 언설체는 원래 St. Jerome 때 언셜(uncial)에서 나온 것인데 비석에 쓰인 대문자보다 더 인기가 있었다.

최초의 그리스 언설체는 호머의 시에서 쓰였다. 파피루스에 500줄 정도로 쓰인 일리아드의 17번째 책에서 나온 두 부분이다. 이것은 1849년과 1850년에 걸쳐 해리스(Mr. Harris)가 이집트의 한 무덤에서 찾아냈다. 이것이 쓰인 시기는 BC 1~2세기 정도로 추정된다. 파피루스 다음으로 양피지에 언설체로 쓴 책들이 있는데 언설체에는 두 가지 종류가 있었다. 즉 비잔틴파와 알렉산드리아파인데 전자는 디오스코리데스(Dioscorides)가 쓴 식물에 관한 책에 쓰인 것으로 다른 초기 언셜체의 연대를 가늠하게 하는 표준 잣대 역할을 하고, 시기는 대략 506년경이다. 후자는 성경책에 쓰인 것인데 가장 오래된 것은 바티칸책(codex Vaticanus)이다. 서기 7세기 후부터 그리스 언셜체는 초기 형태에서 글의 폭이 좁아지고 길이가 길어지면서 압축되고 위축된 모양으로 나타났다.

대문자체와 언셜체의 차이가 그리스보다는 라틴에서 분명하게 나타난다. 사실 그리스 책에서는 대문자로 쓴 것이 거의 없고, 표제글로 쓰인 수서체 대문자도 후기 시대에 도입된 것이다.

초서체는 언셜체만큼 오래됐지만 글씨 자체가 산만하고, 규칙 없이 휘갈겨 쓰지만 그리스 알파벳의 역사에서는 아주 중요하다. 소문자체가 대부분 초서체에서 만들어졌기 때문이다. 초서체의 예는 이집트 무덤의 흙 항아리에 있던 가족역사모음집에서 나왔다. 초서체가 쓰인 곳은 주로 개인 간의 서신, 계약이나 계산서 등이다. 그리스 초서체는 파피루스와 같이 값싸고, 손쉽게 구하기 쉬운 재료에 쓰는 서체이며, 이집트의 파피루스가 아닌 재료는 사실 찾기가 어렵다. 그리스 소문자체의 발달은 서기 9세기부터다. 서기 9세기에 새로운 소문자형이 서적서체로 일반적으로 쓰이게 되면서 언셜체는 종교의 예배 목적으로만 쓰이게 됐다.

그리스에서 언셜체와 초서체가 사라지면서 새로운 소문자체가 서적서체로 발전되었다. 소문자체 발전의 중요한 기록물은 1553년 라벤나(Ravenna)에서 나온 파피루스에 쓰인 것인데, 서기 680년에 콘스탄티노플의회(council of Constantinople)의 결의문(acts)에 주교 13명이 서명을 했는데 주교 6명은 언셜체로, 젊은 주교 7명은 새로운 서체인 소문자체로 서로 다르게 서명했던 것이다.

그리스의 소문자체 발달은 3단계로 나눈다. 첫 단계인 서기 7~9세 기에는 부자연스럽고 어색한 형태이지만, 그 다음 단계는 서기 10~ 11세기로 그리스 소문자체의 완성기로 본다. 마지막 단계에서는 소문 자가 통일성을 잃고 언셜체가 재등장하고, 글자 형태가 합자, 중복자 의 등장과 단축어 등이 쓰이면서 읽기가 점점 어렵게 되었다.

소문자체는 언셜체와 초서체의 융합에서 나온 것도 있는데 언셜체 는 초서체에서 나온 다른 글자와 나란히 사용되고 있다. 그리스철자 에는 중복형태가 오늘날까지 사용되고 있다. 그 예로 sigma ς는 언셜 체에서, σ는 초서체에서 나온 것이다. 지금은 ς형은 단어 끝에서만, σ형은 그 밖의 위치에서 쓴다. 즉 σώσειςσ에서와 같다. 그리스철 자에 소문자체 구성을 구분해 보면 α, ε, κ, λ, ξ, φ, ω 등은 언 셜체에서 나온 것이고, δ, η, μ, ν 등은 초서체에서 나온 것이다.


## 3. 그리스글자의 라틴 도입


그리스의 찰시디안 알파벳이 이태리 지역에 들어온 이유는 식민지 쟁탈전의 결과로 동부지역과 서부지역으로 나뉘게 되었고 서부에 속 한 찰시디언의 글자가 이태리 지역에서 사용되었기 때문이다. 이태리 지역에는 로마인이 정착하기 수 세기 전에 초기 그리스민족인 페레 스지언인들(Pelesgian)이 에투루스칸인들(Etruscan)보다 먼저 로마 지역 에 들어와 있었다. 그 후 BC 11세기와 10세기쯤 해서 우랄 알타이어 족(Mason(1928: 373))인 에투루스칸인이 소아시아 리디아(Lydia)에서

로마 지역에 들어왔다. 에투루스칸인들이 로마에서 만난 페레스지언인들은 그리스글자를 쓰지 않았다. 후에 찰시디언인이 지배자로 이태리 지역에 들어오면서 그리스글자가 들어왔다. 페레스지언인들이 그리스글자를 배우고 나서 에투루스칸인에게 전했다. 따라서 로마 알파벳은 찰시디언의 글자에다 페레스지언의 영향과 에투루스칸의 영향을 받아서 발달되었다.

초기 시대에 로마인은 에투루스칸인들과 긴밀히 접촉해 로마가 그리스문화를 거의 에투루스칸을 거쳐 도입했을 정도다.


## 3.1. 로마글자 구성

그리스의 서부알파벳 대문자의 형태와 이름(권종성(1987: 137))을 살펴보면 ΑΛ alpha, ΒΒ beta, ΛC gamma, ΔC delta, Ǝꓱ epsilon, ΥVΛ upsilon, I zeta, ΒΗ eta, ΦC theta, I iota, K kappa, L lambda, ΛΗ mu, ΛΛ nu, Ο omicron, ΓΠ pi, Ϙ koppa, ΡR rho, ϟξ sigma, Τ tau, ΦΦ phi, Χ† chi, ΥΨ psi 등 모두 23개다. 이 알파벳이 초기에 이태리 지역에서 쓰였다. 그리스의 동부 글자에는 xi와 omega가 도입되고, koppa는 없어졌다.

라틴인은 도입한 그리스 알파벳을 라틴어 표기에 알맞게 다듬어 나갔다. 처음 페레스지언 알파벳의 대문자에서는 그리스 알파벳의 각이 진 Γ, Δ, Λ, Π을 쓰지 않고 둥근형인 C, D, L, P로 변화되었다. 특히 에투루스칸어는 라틴어와 달라서 B, D, O, X 등 4개 글자는 필요 없었고 초기에는 K와 Q도 거의 사용하지 않았다. 다만 a 앞에서는 K를, u앞에서는 Q를 사용했다. a 이외에 C가 처음에는 그리스 gamma 또는 k음으로 사용하고, 후기에 C만이 k음을 나타냈으며, 에투루스칸 언어에서는 유성 경구개음 g, b, d도 필요하지 않았다.

라틴인은 초기 에투루스칸 알파벳에서 쓰이지 않던 것도 버리지 않고 차츰 도입해서 사용했다. 또한 라틴어는 그리스글자 Θ, Φ, Ψ는 필요가 없었다. 그래서 로마 알파벳의 고전시대 글자는 21개가 정착되었다. 글자 형태와 이름을 보면 A a, B be, C ce, D de, E e, F ef, G ge, H ha, I i, K ka, L el, M em, N en, O o, P pe, Q qu, R er, S es, T te, V u, X ix 등이다.

Taylor(1899: 143)의 설명에 의하면 로마글자의 모음 이름은 그 음에 따라 a, e, i, o, u를 붙인 것이고, 자음의 이름은 가장 적은 힘과 노력을 들여서 하나의 모음이 결합되는 글자 음으로 했다고 한다. 그래서 처음에는 가장 적은 힘과 노력으로 발음할 수 있는 모음 e를 마찰음이나 계속음인 f, l, m, n, r, s의 앞에 붙여 ef. el, em, en, er, es이라고 하였고, 파열음이 올 때에는 e를 뒤에 붙여 be, ce, de, ge, pe, te로 발음하게 됐다. 그리고 k, h, q, x 철자에도 최소의 노력을 들이도록 ka, ha, qu, ix 등으로 이름 지었다.[6]

### 3.1.1. 자음의 변화, 생성 그리고 이동

(1) C, K, Q에서 원래 C와 K는 용법에서 차이가 없었지만 쓰이는 위치 제한은 에투루스칸의 용법대로 했다. 따라서 라틴 이름에서와 같이 Ce, Ka, Qu 등으로 제한받고 있다.

(2) C 글자는 처음에 c음과 g음을 둘 다 나타냈다. 로마인들은 k음을 나타내기 위해서 세 가지 글자를 사용했다. 즉 C, K, Q 등이다. 처음에 로마인들은 k와 g를 구별하지 않았다. 후에 k와 g음을 각각 나타내는 글자가 필요했다. 로마인은 C 철자에 k음을

---

6) Taylor(1899: 144)는 글자 Z의 이름 zed는 그리스에서 온 이름이라고 했다.

표현하도록 하고 C 글자의 원래 g음을 표현하는 새로운 글자를 만들었다.

(3) G 글자는 순전히 로마인이 만들었다. C에 약간의 변형을 가해 C의 하반부에 짧은 수직선을 그어서 g음을 표현하게 했다. 이 것이 완성된 것은 BC 4세기나 3세기경이다. Ullman(1989: 36)은 G 글자가 직접 Zeta에서 파생되어 나왔다는 설도 있다고 소개 하면서, 지금까지 거의 모든 학자들은 그러한 설을 인정하지 않 는다고 했다. 생략에 쓰일 때는 Gaius를 C.로, Gnaeus를 Cn.으로 하여 g음을 C 글자로 표기하고 있는 것을 볼 때에 그 용법이 바 뀌었다는 것을 간접으로나마 알려 준다. G로 시작되는 단어는 쓸 수가 있으나 생략에는 C로만 썼다. 즉 C로 시작되는 Caius란 단어는 없다. 그 이유는 C 다음에 a를 쓰지 못하고 반드시 Ka로 써야 되기 때문이다.

(4) K 글자는 Ka로 시작되는 몇 단어에 쓰는 것을 제외하고는 쓰이 지 않았다. 그 이후에 로마글자가 영국과 독일에서 채택되어 사 용되면서 k 글자가 살아났다.

(5) Q는 항상 u 철자와 함께 쓰였다. Q는 자음 u 앞에서만 쓰이고, Qu 다음에 반드시 모음이 왔다. 현대에 와서는 다소 변하여 Qatar, Iraq, Iraqi people 등에서 u가 쓰이지 않고 Q 단독으로 쓰 이는 예가 있다.

(6) 그리스글자 digamma F는 초기 에투루스칸에서 B(h)과 함께 해 서 FB로 쓰이다가 초기 로마글자에서 f음을 나타내게 됐다. 뒤 에 가서 B의 생략으로 F만 쓰이게 됐고, H는 그리스글자에서 는 모음으로 쓰이지만 로마글자에서는 자음으로 쓰였다.

(7) I와 V 글자에 모음과 자음 두 가지 용법으로 사용하게 됐다. 그리스글자 iota는 페니키아 자음 yod에서 나왔던 것이다. 그런데 이 I가 로마글자에서 자음이 다시 회복되어 I 글자는 모음 i, 자음 j음을 나타내게 되었다. V 또한 그리스글자에서 모음으로 유지되어 왔으나 로마글자에서는 자음도 회복했다. 그리스글자의 초기에 digamma(F) 또는 vau(V)에서 F는 자음을 획득하고 Vau의 V자는 모음뿐만 아니라 자음 w음을 획득했다.

(8) Θ(theta), Φ(phi), X(chi), Ψ(psi) 등 4글자는 초기에 사용되지 않았다가 뒤에 도입되었다. 이 Θ, Φ, X 글자는 에투루스칸에서 사용되었으나, 로마에서는 처음엔 단순철자 T, P, C로 사용되다가 뒤에 그리스 단어를 쓸 필요가 있어 이중철자 TH, PH, CH로 사용되었다. 그러나 로마 알파벳에는 들어가지 못했다.


로마공화정시대에 로마 알파벳은 A에서 X까지 21개였다. 그 뒤에 Y와 Z가 도입되었다. 로마공화정시대의 마지막 몇 세기 동안에는 그리스와 긴밀해짐에 따라 그리스 단어가 라틴어에 많이 도입되었다.


(9) Y의 도입에서 그리스 모음 upsilon은 모음 V(u)에서 현대의 불란서 u음으로 변해 버렸다. 처음에는 u나 i를 쓰다가 BC 1세기에 로마인은 그리스의 upsilon 글자를 도입해서 알파벳의 끝에 위치시켜 쓰게 했던 것이 Y 글자다. 원래 페니키아글자 vau에서 파생되어 나온 글자 3개 F, V, Y를 로마글자에서 쓰게 됐다. 로마글자가 나중에 21개 글자에서 Y와 Z를 합하여 모두 23개가 되었다.

### 3.1.2. 로마글자의 서체[7]

로마글자의 서체에는 대문자체, 언셜체, 초서체, 소문자체 등이 있었다. 대문자체에는 사각체대문자(square capital)와 투박체대문자(rustic capital)가 있었다.

사각체대문자(예: ΛBCDEFGH)는 비석에 쓰인 글씨체와 같은 것으로 각이 반듯하고 규칙적인 것이 특징이다. 투박체대문자(예: ΛBCDEFGH)는 다소 장식이 있어 사각대문자보다 형태의 변화를 준 글자다. 이 글자는 6~7세기까지 유행했고, 특징은 사각이면서 불규칙하고 획이 끊어진 형태라는 것이다. 라틴에서 초기 글씨체는 주로 대문자체다. 소문자체는 문예부흥 시기 인쇄발명 이후에도 나타나지 않았다. 그리스글자에서나 로마글자에서 소문자체의 발달 과정은 상당한 시일이 걸렸다.

로마의 초기 글자체는 사각대문자로 로마의 기념비에 쓰인 글자와 차이가 없다. 그러나 필사생의 글에는 글 쓰는 속도가 있고, 합자와 초서체로 발전해 갈 수 있는 경향이 무의식중에 들어오게 되었고, 그래서 손으로 쓰는 대문자체는 처음부터 기념비에 새긴 사각대문자와 약간의 차이가 나는 출발을 했다. 로마 지역의 필사생은 교육을 받은 그리스인 노예들이고, 그들을 리브라리(librarii)라 불렀는데 그들은 그리스어와 라틴어를 같이 배워서 두 언어를 쓰는 데 익숙했다. 이태리 헤르큐라네움(herculaneum)에 쓰인 글씨체는 서기 1세기 전의 것으로 대문자체의 변화를 감지할 수가 있다. 즉 똑바른 모습의 A 글자가 왼쪽으로 기울고 오른쪽 선이 A 글자 위 꼭지 위로 살짝 나온 모습이다.

---

7) 글 쓰는 방향은 페레스지언인은 왼쪽에서 오른쪽이나 에투루스칸인은 로마의 영향을 받기 이전에는 오른쪽에서 왼쪽이었다. 로마인들은 초기부터 새김글에서 항상 왼쪽에서 오른쪽으로 썼다.

F, L, Y는 두 개의 기본 줄 선을 훨씬 넘는 큰 글자로 쓰이고 있다.

투박체대문자는 사각대문자에서 발달된 것이다. 이 대문자는 인기가 있었고, 광범위하게 넓은 지역으로 사용되었다. 5세기 수서체로서 투박체대문자의 예는 현재 바티칸(Vatican)도서관에 소장되어 있다. 특징은 B, F, L이 다른 글자와 달리 줄 선을 넘는 것이다. 깃이나 갈대로 글을 썼기에 세리프가 생겼고 수평으로 쓴 획이 흑체글자(black letter)의 기미를 보이고 있다.

투박체대문자는 언셜체(예: λ в с δ є ϝ ϲ ʱ)에 의해 대치되었고 그 다음 언셜체가 소문자체에 의해 대치되었지만 이 대문자체는 사라진 것이 아니고 수 세기 동안 기독교 수사들에 의해서 보존되어 왔다. 사각체대문자와 투박체대문자는 책의 제목, 부제, 문자의 첫 자 등에 쓰였다. 라틴어 초서체(예: α ʟ c d ε ϝ ᵹ ʱ)의 예는 1875년에 폼페이에서 교육받은 로마인이 쓴 편지와 사업용 서류에서 볼 수 있다. 이것은 현대 서체의 기원을 설명해 줄 뿐만 아니라 현대 영어 소문자체의 원형을 폼페이 형태까지 추적해 갈 수 있게 해 주기 때문에 역사적으로 매우 중요하다.

로마 초서체는 규칙이 없고, 휘갈겨 쓰기 때문에 읽기가 매우 어려워 로마황제의 칙서에 쓰이는 공식적 서체(formal hand)의 선구자다. 초기 초서체의 좋은 예는 서기 572년에 라벤나의 리미니(Rimini)에 있는 재산 판매 서류에서 볼 수 있다. 서적체로서는 파피루스에만 쓴 한정된 책에 사용되었다. 이 초서체가 현대의 초서체와 매우 유사한데 그 예를 보면 c, d, ƒ, ʱ, l, m, n, q, ʅ, u 등의 필기체 형태다. 철자 a는 u처럼 위쪽이 열려 있고 s는 r을 쓰고 있는데 이것은 그 이후에 흔히 쓰는 긴 s인 f 모양에서 가로신이 오른쪽에는 없는 형인 ſ

의 조상이었다. 이 초서체가 9세기쯤 해서 이태리와 불란서에서 흔히 사용하는 외교 문서체가 되었다. 그 이후에 이 서체는 롬발딕(Lombardic)과 캐롤라인(Caroline) 소문자체로 대치되었다. 13세기에 와서야 프레데릭 11세가 초서체가 판독해서 읽기가 매우 어렵다는 이유로 사용금지령을 내려서, 더 이상 사용되지 않았다.

## 4. 영국의 로마글자 도입

앵글로-색슨은 로마글자를 남쪽에서 597년에 로마 선교사들로부터 도입했고, 북쪽은 아일랜드인의 도서체(insular hand)를 도입했다. 남쪽은 웨쎅스(Wessex) 지역과 캔트(Kent) 지역이고, 북쪽은 머셔(Mercia)와 노섬브리아(Nothumbrian) 지역이었다. 남쪽 글씨체의 예는 성 오그스틴(St. Augustine)의 복음서인데, 글자체는 대륙에서 쓰이던 것이었다. 북쪽 도서체(예: α b c dɔe ɼ ʒ h)의 예는 더함(Durham)에 있는 성 크스벨트의 복음서(St. Cuthbert's gospels)이다. 앵글로-색슨의 주된 글자는 아일랜드의 도서체 중에서 원형체(round hand)보다는 주로 뾰족체(pointed hand)에서 발달되어 나왔고, 이 글자에다 앵글로-색슨이 대륙에서 가져온 룬(Rune)글자 중에 wen(ᛈ: w)과 thorn(Þ: th)을 첨가하여 사용했다.

1066년에 노르만의 영국 점령으로 서체도 영국의 뾰족체 대신에 불란서의 캐롤라인 소문자체(예: a b c d e f ʒ h)로 바뀌게 됐다.

앵글로-색슨이 채택한 아일랜드 도서체의 중요성은 영국의 글자 서체로 사용되었을 뿐만 아니라 불란서의 캐롤라인서체 소문자의 조상글자가 되었다는 것이다. 또한 일반적으로 책에 인쇄되는 로마형

(Roman)의 부모글자가 되었다. 캐롤라인 서체소문자의 발달은 앨킨 (Alcuin)이 욕(York)에서 알게 된 8세기의 영국식 서적서체에서 주로 시작되었고, 여기에 로마의 롬바딕 소문자의 요소와 메로빙 초서체에 서 나온 요소를 합쳐서 만든 것이다.

이 캐롤라인 서체의 특징은 빨리 쓸 수 있고, 읽기가 쉽고, 양피지 에 쓸 때에 경제성이 있다는 것이다. 또한 이 서체는 앨킨의 제자들 이 유럽에 널리 전달함으로써 세속 초서체와 수도원 언셜체 등 옛날 의 소문자체를 대신하게 되었다. 11세기 말과 12세기 초에 가장 완벽 한 서체를 이루었다.

캐롤라인 소문자체는 12세기 말쯤에 차츰 글자체가 조심성이 없어 지고, 글자 획이 점점 두터워져 13세기에는 글자체가 점점 더 각을 이루게 되고, 격자 모양의 글씨체로 변했다. 이러한 글씨체를 획이 굵 은 글자로 고딕(gothic)글자 또는 흑체글자(black letter, 즉 고딕체)(예: a b c dd e f g h)라고 했다. 이 서체는 거칠고, 읽기 어려워서 15세 기 문예부흥 시대에는 이태리 학자들이 배척하고 11세기의 아름다운 캐롤라인 소문자체를 다시 선호하게 되었다. 다시 빛을 본 캐롤라인 소문자체는 독일까지는 영향을 주지 못했다. 이 시기에 독일에서는 마인쯔(Mainz) 지역 출신인 구텐베르그(Gutenberg)에 의해서 활판형의 인쇄술이 발달하게 되어 흑체글자로 책을 인쇄하였고, 지금까지도 계 속해서 흑체글자가 독일서적에 사용되고 있다.

영국에서 1476년에 캑스턴(William Caxton)이 최초로 인쇄한 책에서 는 흑체글자가 사용되었다. 그 뒤 약 50년 후에 팬손(Pynson)이 파리에 서 가져온 새 로마형 글자로 인쇄하게 됐다. 영국에서 로마형 글자로 인쇄된 첫 책은 헨리 8세가 쓴 논문이었다. 로마형 글자가 인기를 얻자 영국에 정착되었던 흑체글자는 로마형 글자로 바뀌게 되었다.

인쇄술의 발달은 철자의 변천을 중지시키는 결과를 가져왔다. 영국이나 로마인들이 첫 번째 인쇄된 책에 채택된 글자를 선호했기 때문에 인쇄발명의 주요한 결과가 나타났다. 그때까지 변천을 거듭해 왔던 알파벳의 변천은 사실상 중지되어 버렸다. 이것은 문명사회에서 안정적이고 통일된 알파벳 설립의 기본이 되었다. 이것은 알파벳 역사에서 중대한 사건이다. Taylor(1899: 186)는 영국, 불란서, 스페인, 이태리, 미국, 호주 등에서 모든 여러 글자들이 11세기 소문자체로 대치되었다고 한다. 사실 서적서체로서 이 소문자체를 능가할 만한 글자체는 없었다.

## 4.1. 영어글자의 정립

로마글자는 5세기경에 불란서 고올(Gaul)에서 아일랜드로 전달되었고, 또한 아일랜드에서 7세기경에 북쪽을 통해 영국에 전달되고 9세기경에 캐롤라인 소문자체로 채택되었다. 영국에서의 글자 변천 과정을 보면 다음과 같다.

(1) D의 윗부분은 수직 획의 반대편으로 가게 되고, R의 윗부분과 꼬리 부분은 완전히 위축되었다.

(2) 긴 s인 ſ는 오래된 초서체이며, 왼쪽에 약간 나온 획은 s 글자의 아랫부분이 살아남은 형태이고, 이것은 전환기 형태인 ϒ과 r에서도 볼 수가 있다. 대문자 S가 아일랜드 언셜체에서 변이형으로 다시 모습을 보였으나 ſ가 초기 캐롤라인 소문자체에서는 거의 일반화되어 있었다. 10세기에 들어와서 S 형태가 최종

형태로 사용되었다. 1470년 불란서에서 처음 인쇄, 발행된 책에는 ſ만 쓰였으나 1471년 두 번째 인쇄된 책에서는 S로 쓰였다. 이 ſ는 f와 유사해서 불편하였기에 쓰이지 않게 되었으나 복합자 ft에서는 그대로 쓰고 있다. 현대의 S 필기체 형태는 흑체글자에서 나온 것이다.

(3) c c e o p q u는 언셜체와 초서체글자에서 같은 형태다. 반면에 V, X, Z는 비교적 늦게 재도입되었다.

(4) a, g, k, t, y, w, i, j 등은 가장 최근에 정립된 형태다. 소문자체 α는 처음에 ɑ와 ɑ 였으나 10세기 초에 윗부분이 둥글게 휘면서 d와 혼란을 피하기 위해서 a 모양이 되고, 초서체는 완전한 윗부분 덮개를 할 수 있도록 흑체글자 α에서 길게 늘어지게 되었다.

(5) g철자의 아일랜드형인 ᵹ에서 아래쪽 곡선이 중간 턱과 붙어서 앵글로-색슨 형태 ᵹ형이 되었고, 롬발딕 형태와 캐롤라인 소문자체에서와 같이 위쪽에 둥근 원을 형성해서 g 형태가 되었다.

(6) t철자의 원래 소문자 형태는 τ였다. 이런 형태는 불란서와 이태리 수서체에 남아 있다.

(7) w철자에는 여러 가지 사연이 있다. 앵글로-색슨족들이 아일랜드로부터 글자를 도입했을 때에 w철자는 없었고 그 발음을 표현하기 위하여 루운(Rune) 글자인 ƿ(wen)를 사용했다. 그 후에 vu 이중철자로 대치되었다. 11세기에 와서 두 가지 형태로 uu나 vv로 쓰이게 된다. 이런 경우는 하나의 철자가 아니라 합자형태로, 즉 æ, ff 등과 같다. 그 이후에 v철자 두 개를 겹쳐 놓은 형태 W나 w 등으로 쓰이게 됐다.

(8) v와 u, i와 j에 대해서 v는 자음에, u는 모음에, 또한 j는 자음에,
i는 모음에 쓰려고 만들었다. 원래 v는 대문자에서 나왔고, u는
언셜체와 초서체에서 나온 것이다. 10세기에 단어 첫 글자는 대
문자 형태가 선호되어 v가 쓰이고, u 형태는 단어 중간에 주로 쓰
였다. 사실 라틴 단어의 첫 글자는 모음보다 자음이 더 많이 사용
되어 왔고, 모음은 단어 중간에 더 많이 쓰였다. 그래서 관습적으
로 단어 첫 자는 자음글자로 인식되고, 단어 중간에는 모음이 오
는 것으로 인식되었다. 15세기에 와서 j와 i와의 관계도 비슷했다.
단어 첫 자에 j를, 단어중간에 모음 i를 쓰다가 점차 자음과 모음
으로 인식하게 되었다. 영어에서 최초의 예를 보면 시인 Milton의
글에서 앞 시대와 달리 철자법에서 u는 모음, v는 자음으로만(문
양수 외 1985: 261) 사용하게 되었다. 또한 Milton 이전 시대에는
j 대신에 i가 사용(예: maiestie)되거나 I 대신에 y가 사용(예: lyfe)되
었지만 Milton의 글에서 처음 j를 자음으로 사용했던 것이다.

(9) i의 윗점에 대하여 생각해 보면 우선 ı 형태가 오래됐고 i는 그
뒤에 생겨났던 것이다. 11세기 초에 i는 악센트를 찍어서 표시
했던 것이다. 즉 íi, uí, íu와 같이 쓰였다. 12세기에 와서는 악센
트 부호를 가진 í가 다른 철자와 합칠 때에 특히 이웃에 n, m,
u, v, w철자가 올 때에 사용됐다. 그러나 인쇄술이 도입되고, 책
이 인쇄되어 나오자 악센트가 점(.)이 된 것이 일반화되었다. 예
를 들어, 1470년 초기 글자에서는 악센트 없는 ıd 형태를 볼 수
가 있다. nihıl에서 처음에 있는 i에 점이 있는 것이 사용된 것은
n이 이웃에 오기 때문이다. 14세기에서 와서 ı위의 악센트기호
대신에 점으로 쓰이기 시작했다. 영국에서 최초로 쓰인 것은

1327년에 쓰인 수서체에서 Í 대신에 i가 쓰인 것이다.

(10) 필기체는 유럽국가에서 오랜 역사를 가지고 있는데, 영국에서
는 엘리자베스여왕 시대에 유행했던 이태리형에 크게 영향을
받았고, 캐롤라인 소문자체에서 생겨 나온 궁중체(court hand)에
기반을 두고 있다. 이 서체는 연결체 사용으로 형태가 변화되었
는데 b, p, g, f에서 ♭, ℗, ℊ, ℔ 등의 형태로 발전되었고 특징은 글
자의 꼬리를 오른쪽에 만들어 다음 글자와 계속 연계되도록 했
다. 이 모양은 셈 철자에서는 왼쪽에 꼬리를 만드는 것과 반대
의 경우다.


영국인은 글자 만들기에서 위에서 언급한 대로 공헌도는 그리스인
과 로마인에 비해 훨씬 뒤떨어진다. 그러나 영국인의 영어에 대한 공
헌도를 다른 면에서 찾을 수가 있다. 즉 영어를 세계의 언어로 만들
었기에 그에 따른 영어글자의 활용도와 권위를 더욱 빛냈다고 평가
할 수가 있다. 영어가 크게 전파된 이유를 상세히 살핀다는 것은 사
실상 어려운 일이라고 Jespersen(1954: 233)도 인정하는 문제다. 그러나
전파된 현상과 사용도를 살펴보는 것은 가능한 일이다.

영어만큼 몇 세기 안에 광범위하고 넓은 지역으로 펴져 나간 언어
는 없다. Jespersen(1954: 233)의 통계자료에 보면 1500년도에 영어를
모국어로 하는 화자 수가 4백만, 독어―1천만, 불어―1천만, 이태리어
―9백5십만으로 영어는 아주 미미한 숫자다. 그러나 300년 후인 1800
년도에 영어―2천만, 독어―3천만, 불어―2천7백만, 이태리어―1천4
백만이었다. 그 다음 100년 후인 1900년도에 영어가 다른 언어를 제
치고 1억 1천6백만이나 되었고, 독어―7천5백만, 불어―4천5백만, 이

태리어—3천4백만 순이었다. 1900년도의 수치에서 영어가 크게 신장했다. 그리고 1926년의 조사에서 영어—1억 7천만, 독어—8천만, 불어—4천5백만, 이태리어—4천1백만으로 영어의 화자 수가 1800년과 1900년까지 100년 사이에 가장 많이 증가하였다. Mencken(1936: 150)도 영어의 화자 수를 조사했는데 영어 화자의 숫자가 1억 7천4백만으로 Jespersen의 조사 숫자(1억7천만)와 거의 같아 신뢰성이 있다. 그 후 1926년부터 2006년까지 영어 모어화자의 숫자는 훨씬 더 증가했을 것으로 예견된다.

Crystal(1988: 23)에 의하면 지리적으로 세계 6대 주의 60개 나라에서 공용어나 준공용어로 영어가 사용된다. 전 세계 우편물의 75%, 세계과학자들의 논문과 저술의 70%, 세계의 전산 정보 탐색시스템에 저장돼 있는 정보의 80%가 영어로 되었다. 세계 120개 국가에서 라디오프로를 영어로 방송한다. 영어는 세계의 서적, 신문, 광고의 주 언어이고, 공항과 항공관제의 국제 공용어가 되었다. 영어가 이런 현상이라면, 영어를 표기하는 글자의 위력 또한 말에 못지않다는 것은 누구나 다 아는 사실이다.

## 5. 결론

지금까지의 논의를 정리하면 우선 그리스인들의 업적은 페니키아 글자를 도입하여 모음 7개(A, E, H, I, O, Y, Ω)와 자음 3개(Φ, X, Ψ)를 만든 것이다. 그리고 그것이 없어지지 않고 널리 쓰이게 한 공로는 글자 창조 못지않은 더욱 빛나는 노력의 결실이다. 또한 그 글자의 합리성은 적자생존의 법칙으로 평가받았다. 적자생존 법칙의 좋은 예로 로마제국의 Caudius 황제가 로마 알파벳 23글자에 3자를 더 첨가시키려고 했지만 실패했다. 자음 u를 표기하고자 만든 Ⅎ형, i와 u음의 중간음을 나타내고자 한 ⊢형, 그리고 ps, bs음을 나타내는 Ↄ형 (Ullman 1989: 39) 등을 만들었지만 모두 사용되지 않고 사라져 버렸다. 또한, 그리스인들에게는 글 쓰는 방향을 왼쪽에서 오른쪽으로 어느 정도 고정시킨 공로가 있다. 오른쪽에서 왼쪽으로 글 쓰는 페니키아의 관습을 여러 가지 실험의 절차를 밟아 가장 신속하고, 편리하게 쓰는 방향은 왼쪽에서 오른쪽이라는 사실을 밝힌 것이다.

로마인들은 그리스글자를 도입하여 라틴어에 알맞도록 다듬고 고쳤다. 각이 진 모습이 그리스글자(예: Γ, Δ, Π, Σ)라면 곡선(예: C, D, P, S) 모양은 로마글자다. 물론 필기에 필요한 재료의 변천(예: 펜과 잉크, 파피루스, 양피지)에서 도움을 받았지만, 곡선 모양을 선호한 것도, 또한 널리 쓰이게 한 것도 로마인이다. 또 글자를 반듯하게 대칭(예: A, H, M, O, X, Y) 형태로 만들어 미적 감각을 높이고, E와 F, P와 R, C와 G, M과 N 등은 이웃 글자와 비슷하게 하여 모양새를 아름답게 했다. 로마인도 G 글자를 독창적으로 만들고, 그리스글자 중에서 이중음을 나타내는 자음글자를 필요에 따라 도입은 했으나 알파벳의 정규지위를 주지 않고 알파벳 전부를 단음으로 일치시켰다. 영어글자는 C, K, Q 등 3개가 k음을 나타내는 비효율성이 있는 데 비해서, 로마글자는 C 글자가 k음을 나타내므로 K 글자를 도태시켜서 C와 Q 두 개만이 k음을 나타내게 했다. 로마인들은 글자가 복잡한 것보다는 단순하고 간편하면서 쓰기 용이한 글자로 변모시켜 경쟁력 있는 글자로 만들었다. 로마글자는 그리스글자보다는 훨씬 경쟁력이 있게 되었다.

로마글자는 대문자체, 언셜체, 초서체, 소문자체가 각각의 영역을 가지고 있다. 그러나 그리스글자는 소문자체가 부자유스럽고, 어색한 형태로 구성되어서 12세기에서 15세기에 언셜체가 재등장하게 되고, 합자나 단축어가 변해서 읽기가 어렵게 되었다. 소문자체 α, ε, κ, λ, ξ, φ, ω 등 7개는 언셜체에서 가져왔고, δ, η, μ, ν 등 4개는 초서체에서 가져와 혼란스러웠다.

로마제국에 속해 있던 각 민족이 그들의 언어를 표기할 글자로 모두 로마 알파벳을 선택했다. 전 유럽으로 널리 로마글자가 보급되었고, 또한 어떤 글자보다도 쓰기 쉽고 읽기 쉬워 인기 있는 글자로 성장되었다. 이것은 로마제국이 예술, 문화, 종교, 정치, 경제, 언어 등 모든 분야가 문자와 관련되어 있기 때문에 로마글자가 유럽 전체로 전파되는 것이 가능했다. 그래서 로마인이 전 유럽에 문자를 전파한 공로는 인정되고 있다. 글자에 비해 라틴어는 국제어로서의 성공은 거두지 못했다고 Ullman(1989: 223)이 평가했다.

영국인은 로마글자에서 i(i, j)와 v(u, w)는 다 같이 자음과 모음 둘 다 표기했던 이중적 역할을 고쳐 j와 u 글자를 창조적으로 만들어 각각의 자음과 모음을 표기하게 했다. 중세 영어시대에 와서 v를 겹쳐 쓰게 하여 W 글자를 창조적으로 만들었다. 영국인은 그리스인에 비해 글자창조 공로는 훨씬 못 미친다. 그 대신 영국인은 현대에 와서 영어를 세계 언어로 발전시켜 영어를 표기하는 영어글자의 권위를 전 세계에 떨치게 하고 있다. 영어글자이면서 또한 로마글자를 세계의 제1글자로 승격시킨 것은 영국인이다.

따라서 글자를 만든 공로는 그리스인, 로마인, 영국인 순이고 로마 및 영어글자를 널리 쓰이게 한 공로는 영국인, 로마인, 그리스인 순으로 결론 내릴 수 있다.

## 제2장 영어철자 원천

### 1. 개관

영국의 언어를 표기하는 문자는 앵글로-색슨 고유의 문자가 아니고 라틴인이 쓰고 있던 로마문자다. 이 문자가 서기 597년에 로마에서 기독교 선교단을 이끌고 영국에 온 성 오그스틴(St. Augustine)에 의해서 전달된 것은 아니다. 그 이전에 이미 기독교와 함께 아일랜드에 들어온 로마문자에 아일랜드의 글씨체를 입힌 문자가 영국 북부지역인 스코틀랜드에 전파되었다. 이 글씨체를 도서체(insular hand)라 한다(Pyles and Algeo 1982: 51). 이 도서체는 1066년 불란서 침입 때까지 사용되다가 그 이후에는 불란서의 노르만 지역에서 사용되고 있던 캐롤링(Caroline)서체로 교체된 것이다. 글씨체가 불란서의 영향을 받았지만 글자의 기본자는 변화되지 않았다.

그런데 이 로마문자도 라틴민족이 처음부터 만들어 사용했던 것이 아니고 그리스문자를 받아들여 라틴어에 알맞게 수정하고 보완하여 사용한 것이다. 로마문자는 사실 그리스에서 로마로 직접 들여온 것이 아니고 이웃 국가 에투루스칸(Etruscans)과 그리스인, 페리스지언(Pelasgians)인들이 쓰고 있던 그리스문자를 도입하여 사용하게 된 것이다. 그리스에서는 그리스문자가 동부군과 서부군으로 둘로 나누어져 서로 차이 나게 쓰이고 있었다. 그래서 에투르스칸이 그리스문자를 도입한 것은 지역적으로 가까이에 있는 서부군에 해당되는 이태리 나폴리 근처 고대도시 챌시디언(Chalcidian)인의 식민지인 큐매(Cumæ)에서 사용되는 문자였다(Ullman 1989).

이 그리스문자도 근본적으로 그리스인이 만든 것은 일부에 불과하다. 그리스인은 언어와 민족이 전혀 다른 민족의 글자를 도입했던 것이다. 이 문자는 셈족(Semitic) 중에서도 페니키아인이 사용하던 문자를 도입하여 그리스어에 알맞게 고치고 다듬어 완전한 음소문자를 만들어 사용했던 것이다. 사실 셈 문자는 완전한 음소문자가 아니고 전부 자음으로 구성된 반쪽짜리 문자이다. 이를 받아들인 그리스인들이 음소문자로 만들어 가면서 여러 가지 어려움을 많이 겪었을 것이다. 그래서 이 장에서는 그리스인들이 완전한 음소문자를 만들고자 할 때 생긴 문제를 어떻게 해결해 나갔는지를 밝혀 보고자 한다.

## 2. 페니키아철자와 그리스철자와의 연관

### 2.1. 페니키아와 페니키아인

지중해 해안에서 세계 최초의 음소문자를 만나게 되는데, 이 문자를 사용한 사람들은 페니키아라는 약소국가에 살면서도 세계문화 발전에 크게 기여했다는 평가를 받고 있다.

중동아시아 지역에는 인류 문명이 발생한 메소포타미아 지역이 있고 그곳에서 인류 최초의 쐐기문자가 발명되었는데 바로 그 인접지역에 살고 있던 페니키아인들은 쐐기문자와는 전혀 다른 진정한 알파벳 문자를 만들어 사용했다는 증거들이 흙판이나 돌에 새겨 놓은 문자에서 발견되었다.

페니키아는 면적이 작고, 인구도 많지 않았으나 고도의 지적 능력, 고도의 기술을 가졌기에 많은 다른 나라 사람들이 부러워할 정도의 문명이기를 만들었던 것이다. 이 페니키아는 BC 1500년에서부터 BC 500년까지 약 1,000년 정도 안정된 왕국을 유지했다. 영토는 지중해 동쪽 해안을 따라서 길이가 320km이며, 폭이 현재의 레바논 산악지대에서 해안까지 56km밖에 안 되는 아주 조그마한 나라다.

페니키아의 이웃으로는 같은 인종인 이스라엘이 있었고, 데이비드(David)와 솔로몬(Solomon) 시대에는 국민적인 유대관계가 아주 좋았다. 원래 두 민족은 BC 3000년 초기에 저지대 메소포타미아 지역에서 이민을 왔던 것이 성경 창세기에 기록돼 있다. 동쪽과 남쪽의 여러 강대국들 사이에서 여러 가지 영향을 받았지만 페니키아의 주요도시 티르(Tyre)와 시돈(Sidon)에 거주하던 페니키아인들은 정치적인 면에서는 큰 영향력을 행사하지 못했다. 그러나 페니키아인은 그 이전 어떤 민족보다도 서양문명에 큰 영향을 끼쳤는데, 전 유럽과 중앙아시아 모든 국가들에게 기본 문자 형태를 제공했기 때문이다.

페니키아인들은 그 당시에 가장 현명한 민족이었고, 또한 솜씨가 뛰어났음을 엿볼 수 있는 단서가 여러 가지 있다.[8]

페니키아인들은 고대시대의 가장 위대한 상인이었다(Andrews 2003). 그들은 중요 도시인 비블로스(Biblos), 시돈, 티르에서 출발하여 지중해와 대서양 연안을 다니면서 무역을 했다. 중요한 상품은 염색을 하는 염료였는데, 사실 '페니키아'라는 단어는 '자주색 염료장사'를 의미하는 그리스어이며 호머의 '일리아드'에 처음 사용되었다고 한다. 이들은 당시 경제적 부의 축적에 대한 야망이 있었고, 해상무역을 통하여 그들의 꿈을 실현시키고 있었다. 역사에서 최초의 해상무역상이라고 해도 과언이 아닐 정도로, 그들의 배는 바다를 다니면서 모든 해안을 방문하였던 것이다. 페니키아인들이 여러 해안에 정박하면서 생필품을 전함과 함께 페니키아문자도 가르쳤다. 그 당시에 그리스를 비롯한 여러 곳에 사는 사람들은 문자가 없는 문맹인이었다.

## 2.2. 페니키아문자의 그리스 도입

Mason(1928)은 페니키아문자를 그리스에 전한 사람이 페니키아 사람 캐드므스(Cadmus)가 맞느냐 틀리느냐에 대해서 왈가왈부하지 말자고 했다. 그 이유는 캐드므스에 관한 이야기는 다분히 전설적인 내용이 포함되어 있기도 하고, 또한 페니키아 상인들이 배를 타고 여러

---

8) 성서 열왕기 15장 6절에 이스라엘 솔로몬 왕과 타이의 히람(Hiram) 왕과의 계약체결에서 다음과 같은 구절 "우리 중에 시돈 사람처럼 벌목(伐木)을 잘 하는 자가 없나이다"라는 구절이 있고 또한 역대기 하 2장 14절에 "댄의 여자 중 한 명의 아들이고 그의 아비 두로(Tyre)사람이라. 금은동철과 돌과 나무와 자색, 청색, 홍색실과 가는 베로 일을 잘하며 모든 아로새기는 일에 익숙하고, 모든 기묘한 식양에 능한 자니 당시의 공교한 공장과 당신의 부친 내 주 다윗의 공교한 공장과 일하게 하소서"라고 했다.

해안의 항구를 드나들며 문자를 전한 사람들 중 대표성이 있는 사람의 이름을 거론한 것으로, 상징성에 보다 무게를 두자는 것이다. 그리스 역사학자 헤로도토스(Herodotus)의 주장에 따르면, 캐드므스는 트로이(Trojan) 출신이고, 부하를 데리고 베오티아(Bœotia)라는 나라에 들어갔는데, 원래 그는 유럽을 찾아 나섰다가 태라(Thera＝지금은 Santorin) 섬에 상륙하게 되면서 자기의 부하를 남겨 두고 떠났다. 그래서 페니키아인이 처음 그리스에 착륙하여 정착한 곳은 위에 언급한 두 지역이다. 이때 시기는 그리스 전통에 의하면 BC 12세기쯤이고, 또한 트로이 전쟁이 일어나기 200년 전쯤으로 생각된다.

언제쯤 그리스인들이 페니키아문자를 그들의 문자로 인정하고 사용하게 되었는지 그 시기를 찾아내는 것은 중요한 일이지만 결코 용이한 일이 아니다. 그러나 대략적인 연대는 여러 학자들의 연구를 종합해 보면 추측이 가능할 것이다. 학자들이 추측한 연대를 종합하고, 그리스에 전달된 것으로 생각되는 각 지역에서 사용된 최초의 문자를 다 모아서 비교해 보면, 전해진 연대에 어떤 형태의 문자가 왔는가를 대충 짐작할 수는 있을 것이다. 문자의 형태는 오래되었을수록 페니키아문자와 유사성이 더욱 많을 것이다.

Driver(1976)가 여러 학자들의 견해를 종합한 것을 보면 BC 12세기에서 BC 8세기 사이에 문자가 그리스에 도입되었을 것으로 추측했고 또한 그리스의 가장 초기 문자들이 셈 문자 중에 어느 문자와 형태상 가장 닮았는지에 대해서 조사해 보았다. 그리스 초기문자인 아테네문자(Athens)를 포함한 8개의 그리스문자와 셈 지역의 아히람문자를 포함한 9개 문자를 비교한 결과로 그리스 알파벳과 가장 많은 수의 접촉을 가진 문자는 아히람문자라는 것이 밝혀졌다. 새김글에 제일 많은 글자를 새긴 연대는 BC 1000~850년이다. 그래서 연대추정은 BC 10~8세기로 추측할 수가 있다.

## 2.3. 페니키아문자의 특징

페니키아문자를 페니키아인이 직접 창제했는지에 대해서는 많은 논란이 있기 때문에 여기서는 다루지 않겠다. 여기서는 페니키아문자를 그리스인이 받아들여 그리스문자로 되기까지 여러 가지 많은 문제점이 있었으므로 그 문제점을 그리스인들이 어떻게 극복했는지 다루고자 한다.

우선 페니키아인은 셈어족이고, 그리스인은 인구어족이기에 어족이 서로 다른 민족에게 문자를 전했을 때 여러 가지 문제점이 나타나는 것은 예견되는 일이다. 페니키아문자가 전해질 당시에 그리스인들은 문맹인이었기 때문에 페니키아문자를 선택할 것인가 아니 할 것인가에 대한 식견이 없었다. 더구나 문자를 전해 준 사람들이 거의 상인들인 것을 감안하면, 물건을 셈하거나, 물건을 구별하거나, 돈을 받았는지 주었는지 등의 표시로 사용할 용도였으므로 처음부터 페니키아문자에 대해서 받아들일 것인가 말 것인가에 대한 평가를 할 수가 없는 상태였다.

페니키아문자를 접해 본 그리스인들이 차츰 숫자 표기용으로 사용하던 것에서 벗어나 문자로서의 기능을 원하게 되자 페니키아문자의 사용에 대한 문제점을 실제적으로 인식하게 되었을 것이다.

Sampson(1985)은 셈 문자를 자음문자라고 하고, 권종성(1987)은 자음편중문자라 한다. 권종성(1987)은 자음편중문자가 발생할 수 있었던 것은 이집트어(애굽어)의 특성과 관계가 있다고 한다. 사실 이집트어가 모음보다는 자음에 근거를 두고 있고, 셈어도 자음에 근간을 두고 있다. 즉 이집트어는 자음만을 근간으로 하고, 모음은 읽는 사람이 문맥에 맞추어 보충한다. 이런 과정에서 자음만을 표기하는 자음문자가 자연히 발생하게 된 것이다. 모든 문자의 시초가 그림에서 시작되고 그림에서 뜻을 나타내는 표의문자가 됐다. 이집트의 표의문자에 대한 예를 들면 입을 나타내는 그림 <♡>는 <r>로 표기하고 [ro]라고 발음한다. 유별나게도 이집트어나 셈어에서는 [ro]라고 발음을 하면서도 표기에는 모음〈o〉를 쓰지 않고 <r>만을 표기했던 것이다. 또한 [r]음은 다른 단어에도 쓰일 수가 있으며, 또 쓰인다고 해도 아무런 문제도 없는 언어가 이집트어와 셈어였다. 따라서 표의문자 <♡>는 [r]음을 가진 모든 단어에 쓰이게 되었으며 <r>이 기호로 쓰이게 되었던 것이다. 셈어족 전체가 자음문자를 사용했던 것은 아니었다. 예를 들면 아카드어(Akkadian)는 셈어이면서도 쐐기문자를 사용했고, 모올타어(Maltese)는 셈어이지만 로마자를 사용한다.

특히 페니키아문자는 이집트의 두음원리(acrophonie principle)를 취득했다는 것을 대부분의 언어학자들은 인정하고 있다. 두음원리란 예를 들면 alpha라는 철자의 음가는 이 철자의 첫 음 a가 alpha의 음가라는 원리이다. 따라서 페니키아어는 두음원리에 따라 보다 쉽게 자음문자를 형성하게 된 것이다.

페니키아문자의 글자 수는 22개로 구성되어 있는데, 자음과 반자음으로 구성된다. 지금도 이렇게 모음이 없는 문자가 널리 쓰이고 있고 또한 석유 생산으로 부유해져 세계 여러 지역에 영향력을 행사하는 나라에서 정상적인 문자로의 역할을 하고 있다.

현대시대 페니키아문자에서 발전된 문자로는 히브리문자와 아라비아문자가 그 대표이다. 그런데 히브리문자는 페니키아문자의 특성과는 관계가 없는 많은 특성을 가지고 있다. 물론 아라비아문자에서도 불필요한 복잡한 요소를 가지고 있어서 현대에 와서 셈어 표기의 문자를 페니키아문자와 비교하기가 쉽지가 않다.

자음문자가 탄생한 근원을 살펴보면 셈어에서 모음의 중요성이 인도 유럽어족의 언어와 다른 언어에 있어서의 중요성보다 크지 않았다는 것이다. 모음이 표현되는 원인은 어휘적이라기보다는 문법적인 것이기 때문이다. 셈어의 대부분 단어들은 보통 세 개의 자음으로 구성된 어근에서 나온 낱말들로 구성되고, 그리고 그 세 개의 자음 사이에 여러 유형의 모음들이 보충되면서 여러 가지 문법적 굴절을 나타내어 서로 보완해 주고 있다. 예를 들면 어근 ktb는 '쓰기'의 뜻을 나타내며, drś는 '설교'의 뜻을 나타낸다. ktb와 drś의 활용을 다음에서 볼 수 있다.

<br>

kātab(그는 글을 썼다)　　　　dāraś(그는 설교했다)
kātəbū(그들은 글을 썼다)　　　dārəśu(그들은 설교했다)
jiktōb(그는 글을 쓸 것이다)　　jidrōś(그는 설교할 것이다)
kətōb(글을 써라)　　　　　　　dərōś(설교를 하라)

<br>

위와 같이 모음을 보충하여 말을 하는데 모음의 보충은 자유로이 넣는 것이 아니라 여기에도 일정한 제한이 있음을 알 수가 있다. (*표시는 단어 성립이 안 됨)

<br>

kətōbet(명문)　　　　　　　　*dərōśet
kətubbā(혼인계약서)　　　　　*dərruśśā
*kətābā　　　　　　　　　　　dərāśā(훈계)

같은 환경에서도 모음을 넣어야 되는 것이 있고, 넣으면 성립되지 않는 것이 있다는 것을 알 수가 있다. 자음만을 표현하는 글자는 실제로 그렇게 불합리하지도 않고 애매하지도 않게 쓰이고는 있지만, 모음을 문자에서 완전히 무시할 수도 없는 형편에 있다는 것도 알 수 있다. 왜냐하면 위의 예에서 보는 바와 같이 많은 명사가 세 개의 자음으로 구성된 조직으로 만들어지면서 고유한 모음을 갖고 있기 때문이다. 더구나 세 개의 자음 어근 중에 w나 j와 같은 자음이 올 때에는 이 자음은 종종 모음으로 발음된다.

그러나 유럽언어에 사용되는 철자와 비교해 보면 뜻의 예측가능성이 훨씬 떨어지는 것이 셈 문자라고 할 수가 있다. 장거리 전화로 대화할 때에 잘 안 들리는 경우의 예로 사람의 이름과 자동차번호를 부를 때에 P*ank Daw*on이고, 자동차는 부산19*4라고 했을 때에 영어로 된 사람의 이름은 예측가능성이 높아 쉽게 Prank로 추측할 수가 있으나 차량번호와 같은 숫자는 추측하기가 쉽지 않기 때문에 예측률이 아주 낮다. 셈어는 자동차번호에 비유된다.


## 2.4. 그리스어와 페니키아문자와의 충돌과 해결

그리스인들은 페니키아문자 중 그리스어 표기에 알맞은 것은 그대로 받아들였고, 그리스어에 알맞지 않은 것은 변형해서 쓰고, 도저히 사용할 수가 없는 철자는 버리는 등 선별하고 고치고 정리하면서 다듬어 나갔다. 아마도 그들은 우선 사용하기 쉬운 것부터, 또 가장 긴급한 것부터 시작했을 것이다.

페니키아문자가 BC 9세기 중엽 전후에 도입되었다 하더라도 적응과 실험, 단련의 시기가 적어도 2세기 정도 필요했다. 이 시기에 페니키아문자들이 그리스문자로 전환되는 변화들이 나타났다. 따라서 2세기 후인 7세기경에 가서야 대중적 목적에 적합한 문자가 사용되었다고 보면 된다. 물론 페니키아문자를 채택해서 그리스어를 표현하는 데 적용시켜서 인구어족에 알맞도록 부단히 노력했던 것이다.

그리스인이 페니키아문자를 도입하여 그리스문자를 만들 때에 페니키아 방식을 많이 따랐다. 영어문자, 라틴어문자, 그리고 그리스문자가 페니키아문자에서 온 것은 페니키아 알파벳의 순서를 조사해 보면 알 수 있다. 히브리 철자의 습관적인 순서가 그리스, 로마 그리고 영어 알파벳 순서와 같다는 것이다(Taylor 1899). 이 사실은 알파벳의 순서가 아주 오래전에 이미 결정되어 있었다는 것을 보여 준다. 이 순서는 페니키아문자가 그리스에 전달되기 전에 이미 이루어졌고 그 확신의 근거로 첫째, 실제 사용되는 알파벳이나 지금까지 유지되어 왔던 알파벳이 그 증거가 되고, 둘째, 숫자로 사용할 때에 그 알파벳이 갖는 숫자의 크기가 차례로 되어 있는 것에서도 알 수 있다.

Taylor(1899)에 따르면 캐드므스가 페니키아문자를 가지고 처음 그리스의 태라 섬에 상륙해서 태라를 페니키아 식민지로 만들고 난 후에 도리안(Dorian)으로 갔고, 그의 동료 일부는 베오티아로 가서 그곳에서 문자를 가르쳤다고 한다. 그래서 그리스는 전통적으로 문자를 획득한 곳은 베오티아라고 한다. 캐드므스는 타이인이므로 가지고 간 문자는 그 당시 타이인들이 사용한 모압문자였다. 페니키아문자는 두 가지 종류로 나뉘는데, 모압문자와 시돈문자이다. 모압문자는 타이에서 발달되었고, 이 문자는 모압과 시리아 내륙에 살고 있던 셈족들이 주로 사용하게 되었으며, 유태인들도 사용하고 있었다. 아래 그림(필자가 조합함)에서 볼 수 있듯이 페니키아의 두 가지 문자 중에서 시돈문자는 BC 6세기에 사용된 문자로 시돈과 페니키아의 주요도시에서 주로 사용되었고, 앗시리아 왕 네부카드레짤(Nebuchadrezzar)이 페니키아를 정복할 때까지 널리 사용되고 있었다. 모압문자와 시돈문자가 수 세기 동안 페니키아, 유대 및 시리아 등지에서 나란히 사용되었다. 앗시리아 왕이 타이를 정복할 때에 그 지역을 철저히 파괴했기 때문에 타이의 재건과 회복은 거의 불능 상태가 되어, 그 뒤에는 문자마저도 페니키아인들 스스로 모압문자를 쓰지 않고 대신 시돈문자를 채택해서 사용하게 되었다.

| 페니키아철자 이름 | 모압 | 시돈 |
|---|---|---|
| Mem | | |
| Shin | | |
| Gimel | | |
| Zayin | | |
| Yod | | |
| Lamed | | |
| Qoph | | |
| Samekh | | |
| Tan | | |
| Kaph | | |

## 2.5. 페니키아 알파벳에서 그리스 알파벳이 되는 과정

우선 페니키아 알파벳 이름과 그리스 알파벳 이름을 비교해 보면 어떤 변화가 일어났는지를 대략 파악할 수가 있다. 다음의 예에서 앞의 것이 페니키아 알파벳 이름이다. 예: 'aleph—alpha, beth—beta, gimel—gamma, daleth—delta, he—epsilon, vau—(upsilon, digamma), zayin—zeta, cheth—eta, teth—theta, yod—iota, kaph—kappa, lamed—lambda, mem—mu, nun—nu, samekh—xi, 'ayin—omicron, pe—pi, tsade—(san), q'oph—(kappa), resh—rho, shin—sigma, tau—tau, vau—(없음, upsilon), (없음)—phi, (없음)—chi, (없음)—psi, (없음)—Omega

위 비교에서 페니키아 알파벳의 vau, q'oph가 그리스 알파벳에는 없고, 페니키아 알파벳 shin과 zayin이 그리스 알파벳 sigma, zeta로 되었다. 페니키아 알파벳 samekh에 해당하는 그리스 알파벳 xi는 새롭게 도입되었다. 그리스 알파벳에 새로 생긴 글자는 upsilon, phi, chi, psi, 그리고 omega인데 그중에 upsilon은 완전히 새로 생긴 것이 아니라 페니키아 알파벳 vau를 조금 변형해서 모음을 만들었다.

페니키아 알파벳은 22개이고 그 뒤에 생긴 고전그리스 알파벳은 24개이니까 문자 도입 후에 여러 가지 사정에 의해 조정이 일어났던 것을 알 수 있다. 페니키아 알파벳 이름은 거의 자음으로 끝나지만, 그리스 알파벳 이름은 거의 모음으로 끝이 난다.

알파벳의 변화가 일률적으로 일어나지 않았기 때문에 몇 가지로 나누어 생각할 필요가 있다. 첫째, 모음을 만든 것, 둘째, 일부 자음 중 폐기하거나, 음 표기를 변경시킨 것, 셋째, 새로운 모음과 자음을 만든 것 등으로 생각해 볼 수가 있다.

2.5.1. 그리스 모음 만들기

모음을 만들기 위해 페니키아 알파벳의 자음 중에 기음(breath)을
표기하던 5개 문자에서 약간의 변화를 주어서 모음 글자를 만들었다.

(1) 페니키아 첫 알파벳 'aleph(원래는 'alp인데 히브리어의 'ālep와 같
    이 e어중음 첨가함)는 첫 음 '이 성문 폐쇄음으로 그리스어에는
    없으므로 성문폐쇄음 '을 생략하여 alpha로 이름하고 음가를 두음
    원리에 따라 첫 음 a를 모음으로 했다. 글자는 A로 쓰게 되었다.

(2) 약한 후음 유기음 h음을 내던 he에서 h를 없애고 남은 e에 그리
    스어의 짧은 e음을 나타내게 하고, 이름은 epsilon이라 하고 글자
    는 E이다.

(3) 후음 유성음으로 사용된 자음 'ayin도 '음을 없애고 그리스어의
    짧은 모음 o를 표현하게 되고 이름은 omicron이라 하고 글자는
    O이다.

(4) 페니키아 알파벳 반모음 yod는 반모음 i음으로서 영어에 y음, 독
    어의 j음과 같은 음으로 그리스어의 모음 i음을 나타내고 이름은
    iota라 하고 글자는 I이다.

(5) 그리스인이 페니키아 vau에서 u 모음을 나타내는 upsilon을 만들
    었다. 페니키아 알파벳 자음인 vau는 그리스에서 도입되면서 3
    개의 알파벳으로 변했다. Mason(1928)은 페니키아 알파벳 Υ(음가
    는 f와 v)가 그리스에서는 F와 비슷한 형태의 알파벳으로 동부군
    지역 6개 중에서 태라, 크래타, 코린트 등 3개 지역에서 나타나
    고, 애틱, 아부심벨, 미레투스 등 3곳에는 나타나지 않았다고 했
    다. 서부군에서는 F 알파벳과 비슷한 것이 로크리아(Locria), 에리

아 등에서 나타나고, 베오티아에는 F와 더불어 ㄷ같은 형이 같이 나타나며, 찰시스에는 ㄷ형 만 나타나며, 유베아에서는 아무 것도 나타나지 않았다고 했다. 그렇지만 tau 다음에 u 음가를 가진 형이 동부군과 서부군 모두에 나타나고 특히 동부군에서는 모두 2개 이상의 알파벳이 Y형과 V형으로 나타나고, 서부군에서 유베아와 로크리아에서는 V형태만 나타나고 그 외에는 Y와 V형 두 개가 나온다고 했다. vau에 대해서는 학자마다 의견이 조금씩 다르지만 Sampson(1985)의 견해를 보면 페니키아 vau는 약간 다른 두 가지 F와 Y가 그리스 알파벳으로 되었는데, 이 알파벳들은 각각 반모음 w음과 모음 u음을 나타냈다. 그런데 F가 나타내는 w음이 그리스어의 후기발달 과정에서 없어졌고, 그래서 알파벳 F가 고전그리스 알파벳에서 쓰이지 않게 되었다. 그러나 셈어 알파벳에서 사용된 하나의 vau를 그리스에서는 모음 u와 자음 w의 표기를 구별하기 위해 그리스 알파벳에서 두 개로 만들었던 것은 의도적인 것이다. vau에서 만들어진 또 다른 모음 알파벳은 여분의 알파벳이므로 마지막 알파벳 tau 뒤에 첨가하게 되었다는 견해다.

권종성(1987)은 그리스의 서부군에서만 3개의 형태가 나타난다고 했다. 페니키아의 vau가 그리스에서 적어도 2개 이상 자음 V, F(w음 표기)와 모음 ϒ(u모음)을 나타내고 있다.

위에서 살펴본 페니키아 자음 알파벳 5개는 모음에 가까운 자음들이다. 이 알파벳을 그리스에서 약간의 변화를 주어서 모음으로 사용하게 된 것은 큰 어려움이 없었다. 그래서 그리스인들은 페니키아 알파벳을 받아들인 후 얼마 가지 않아 모음을 쉽게 만들어 사용했다. 그러나 이러한 모음을 만들어 사용한 그리스인의 공로를 과소평가해서는 안 된다. 모음을 만들어서 완전한 음소문자를 만들었기 때문이다.

### 2.5.1.1. 새로운 모음 만들기

(1) 완전 독창적으로 만든 모음 omega가 사용된 곳은 그리스 동부군에 해당되는 미레투스 한 곳뿐이다. 서부군에 이 철자가 사용된 지역이 전혀 없다. 이것은 omega가 서부와 동부로 갈리고 난 다음 한참 뒤에 동부에서만 만들어져 사용됐다는 증거다. Taylor(1899)는 eta가 완성된 시기보다 약 1세기 후에 omega가 만들어졌다고 한다. 만들어진 유래의 단서를 테일러는 아프리카의 아부심벨에 새겨 놓은 새김글에서 찾고 있다. 단모음 e와 장모음 e와의 차이를 이미 다른 알파벳으로 표시하고 있고 또한 omicron 하나로 장모음 o와 단모음 o를 구별하는 데 사용한 표기로는 o, ov, w 세 가지였다. omicron은 처음에 페니키아철자 ’ayin에서 나왔을 때에 ov라는 이름으로 불리었는데, 그 이후에 omicron으로 이름이 바뀐 이유는 장모음 o를 만들어서 omega라고 이름하기 때문에 서로 구별하기 위해서 omicron으로 했다. omega도 처음에는 w라는 이름이었으나 뒤에 omega로 이름을 고쳤다고 한다. 최초로 도리안 지역 알파벳에서 모양이 큰 o를 단모음으로, 모양이 작은 o를 장모음으로 표기했다. 뒤에 아이오니아 알파벳에서 짧은 모음은 큰 o로 표기하고 긴 모음은 큰 o의 밑 부분이 열린 형태 Ω로 표기하게 되었다.

(2) 페니키아 자음 cheth가 그리스어에서 긴 e 모음을 나타내고 이

름은 eta, 글자는 H이다. eta가 만들어진 역사는 태라의 새김글에
서부터 시작된다. eta는 페니키아형 日형을 갖고 있으며 유기성
음가(h)를 갖고 있었다. 처음에 장모음 e는 epsilon에 의해서 표현
되었다. 뒤에 나온 아부심벨 기록이 새겨질 때쯤 BC 6세기 초
eta의 형태는 日이었고, 장모음 e를 표현했다. h음 표현에도 허용
될 정도였다. 뒤에 가서 서부에 H는 유기성 h음을 표현하는 자
음으로 사용되지만 동부에서 H는 장모음 e를 나타내는 모음으
로 사용됐다. 뒤에 가서 日이 H로 단순화되자 더욱 단순화된 형
태로 H에서 ㅏ 형태로 h음을 표현하게 됐다.

### 2.5.2. 자음 만들기

페니키아문자로 그리스어 발음을 표현하지 못하는 알파벳은 폐기
처분되기도 하고, 약간 변화를 주어 사용하게 된 것도 있고, 그리스어
를 표현하기 위해서 새로운 자음을 창조적으로 만든 것도 있다.

(1) q'oph 철자는 그리스에 koppa로 불리면서 처음에 잠시 사용되었
    다. 태라, 아테네, 아부심벨, 그리고 로크리스 등지에서 한 번 내
    지 두 번의 새김글에서 나온다. 이 알파벳은 화폐의 숫자로 표시
    되는 형태로 많이 나오고 있다. 즉 90을 나타내는 숫자표시로 점
    차 사용되고 글자로서의 효용은 떨어져서 사용되지 않게 되었
    고, 숫자로의 역할은 계속됐다.
(2) tsade는 페니키아 알파벳의 18번째 알파벳으로 그리스 알파벳
    18번인 san에 전수받았다. 그 뒤에 사용되지 않고 숫자 900을 나
    타내는 sampi로 남았다.

(3) 페니키아 6번 알파벳 vau는 그리스 알파벳 6번 자리에 F 철자인
자음으로 나타났지만 곧 사용되지 않고 숫자 6만을 표시하게 되
었다.

## 2.5.2.1. 새로 만든 자음글자

페니키아어에는 없지만 그리스어에 있는 유기성 자음을 표현하기
위해서 새로이 알파벳을 만들어야 했다. 그리스인들은 두 개의 알파
벳을 하나의 철자로 만들었다. 그 알파벳은 phi, chi, psi 등이다.

(1) phi(φ)는 그리스어의 유기성 음 ph를 표기하기 위해 만들었다.
처음 사용된 곳은 태라인데 새김글에 Π와 H가 합쳐 ΠH로 사용
됐다. 이것은 페니키아 알파벳 9번 teth를 참고하여 만든 것으로
보인다. 페니키아 teth(θ)는 처음에 그리스 음 th를 나타내는 알
파벳 theta로 만들어졌다. 그리스 초기에 페니키아 teth가 th음을
표기하는 형태로 teth와 비슷한 알파벳 Θ를 만들었다. 그리스인
들은 th음 이외에 ph음을 나타내는 알파벳 또한 teth에서 고안해
냈다. 또한 그리스인들은 th발음을 ph로 발음하는 언어적 습관
을 가지고 있었다. 그래서 ph음을 표현하는 철자로도 θ를 사용
했으나 페니키아 teth에 해당하는 그리스 알파벳 theta가 이미 있
기 때문에 ph음의 철자 θ는 제일 마지막 알파벳 upsilon 뒤에 위
치시켰다. phi의 가장 오래된 형태는 Θ이었다.

(2) chi(X)는 kh음인데 동부군에서 X로, 서부군에서 ↓로 표기되었
다. 이 두 알파벳의 기원은 두 알파벳 형태 KH와 ΦH에서 나타
났다. 이 글자는 그리스 태라 지역의 새김글에서 나온다. 간단한

알파벳이 동부군에서는 X나 ⊥ 로 서부군에서 φ의 위쪽이 벌어진 꼴인 ¥ Ψ ↓으로 사용했다.

(3) 아이오니아 알파벳에서 ps음을 나타내는 철자 ¥가 생겨났다. 초기 새김글에 보면 ps음을 나타내는 알파벳으로는 ΓΣ나 ΦΣ로 나타났다. 초기에 kh음을 표현하기 위해서 Φ日가 서부군 알파벳의 Φ(q)에서 ¥(kh)를 만들어 냈던 것이다. 이와 같은 형태로 ps음의 표기 ΦΣ가 동부군에서 알파벳 ¥를 Φ(ph)에서 만들도록 이끌었다는 추측들이 있다. 지금까지 통일되지는 않았지만 일반적인 의견은 아이오니아 알파벳 중에 도리안 알파벳인 ¥(kh)를 택하여 그 알파벳과는 전적으로 맞지도 않은 ps음을 표현하도록 했다는 것이다.


## 2.6. 초기 그리스 알파벳의 형태

그리스의 초기 문자는 페니키아문자와 매우 유사하다. 그 다음 시기의 그리스문자는 다소 변화가 이루어졌다. 이와 같은 변화는 문자가 차츰 그리스어에 맞도록 다듬어져 갔다는 의미이다. 알파벳의 모습이 동부군은 차츰 고전 그리스문자의 모습으로 되고 서부군은 차츰 변형되면서 로마문자의 모습으로 되어 갔다.

그리스에서 사용된 알파벳의 증거들이 나오는 것을 토대로 그 알파벳의 형태를 살펴보고자 한다. Taylor(1899)에 의하면 그리스 알파벳은 최초 세 가지 유형으로 정리할 수 있는데 그것은 코린트, 유베아 또는 베오티아, 아이오니아형이다. 이렇게 세 가지 유형으로 나눌 수 있는 것은 이 지역이 페니키아의 영향을 받은 그리스의 중요한 중심지였기 때문이다. 코린트형은 코린트가 페니키아의 식민지가 됨으로

써 성립된 것이고, 더 이른 시기에는 페니키아의 타이 상인들이 들어
와서 무역활동을 했던 곳이다. 유베아형이나 베오티아형은 태배
(thebes)에 페니키아의 식민지가 시작되었던 곳이고 나머지 아이오니
아형 또는 에게형은 태라, 메로스(Melos), 로테스(Rhodes), 사모스(Samos)
등 페니키아 무역 중심지로 인하여 생긴 것이다.

### 2.6.1. 그리스 초기 태라 지역 새김글

최초로 그리스 땅에 페니키아문자가 들어온 지역인 태라의 새김글
은 가장 초기 그리스 알파벳의 예다. 이 알파벳은 페니키아 알파벳에
서 그리스 초기 알파벳으로 변화되어 가는 과정을 나타내는데, 그 예
는 뒤에 나오는 동부군과 서부군의 철자 예에서 태라의 예를 확인할
수가 있다.

(1) Θ 대신에 ⅢH 사용은 아주 초기 예를 보여 준다. 이때는 BC 9세
    기 내지 8세기경으로 추정된다.

(2) P를 나타내는 ⋀는 이 지역에만 사용되었고 그 뒤 그리스철자
    에는 나타나지 않았다.

(3) E 앞의 위·아래가 막힌 ⊟형은 eta의 그리스철자형이 아직 진
    화되어 나오지 않은 시기에 사용된 것이다. 그 뒤의 이것이 긴
    모음 e(eta)로 발전했다.

(4) M과 닮은 철자가 두 개나 쓰이고 있는데 현대 영어철자 M 형태
    와 같은 것은 S이고, M형에서 오른쪽이든 왼쪽이든 수직선이 짧
    은 것은 현대의 M을 나타낸다.

(5) koppa(Ϙ)와 vau(F)가 그리스 알파벳에서 채택은 되었으나 곧 초

기 글에서 쓰이지 않고 사라졌다. Ỿ이 쓰이다가 Y 모양으로 바꿔면서 모음화 과정을 밟게 된다. vau는 자음자질과 모음자질을 가지고 있었는데 자음자질은 F로 나타나고, 모음자질은 U와 Y로 나타났다. 이것은 초기 그리스인들이 알파벳에 공헌한 구체적인 예이다.

(6) 초기에 태라 새김글이 쓰일 때에 이미 페니키아문자에서 5개의 그리스모음을 만들어 사용했다.

(7) beta는 초기에 이미 변형해서 페니키아형과는 다른 두 개의 돌출부가 오른쪽에 나오는 형태다.

(8) 글 쓰는 방향은 처음에는 페니키아문자식으로 오른쪽에서 왼쪽으로 썼지만 차츰 여러 가지 실험을 했다. 첫째, 황소밭갈이식(줄마다 쓰는 방향이 다른 것), 둘째, 중앙에서 나선형으로 처음 왼쪽에서 오른쪽으로 그러다가 다시 나선형으로 돌면서 오른쪽에서 왼쪽으로 가다 다시 돌면서 왼쪽에서 오른쪽으로 향하는 글쓰기 방식이 나온다.

## 2.7. 그리스 동부군과 서부군 알파벳의 차이

초기 이후인 BC 5세기에 이미 그리스 도시국가들은 자기 고유의 문자를 갖게 되었는데 서로 차이가 조금씩 나는 10개 지역의 문자는 크게 동부군 문자와 서부군 문자로 양분된다. 동부군에는 에게문자, 알고스(Argos)문자, 아티카(Attica)문자, 코린트문자, 코르키라(Corcyra)문자, 아이오니아문자 등이 속하고 이 문자들은 페니키아의 타이 상인들에 의해서 도입된 초기의 문자 모습을 가지며, 페니키아문자와 유사하고 이 철자들은 후에 전체 그리스의 통일된 고전 그리스문자로 쓰이게 된다. 서부군에는 베오티아문자, 찰시디언문자, 유베아문자, 에리스(Elis)문자 등이 있다. 시기적으로 다소 후기에 속하며 리디아(Lydian)인이나 아람(Aramean)인들로부터 육로로 해서 그리스에 들어온 문자로서, 뒤에 이태리에 전파되어 로마문자의 근원이 되었다.

### 2.7.1. 동부군 알파벳

동부군 알파벳은 페니키아문자가 처음 전달된 곳을 중심으로 발달되어 나왔고 차츰 후기 고전 그리스 알파벳으로 자리를 잡아 갔다. 동부군 알파벳은 아부심벨과 아이오니아의 미레투스에서 발견된 예를 중심으로 살펴본다.

아부심벨의 석상에 새겨져 있는 새김글은 에게 섬에 있던 가장 초기 알파벳 형태와 BC 5세기에 완성된 아이오니아 알파벳 사이의 중간 기간인 BC 7~6세기경의 그리스 알파벳의 예를 보여 준다. 이 아부심벨의 새김글에서는 그리스모음인 A, E, Υ, H, I, O 등 6개 모음이 사용되고 Ω만 없다. 즉 Ω 모음이 첨가되기 전에 아부심벨 새김글이 새겨졌다. 그렇다면 이 Ω 철자는 BC 6세기 이후에 생겼다는 결론이 된다.

동부철자의 발달과정에서 아이오니아 알파벳이 아테네를 비롯한 전 그리스에 쓰이게 된 시기는 BC 403년경이다. 이 아이오니아 알파벳의 BC 7세기 모습이 이집트에서 발견되었는데 기록된 날짜도 정확히 알 수가 있어 그리스 알파벳 변천의 역사를 확실하게 해 주는 중요한 자료이다. 이집트의 아부심벨에 람세스 2세(Ramses Ⅱ)의 조각상을 보려고 이집트왕의 용병으로 있었던 그리스인들이 이곳에 방문한 기념으로 이 조각상의 다리 부근에 그들의 이름을 그리스 알파벳으로 써 놓았다. 그 당시 사용한 그리스 알파벳으로 써 놓았기에 귀중한 자료가 된다. Taylor(1899)는 이 그리스 용병이 아이오니아 알파벳을 사용했기에 아이오니아 출신 용병임을 알게 되었고 이들이 이곳에 모시고 온 왕은 프사메티코스 1세(Psammetichus)라고 했다. 그러면 그때가 BC 654~617년 사이이다. 이 아부심벨 새김글의 중요성은 이집트에 고용된 그리스 용병도 글을 배우고 쓸 수가 있을 정도로 높은 문화수준 상태라는 정보를 주는 데 있다. 이 글씨가 잘 쓰였고, 통일된 점을 미루어 보아 글공부가 널리 보급되었고, 누구나 글공부를 하는 것이 습관임을 알게 해 준다. 쓰인 글자들이 실제적으로 모두 동일하여 문화가 널리 유통되고 있음을 보여 주고, 그 증거로 글을 써 놓은 사람들이 멀리 떨어진 여러 곳에서 왔다는 것을 알려 준다. 이것은 아이오니아 알파벳의 가장 원시적인 표본을 제공하며 사용된 정확한 시기를 알려 주기 때문에 막연하게 고고학에 의존한 추측보다는 정확한 시기를 알려 주어 그리스 알파벳의 발전상을 알게 했다. 이들이 쓴 글자의 특징으로, 글 쓰는 방식은 왼쪽에서 오른쪽이다. 글자는 그리스 고전시대 글자 모습과 동일하다. 이는 페니키아 무역상들에게서 글자를 배운 후 아이오니아인들은 비교적 짧은 시기 안에 아이오니아 글자를 훌륭히 발달시켰다는 것을 알게 해 준다. 그리스에서 만든 자음철자 Φ, X, Ψ 등도 이 새김글에 쓰였다.

그 다음 시기의 예는 아이오니아의 미레투스의 새김글에서 찾을 수가 있다. BC 500년경에 아이오니아 혁명 전의 것으로 추정되는 미레투스 비문은 페르시아인들에 의해서 거의 파괴되었다. 새김의 시기는 올림픽경기 58회와 69회 사이로 BC 550~500년 사이이다. 이 비문은 아부심벨의 새김글보다 훨씬 뒤의 것이다. 이 새김글 특징은 황소밭갈이식 글쓰기다. 알파벳 모양이 대부분 바르고, 키가 일정하지만 유독 omicron만은 아주 작게 쓰인 모습이다. alpha, eta, 그리고 nu는 비슷한 선을 유지하고, 그 이전 새김글에서보다 더 확실하게 유지한다. gamma와 lambda는 구별할 수가 없을 정도로 비슷하고, 초기 동부군의 그리스 알파벳과 같다. eta는 페니키아의 닫힌 형태 Ꮎ에서 열린 형태 H로 발달되었다. 처음으로 omega(Ω)가 쓰였다. 동부군 알파벳에 대해 Mason(1928)은 비교적 짧은 기간에 그리스인들이 페니키아 알파벳과 차별화시키기 위한 노력을 많이 했다는 평가를 내리고 있다.

### 2.7.2. 그리스 서부군 문자

서부군 도시국가들이 사용한 알파벳 중에 베오티아, 찰시스 지역에서 발굴된 새김글의 유형들이 있다. 베오티아 지역은 캐드므스의 알파벳 전달에 관한 전설적인 이야기와 관계가 있는 그리스 본토의 한 부분이고, 페니키아인이 정착했던 곳이다. 이곳의 철자는 로마글자와 유사하고 글 쓰는 방향은 오늘날과 같은 왼쪽에서 오른쪽이다. kappa는 페니키아형의 특징을 가지고 있지만 E는 약간 비스듬히 쓴다. delta는 모든 서부군의 글자에서처럼 D 철자가 오른쪽에 쓰인 획이 〉 모양으로 쓰였다. rho에는 꼬리가 달린 형태를 쓴다. lambda와 upsilon은 로마형을 갖고 있다. 글씨체에 세리프(N, I, T에서처럼 끝에 선을 묵직하게 하는 것)를 가진 최초의 예가 나타난다. 그리스 초기 형태 중에서 가장 아름다운 새김글 중의 하나가 "Treaty of E'le'ens"인데 동판에 쓰였다. BC 580년 50회 올림픽 때쯤 쓰였고, 내용은 두 도시국가의 공격과 수비에 관한 협력서인데 쓰인 철자를 보면 A, E, F, N 등이 약간 비스듬하게 쓰였다. E는 페니키아형과 같이 수직선이 밑으로 더 나왔다. O는 다른 글자보다 크기가 작다. delta는 D의 오른쪽 획이 〉 모양이다. gamma는 〈 형으로 쓰였다. 로마형의 C와 G형이 되기 위한 전환기 형태다. lambda는 유베아 새김글과 같이 옛날의 동부군의 형태를 갖고 있다. 그 다음으로 서부 쪽 마지막 시대의 예로 찰시디언을 보면 찰시디언글자는 찰시스 지역에만 국한된 것이 아니고 광범위한 식민지에서 온 것이다. 동부군과 서부군의 D는 같은 선에 같은 단어가 적용된다. L 철자는 서부군의 철자를 취하는 반면에 R은 동부군의 형태처럼 꼬리 없이 쓰인다. S는 S가 되기 전 형태로 찰시디언에서 쓰인 새김글의 철자는 많은 부분 로마형의 철자를 가지고 있어서 라틴 알파벳의 조상글자 모습을 가지고 있다.

### 2.7.3. 동부군 철자와 서부군 철자의 비교

위에서 살펴보았던 동부군과 서부군의 알파벳 형태를 비교해 보면 몇 가지 특징을 아래의 도표(필자가 조합해서 작성한 것임)에서 확인할 수 있다.

| 페니키아 | 음가 | 그리스 동부 | | | 그리스 서부 | | | 아테네 BC 403 |
|---|---|---|---|---|---|---|---|---|
| | | 태라 | 아부심벨 | 미레투스 | 유베아 | 베오티아 | 찰시디안 | |
| | a | ΑΑΑ | ΔΑΡΑ | ΑΑΑ | ΑΑΑ | ΑΑΑ | ΑΑΑΑ | A |
| | b | | ΒΒ | Β | ΒΒ | ΒΒ | Β | B |
| | g,c | ΓΛ | ΓΛ | ΓΛ | Γ | ΓΛΛ | ΛC | Γ |
| | d | ΔΔ | ΔΔD | Δ | DΔD | DΔD | ΔD | Δ |
| | e | ΞΕΕ | ΕΕΕ | ΞΞΕ | ΞΕΕΕ | ΔΕΕΕ | ΔΕΕΕ | Ε |
| | f,v | Ⅎ | | | ⅡΙ | ↥FC | C I | |
| | z | | | | | Ⅰ | Ⅰ | Z |
| | e,h | 日 | 日 | 日H | H | ΒH | ΒH | H |
| | th | ⊗⊕ | ⊗ | ⊗⊕ | ⊗⊕ | ⊗⊕⊙ | ⊗⊕⊙ | Θ |
| | i | ＜＞ | Ⅰ | Ⅰ | Ⅰ | Ⅰ | Ⅰ | Ⅰ |
| | k | ＊ΚΚ | ΚΚ | ＊Κ＊ | Κ | ＊ΚΚ | ＊ΚΚ | K |
| | l | ΓΛ | ΛΛ | ΓΛ | Λ | Λ∨ | ΛΛ∨ | Λ |
| | m | ΜΜ | ΜΜ | Μ | Μ | ΜΜ | ΜΜΜ | M |
| | n | ΜΓ | ΝΝ | ΜΝ＊ | ΝΝ | ∨∨Ν | ＊ΜΝ | N |
| | x | (ΚΜ) | | ΞΞ | ＋ | ＋ | ＋ | Ξ |
| | o | ΟΟ | Ο | Ο. | Ο | ΟΟΟ | Ο | Ο |
| | p | ΓΛΓ | ΓΓΓ | ΓΓ | Γ | ΓΓΡ | ΓΓ | Π |
| | q | ΦΦ | Ϙ | | Ϙ | Ϙ | ϘΦ | |
| | r | ΔΡϘ | ΡΡD | ϘΡD | ΡΡ | ΡΡΡ | ϘΡΡ | Ρ |
| | s | ΜΜ | ＜＞ | ＞＜ | ＜Ϛ＜ | ＜Ϛ＜ | ＜Ϛ＜ | Σ |
| | t | Τ | Τ | Τ | Τ | Τ | ΤΤ | Τ |
| | u | ＊ΥΥ＊ | ∨Υ | Υ＊ | ∨ | ∨ΥΥ | Υ∨ | Υ |
| | ph | (Γ日) | Φ | | Φ | ΦΦ | Φ | Φ |
| | ch | | ＊ | ＊ | ＊ | ＊Ψ | ＊ | Χ |
| | ps | | ΨΨ | ＊Ψ | | | | Ψ |
| | o | | | ΩΩ | | | | Ϲ |

(1) 그리스 알파벳 A, K, M, N, O, T 등 6개 알파벳은 동부군에서나 서부군에서 같다.

(2) beta는 코린트에서 지중해 음절문자에서 가져온 것을 제외하면 오른쪽으로 나온 것을 둥글게 쓰거나, 각으로 쓰는 등 일관되게 썼다. 간혹 beta의 오른쪽에 튀어나온 두 개가 원이 아니고 각을 이룰 때 그리스 비문에 변칙으로 철자 E 대용으로 사용하기도

했다.

(3) gamma는 처음부터 gamma의 각이 진 <형은 C의 선구자이고, 서
구형에는 둘 다 쓰였다.

(4) △형은 동쪽 지역에서 일반화되었던 반면 ▷형은 서부군 알파
벳의 특징이다.

(5) eta는 오래된 알파벳에서 日형을 가지고 있었으나, 그 이후에 H
형을 갖게 되었다.

(6) F는 일찍부터 동부군에서 탈락했으나 서부군에서 유지되어 오
다가 라틴에 전달되었다. 가장 초기의 형태에서 변하지 않았다.

(7) zeta는 초기 페니키아형의 모압 형태를 따랐으나 변이형이 도입
되어 그것이 아이오니아형으로 아테네에 도입되었다. 그러나
zeta는 아이오니아형에서 좀처럼 사용되지 않았다.

(8) theta의 O 안에 표기가 여러 가지로 바뀌었을 뿐 다른 것은 일
관되게 유지되었다.

(9) iota는 I 형태를 유지했다. 이것은 yod의 모압형에서 변천되었고
서부군 알파벳에서 로마 알파벳으로 전달된 것이다.

(10) kappa는 초기부터 일정한 형태를 유지했고, 다만 오른쪽에서 왼
쪽으로 쓰던 것을 왼쪽에서 오른쪽으로 방향전환을 했다.

(11) mu와 nu는 초기 시대에 페니키아 알파벳처럼 알파벳의 첫 획이
위에 붙어 있었다. 그리스에서도 유지하다가 그 후에 점차 M과
같은 대칭형으로 변화되었다.

(12) omicron은 초기에는 글자가 작았으나, 차츰 다른 철자와 같이
크기가 비슷하게 되었다.

(13) pi는 페니키아형을 약간 변형시킨 형으로 수 세기 동안 P형을

닮은 형과 그 옛날형, 즉 아테네에서 채택한 Π형 사이에서 변동
이 오락가락했다. 서부군의 알파벳은 더 옛날형에 매달리게 됐
고, 결국 로마형 P로 전환했다.

(14) Q는 변치 않고 쓰이다가 후기 그리스 알파벳에서 사라졌다가
로마 알파벳에서 다시 나타나게 되었다.


## 2.8. 그리스철자의 이태리 도입

그리스의 찰시디언철자가 이태리에 전달되었다. 이 당시 에게 해
섬들에서 스페인에 이르기까지 그리스 식민지 쟁탈전이 벌어진 가
운데, 이태리 큐메의 찰시스 출신인들이 이태리에 그리스철자를 도
입했다.

라틴글자 중 가장 오래된 것은 그리스인들이 가장 처음 정착한 큐
메 지역에서 발견된 검은 항아리와 작은 잉크병에 어린이들의 글씨
체로 쓴 것이다. 이것은 그리스 알파벳이지만 형태가 고대 페니키아
알파벳과 그렇게 다르지 않고 시기는 대개 BC 6세기 말 정도였다. 이
큐메 지역 글자는 q'oph만 생략됐을 뿐 페니키아 알파벳의 순서를 모
두 지키고 있다.

로마인이 정착하기 전, 이태리에 BC 11세기 내지 10세기 인구어족
이 아닌 에투르스칸족이 소아시아의 리디아로부터 침입해 왔는데, 로
마인들은 이들을 에투루스키(Etrusci)라 불렀다. 초기 그리스민족인 페
라스지언인이 먼저 이태리에 들어와 있었다. 그리스철자가 이태리에
들어온 것은 이들보다 한참 뒤에 찰시디언인에 의한 것이다. 이 철자
는 먼저 이태리에 정착해 있었던 페리스지언인들에 의해서 에투리아
전 지역으로 전파됐다.

로마국가를 설립한 지 600년 후 라틴족은 BC 281년에 큐메 전투에서 에투루스칸에 승리하여 보다 우위를 유지하게 됐다. 그 뒤에 수 세기 동안 국가적 성장기를 통해서 찰시디언인에 의해 도입된 알파벳을 기본으로 하여 로마 알파벳이 점차 자리를 잡아 가면서 성장했다.

로마 알파벳의 성장에는 페리스지언인의 그리스철자 변이형에서 영향을 받았고 한편으로 에투루스칸의 글자방식에서 영향을 받았던 것 같다. 페리스지언철자는 그리스철자와 분명 차이가 있는데 예를 들면 페리스지언에서는 C, D, L, P를 사용하는 데 비해, 그리스는 Γ, Δ, Λ, Π를 쓰고 있었다. 라틴어가 아닌 다른 언어를 사용하는 에투루스칸은 라틴인이 쓰는 철자에서 B, D, O, Q, X 등은 사용하지 않았다. 비슷한 이유로 라틴인들은 그리스철자 중에 Θ, Φ, Ψ를 사용하지 않았다.

에투루스칸의 알파벳 순서는 로마철자 순서와 모양에서 거의 같으며, 주로 고대무덤에서 발견된다. 예를 들면 작은 모자와 식기로 사용된 사발에 새겨진 것을 보면 이상하게도 에투루스칸철자에 없는 Q가 쓰여 있고 그 대신에 B, D가 없고 또한 O와 Ω가 없다. R은 역방향으로 쓰이고 있다. 이 알파벳의 순서에서 s음을 나타내는 철자는 M과 Σ로 두 개가 쓰이고 있다. S 철자는 그리스 sigma인 Σ에서 나왔고, 그것의 유래는 페니키아 shin 철자인 W에서 나왔는데 이 형태는 실제로 W 글자를 한 바퀴 돌려쓴 형태이다.

에투루스칸 지역에서는 동전이 많이 출토되었는데 그 동전에서 쓰인 철자를 보면 왼쪽에서 오른쪽으로 글 쓰는 방향이 된 것은 이미 페리스지언 그리스철자의 영향으로 봐야 하며 그것은 BC 5세기에 이미 있었고, 아마 이보다 더 이른 시기부터 사용되었을지도 모른다.

라틴의 로마글자가 점진적으로 발달함으로써 시저(Ceasar)의 기념비에 쓰인 로마새김글을 정점으로 새김글이 이태리 전역에서 발견되고 있다.

우선 로마글자는 모양과 크기, 글자의 정렬이 일정하고 철자들이 연속해서 쓰이고, 각 단어의 분리를 고려해서 점(dot)을 중간마다 넣도록 했다. 처음에는 단어와 단어 사이에 공간이 없었는데 단어 중간마다 점을 찍어 훨씬 읽기가 쉽게 되어 갔다.

### 2.8.1. 로마철자의 특성

로마철자에서 그리스철자 gamma 자리에 C가 쓰이게 됐는데 찰시디언은 C와 G음을 같이 표현했다. 에투루스칸의 언어에서 C와 K는 동음으로 취급됐다. 결과적으로 C가 K를 같이 표현하면서 K 철자는 몰락했다. 라틴 새김글에서도 C가 K음을 표현하는 데 사용하게 됐다. 처음 3세기 중엽에서 C와 G는 차이가 없이 사용되었다. 그 이후에 차츰 차이가 났다. 새로운 철자 G는 그리스철자 gamma에서 유래됐다. 새로운 철자 G는 로마 알파벳의 7번 자리에 위치시켰는데 원래 그 자리는 그리스 알파벳 zeta 자리였다. 그때까지 로마에서는 zeta가 필요한 단어로 쓰이지 않았기에 그리스에서 도입되지 않고 있었다. 그러다가 BC 1세기경에 로마에서 z 철자가 필요하게 되어 그리스철자에서 도입하면서 로마 알파벳의 제일 뒤에 위치시켰다. 원래 zeta 철자 형태는 I 형태였으나 새로 된 그리스의 애틱 형태 Z를 채택했던 것이다. K 철자는 페니키아에서 그리스를 거쳐 로마철자까지 무사히 왔으나 초기 로마철자에서 C가 K 철자의 음을 대신 표현하게 된 이후 힘을 잃고 쓰이지 않게 됐다. F는 Q와 마찬가지로 초기 그리스 철자에서 없어졌다가 로마철자에서 다시 그리스철자 때의 자리로 복원되어 사용되었다. Y는 1세기쯤 Z가 도입될 무렵에 그리스철자에서 도입되어 사용되기 시작했다. 이렇게 해서 로마 알파벳은 기독교가 시작되는 시기쯤 정비가 끝났다.

## 3. 결론

지금까지 영어의 철자가 된 로마철자의 배경인 그리스철자의 생성, 발달, 전파 과정을 살펴보았다. 그리스철자의 생성과 발달이 페니키아문자와 밀접한 관계가 있다는 것을 여러 가지 증거로 알 수 있었다. 문자를 만들어 무역을 하면서 숫자와 문자를 사용하여 문맹에서 탈출하고 문화를 만들어 갔던 페니키아인의 태도와 페니키아문자를 받아들여 자신들의 문명이기로 적절하게 사용한 그리스인들의 지혜를 볼 수가 있었다. 페니키아문자는 자음문자로 모음은 문맥에 알맞게 보충하면서 문자생활을 하였지만, 보충하는 모음은 자유로이 보충한 것이 아니라 일정한 한계를 가지고 있었다. 페니키아문자는 두음원리를 이집트의 상형문자에서 도입하여 사용했다. 이러한 페니키아문자를 그리스인들이 받아들이면서 그리스어 표현에 알맞도록 모음을 만들고, 자음을 고치고 다듬어 차츰 그리스인들의 요구에 맞게 만들어 나갔다. 철자의 사용에서 지역적인 차이점이 초기에는 없었지만 후에 더욱 커져만 갔다. 특히 그리스의 동부군과 서부군의 철자가 많은 차이를 보이고 있다. 페니키아인이 그리스 식민지에서 철수하자 아이오니아에 있던 미레투스와 유베아 지역에 있던 찰시디언과의 주도권

싸움으로 지중해를 두고 반으로 나누어 지배를 하게 되었다. 동부군의 철자는 아이오니아철자가 전 그리스 표준글자로 자리 잡았고, 찰시디언인이 서부지역인 이태리지역을 차지함으로써 서부군의 철자가 이태리 지역에서 사용되게 되었으며 그것을 기반으로 하여 로마철자가 서서히 모양을 갖추어 나갔다.

따라서 로마 알파벳의 기초는 페니키아철자의 기초 위에 만들어진 초기 그리스 철자에 두었으며, 그 철자의 구조는 이태리에 정착했던 찰시디언인, 페리스지언인 그리고 에투루스칸인들에 의해 형성되고 로마인들에 의해 완성을 보게 된 것이다. 이 중에서 수 세기 동안 놀랄 만한 훌륭한 글자로 키워 온 것은 로마인들의 공로이다. 따라서 로마글자는 적자생존의 원칙에 부합하고, 극도로 간단해지고, 각 철자가 개성이 뚜렷해지면서 많은 지역에서 쉽게 사용되어 인류가 만들어 사용하는 철자 중에서 가장 우수한 철자 중의 하나가 되었다.

# 제3장 Ruthwell 십자가와 Rune 글자

## 1. 개관

    루운(Rune)글자는 앵글로-색슨(Anglo-Saxon)민족이 쓰던 글자였다. 대륙에서 얼마나 오랫동안 사용해 왔는가는 사실상 규명하기가 불가능하지만, 서기 3세기 전후로 사용되고 있었던 것은 분명하다. 루운글자는 모양이나 음가에 있어서 라틴글자와 유사하고, 그 사용지역이 라틴글자가 사용되던 지역과 인접해 있던 관계로 라틴글자에서 유래될 가능성이 높다.

    루운이란 이름은 고대 게르만어(Old Germanic)의 글자 *rūn-이고 이 뜻은 'secret' 또는 'mystery'이다(Derolez 1954). 그 뜻으로 미루어 생각건대, 무역이나 물물거래에 필요한 용어라기보다는 종교의식에 사용된 글자로 보는 것이 타당하다. 루운글자가 새겨진 것도 주로 잡신을 내쫓는 부적, 종교의식에 사용되는 그릇 등이기 때문이다(Derolez 1954).

루운철자와 영어철자와의 인연은 앵글로-색슨족이 영국에 들어와서 기독교로 개종하고 아일랜드에서 들어온 로마철자를 접하면서 시작됐다. 앵글로-색슨족은 그 철자를 거의 대부분 받아들였는데 그 가운데 몇 개의 글자는 루운글자로 대치시켰다. 그 글자는 Þ, Ƿ, æ, ð 등 네 가지 철자이다.

그런데 그 당시에는 로마철자와 루운철자를 병행해 쓰다가 차츰 로마철자로 전환해 사용했다고도 볼 수 있고, 또한 앵글로-색슨족은 거의가 문맹이었고 소수의 지배계급만 루운글자를 사용했기 때문에 로마철자를 아무 저항 없이 배워서 쓰게 된 것으로도 볼 수도 있다.

이 당시에 시인들은 영어로 시를 썼는데 주로 아일랜드에서 도입한 로마철자에다 네 가지 루운철자를 가미시켜 썼다.

영시 가운데 가장 오래된 시들 중 하나가 'The Dream of the Rood'란 종교시인데, 그 시의 일부가 루운글자로 십자가 비석에 새겨져 지금까지 보관되고 있다. 역설적이게도 십자가 형태의 비석에 잡신을 내쫓는 주술을 가진 루운글자로 Christ를 찬양하고, 십자가를 찬양하는 내용으로 기록되었다는 것은 고대 영어를 연구하는 사람들의 관심을 불러일으키기에 족할 것이다. 'The Dream of the Rood' 시의 일부가 새겨진 십자가의 이름은 Ruthwell Cross라고 불리고 있으며, 그것은 스코틀랜드, Dumfrisshire 주의 남쪽 해안에 위치해 있는 조그마한 마을 Ruthwell의 교회에 안치되어 있다.

Ruthwell 십자가는 상당한 역경을 겪고 난 뒤에 현 위치에 보존되게 됐다. 이 십자가는 대체로 7세기 후반에 처음 만들어졌는데, 이때 이 Ruthwell 지역은 Northumbria 왕국지역이므로 이 십자가를 세운 자는 당연히 앵글로족임이 분명하다. 그 뒤에 문제가 발생했다. 루운글자는 이교도의 글자임과 동시에 주문이나 기타 잡귀신을 쫓는 글자라는 사실을 알게 된 기독교들은 그 십자가비석은 우상숭배의 뜻이 담겨 있다고 불평하게 됐고, 드디어 스코틀랜드 교회총회(The General Assembly of Church of Scotland) 결의에 따라 1642년에 부셔 버리기로 결정됐고 그렇게 부수어졌다. 그 후 1802년에 그 교구 목사인 Dr. Duncan에 의해서 그 십자가가 발굴되어, 1823년 그 목사 개인의 노력에 의해서 목사관 뜰에 세워 됐다가 몇 년 후에 현 교회 안에 안치됐다. Ruthwell 십자가는 높이가 18피트이고, 루운글자가 새겨져 있을뿐만 아니라 여러 가지 그림이 새겨져 있다.

이 장에서는 Ruthwell 십자가에 쓰인 루운글자를 연구하고, 루운글자로 쓰인 'The Dream of the Rood' 영시의 한국어 번역을 시도함은 물론 그 시에 대한 평가들을 검토하고자 한다.

## 2. Ruthwell 십자가에 사용된 루운철자

기독교로 개종하기 전에 앵글로–색슨족은 대륙에서 사용하던 루운글자를 가져와서 돌, 동물의 뼈, 나무, 쇠등에 새겼다. 그러나 루운글자는 지역에 따라서 또는 시대에 따라서 글자가 많아지기도 하고, 변이형이 쓰이기도 했다.

원래 루운글자는 24글자로 구성되어 있다(Derolex 1954)고 추측하지만 그전에 얼마나 사용되었는지 알 수가 없고 대체로 다음 24글자를 정형으로 받아들이고 있다.

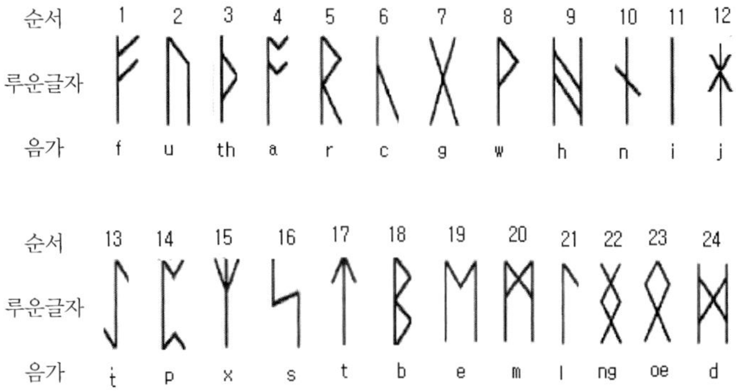

　　루운글자를 fuþark 라고 부른 것으로 보아 루운철자의 순서는 어느 정도 고정됐던 것 같으며, 적어도 위 6개 철자는 고정된 것이 분명하다. 그리고 위 24개 철자 중에 변이형이 생기기도 했고 또는 철자가 소멸되거나 몇 개 더 첨가되기도 했다. 그 예를 들면 스칸디나비아에 사용된 루운철자는 8세기경에는 16개로 줄어들었는데 그 예는 다음과 같다.

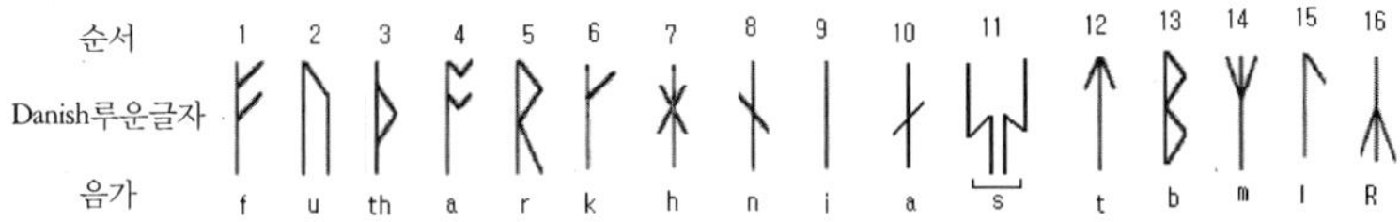

　　그러나 영국에서는 새로운 음소가 생기어 새로운 루운철자를 만들어 보태다 보니 글자 수는 점점 늘어나 24개에서 28개, 32개, 심지어 33개까지 점차 증가했는데 그 예를 보면 다음과 같다.

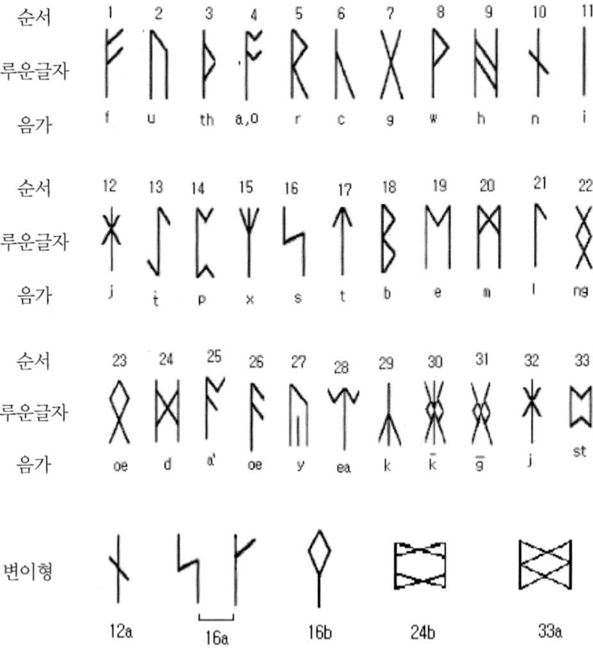

　　4번째 음가가 a에서 o로 변했기 때문에 앵글로-색슨 루운철자를 fuÞark 라고 부르기도 한다. 다음은 Ruthwell 십자가에 사용된 루운글자의 철자 이름과 그 음가를 조사하면 다음과 같다.

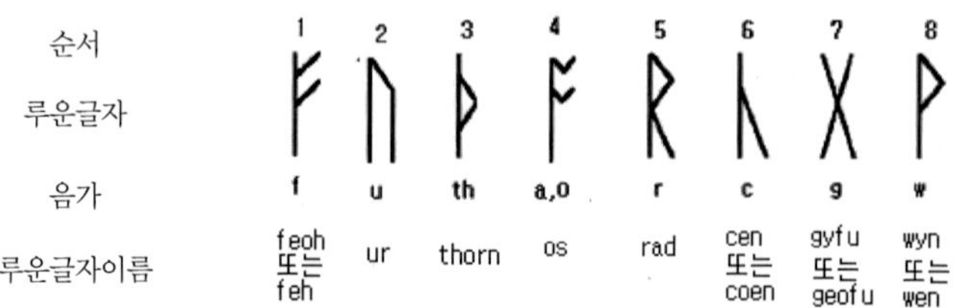

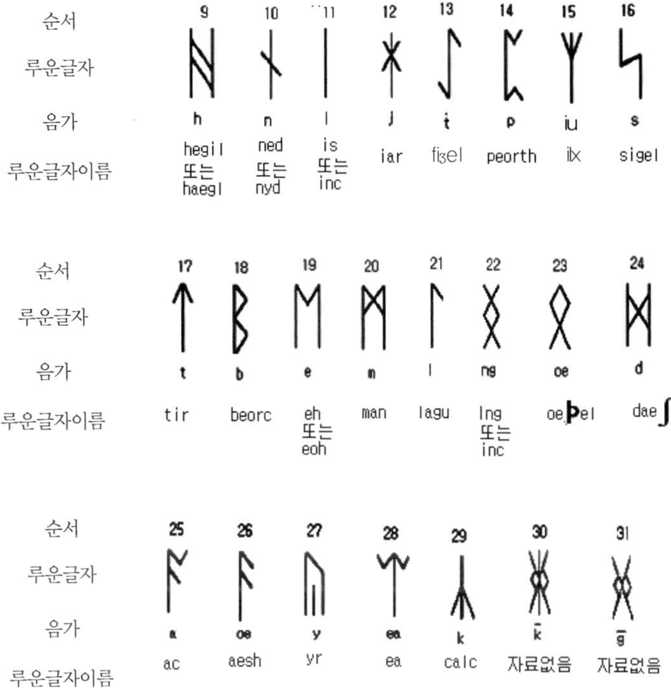

위의 조사에서 알 수 있는 것은 루운글자가 라틴철자나 도서체 (Insular hand)에 많이 영향을 받았다는 사실이다. 그 예를 다음에서 요약할 수 있다. ᚠ는 아일랜드철자인 도서형 ᚠ형과 꼭 같으며, 이것은 희랍의 감마 Υ에 하나 더 첨가한 ᚠ를 Digammar형인 모양이고, 그 뒤에 F 모양이 됐는데 그 형이 루운의 첫 글자로 사용된다. 그 다음 ᚱ, ᚺ, ᛁ, ᛋ, ᛏ, ᛒ 등도 R, H, I, S, T, B형과 유사하게 사용되었다.

앵글로-색슨족이 그들의 글자인 루운글자를 계속 유지하고, 발전시켜 나가지 못하고 라틴철자를 변화시킨 도서체를 개발한 아일랜드 철자를 받아들인 것은 두 가지로 해석할 수 있겠다. 하나는 앵글로-

색슨 민족이 고위성직자나 고위관직에 있는 몇몇을 제외하고는 대부
분 문맹이었고, 기독교가 전파되고 나면서 읽는 법을 배우게 되니 자
연히 도서체 로마철자를 알게 되어 사용하게 됐다는 것이다. 위의 사
실은 성 오거스틴이 AD 597년에 잉글랜드 남부에 기독교를 전파했던
때부터 훨씬 전에 이미 스코틀랜드 아이오나(Iona) 섬을 중심으로 아
일랜드에서 온 성 콜롬바에 의해서 전해진 기독교의 영향이라고 생
각된다. 처음 기독교 중심과 문화 중심은 노섬브리아 등 북부지방이
었던 점이 그 뒷받침이 된다. 다른 하나는 루운글자는 통용글자로서
의 글자라기보다는 주술이나 부적에만 사용되는 글자로, 상용하여 사
용할 수 없는 글자로 짐작이 간다. 목신, 산신, 천신 등 신에게 경배할
때 사용되는 글자로 부적, 비석 등에 새겨서 그 위력으로 사람의 마
음을 위로하는 데에 사용된 것으로 볼 수 있다.

## 3. Ruthwell Cross와 영시

Ruthwell Cross 비를 우선 동쪽 면과 서쪽 면, 그리고 북쪽 면과 남쪽
면으로 나누어 생각해 보고자 한다(다음 쪽 그림 참조).

Ruthwell Cross 십자가 동북 면에 쓰인 루운글자는 'The Dream of the
Rood'의 시 제39행부터 쓰인 것이다.

39행 geredæ hinæ ȝod almeȝttig
40행 Þa he walde on ȝalȝu gistiȝa
41행 odig f[ ]   men
42행 uȝ

동남쪽에 쓰인 루운글자는 44행부터 시작된다.


44행  ic riicnæ k̄ynin ꝺc
45행  hêafunæs hlafard hælda ic ni dorstæ


Ruthwell Cross에 쓰인 Rune 철자와 고대영어철자로 옮긴 철자

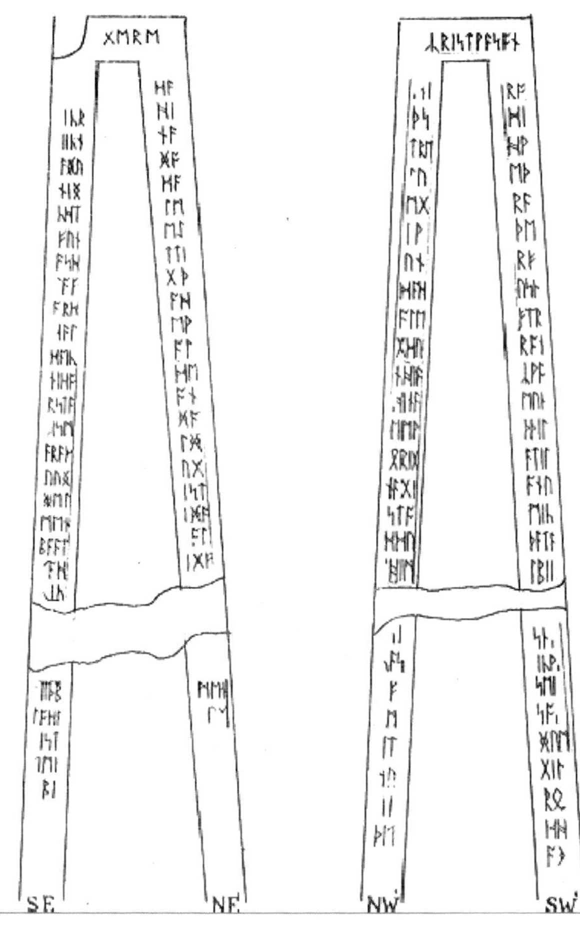

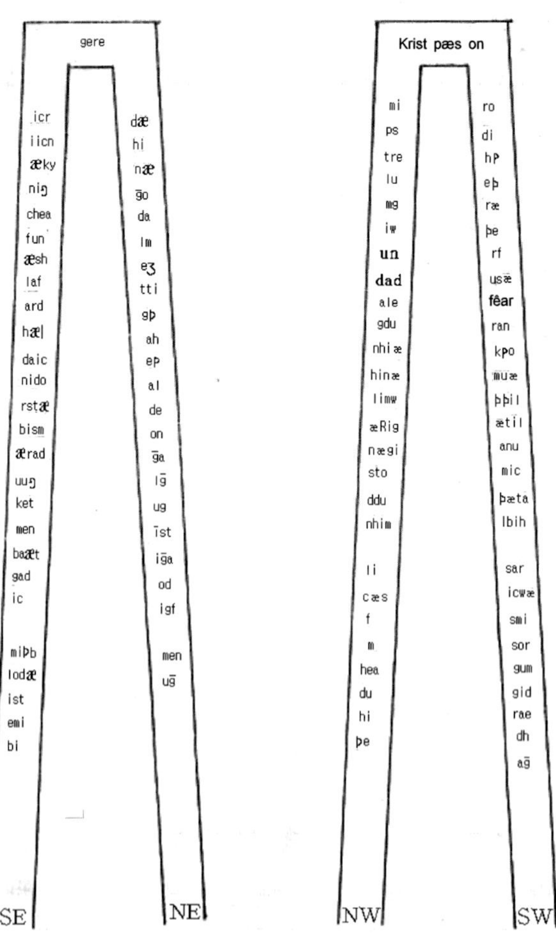


48행 bismæradu uŋket men ba ætḡad ic miþ blodæ istemi
49행 bi

다음 서남쪽에 쓰인 시는 56행부터 시작된다.

56행 krist wæs on rodi

57행 hweþræ þer fusæ fêarran kwomu

58행 æþþilæ til anum ic þæt al bih

59행 sar ic wæs mi sorḡum gidræ d haḡ


다음은 끝으로 서북쪽에 쓰인 루운글자의 시행이다.


62행 miþ strelum giwundad

63행 alegdun hiæ limwœrignæ gistoddun him licæs f[ ] m

64행 hêa du hi þe


그런데 Ruthwell Cross가 만들어진 시대가 언제인가를 살펴보고 난 뒤에 Ruthwell Cross에 루운글자로 된 'The Dream of the Rood' 시 전부가 보존된 책의 연대를 알아보면 어느 것이 원본에 가까운가를 결정 짓게 되는 것이다.

Ruthwell Cross가 만들어진 시기는 정확하게는 모르지만 언어적인 연관성 및 언어 외적인 요소 등을 조사하여 얻은 결론은 다음과 같다.

> Taking into consideration both the linguistic and non-linguistic evidence, it may be said that the first half of the eighth century-the Golden Age of Northumbria-is the most probable date for the Ruthwell Cross(Dickens and Ross 1954: 7).


즉 Ruthwell Cross는 8세기 전반부에 만들어졌을 가능성이 높다는 지적을 하고 있다. 그런데 Ruthwell Cross에 새겨진 'The Dream of the Rood' 시의 완전한 내용이 Vercelli에 있는 Cathedral Library에 소장돼 있는데, 그 이외의 시 및 산문과 함께 소장돼 있는 책 이름이 Vercelli

Book이다. 그러면 Vercelli Book은 언제 쓰였는지에 대한 의견이 있다.

The Vercelli Book is undoubtedly to be assigned to the second half of the tenth century; Brandl would say towards the end of the that century, and Keller would narrow the extreme limits to 960−980, or even 970−980(Dickens and Ross 1954: 11−18).

즉 960~980년 사이에 쓰인 책이라면 Ruthwell Cross에 쓰인 내용이 훨씬 앞선 것이 된다.

It is impossible to reach any definite conclusion on the point, but apparently superfluous passages such as the parenthesis *þœt Pœs ʒpd œlmihti* in the Vercelli Text are decidedly in favour of the hypothesis that the Vercelli Text is an expanded version(Dickens and Ross 1954: 17−18).

따라서 Vercelli Book에는 *þœt Pœs ʒpd œlmihti*는 분명히 원본이 없던 곳에 가필한 것이 거의 틀림없을 것으로 여기고 있다.

It is possible that the runic inscriptions on the Cross are from an earlier poem, of which *The Dream of the Rood* is a later, revised version(Kennedy 1952: 79).

여러 연구가들에 의해서 결론지어진 것은 Ruthwell Cross에 쓰인 내용의 'The Dream of the Rood' 시가 Vercelli Book에 실려 있는 'The Dream of the Rood' 시보다 더 일찍 쓰인 시이며 Vercelli Book에 나온 시는 Ruthwell Cross에 새겨지고 난 후에 가필되거나 일부 수정 보완됐다는 것이다.

그렇더라도 Ruthwell Cross에 쓰인 루운글자가 마모되거나 부서져 나간 조각들 때문에 Vercelli Book을 참고하지 않을 수가 없다. Vercelli Book을 참고하여 Ruthwell Cross에 새겨진 시를 번역해 보고자 한다. Vercelli Book의 시행은 VB 약자로 표현한다.

VB: 39행 Ongyrede hine þa geong hæleð,
            (þæt wæs god ælmihtig),
  〃 40행 stranʒ 7 stiðmod. Gestah he on ʒealʒan heanne,
  〃 41행 modiʒ on maniʒra ʒesyhʒe, þa he wolde mancyn lysan.
  〃 42행 Bifode ic þa me se Beorn ymbclypte; ne dorste ic hwæðre
            buʒan to eorðan

단어풀이:
ongyrwan: v. take one's clothes off
hæleð: m. man, hero.
stranʒ: a. strong, powerful. ʒestiʒan: v. ascend.
ʒealʒan: m. cross, gallows. hēah: a. high, lofty.
modiʒ: a. brave, courageous. maniʒra: a. many
gesyhð: f. sight. lysan: redeem.
bifian: v. shake, tremble. beorn: n. hero.
ymbclyppan: v. embrace. būʒan: stoop, bend, bow.

번역 39행 그 젊은 구세주는 그의 옷을 다 벗었고,
            (그분은 전지전능한 구세주님이었다.)
     40행 결의에 차고, 의연하게
     41행 많은 무리의 주시 속에 용기 있게
            십자가에 높이 올라가셨다.
            그분은 인간을 구원하기 위해서.
     42행 주님이 나를 붙들었을 때
            나는 부르르 떨었었지.
            나는 감히 땅으로 굽힐 수도 없었지.

VB: 44행 Rod Þæs ic aræred; áhof ic ricne Cyninʒ,

〃　　45행 heofona Hlaford; hyldan me ne dorste.

〃　　48행 Bysmeredon hie unc butu ætȝædre. Eall ic ƿæs mid blode bestemed,

〃　　49행 beȝoten of þæs ȝuman siddan, siððan he hæfde his ȝast onsended.


단어풀이:

aræran: v. set up. ahebban: v. lift up, raise.

rice: a. great, powerful. hyldan: bow.

bysmerian: v. mock, revile. wit: both of us. butu: both.

ætgædere: ad. together. bestêman: v. make wet, bedew.

beȝēotan: v. cover, suffer. siddan: f. side.

siððan: ad. thereafter gast: m Ghost, Spirit.

onsêndan: send, forth.

번역 44행 나는 십자가로 세워져 있었다.

　　　나는 위대한 왕을 매달고 있었지

　　48행 그들은 우리를 함께 조롱했지. 나는 온통 피로 물들여졌었지.

　　49행 주님의 옆구리에 나온 피로 끝내는 그의 영혼이 육체에서 떠나가셨지.


VB: 56행 Cƿiððon Cyninȝes fyll. Crist ƿæs on rode

　〃　57행 Hƿæðere þær fuse feorran cƿoman

　〃　58행 to þam Æðelinȝe. Ic þæt eall beheold.

　〃　59행 Sare ic ƿæs mid sorȝum ȝedrefed, hnaȝ ic hƿæðre þam secȝum to handa,


단어풀이:

cƿiðan: lament, bewail. fyll: m. death.

hƿæðere: whether, but. fūs: a. hastening, quickly.

feorran: a. from after. cƿoman: v. cuman, come

sare: ad. sore, grievously. sorȝum: f. sorrow, trouble.

drēfan: v. trouble. hnigan: v. bow, bend down.

secȝum: m. man, hand: f. hand, within reach.


번역 56행 왕의 죽음을 슬퍼했다. 그리스도는 십자가에 못 박혔다.

57행 그때 많은 사람들이 먼 곳에서 서둘러 와서는
58행 성자에게로 달려갔다. 나는 그것 모두를 바라보았다.
59행 나는 비통한 슬픔에 젖어 있었다.
　　　그러나 사람들의 손에 닿을 수 있게 정성을 들여서 비
　　　스듬히 넘어졌다.

VB: 62행 standan steame bedrifenne; eall ic ƿæs mid strælum forƿundod.
　〃 63행 Aledon hieðær limƿeriȝne; ȝestodon him æt his lices heafdum ;
　〃 64행 beheoldon hie ðær heofenes Dryhten, 7 he hine ðær hƿile
　　　　　reste,

단어풀이:
steame: m. moisture. bedrifan: v. drench.
stræl: m. arrow. forƿundian: v. wound sorely.
âlecgan: v. lay down. limƿeriȝne: a. weary in limb.
ȝestandan: v. stand. lic: n. body.
hēafod: n. head. behealdan: v. behold, watch over.
restan: v. rest.

번역 62행 피로 흠뻑 젖은 채 서 있었는데, 나는 온몸에 화살로 상
　　　　처투성이였다.
　　　63행 그들은 온몸이 피곤한 주님을 내려놓고 주님의 머리 쪽
　　　　에 섰었다.
　　　64행 그리고 그들은 그곳에서 하나님을 응시했다.
　　　　주님은 잠시 동안 거기에서 쉬셨다.


## 4. The Dream of the Rood의 저자 문제

　이 시를 쓴 시인이 누구인가에 대해서 가장 자신 있게 말한 사람은
코펜하겐의 George Stephens 교수인데, 그는 이 시를 보고 서슴없이
Cædmon이 쓴 것이라고 단언했다(Gaskin 1902). 이들이 주장하는 근거
중의 하나는 Ruthwell Cross에 판독하기 힘들 정도로 망가진 부분에

"Caedmon made me"라는 구절이 있었다고 믿는 데서 출발된다. 그러나 이것에 대한 증거를 확보하기 위해서 Ruthwell Cross를 최근에 정밀 조사한 결과 Cædmon 저작이라는 주장을 뒷받침할 만한 아무런 증거도 확보하지 못했다. 오히려 새김들을 분석한 결과 처음에 생각해 왔던 저작연도에 비해 다소 더 늦은 시기에 제작됐을 것이고 그 시기는 8세기 중엽에서 크게 벗어나지 않으리라는 결론을 얻었다(Kennedy 1952).

반면에 Cynewulf가 이 시의 원작자라는 주장을 하는 학자는 J. Kemble (Archaeologia xxviii, 362－3, 1840)이다. 그 이유는 Cædmon이 쓴 것이 확인된 작품 이외의 대부분 종교시는 Cynewulf가 쓴 것으로 여겨 왔기 때문이다. Cynewulf는 그가 쓴 시에는 반드시 서명을 했었는데, 다음의 시 'Guthlac', 'The Phoenix', 'Andreas', 'The Dream of the Rood', 'Physiologus', 'Riddles' 등도 서명은 없지만 Cynewulf의 시로 인정해 왔다. 이렇게 믿는 이유는 이 시 중에 특히 The Dream of the Rood는 시의 문체가 Cynewulf 문체와 일치하다는 견해가 지배적인 것이다. 이와 같은 주장을 하면서 C. W. Kennedy는 다음과 같은 결론을 내린다.

> Though there is no runic signature, it should be noted that the poem concludes with a passage of personal reference that reflects the sadness and loneliness of old age, in which respect it resembles the personal passage that forms a park of Cynewulf's signature of the *Elene*(Kennedy 1952: 79).

위의 두 주장은 어디까지나 가능성에서만 주장된 의견이지 논리적으로 증거를 제시해 줄 만한 것은 없다. 따라서 Bruce Dickins의 결론이 타당하다.

## 5. 시에 대한 평가

이 시가 Cynewulf 자신이 썼든지, 그의 모방자가 썼든지 간에 문체 면에서 Cynewulf 문체로 썼다는 것은 일반적인 의견이다. 그러나 Cynewulf의 문체로 썼다고 그 시가 다른 시에 비해서 비중이 있는 것은 결코 아닐 것이다. 이 시는 다른 시에서 보지 못한 유별난 점이 있고, 그것이 돋보여서 이 시가 평가를 받게 된 것으로 볼 수 있다.

우선 Alvin A. Lee(1975)의 분석을 살펴보면 Vercelli Book에 있는 이 시 전 내용은 6부분으로 나누고 있다. 1행~3행은 도입 부분으로 한밤중에 꾼 꿈 이야기를 하겠다는 것이고, 4행~23행은 꿈꾼 자가 영광의 나무를 본 대로 기술하는 부분이고, 24행~77행은 예수님이 십자가에 순교한 것과 예수님의 장례, 십자가의 매몰 및 다시 파헤쳐진 3개의 십자가에 대한 기술, 78~94행까지는 십자가가 인간 가운데서의 현 위치를 설명해 주었고, 95행~121행까지는 십자가가 인간에게 전하는 말을 기술했고, 122행~156행은 꿈꾼 자가 자신의 생활과 미래의 희망을 나타낸 내용 등으로 구성되어 있다. 그리고 이 시는 네 가지 주요 주제로 구성돼 있는데, 첫째는 꿈을 꾼 사람이며, 그 사람이 꾼 꿈으로 시가 이루어졌다. 둘째는 말을 하는 나무 또는 십자가인데 그 십자가는 눈에 볼 수 있는 모습으로 꿈꾼 자에게 끝까지 모습을 나타내 보였고 그렇게 함으로써 꿈꾼 자의 생활관을 바뀌게끔 유도한 것이다. 셋째는 예수 그리스도다. 예수가 십자가 고통을 통해서 인간구원을 하는 행동 등을 이 시에서 볼 수 있다. 네 번째는 직접적인 표현은 자주 안 나타나지만 인간, 즉 인류들이다. 구원되는 대상이 인간들이기 때문이다.

이 시에 대한 평가를 Michael Alexander(1970)는 다음과 같이 하고 있다.

> *The Dream of the Rood* is unique perhaps in the literature of the world, certainly in that of Anglo—Saxon England.

그 이유는 여러 가지가 있겠지만, 우선은 대부분 종교시들은 Vulgate 성서를 해설해 놓거나 라틴성자들의 생애를 담은 시들이었다. 따라서 성서이야기들은 게르만 전통에 쉽사리 동화되지도 않을뿐더러 옛 시인들이 다루기가 쉽지가 않았다. 그런데 이 시가 기존 종교시에서 벗어난 것을 지적한다면 다음과 같다.

> It is a brief description of an orthodox mysterical experience, and its author is perfectly in command of his material(Alexander 1970: 148).

즉 신비로운 경험을 쉽게 설명할 뿐만 아니라, 시의 소재에 있어서도 작가 자신이 완전히 다룰 수 있는 그런 것이다. 작가는 십자가 나무가 어떻게 그에게 나타났으며, 어떤 말을 하고 있는가를 실제로 보여 주는 현실감을 높여 줄 뿐 아니라 그 모습 하나하나를 자연스럽게 청중이 생동감 있게 그릴 수 있도록 보여 주고 있다.

따라서 이 The Dream of the Rood 시는 다음과 같은 찬사를 한 Kennendy의 언급을 받을 만하다.

In its reflection of a spirit of religious adoration that finds, in the Cross
its appropriate symbol, and in the mood of lyric grace with which the
vision is told, *the Dream of the Rood* is one of the most beautiful of Old
English poems(Kennedy 1952: 81).

## 6. 결론

Ruthwell Cross 비석은 십자가 모양을 한 비석으로 그 비석에 새겨
져 있는 루운글자를 검토하고 그 시를 한국어로 번역하는 등, 여러
가지 면을 조사해 보았다.

루운글자가 주술을 가졌든, 의사 표시로 사용한 글자였든 간에 문
자 형태로 앵글로-색슨족이 대륙에 있을 때 사용했던 것이고, 그 민
족이 영국에 들어옴에 따라 그 글자가 영국 도처에서 발견됐던 것이
다. 그러나 루운글자로 영어시를, 그것도 기독교의 핵심이 되는 십자
가상에 새겨 놓은 것은 그 뜻을 새기는 데 많은 생각을 하게 한다. 루
운글자는 고대 영어시대에는 네 가지 글자가 채용되어 사용됐으나,
중세 영어시대, 즉 노르만 정복 후 불어의 영향을 받아서 Þ은 th로, Ƿ
는 w로, ð는 th로 바뀌었고, æ도 발음기호로서만 사용되게 됐다. 그래
서 현대 영어철자 모양은 거의 라틴철자와 도서철자가 합쳐진 모양
이 됐다.

끝으로 루운글자는 그 글자 자체가 뜻을 가지고 있어서 그 뜻을 새
기면서 시를 만든 The Rune Poem(Shippey 1976: 80-85)이 고대 영어
시로 남아 있는데, 거기에 나온 루운글자의 뜻을 살펴봄으로써 결론
을 맺고자 한다.

| 영어철자 | F | U | Th | O | R | C | G |
|---|---|---|---|---|---|---|---|
| 루운철자 | | | | | | | |
| 루운철자이름 | Feoh | Ur | thorn | Os | Rad | Cen | Gyfu |
| 루운철자 뜻 | money | wild ox | sharp thing | mouth | riding | torch or flame | generosity |
| | 돈, 가축 | 바이손 | 가시 | 입 | 승마 | 횃불 | 선물 |

| 영어철자 | W | H | N | I | J | EO | P | X |
|---|---|---|---|---|---|---|---|---|
| 루운철자 | | | | | | | | |
| 루운철자이름 | Wenne | Hægl | Nyd | Is | Ger | Eoh | Peorð | Eolhx |
| 루운철자 뜻 | happiness | Hail | need | ice | spring or new yeat | yew (tree) | dice_box (?) | sedge's habitat |
| | 기쁨 | 우박 | 필요 | 얼음 | 년 | 주목 | ? | 사초 |

| 영어철자 | S | T | B | E | M | L | NG | OE | D |
|---|---|---|---|---|---|---|---|---|---|
| 루운철자 | | | | | | | | | |
| 루운철자이름 | sigle | Tir | Beorc | Eh | man | Lagu | Ing | Eþel | Dæg |
| 루운철자 뜻 | sun | constellation | poplar | horse | man | sea | 사람이름 ING (영웅) | home | day |
| | 태양 | 티우신 | 포플러 | 말 | 남자 | 바다 | | 집 | 날 |

| 영어철자 | A | Æ | Y | IO | EA |
|---|---|---|---|---|---|
| 루운철자 | | | | | |
| 루운철자이름 | ac | æsc | yr | ior | ear |
| 루운철자 뜻 | oak | ash tree | bow | eel | grave(무덤) |
| | 참나무 | 재 | 화살 | 뱀장어 | 지구, 무덤 |

# 제4장 영어 여성단어 퇴화현상

## 1. 개관

언어는 대체로 그 언어를 만들어 사용하는 사람들의 생각을 표현한 것이라고 생각해 왔다. 그러나 언어가 어느 정도까지 사람의 생각을 표현한 것인지는 정확히 알 수는 없다. 그렇지만 사람이 사용한 언어는 그 사람의 생각과 사상을 표현한 증거물인 것은 분명하다. 남성이 사용하는 언어나 여성이 사용하는 언어가 차이가 있다고 하면 그것은 사용한 사람들의 생각 차이를 나타낸 것임은 분명하다.

영어에서 여성을 표현하는 단어(이하 여성단어)로 대표되는 'woman'이나 'girl' 등이 처음 만들어져 사용될 때에는 일반적인 단어들과 같이 완전히 순수한 뜻, 즉 '여자', '소녀' 등 외설적인 함축의미를 갖지 않고 사용되었을 것으로 짐작된다. 그 단어가 점차적으로 퇴폐적이고,

부정적인 함축의미를 갖게 되었는데, 최근에 이르러서는 의미의 일부분에서 여성을 아주 비하하고, 모욕하는 뜻을 갖게 되었다. 이런 현상을 의미의 퇴화현상이라고 하는데 그 원인은 여러 가지가 있겠지만 그 언어를 사용하는 사람들의 생각에 여성단어가 그렇게 변화되기를 희망하고 있었기 때문이라 생각된다. 일부 여성단어의 뜻이 여성을 비하하고, 모욕을 주는 것이 되었다면 그것은 사용하는 사람의 생각, 즉 대개 남성의 생각이 그런 식으로 변화되었다는 것으로 추측할 수가 있다. 여성이 자기 자신을 지칭하는 단어를 스스로 비하하거나 모욕을 주는 뜻으로 사용할 리는 없을 것이지만 혹시 있다 하더라도 소수일 것이기 때문이다. 이 장에서는 영어의 여성단어 뜻이 퇴화 또는 타락되는 현상을 살펴보고 그 원인을 생각해 보고자 한다.

## 2. 여성단어의 퇴화와 그 실태

우선 여성단어와 남성단어에서 나타난 함축의미의 차이를 찾아보고자 한다. 남녀 한 쌍을 이루는 단어에서 사용상에 나타나는 차이를 비교해 본 Schulz(1975)가 여성단어와 남성단어가 의미의 한 쌍을 이루는 단어 'bachelor', 'warlock', 'spinster', 'witch'를 들어 그 차이를 설명한 것을 보면 첫째, 남성단어와 여성단어가 의미에서 차이가 있다.

남성단어 'bachelor', 'warlock'은 '노총각, 학사', '마법사, 마술사' 등으로, 불쾌감을 주거나 남성을 비하하는 뜻이 없다. 그러나 여성단어 'spinster', 'witch'는 이미 의미 중에서 '혼기 놓친(못난) 노처녀', '(접근하기에)추한 여자' 등으로 비하하고 모욕하는 의미가 들어 있다. 둘째, 용법에서 차이가 있다. 여성단어와 남성단어를 잘못 사용했을 때 나타나는 반응이 다르다. 남성단어 'bachelor'를 여성에게 적용했을 때의 반응은 잘못되었더라도 그렇게 사용할 수도 있겠다는 수긍의 태도가 나온다. 그러나 여성단어 'spinster'를 남성에게 적용했을 때 '보잘것없고 신경질적인 남자'(a prim, nervous person who frets over inconsequential details)의 뜻으로 받아들인다. 또 여성에게 'warlock'란 남성단어를 적용했을 때에 단순히 'warlock'이 아니고 'witch'를 써야 한다고 정정해 줄 뿐이지만, 남성에게 'witch'라는 여성단어를 적용하면 나쁜 성질을 가진 사람이라는 뜻이 된다. 또 여성을 'old man'으로 표현했을 때의 반응은 그 단어는 남자에게 사용되는 단어라고 정정해 줄 정도이지만, 만약 남성에게 'old woman'이라고 지칭했을 때는 그 남성을 모욕 주는 말이 된다고 한다.

결과적으로 남성단어를 여성에게 적용했을 때에는 용인되거나 아니면 단어를 잘못 사용한 것으로 생각하고 정정 정도로만 끝난다. 반대로 남성에게 여성단어를 적용시키면 그때는 그 남성에게 모욕을 주는 꼴이 된다. 이미 차별적 인식이 내포되어 있다는 것이며, 또한 여성단어 의미가 이미 퇴화되어 있다는 것을 짐작하게 한다.

그러면 여성언어는 남성언어와 이미 차이가 나 있다면 어떠한 차이가 있는지를 알아보는 것도 뜻이 있는 일이다. Jespersen(1922)은 여성언어와 남성언어에서 차이는 단어 선택(word choice), 어휘의 사용범위, 부사사용, 문장구조 등에서 차이가 있다고 한다. 단어 선택에서 여성은 남성보다 완곡어법(euphemism)을 많이 사용하고, 고상하고 세련된 단어와, 간접적인 표현방식을 선호하고, 거칠고 조잡한 표현을 본능적으로 피한다고 한다. 예를 들면 남성은 'hell'(지옥)이라고 하면, 여성은 'the other place'(다른 곳)라고 한다. 그리고 여성언어는 어휘의 범위가 넓지 못하고 보다 표준적인 어휘 선택을 한다. 특히 여성들은 강조부사를 자주 사용해서 좀 과장된 표현을 즐겨 쓰는데 강조부사로 ‘awfully, pretty, terribly, nice, quite, so’ 등이 있다. 여성언어에서 문장구조에 특이성이 있는데, 여성은 남성보다 문장을 끝맺지 않고 중간에서 끊어 버린다. 예를 들면 ‘I’m so glad that I cannot express it.’ 이것은 완결된 표현이 아니다. 이런 문장을 여성이 사용하는 이유로는 무엇을 말할 것인가를 깊이 생각하지도 않고 순간적으로 말하는 습관에서 오는 것이라고 Jespersen(1922)은 지적했다. 여성은 문장을 첨가해 나가는 식으로 말을 하니까 등위절을 즐겨 쓴다. 이에 비해 남성은 보다 복잡한 구조, 즉 절 안에 절을 품고 있는 문장, 즉 종속 구문(hypotaxis)을 좋아하고 여성은 병렬 구문(partaxi)을 좋아한다고 Jespersen(1922)은 지적했다.

여성들이 즐겨 쓰는 단어를 전문가들이 제시한 예들을 보면 Jespersen(1922)은 ‘*to be sure, whoever, whatever, pretty, nice*’, Parsons(1913)은 ‘*perfectly, because, lovely, darling, sweet, horrid, mean, nice, dear, just —too —sweet — poor thing, minx, ca’t,* Peabody(1867)는 ‘*splendid(pretty). horrible(unpleasant), thousands(any number greater than two)*’을 들고 있고 Tucker(1967)는 ‘*oh! oh! so, somehow, fine, one*(대명사적으로)’, Weseen(1928)은 ‘*just, so, too*’, Funck(1950)는 ‘*adorable, sweet, precious, cunning, darling, cute, stunning, itsy bitsy, emotional make —up*(감정적 가장), *terribley. awfully, frightfully*’, Pei(1969)는 ‘*wonderful, adorable, heavenly, divine, dreamy, sensational, hysterical sweetie, honey, dear heart, doll, all rightie, natch, darling, hi love,* French color: *beige, mauve, taupe, ecru*’, Reik(1954)는 ‘*darling, divine, sweet, adorable, I could just scream. I nearly fainted, I died laughing*’. Key(1972)는 ‘*so, such, quite, vastly, It was so interesting. I had such fun'*(강조 말) 등을 들고 있다.

남성언어와 여성언어의 차이점을 실증하기 위해 Nilsen(1973)이 영어사전에서 남성단어가 분명한 것(예: son, man)과 여성단어가 분명한 것(예: daughter, girl) 중에서 500여 개를 골라서 의미자질을 분석해 보았는데 남성 의미자질을 가진 단어가 모두 385개, 여성자질을 가진 단어는 모두 132개였다. 남성 : 여성 자질 단어의 비율이 3 : 1로 남성 의미자질 단어가 압도적으로 많았다. 남녀의 총칭적 의미로 '인간'[+person]의 자질을 가진 단어는 남성단어에만 90개가 나왔고, 여성단어에는 하나도 없었다. 여성단어는 총칭적인 대표 표현 자질을 가지고 있지 않다는 것이 밝혀졌다. 남성은 남녀 성의 대표성 자질을 갖고 있고 또한 여성의 상대역인 남성의 자질도 갖고 있다. 언어에서 기본적으로 여성이라는 구체적인 증거가 제시되지 않는 한 모든 것은 남성을 위한 것이라고 생각하게 된다. 영어단어 'man'이 대표적으로 나온다. Murry(1973)는 영어에서 'all people are male until proven female이라는 근본적인 가정에서 사용되고 있다고 한다. 예를 들면 'man'에서 총칭적이고 중립적인 의미인 '인간'이라는 단어를 쓰더라도 '인간'이라는 말보다는 'male(남자)'라는 의미로 해서 혼란에 자주 빠지게 된다. 그래서 man이라고 하면 먼저 '인간'을 생각하게 되고 그리고 난 다음에 '남자'를 생각하게 된다.

여성은 인간의 약 반수에 해당되지만 개념적으로는 인간의 반수에서 제외되는 경우가 많다. Murray(1973)는 예술품, 문학 및 각 교재에서 사람들이 'man'에 대해서 구체적으로 'female'을 직시하지 않는 한 'male'이라고 여긴다고 지적했다. Miller and Swift(1972)도 사람들이 방송이나 신문에서 여성이라고 특별히 지적하지 않으면 대개의 경우 남성이라고 생각하기 때문에 'a woman'이나 'a girl'이 등장인물일 때는 'woman'이나 'a girl'을 밝히고 또 단어 반복을 피하기 위해서 다른 말로 대치한다고 했다. 예를 들면 'woman'을 계속 쓰기보다는 'Grandmother wins Nobel prize' 또는 'Blonde hijacks airliner' 등이다. 여러 학자들의 주장처럼 'man'이라 하면 '인간', '남자' 등을 먼저 생각하게 되고, '인간'은 남성, 여성을 총칭하는 것과, 따로 남자만을 지칭하는 '남자'만을 의미할 때에는 여자를 제외하는 의미의 이중성을 갖고 있다. 영어에서 'man'이 나타내는 이런 이중적인 단어가 여성표현에서는 남성을 전제로 한 후에 여성을 나타내는 생활환경을 조성하는 하나의 요인일 수가 있다.

의미자질의 분석을 통해서 남성, 여성의 차이를 연구한 Nilsen(1973)의 연구를 보면 의미자질 분석 중에, 의미자질 '점유'[+occupation]을 가진 단어는 남성단어 대 여성단어 비율이 5 : 1로서 남성단어의 비율이 5배로 많다는 사실을 발견했다. 점유, 점령 등 통솔적이고 지배적인 의미자질을 갖고 있는 단어는 남성단어가 많았다. 또 의미자질 '부정'[+negative] 의미를 가진 단어에 여성단어가 25개, 남성단어가 20개 정도였다. 사실 여성단어가 남성단어에 비해 3분의 1도 안 되는 숫자에서 이렇게 많은 수의 의미자질을 가진 단어가 있다는 것은 여성단어의 상당수가 '부정'에 대한 함축의미를 가지고 있다는 뜻이다. 여성단어의 의미자질에서 긍정보다는 부정의 의미함의가 남성단어보다 훨씬 많다는 것을 알게 되었다. 의미자질 '가정'[+family]이란 자질을 가진 단어를 보면 여성이 46개, 남성이 32개로서, 여성이 압도적으로 가족관계의 단어가 많다. 의미자질 '위신' 또는 '권위'[+prestige]를 가진 단어를 보면 남성단어가 108개이나 여성단어는 고작

18개에 불과해 약 6 : 1의 비율로 남성단어에 '권위' 자질 의미가 많이 쓰인다.

이 분석에서 밝혀진 사항은 여성은 총칭적 자질을 가지고 있지 않고 남성의 상대역인 여성만을 표현하고, 여성의 의미자질에 부정적인 함축의미와 가족관계 자질은 남성에 비해 특히 많이 가지고 있다는 점이다. 권위자질은 남성단어가 압도적으로 많이 가지고 있다.

따라서 여성단어는 '가족', '부정', '예속'적인 면의 단어에, 남성단어는 '권위', '총칭', '점유' 등 면의 단어에 많이 쓰인다. 의미자질 등을 통해서 보더라도 여성은 남성을 통해 설 자리와 자리매김을 한다. Lakoff(1973)은 여성들이 남성의 지위를 통해서 자기의 자리를 매김하는 언어형태가 많다고 지적하면서 그 예로 남성 대 여성으로 대비되는 두 쌍을 들고 있다. 그 예는 'master–mistress', 'widow–widower'인데 'master–mistress'가 원래는 남자주인과 여자주인의 관계로 표면적으로 대등한 관계인 것 같지만 사실은 불평등한 관계를 나타낸 단어였다. 그렇지만 세월이 지나면서 'master'는 어떤 분야의 능력을 완전히 터득한 사람을 지칭하는 말이 되었고, 반면에 'mistress'는 'paramour'인 '애인', '정부'의 뜻을 갖게 되었다. 또한 문장의 위치에서도 역할의 차이가 난다. 즉 'she is a mistress'는 비문이고 'she is Tom's mistress'가 올바르다. 즉 'mistress' 앞에 남성 소유격이 와야 올바른 문장이 된다. 'widow'도 문장에서 'Elizabeth is Tom's widow'라고 하는데 'widow'의 대비되는 단어 'widower'를 사용해 보면 'Tom is Elizabeth's widower'라는 비문이 된다. 따라서 여성단어가 문장에서도 남성단어의 용법을 그대로 따르지 못하고 남성에게 예속된 단어로 남게 되어 있는 것을 봐도 여성단어의 위상을 알 수가 있다.

외설농담(dirty joke)에서 남성은 여성을, 여성은 남성을 외설농담의 대상으로 삼을 수가 있다. 그러나 외설농담을 하는 다수는 여성보다는 남성이고, 또한 남성대상의 외설농담보다는 여성대상의 외설농담이 절대적으로 많다는 사실은 남성들이 외설농담을 주도하고 있다는 증거가 된다. 외설농담이나 민담(folklore)에서 성 농담을 만든 사람이 여성이냐 남성이냐를 연구한 Legman(1968)은 미국을 비롯한 전 세계의 외설농담과 민담 2,000개를 모아서 분석했다. 그 결과 외설농담의 기원이 남성에 의해서 만들어졌다는 것을 밝혀냈다. 특히, 여성을 농담의 대상으로 삼는 것 이외에는 민담에서 여성을 위한 어떤 설 자리도 없다는 것을 발견했다. 그는 이 연구에서 많은 자료들에서 여성에게 아주 부정적일 뿐만 아니라 여성이 인간적인 만족감이나 자부심을 가질 만한 어떠한 환경도 상황도 외설농담과 민담에는 없다는 결론을 내렸다('It is not just that so preponderant an amount of the material is grossly anti—woman in tendency and intent, but also that the situations presented almost completely lack any protagonist position in which a woman can identify herself—as a woman— with any human gratification or pride'). 즉 "그 많은 자료가 경향과 의도 면에서 전적으로 반여성적일 뿐 아니라 제시된 상황 또한 여성이 인간적인 만족감이나 자부심을 가지고 여성으로서 자신을 내세울 만한 위치는 전혀 없다."

문제는 외설적인 말은 은연중에 여성언어를 조직적으로 퇴화시키고 황폐화시키는 데 있다. Lawrence(1974)는 여러 가지 금기시되는 말 중에서 특히 영어 동사 중에서 'fuck', 'screw' 등은 분명히 성적인 함축미가 있는 몸의 기관과 인상(imagery)을 내포하고 있는데, 그것의 대상은 반드시 여성이라는 것이다.

남성표현의 금기어는 거의 없을 정도이지만 여성표현의 금기어는 아주 많을 뿐만 아니라 여성을 아주 경멸하는 말로 되어 있다. Strain-champs(1971)은 성교와 직접 관계가 있는 단어 'fuck'(성교하다), 'cunt'(여성음부), 'twot'(여성음부), 'condom'(남자용 피임기구: 콘돔), 'diaph-ragm'(여성피임기구 페사리) 등 5개 단어의 기원과 용법, 검열 과정 등을 추적한 논문에서 여성들은 이런 금기시되는 말에 대해서 올바르고 합리적인 태도('a sane and rational attitude toward taboo words')를 가졌다는 결론을 내리고 있다. 그리고 'nonemotive(비감성적)' 단어가 남성, 여성에 다 같이 쓰이다가 여성표현에만 쓰이게 되면 그 단어는 경멸적인 뜻이 첨가되고, 또한 경멸적인 뜻이 있던 단어가 남성을 표현하는 단어가 되면 그 경멸적인 뜻이 사라진다는 것을 발견했는데 그 예로 'shrewd-shrewish'를 들고 있다.

여성과 남성을 다 같이 표현하던 단어가 여성만을 표현하는 단어로 전환된 단어 중에 일부 단어에서는 퇴화된 의미를 획득하는 경우가 흔히 있다. 이러한 경우를 연구한 Greer(1971)는 'witches'란 단어가 처음에 남녀 다 같이 적용된 단어인데 차츰 여성에게만 적용되는 단어로 전환되면서 여성을 모욕하는 의미를 갖게 되었다고 지적한다. 또한 'madam', 'lady', 'dame' 같은 단어에도 여성에 대한 모욕적 의미가 도입되어 있다. 여성에 대한 모욕적인 의미를 가진 단어 중에 'tramp', 'piece of ass', 'pig', 'pussy' 등은 불법적인 성교에 대하여 남성들이 혐오감을 갖게 한 단어들이다.

의미에서 여성단어로 느끼는 인상과 남성단어로 여기는 인상(image)이 각각 있는데(Key, 1972), 그 예를 들면, 남성 인상을 주는 단어나 문장으로는 'bellow'(포효하다), 'yell'(큰 소리로 소리 지르다),

'men get angry'(화를 내다), 'men have careers'(직업을 갖다) 등이 있고, 여성 인상을 주는 단어로 'purr'(고양이 등이 갈그랑거리다), 'scream' (비명을 지르다), 'squeal'(깩깩 울다), 'women fret'(화를 내다), 'women have jobs'(직업을 갖다), 'vivacious women'(활기 넘치는 여자) 등이 있다. 남성단어는 주로 활달한 의미를 주고, 여성단어는 규모가 작으면서 토라진 느낌을 준다.

여성을 공개적으로 모욕한 안내문이나 단어를 구체적인 네 가지 예(Key, 1972)를 제시한 것을 보면 예 1에서 'the blind, the lame, and the women'(Pusey)에서는 맹인, 절음발이와 여인을 동급으로 취급하는 안내문이고 예 2에서 'women and dogs and other impure animals are not permitted to enter'(Mohammedan Mosgques의 안내판에서)에서는 여인을 개와 다른 깨끗하지 못한 동물과 같은 것과 동일시한 것이 있고, 예 3에서 'It is difficult to tame oceans, fools, and women.'(Agnew)에서는 여인을 바보와 같은 것으로 취급했고, 예 4에서 'women are often classified with slaves and children'에서는 여인을 노예와 어린이 등과 같은 부류로 취급하는 등, 여성 비하가 심하게 나타나고 있다.

이와 같은 여성단어의 퇴화에 대한 원인에 대하여 학자들의 의견은 각각이다. 대표적으로 두 학자 Ullman(196)과 Schulz(1975)의 견해를 보면 다음과 같다. Ullman은 여성단어 퇴화 원인을 세 가지로 보는데 첫째, 타락한 개념과의 연상(association with a contaminating concept) 관계, 둘째, 완곡어법(euphemism), 셋째, 편견(prejudice)을 들고 있다. Ullman은 여성이라는 개념에는 그 단어와 관련을 맺는 단어를 타락시키는 타고난 성질이 내재하고 있다고 주장한다(that there is a quality inherent in the concept of *woman* which taints any word associated with it). 그의 주장에서 남자들은 'woman'(여자)이라는 단어를 생각할 때 성적인 면을 먼저 생각하는 경향이 있다고 한다. 실제 여성을 말하는 남자 화자는 타고난 성적 욕망과 함께 성적인 암시를 하게 된다. 실제로 여성 표현의 단어가 계속해서 타락하는 과정을 연구한 Greenough and Kittredge(1901)의 분석을 다음 세 개 단어 'woman', 'female', 'lady'에서 찾아볼 수가 있다. 처음 'woman'이 여성을 대표하는 단어로 한참 쓰이다가 점차 퇴화되면서 'mistress' 또는 'paramour'의 뜻을 가지게 되었고, 영국의 빅토리아 여왕 시대에는 성적인 용어로서 금기어로 지정되기도 했다. 그래서 'woman'에 대한 완곡어법으로 'female'이 도입되었다. 이 'female' 단어조차도 여성을 대표하는 단어로 쓰이자마자 곧 퇴화되어 '수치스러운'의 의미가 첨가되었다. 그래서 'female'의 완곡어법으로 'lady' 단어가 대치되었다. 이 'lady' 단어도 또한 저속하고, 속된 의미를 가지게 되자 그동안 뜻이 상승되고 정화된 'woman'이 다시 완곡어법으로 도입되어 쓰이게 됐다. 가끔 이 'woman' 단어 대신에 중립적인 단어 'person'이 사용되었고 이 단어가 도입되자마자 의미적인 타락을 보게 된다.

이와 같이 여성을 표현하는 단어가 거의 대부분 퇴화현상을 보이고 있는 것에 대한 원인을 보면 Ullman의 주장에 상당히 이해는 가지만 한 가지 여성단어에 본래 타고난 타락의 성질이 있다는 주장에는 수긍하기가 어렵다. 이 주장에 분명한 반대 입장을 보인 학자는 Schulz(1975)다. 그는 Ullman이 지적한 세 가지 원인 중에 앞의 두 가지를 반대한다. Schulz(1975)의 주장은 일반적으로 여성이 남성보다는 더 금욕적이고, 탈선하지도 않고, 성 상대로 오직 합법적인 한 남자만을 일편단심으로 여기는 인간으로 인정받고 있다는 주장이다. 그래서 여자는 정숙하고 한 남편만을 갖는 데 만족하는 정서를 가지고 있는 것이 인정되고 있기 때문이라고 여성단어에 타고난 인자가 결코 없다고 주장한다. 타고날 때에 여성은 아름다움을 갖고 태어날 수는 있지만 성적 타락의 인자를 갖고 태어나지 않는다는 것을 누구나 인정할 것이다. Ulman의 두 번째 주장인 완곡어법에서 타락된 단어가 자꾸 생겨난다고 주장했지만, Schulz는 이에 찬성하지 않는다. 즉 '매춘부' 또는 '창녀'라는 말을 직설적으로 표현하는 것이 내키지 않아서 '밤의 여인', '거리의 여인'으로 부르면 이것은 완곡어법에 속한다. 이런 방법으로는 단어가 퇴화되는 것이 아니라는 것이다. 그 반대로 'woman'을 타락된 의미로 'prostitute' 또는 'whore'의 뜻으로 바꾸어 쓰면 이것은 완곡어법이 아니라 위악어법(dysphemism)에 속하는 것이다. Farmer and Henley(1965)가 'prostitute'의 동의어로 제시한 단어들은 사실 완곡어법에서 퇴화된 것(예: broadtail, cleaver, cocktail, mutton, moonlighter, omnibus, tail trader, tickietail, twofer, underwear 등)이지만 그 외 대부분은 위악어법으로 만들어진 것으로 볼 수 있다.

남성단어 'king', 'prince', 'father', 'brother', 'uncle', 'nephew', 'footman', 'yeoman', 'squire' 등은 의미의 퇴화 징후가 거의 없다. 상대역 여성단어에서는 퇴화의 징후가 곳곳에서 나타난다. 영어사에서 'king'의 상대성인 'queen'은 직접적인 퇴화의 형태는 없었지만 같은 발음을 가진 단어 'quean'을 통해서 여왕을 빗대어 말조롱(puns)을 했다. 'quean'은 'prostitute'의 의미를 갖고 있다. 심지어 단어 'mother'마저 17세기 영국에 'a bawd'(포주)의 뜻으로 사용(Schulz, 1975)되었다고 하니 이것은 여성단어 퇴화현상의 극한 상황을 보는 것 같다. 이와 같이 여성단어에는 역사적으로 여러 가지 퇴화현상이 일어났던 것이다.

여성 호칭에서 퇴화된 예를 보면 ‘governess’(지배자)는 Queen Eliza
−beth 1세 때에는 여왕을 지칭했으나 지금은 ‘nurse maid’(아이 보는
여자)로 퇴화되었다. 여성기관장이 있는 기관명이 퇴화된 경우를 보
면 ‘abbey’, ‘academy’, ‘nunnery’(수도원, 학교, 수녀원) 등이 ‘brothel’(사
창가)의 완곡어법으로 사용되었고, 여성기관장 ‘abbess’(수도원장)는 사
창가 포주의 뜻으로, ‘academician’은 ‘a harlot’의 의미, ‘nun’ 또한
‘courtesan’의 의미로 사용되었다.

가족관계 여성호칭이 퇴화되거나 완곡어법으로 대치되는 예를 보
면 ‘wife’는 15세기에 ‘mistress’의 완곡어로 사용되었다. ‘niece’는 ‘a
priest’s illegitimate daughter or concubine(내연의 처)’의 완곡어법이다.
‘daughter’는 일반적으로 불륜관계가 있는 여인에 대한 완곡어법으로
사용된다. ‘cousin’은 영국시인 Browning의 ‘Andrea del Sarto’에서
‘Lucrezia’s lover’의 완곡어법으로 사용되었고, ‘aunt’는 Shakespeare의
‘Winter’s Tale’ Ⅳ, 3. 11−12 ‘Summer songs for me and my aunts/As we
lie tumbling in the hay’에서 매춘부의 완곡어법으로 사용되었다. ‘sister’는
17세기에 영국에서 ‘a disguised whore’를 부르는 완곡어법으로 쓰였다.

여성가사도우미 호칭들이 퇴화되었는데 ‘hussy’는 고대영어 ‘hus−
wif’(house wife: 주부의 뜻)에서 나온 것인데 처음에는 ‘the female head
of the house’(여성가장) 뜻이었으나 차츰 뜻이 퇴화되어서 ‘a lewd
woman’(음탕한 여인) 또는 ‘prostitute’의 뜻으로 사용되었다. ‘laundress’
는 ‘잠자리 펴는 사람’ 등의 뜻으로 사용되었으나 나중에 ‘a mistress’
혹은 ‘a prostitute’의 뜻이 되었다. ‘needlewoman’은 ‘바느질하는 여인’
의 뜻이었으나 ‘a mistress’나 ‘a prostitute’의 뜻으로 사용되었다.
‘spinster’는 ‘물레 잣는 여인’, ‘미혼여성’, ‘노처녀’ 또는 ‘a prostitute’로

쓰였다. 'nurse'는 '간호사', '보모', '유모' 뜻에 'a mistress'의 뜻이 첨가되어 사용된다.

여성 애칭 또는 별칭에서 퇴화된 현상을 연구한 MacDougald(1961)은 'tart'를 통해 여성단어의 퇴화 과정을 상징으로 표현하고 있다. 즉 'tart'(작은 파이)의 처음 뜻은 '젊은 애인'이었으나 차츰 '성적 매력이 있는 젊은 여인'의 뜻으로 전환되었고, 뒤에 가서 '성도덕문란 여성'이 되다가 나중에 '거리의 여자', '창녀' 등의 뜻을 갖게 되었다고 한다. 이런 예를 여러 경우에서 발견하게 되는데 유아어 또는 어린애의 애칭에서 퇴화된 예를 보면 'dolly, kitty, biddy, gill(or jill), polly' 등이 애칭에서 시작된 이름이다. 이 단어들이 퇴화되어 'a slattern(칠칠맞은 여인)' or 'mistress'의 의미를 갖게 되었다. 'Jug and Pug'도 애칭으로 시작했으나 'a mistress' 또는 'a whore'로 퇴화되었다. 'Mopsy'도 'a slatternly, untidy woman'(지저분하고 칠칠맞은 여인)을 표현하고 'mouse'는 '활발한 여인'이란 애칭으로 쓰이면서 'a harlot'의 의미가 첨가되었다. 'doll'은 처음에 예쁜 아기 얼굴모양을 가진 어린 소녀의 애칭이었으나, 차츰 모욕적인 형용어구로 전환되었고, 결국에 'a paramour' 의미를 갖게 되었다. 'minx'는 '말괄량이', '왈가닥'을 표현했는데, 원래 '뻔뻔한, 주제넘은 어린 소녀'의 뜻이었다. 후에 가서 뜻이 퇴화된 'a lewd or wanton woman', 'harlot' 뜻으로 사용되고 있다. 'nymph and nymphet'는 '예쁜 어린 소녀'를 지칭했으나 뒤에 'nymph'는 'nymph of darkness'에서 완곡어법으로 쓰이고, 'nymphet'는 'loose young woman'의 뜻으로 쓰이고 있다. 'peach'는 '봉숭아처럼 향기 나고, 매력적인 소녀' 뜻인데, 1900년부터는 뜻이 퇴화되어 'a promiscuous woman'(난교하는 타락한 여인)으로 사용되고 있다. 'broad'는 '어린 소녀'의 뜻인데 뒤에 'a prostitute'의 뜻으로 쓰인다. 'floozie'는 '매력적이지만 교양 없는 소녀' 뜻에서 'promiscuous girl'의 뜻이 첨가되어 상용되고 있다.

중년 여인과 할머니의 별칭에서 퇴화된 예를 보면 'beldam'은 '심술 궂은 노파' 또는 '마녀'의 뜻이다. 원래 복합어로서 'bel'은 '조부와의 인척관계'를 나타내고, 'dam'은 'mother'의 뜻을 가지고 있어서 합치면 'grandmother'의 뜻이었다. 그 뒤에 차츰 '나이 든 여인'으로 지칭하게 되었고, 그 이후에 퇴화되어 '미운, 지긋지긋한 노인' 또는 '추한 노파'의 뜻으로 'a hag'의 의미를 갖게 됐다. 'hag'에 대해서 Stanley (1972)는 이 단어가 'a prostitute'의 동의어로 기록될 정도로 퇴화된 단어라고 지적한다. 이 단어는 원래 'witch'(마녀)의 의미였으나 뒤에 가서 '추한 늙은 여인'의 의미를 가진 단어로 일반화되어 쓰였다. 가끔 'viciousness'(사악함)나 'maliciousness'(악의적임) 뜻으로도 쓰인다. 'bat' 는 '박쥐'(a night bird) 뜻인데 처음에 'a prostitute'의 비유법으로 사용되었으나 뒤에 가서는 모욕적인 의미가 제거되고 단순히 'unpleasant woman'으로 일반화되었다. 최근에는 다시 초기의 의미 'a prostitute' 뜻이 사전에 나온다. 'bag'는 'a middle-aged or elderly slattern' 또는 'pregnant woman'을 의미했지만 차츰 의미가 퇴화되면서 'a slatternly prostitute' 또는 'a part-time prostitute'의 의미를 갖게 되었다. 최근에 이 단어가 모욕적인 의미가 없는 단순히 'an unattractive, ugly girl(추한 소녀)' 또는 'an old shrew' 등의 의미를 획득하고 있는 중이다.

뚱뚱하거나, 단정치 못한 여성을 말(horse)에 비유하여 의미가 퇴화된 경우를 보면 'harridan'은 원래 'a worn-out horse'(노쇠한 말)인데 'a gaunt woman'(여윈 여자)에 대한 비유법으로 사용한 것이다. 'jade'는 원래 'a broken-down, vicious or worthless horse'인데 나이 든 남녀를 비유법으로 쓴 것이다. 이 단어는 Shakespeare의 희곡 'The Taming of the shrew(말괄량이 길들이기)'에서 나온 예이다. 이 단어는 여인을 경멸하는 의미인데 결국 'whore'의 동의어가 되었다. 'hackney or hack'의 원래 뜻은 'a common riding horse'(일반적인 말) 또는 '빌릴 수가 있는 말'을 뜻했다. 여자에 적용했을 때에 성적인 의미가 가미되어 'a woman who hires out as a prostitute' 또는 'a bawd'의 비유법으로 사용되었다. 'tit'는 원래는 'a small horse'(작은 말)를 지칭했으나 그 후에 'a harlot'로 퇴화되어 사용됐다. 여성을 말에 비유하는 원인으로 여성을 탈것(a mount)으로 의미하는 성적 함축미가 들어 있기 때문이다. 중국에서 창녀를 '천인기'(千人騎)라 하여 천 명의 남자가 타는 말에 비유한 것(이명수 1996: 12)을 보면 동서양의 정서가 같은 것을 느낀다.

여성단어의 퇴화현상에 대한 남성단어의 위치를 생각해 보면 남성단어, 즉 'boy', 'youth', 'stripling', 'lad', 'fellow', 'puppy', 'whelp' 등은 품위 손상의 기미는 전혀 없이 계속 같은 뜻을 유지하며 사용되고 있다.

창녀, 매춘부 등의 뜻을 나타내는 대표적인 단어인 'harlot', 'bawd', 'wench', 'whore' 등 4개 단어의 생긴 유래와 현재의 의미과정을 살펴보면 첫째, 'harlot'는 처음에 'a fellow of either sex'(남녀 중의 한 사람) 또는 'vagabond, beggar, rogue'(방랑자, 불량자, 사기꾼)의 뜻을 가진 단어였다. 중세 영어 때부터 여성보다는 남성에게 더 많이 적용되었고 그 이후에 'riffraff'(하층민)를 지칭하는 단어로 차츰 의미가 퇴화되어 갔다. 17세기 때에 Shakespeare가 그의 희곡인 'Winter's Tale II, 3.4'에서 사용한 'harlot king'에서 'harlot'의 뜻은 '음란한, 외설적인' 의미다.

엘리자베스 여왕 시대 이후부터 이 단어는 여성에게만 사용되어 'disreputable woman'(평판이 나쁜 여성)의 뜻으로 사용되다가 결국에 'a prostitute'(창녀)로 되었다. Onions(1966)의 조사에 보면 이 단어는 중세라틴어 'arlotus(glutton)'에서 나왔고, 1475년에 처음으로 창녀 'prostitute'로 사용되었다고 한다. 이 단어는 성경번역에서 'whore'보다 다소 점잖은 단어로 취급되었다. OED에 기록에 보면 1507년경 노르만디 William 공 Ⅰ세의 어머니 Herolthe이 첩의 지위에 있었기에 그 이름을 따서 지은 말이라고 Lambarde가 기록한 자료가 있다고 한다. 그러나 Skinner(1689)는 Lambarde가 참고자료를 잘못 해석해서 나온 것이라 결론 내리고, 이태리어에 'arlotta'(당당한 창녀)라는 말을 인용하면서 그녀는 William의 어머니가 아니고 William의 첩이라고 했다.

둘째, 'bawd'는 처음에는 'go−between or panderer of either sex'(남녀 중에 어느 나쁜 중매쟁이) 정도의 의미였다. 그러나 18세기 초부터 여성에게만 적용되면서 'a keeper of a brothel'(매춘굴지기) 또는 'a prostitute'로 사용되었다.

셋째, 'wench'는 'wenchel'에서 유래되었고, 처음 뜻은 'a child of either sex'(어린아이)로서 여자만을 지칭한 것은 아니었다. Onions (1966)의 조사에서 보면 이 단어는 고대영어 'wancol'(unsteady, inconstant, wavering)에서 나왔지만 청소년 소녀를 표현한 것이지 여성만을 지칭하는 것은 아니었던 것이라 한다. Skeat(1910)는 여성에게만 적용되는 단어가 되었다고 한다.

넷째, 'whore'는 처음에는 'hoor'로 사용되었지만 뒤에 현대철자로 바뀌었다. 이 단어는 처음에 정중한 뜻을 가진 단어(a polite term) (Bloomfield 1933)였다. 즉 'a lover of either sex'(애인)로 여겼다. Steat는 처음에 'lover'(애인) 정도의 의미이고 퇴화된 의미는 아니었다고 한다. 영국에서 처음으로 'hoor'를 매춘부로 기록한 사람은 Verste－gan(1605)이다. 그는 영어단어 'hire'를 사용해서 'hoor'의 의미를 나타냈다. 그 예를 보면 다음과 같다.

"such incontinent women do commonly let their bodyes to hyre"(이와 같은 자제력이 부족한 여인은 그들의 육체를 흔하게 돈 받고 내맡긴다)(Verstegan 1605).

미국에서 성 문란 여성과 남성을 표현하는 단어를 가능한 한 많은 자료를 수집하여 분석한 Stanley(1972)의 연구를 보면 남성과 여성 표현의 차이가 뚜렷이 있음을 알 수가 있다. 모집자료는 총 242개였는데 그중에 여성단어는 220개였고, 남성단어는 22개였다. 성 문란 여성을 지칭하는 용어로 '창녀', '매춘부' 등의 이름으로 사용되는 용어들을 말한다. 이 용어들의 의미적 특징을 보면 네 가지로 나눌 수가 있다.

첫째, 명시적(denotative)이거나, 아니면 함축적(connotative) 의미 특성으로 나눌 수가 있는데, 명시적인 것에는 성교의 비용이 저렴한지, 비싼지, 돈을 직접 지불하는지, 간접으로 지불하는지, 짧은 시간을 보내는지, 긴 밤을 보내는지 등에 따라 차이가 나고, 함축적인 것에는 부정적, 중립적 아니면 긍정적인지 등이 나타난다.

둘째, 위악어법인지 완곡어법인지 등에 따라 분류한다.

셋째, 환유어법(metonymy)적인 표현(여성의 몸 구체적인 부분을 들어 그 여성을 지칭)으로 나타낸다.

넷째, 비유법(metaphor)적인 것(물건이나 동물과 비유해서 여성을 지칭하는 법) 등이다.

Stanley는 이 용어조사를 통해서 'a paradigm of the definition of women

in our culture'(미국 사회 문화에서 여성을 정의하는 잣대 역할)를 제공할 것이라고 했다. 특히 성이 문란한 여성의 명칭에 숨어 있는 비유법 등은 남성 지배 사회가 여성에게 주는 양면성 가치의 성 역할의 고정관념을 정의하고 계속 정착시킬 것이라 결론지었다.

성이 문란한 여성 명칭 등은 남성들에 의해서 만들어져 사용된다고 Flexner(1975)가 Dictionary of American Slang에서 지적했다. 대부분의 미국 외설농담(slang)은 남성에 의해서 만들어져 사용되었다는 것이다. 많은 외설농담의 단어 유형은 남자들의 관심과 흥미에 관한 것이기 때문이다. Flexner의 분석 견해를 보면 여성 대부분은 가정에 머물기 때문에 여성 자신이 외설농담을 만들지는 않는다. 대신 여성이 외설농담을 하면 그것은 그들 남편으로부터 외설농담을 배워서 사용하게 된다고 지적했다. 여성의 단어로는 의복, 머리 모양, 가정 도구 등이 있는데 이 이름도 실제로는 여성들이 그것을 구입해서 사용하지만 실제로 그런 물건을 만들고 다듬는 것은 남성들이고 남성들에 의해서 그들의 모형이 결정된다고 지적했다.

## 3. 결론

지금까지의 논의를 정리하면 여성단어의 퇴화의 근본원인으로 첫째, 언어와 성과의 관계에서 남성언어의 특징은 추상적이고 합리적이면서도 유미적이고 창조적인(abstract, rational, aesthetic, creative) 면이 있고 여성언어의 특징은 구체적이고 감정적이고 실제적이며, 수동적(concrete, emotional, practical, receptive)인 면을 나타낸다고 Ellis(1929)는 정의하고 있다. 또한 Hall(1973)도 여성언어에서 보다 더 세련

(refinement)미에 관심을 갖는다고 한다.

　둘째, 생물학적으로 남성이 여성보다 열등하기 때문에 그것을 만회하기 위한 대안으로 여성 표현 단어를 퇴화시킴으로 위안을 삼는다. 소녀들은 육체적·성적·지적 면에서 소년들보다도 일찍 성숙한다. 소년시절에 남성은 소녀들보다도 연약하다. 그리고 남성의 황혼주기에 와서도 남성들은 여성들보다도 약해진다. 즉 많은 남성들이 여성보다도 심장마비(heart attack), 통풍(gout), 간암(lung cancer), 당뇨(diabetes) 등 퇴화성 질병을 더 많이 갖는다. 남성들이 여성보다도 더 일찍 생물학적 육체가 퇴화된다. 여성의 수명이 남성의 수명보다 길다는 것은 상식이다. Fry(1972)는 남자들의 외설농담(sex jokes)은 육체적인 생물학적 연약함과 불이익에 대한 근심, 지식, 관심의 표현이라고 지적했다. 또한 Grotjahn(1972)은 걱정, 불안 때문에 남성들의 여성에 대한 증오를 자극한 것이고, 성적으로 무능에 대한 두려움의 발로라고 지적했다. 여성들은 남성의 성교능력을 알고 있으므로 여성에게 거짓말을 할 수가 없다. 여성은 그녀 자신의 행위를 남성에게 비밀스러운 미스터리한 것으로 남긴다. Grotjahn의 주장은 남자가 여자에게 두려워하는 근본적인 것은 성적인 것이라 한다. 이것이 여성단어에 그렇게 많은 퇴화적 용어와 성적 함축미의 용어를 만들어 내는 근본 핵심이라고 했다.

　셋째, 여성단어의 퇴화현상은 남성이 여성에게서 느끼는 성적 매력을 성적인 느낌(sexy)으로 표현한 것이다. 난혼관계의 사회에서는 용기와 지략을 발휘하여 마음에 끌리는 여성을 성적으로 접하기가 쉬웠으나 일부일처제 사회에서는 쉽게 다른 여성과 성적 접촉을 할 수가 없게 되었다. 그래서 접근할 수가 없는 여성단어 표현에서나마 나타내어 대리 만족을 하는 것이다. Nilsen(1972)은 영어사전에 나온 남성, 여성단어를 조사 분석한 결과 세 가지 유형을 지적했는데 첫째, 미국 여성들이 중요하게 여기는 것은 여성의 몸매(a woman's body)에 있었고, 남성들이 중요하게 여기는 것은 정신(a man's mind) 혹은 활동 (a man's activities)에 있었다. 그래서 여성에게는 성적 매력(sexy), 남성 에게는 성공(successful)이라는 개념이 요구된다. 남성의 단어로 'sir', 'master'는 출세, 사업(business-like aura)과 관계가 있고 여성의 단어로 'madame', 'mistress'는 성적 매력(sexual connotation)과 관계가 있다. 둘 째, 영어 표현에서 남성에게는 능동적 역할(an active role)을, 여성에게 는 수동적 역할(a passive role)을 기대한다. 여성을 먹을거리(a peach), 식물(wall flower, ivy) 보석(Pearl), 애완동물(pony tails, halters)과 동격으 로 취급하고 있는 것이 그 예이다. 셋째, 여성단어는 사소하고, 부정 적 함축의미(trivial or negative connotations)를 가지고 있는데 직업이름 에서 남성은 힘 있고, 중요한 자리, 긍정적인 의미를 포함하는 단어를 사용하며 그 예로 'chef', 'tailor', 'major'에서 볼 수 있고, 여성단어는 'cook', 'seamstress', 'majorette' 등 사소하고 열등한 자리의 의미로 쓰인 다. 여성 어린이에게 'to be a lady'라고 하면 그 뜻은 'to sit with her knees together'(즉 무릎을 모으고 앉는다)이고, 남성 어린이에게 'to be a man'의 의미는 'to be noble, strong, virtuous'(기품이 있고, 강해지고, 덕스럽게 된다)의 의미로 커다란 차이를 보인다. Nilsen(1972)은 병아 리 비유법(chicken metaphor)을 제시하여 여성 차별을 상징적으로 나타 내고 있다. 즉 chicken(병아리)의 일생 이야기로서 어린 시절 이름은 'chick'(병아리)라고 하고, 나이 들어 결혼하니 'cooped up'(우리에 갇히 게)됐고, 그 뒤에 'hen parties'(여성들의 모임)에 나가게 되고, 친구들과

‘cackles’(꼬꼬댁하며, 수다 떨게)하게 된다. 그러는 사이에 한배의 ‘broad’(새끼)를 갖게 되고, 그 이후부터는 ‘hen-peck’(남편을 쥐고 흔들게) 되었고, 그 뒤에 ‘old biddy’(늙은 암탉)가 되었다.

넷째, 완곡어법(euphemistic) 표현이 위악어법으로 나타난다. 여성들이 남성들보다는 완곡어법을 많이 사용하는데 그것은 강력한 말을 피하고(avoiding strong or forceful statement) 간접적이거나 정중한 말(using indirect and ‘polite’ means of expression(Lakoff 1973)을 선호하기 때문이다. 완곡어법이 생긴 것은 이미 사용되고 있는 단어가 쓰기에는 부담을 주거나 불편을 주는 근원이라는 생각에서 나온 것이다. 완곡어법으로 대치되는 단어는 흔히 경멸적인 형용어구를 가지고 있다. 완곡어법 면에서 ‘lady’를 제거하려고 하면 먼저 ‘broad’와 다른 경멸적인 여성지칭 단어를 제거해야 된다. 문제는 완곡어법으로 도입된 단어 자체가 퇴화의 길로 간다는 데 있다. 예를 들면 ‘woman’을 대신해 ‘lady’를 도입해서 쓰고 있는데 이 ‘lady’가 퇴화의 길을 걷게 된 결과다. ‘lady doctor’가 의사의 품위를 저하시키는 말이기도 하다고 한다(Lakoff 1973). 또 다른 예로 ‘girl’의 완곡어법에서 미성숙함을 강조하기 위해 사용될 때에는 ‘woman’에서 나타낸 성적인 암시를 제거하기는 하지만 대신에 무책임성 등을 내포하기도 한다. 완곡어법이 여성들이 사용할 때에는 완곡어법으로 사용되었지만 이것을 남성들이 사용할 때에는 완곡어법을 위악어법(dysphemism)으로 사용하는 경우가 생기고 있다. 그래서 여성언어가 남성들에 의해서 점점 성적 함축미를 갖게 되는 결과를 가지게 된다.

결론적으로 Strainchamps(1971)가 “English retains more vestiges of the archaic sexual attitudes than any other civilized tongue”이라고 했듯이 영

어가 어떤 다른 문명 언어보다도 좀 더 낡은 성적인 태도의 흔적을 많이 소유한 언어라고 생각된다. 영어가 그렇다면 그 영어를 사용하는 사람의 사고방식도 그렇다고 생각하지 않을 수가 없다.

# 제5장 현대영어 동사 변화의 통시적 관찰

## 1. 개관

현대영어 동사의 과거시제(이하: 과거)나 과거분사(이하: 과분)는 일반적으로 하나이나 간혹 둘인 것도 있다. 둘인 것의 예를 보면 abide의 과거는 abode, abided이고, 과분은 abode, abided인데 보통 영어사전에 불규칙 동사 표에 나와 있다. 과거 및 과분은 모음 변화로 형성된 강변화 동사(strong verb)도 있고 또는 동사어근에 d나 ed를 붙인 약변화 동사(weak verb)도 있다. abide는 고대영어와 중세영어에서 어간모음 변화로 과거(고대영어: 단수 abad, 복수 abidon, 중세영어: 단수 abad, 복수 abiden)를 갖는 강변화 동사였지만 현대영어에 와서 동사어근에 접미사 d를 가진 새로운 과거와 과분을 도입하면서 변화의 조짐이 나타났다. 이러한 현상은 강변화 동사에서 약변화 동사로 전환하기 위한 과정이다. 고대영어와 중세영어에도 많은 강변화 동사가 약변화 동사로 전환한 것은 물론이고 현대영어에서도 몇몇 강변화 동사가 약변화 동사로 전환했거나, 전환과정에 있는 것을 확인할 수가 있다.

본 장에서는 현대영어에서 몇몇 강변화 동사가 약변화 동사로 전환됐거나 전환 중인 것이 있고, 또한 반대로 몇몇 약변화 동사도 강변화 동사로 전환됐거나, 전환 중에 있는 동사가 있는데, 이러한 변화에 참여하고 있는 동사들에 대하여 그들의 과거나 과분에 두 가지 형태를 그 동사들의 옛날 형태와 비교해 볼 것이다. 또한 고대영어와 중세영어 때의 과거와 과분을 찾아보면 그들의 변천 과정을 추적해 볼 수가 있을 것이고 또 그 형태들이 언제 둘이 되었으며, 어떻게 변화되려고 하는지에 대한 정보를 얻을 수가 있을 것이다.

원래 영어가 속해 있던 원시 인구어 동사에는 'athematic verb'와 'thematic verb'가 있었고 이 동사는 과거와 과분에서 독특한 모음변화를 했는데, 이것이 게르만어 시대에 와서 강변화 동사로 통합(조성식 1959)되었다. 그 이후 게르만어에는 강변화 동사와는 다르게 과거와 과분을 만들 때에 치경 접미사 d나 t를 동사 부정형 어간에 붙이는 새로운 방법을 고안해서 사용했는데 이 방법으로 과거와 과분을 만드는 동사를 약변화 동사라고 하는데 게르만어에만 있는 방법이었다.

지금까지 게르만어에만 있는 약변화 과거 및 과분 접미사인 d나 t의 기원에 대한 연구는 계속 있어 왔지만 만족할 만한 것은 아직 없고, 또한 그 연구는 결코 쉽지가 않다. 이미 연구된 것 중의 하나로 Pyles(88)는 치경접미사 d나 t는 do동사에서 유래됐다는 주장이고, 또 다른 견해로 Baugh(70)는 동사어근에 to를 붙여 어간을 형성하는 동사의 형태라는 주장이 있을 정도다.

게르만어 시대부터 시작된 약변화 만드는 방법이 차츰 활기를 띠게 되자 약변화 동사는 크게 증가되었다. 약변화 동사를 만드는 방법 중의 하나는 명사, 형용사 및 강변화 동사의 과거 단수에 접미사 jan을 붙이는 것인데 이렇게 만들어진 동사들은 모두 부정형의 어간에 접미사 (e)d나 t를 붙여 과거나 과분을 만들었다. 약변화 동사를 만드는 몇 가지 예를 Moore(71−72)가 제시한 것을 보면, 명사 *fleam(*:재구성단어임)에 접미사 jan을 붙인 동사 flyman(to cause to drink)이 생겨났던 것이다.

또 다른 약변화 동사를 만드는 가장 손쉬우면서도 가장 많이 사용된 방법은 강변화 동사를 약변화 동사로 전환시키는 것이었다. 즉 강변화 동사 부정형이 과거나 과분을 만들고자 할 때 모음 변화 대신에 약변화의 과거나 과분을 유추하여 약변화의 접미사를 부정형 어근 끝에 붙여 약변화 동사로 전환하는 것이었다. 이렇게 유추에 의해서 강변화 동사가 약변화 동사로 전환하는 예가 14세기경에는 그 예가 최고조에 달하였으나 그 이후에는 크게 줄어들었다고 한다. 또한 고대영어에 이미 약변화 동사의 수가 강변화의 동사 수보다 더 많았다(pyles, 125)고 하니 고대영어에 이미 약변화 동사의 활용이 광범위하게 이루어졌음을 알 수 있다. 이렇게 고대영어와 중세영어에서 강변화 동사가 점점 몰락으로 치닫게 되어 현대영어에 와서는 극히 소수에 불과하게 되었다. 소수에 불과한 강변화 동사조차도 현대영어에서는 약변화의 강력한 선호 경향 때문에 강변화 동사에 새로 약변화를 도입함으로서 생존경쟁이 치열하게 되었다.

영어 연구의 시대 구분에서 일반적으로 고대영어를 449년~1100

년, 중세영어를 1100년~1500년, 현대영어를 1500년~현재까지로 정하고 있는데 이 장에서도 동사의 변화 현상을 찾아보고, 확인하기 위해서는 다소 긴 기간이 필요하므로 세밀한 구분보다는 일반적인 구분이 좋을 듯해서 그렇게 하기로 했다. 또한 이 장에서는 규칙동사란 용어를 쓰지 않고 약변화 동사라는 용어를, 또 불규칙 동사보다는 강변화 동사라는 용어를 그대로 사용한다. 그 이유는 역사적 변천 과정을 연구하기 때문에 역사 및 비교언어학에서 자주 사용하는 용어를 쓰는 것이 자연스럽기 때문이다.

연구 자료 수집에 있어 현대의 영어사전들은 현대영어 약변화 동사 과거와 과분에 변이형이 생긴 것들을 모두 다 모아서 불규칙동사에 포함시켜 강변화 동사의 과거 및 과분 형태와 함께 그 사전의 맨 끝에 있는 목록표에 기록하고 있다. 연구 자료로서 이 목록표에 나온 동사 중에서 과거가 둘 혹은 과분이 둘, 심지어는 과거와 과분 모두 두 가지 형이 있는 것 등을 가능한 한 여섯 개의 사전에 있는 것 모두 수집하여 그들이 중세영어에서 어떤 모습에 어떤 변화를 했는지, 또한 고대영어에도 어떤 변화형을 가지고 있는지를 다 찾아서 그들이 변천해 온 과정을 현대 형태와 비교 제시했다. 그런데 영어사전마다 불규칙동사가 약간씩 다르기 때문에 이 장에서는 이런 문제를 해결하고, 가능한 한 많은 예를 수집하기 위해 영어사전 여섯 권을 선택해서 모두 수집해 보니 그 동사 수는 모두 129개였다. 이 중에서 복합동사가 16개나 있었고, 나머지는 모두 단순동사인데 그 수가 113개였다. 이들 동사를 모두 그들의 고대영어와 중세영어가 가지고 있었던 형태와 비교해 보면 그들 형태가 언제 어떻게 생겨났는지가 뚜렷이 밝혀지게 될 것이다.

## 2. 복합동사 비교 분석

　비교 대상에 있는 복합동사들은 고대영어와 중세영어 사전에는 없고 모두 현대영어 사전에만 있는 것을 보면 현대영어 시대에 와서 생겨난 동사다. 그리고 이들의 주동사와는 밀접한 관계를 유지하고 있다. 몇 개의 동사는 주동사와 일부 독자적인 관계를 시도하려는 것이 있지만 그 외는 주로 주동사와 같은 변화를 한다. 이러한 여러 가지 사항을 고려하여 비교 분석한 것은 다음과 같다.

### 2.1. 현대영어에 독자적으로 약변화를 도입한 예(6개)

　다음의 복합동사 6개는 그들의 주동사가 강변화 과거 및 과분을 갖지만 복합동사가 되면서 독자적으로 약변화를 도입해 사용하고 있는 예이다.

(1) broadcast의 과거(broadcasted, broadcast)와 과분(broadcasted, broadcast(영국 영어))에는 주동사 cast의 과거 및 과분과 약간 다른 현상이 보인다. cast의 과거와 과분은 cast이고, 중세영어(부정형(이하 생략) casten - 과거(이하 생략) caste - 과분(이하 생략) cast)의 과거는 caste, 과분은 cast이다. 그런데 복합동사 broadcast가 만들어지면서 복합동사 과거와 과분은 주동사 cast의 과거와 과분과 같은 형태를 갖는 것과 동시에 약변화도 도입되었다. cast는 중세영어에서 강변화로 정착된 동사다. 강변화의 과거와 과분 broadcast 주로 영국영어에서 사용되지만, 여기에 약변화가 도입된 것은 복합동사가 주동사와 독립하여 약변화 동사로의 전환 움직임으

로 볼 수 있다. 이와 같이 cast를 주동사로 하는 복합동사로는

(2) forecast

(3) radiocast

(4) telecast 등이 있고 이들은 broadcast와 꼭 같은 변화를 하고 있는 것을 알 수가 있다.

(5) hamstring의 과거(hamstringed, hamstrung)와 과분(hamstringed, hamstrung)을 보면 주동사 string의 과거(strung)와 과분(strung)을 꼭 같이 수용한 강변화가 있고, 독자적인 약변화가 나타나고 있다. 이 동사도 독자적인 움직임을 시도하고 있다. 주동사 string은 중세영어에 명사 streng이 현대영어에 와서 동사로 전환되면서 강변화 동사로 전환되었고 이 동사가 ham과 복합동사가 되면서 영국영어에서는 과거 및 과분에 hamstrung를 쓰고, 미국영어에는 약변화 hamstringed를 쓰게 됐다.

(6) unbend의 과거(unbended, unbent)와 과분(unbended, unbent)에도 주동사 bend의 과거 및 과분을 수용하면서도 또 한편으로 약변화 어미를 가진 과거 및 과분을 도입하였다. 주동사 bend는 이미 고대영어 때부터 약변화로 전환된 동사로 고대영어(bendan―bende―gebended)에서 접미사 ed가 과분(gebended)에만 쓰이고, 과거(bende)에는 쓰이지 않는다. 중세영어(benden―bende―bend)에서 과분(bend)은 ed 어미가 없어졌다. 이렇게 과거 및 과분에 ed가 없는 형태에 대하여 바버(Barber, 253)는 ed가 없는 동사의 과거는 부분적으로 cut, set, shut와 같은 형태의 과분을 유추해서 만든 것들이고, 이들 동사는 역사적으로 볼 때 약변화 동사였고, ed 어미는 고대영어에 있었던 음 변화로 없어졌다. 또 다른 설

명으로 convict나 exasperatus에서 파생된 것이라고도 볼 수 있다고 했다. bend의 과거 bent는 처음에 ed가 붙어 bended가 되었다가 bend의 겹친 자음(nd) 중에 앞 음 n의 영향으로 d와 어미 ed가 하나의 음 t로 전환된 것으로 bent는 또한 약변화의 어미 t라고 볼 수도 있다. 그러나 이렇게 약변화의 변이형을 확대하면 실제로 강변화 형태로 된 것과 구별이 매우 어렵게 된다. 그래서 이런 형태는 강변화 동사로 보는 것이 적절하다. 단순동사 bend는 과거와 과분에 bent이지만 복합동사 unbend로 쓰일 때는 과거와 과분에서 unbended와 unbent형 두 가지를 갖게 되지만 거의 대부분 영어사전에는 unbent만이 과거 및 과분으로 나오고 있다.

## 2.2. 주동사의 과거 및 과거분사와 동일한 예(9개)

다음의 복합동사 9개의 예는 모두 주동사의 과거 및 과거분사와 동일한 형태를 갖는다. 그중에서 backbite, backslide와 outbid는 강변화, misspell, overleap, overwork와 sunburn 등은 약변화, 그리고 ungird와 overhang은 강변화와 약변화 두 가지 변화를 한다.

(7) backbite의 과거(backbit)와 과분(backbit, backbitten)은 주동사 bite의 그 것과 같다. 주동사 bite의 과거(bit)와 과분(bit, bitten)에 있는 어간모음 I는 고대영어(betan—bat, bate, biton—gebiten)에서 과거 복수(biton) 및 과분(gebiten), 중세영어(betan—bat, biten—biten)의 과거 복수(biten) 및 과분(biten)의 어간모음에서 온 것이며 현대 영어 과거와 과분은 중세영어의 부정형과 과분에서 어미가 소실된 것이 도입된 듯하고, 과분에서는 중세영어의 과분에 t를

첨가한 형이 또 들어와 있다.

8) backslide의 과거(backslid)와 과분(backslid, backslidden)을 보면 주동사 slide의 그것과 같다. slide의 과거(slid)와 과분(slid, slidden)은 어간모음에는 고대영어의 과분(gesliden) 어간모음 i가 도입되어 있다. 또한 과분에는 중세영어(sliden−slod−sliden)의 과분 어간에 d를 첨가한 형 slidden과 과거와 꼭 같은 slid 등 두 가지다. slidden는 주로 미국영어에서 사용된다.

9) misspell의 과거(misspelled, misspelt)와 과분(misspelled, misspelt)도 주동사 spell과 같은 것을 갖고 있다. 주동사의 변천 과정에서 현대영어의 과거와 과분 spelt는 중세영어(spellien−spellede−spelled)의 과거와 과분에서 변이형으로 생겨난 것이고 현대영어에서 새로 약변화가 도입된 것이다.

10) outbid의 과거(outbid, outbade)와 과분(outbid, outbidden)은 주동사 bid의 그것과 일치한다. 주동사 bid의 변천사는 고대영어 부정형 boddan에서 중세영어(bidden−bæd, bed−beden)의 bidden이 되었고 이것이 현대영어 bid가 되었다. 현대영어 bid의 과거와 과분이 부정형과 일치하게 된 것은 부정형 bid를 유추해서 과거 및 과분을 만들었기 때문이다. 또 다른 과거들은 고대영어 1, 3인칭 bæd, 2인칭 bæde, 복수 bædon에서 중세영어 과거 bed, bæd가 나왔고, 현대영어 과거 중에 주로 영국영어에서 쓰는 bad와 그 외 beden이 쓰였고 현대영어 과분에서는 어간모음 e 대신에 i가 쓰였고, 어간 끝 철자가 한 번 더 첨가된 bidden이 쓰인다.

11) overlap의 과거(overleaped, overleapt)와 과분(overleaped, overleapt)은 주동사 leap의 그것과 같다. 주동사는 고대영어(hleapan−hleop,

hleopon, hlupon—gehleapen)와 중세영어(hleapen—leop—lopen)에서 강변화였고, 현대영어에 와서 완전히 약변화로 전환되면서 약변화의 변이형이 됐다. 그래서 새로 약변화가 도입되어 쓰이고 있다.

12) overwork의 과거(overworked, overwrought)와 과분(overworked, overwrought)을 보면 주동사 work의 그것과 일치하며 주동사 work는 약변화인데 단순동사 work에서 분석한다.

13) overhang의 과거(overhanged, overhung)와 과분(overhanged, overhung)을 보면 주동사 hang의 그것과 같다. hang에 대한 설명은 뒤에 단순동사 hang 분석에서 다룬다.

14) Sunburn의 과거(sunburned, sunburnt)와 과분(sunburned, sunburnt)을 보면 주동사 burn의 활용과 같다. Sunburn은 1530년에 sunburning 과 sunburt에서 역형성(Backformation)으로 현대영어시대에 만들어 졌다. 주동사 burn은 단순동사 burn항목에서 설명하고 있다.

15) Ungird의 과거(ungirt, ungirded)와 과분(ungirt, ungirded)을 보면 주동사 gird의 활용과 같다. gird는 고대영어(gyrdau-gyrde-gegyrded)의 과거(gyrde)와 과분(gegyrded)에 보듯이 이미 약변화로 전환됐고, 중세영어(gürden-gürde-gürd)에 와서 과거(gürde)와 과분(gürd)에 약변화 어미가 없어 없어지면서 강변화로 전환되었다. 현대영에서는 약변화가 새로 도입되었다.


## 2.3. 주동사와 과거에는 다른 예(1개)

복합동사 undebid는 주동사의 과거형태 bade, bid에서 bid 하나만을 선택한 예를 보이고 있다. undebid의 과거(underbid)와 과분(underbid, underbidden)을 보면 앞에 나왔던 outbid와는 과거에서 차이가 난다. 이

동사는 주동사 bid의 과거 bade 및 bid 중에 bid만을 과거로 하고 과분은 과거와 같은 형과 중세영어 bid의 과분에 d를 하나 더 첨가한 형을 갖고 있다. 이 복합동사는 과거를 강변화의 형태로 단일하게 갖는 특징이다.

지금까지 복합동사 주동사의 과거 변천 과정을 비교한 결과에 따르면 16개 동사 중에서 첫째, 현대영어 이전부터 주동사가 약변화로 전환되어 그대로 내려와 복합동사로 된 것이 2개(misspell, overwork)이다. 둘째, 현대영어에 와서 주동사가 약변화로 전환되어 복합동사가 된 것도 2개(sunburn, overleap)이다. 셋째, 현대영어에 복합동사가 되고 나서 약변화로 일부 전환 움직임을 보인 것이 6개 (broadcast, forecast, radiocast, telecast, hamstring, unbend)이다. 넷째, 현대영어에 와서 주동사가 약변화로의 전환 움직임이 있을 때 복합동사가 된 것이 1개 (ungird)이다. 다섯째, 현대영어 이전의 강변화 그대로 있으면서, 또한 강변화의 변이형을 갖는 것이 4개(backbite, backslide, outbid, underbid)이다. 여섯째, 뜻에 따라 강변화 또는 약변화가 되는 특이한 것이 1개 (overhang)이다.


## 3. 단순동사 비교 분석(113개)


다음의 단순동사들은 그들의 과거에 일어났던 변천 과정을 시대별로 보면 대체로 강변화에서 약변화로 전환되는 과정에서 강변화와 약변화의 경쟁이 있거나 또는 약변화가 되었지만 변이형이 되어 다시 약변화를 도입하는 경우도 있다. 이와는 정반대로 약변화에서 강변화로 변화되는 과정에 있는 것도 일부 있으며, 또한 약변화이면서 강변화를 유추해 강변화를 일부 도입하는 동사도 있다. 그 세부사항을 아래에서 그들의 변천 과정을 고대영어, 중세영어의 사전에서 찾아 비교, 분석, 제시한다.

### 3.1. 강변화 동사가 새로 강변화를 도입한 예(26개)

다음 동사들은 고대영어와 중세영어에 강변화로 사용되었고 현대영어에 와서도 강변화로 사용되고 있는 예들이다. 그러나 형태 면에서 과거와 과분이 서로 영향을 주고받아 비슷한 형태로 된 것, 옛날 형태가 도입되어 있는 것, 과거나 과분에만 두 가지 형태가 있는 것 등이 있다.

(1) ride의 과거(rode, rid)와 과분(ridden, rid)에서 과거 rode는 닐슨 (Nielsen,43)의 견해로 보면 고대영어(ridan—rad, ridon—geriden)와 중세영어(riden—rad—riden)에서 중세영어 과거 단수 rad가 중세영어 북쪽 방언 영향으로 과거 단수 모음 a가 과거복수 어간에 도입되어 단수 복수모음이 같게 되었고 이것이 현대영어에 와서 모음변화가 일어나 rode가 되었다고 한다. 과거와 과분 rid는 고대영어와 중세영어의 부정형과 과분의 어간모음을 따르면서 어미 en이 소실된 형태로 현대영어에 새로 도입되었고, 과분 ridden은 중세영어의 과분 riden에서 d가 첨가된 형태로 나타나 있다.

(2) bear의 과거(bore, bare)와 과분(borne, born)에서 과거 bore는 고대영어(bearan, beoran—bær, bære, bæron—geboren)와 중세영어(beren—bær, ber, bear, bar—boren) 중에 중세영어 과거 단수 bær의 모

음이 서부 방언의 영향으로 과분 모음 o로 대치되어 현대영어에
온 것이고, 또 다른 중세영어 과거 bar가 어미 e를 첨가하여 현대
영어 bare로 되었다. 중세영어의 과분 boren에서 어미 e모음이 생
략된 형(born)과 어미 e가 첨가된 형태(borne) 등이 현대영어 과분
에 나타난 것이다. 이 동사는 고대영어 강변화 제4형에 속한 동
사로 현대영어의 과거에 고대영어 과분의 모음 o를 가지고 있다.

(3) beget의 과거(begot, begat)와 과분(begotten, begot)을 보면 중세영
어(begeten─begeat─begeten)와 고대영어(begytan, begietan, begitan
─begeat, begeaton─gebegeten)에서 고대영어의 과거 단수 begeat
가 중세영어의 과거 begeat가 되었고 그것에서 현대영어 과거
begat가 나왔고, 고대영어의 과분 gebegeten이 중세영어의 과분
begeten이 현대영어 과분 begotten이 되었으며, 과거와 과분의
begot는 새로 현대영어에 도입되었다.

(4) shrink의 과거(shrank, shrunk)와 과분(shrunk, shrunken)을 보면 현
대영어에 shrunk가 과거와 과분에 새로 도입되어 이미 있던 것
과 경쟁하는 모습이다. 중세영어(schrinken─schrank─shrunkden)
와 고대영어(scrincan─scranc, scruncon─gescruncen)에서 현대영
어 과거 shrank는 고대영어 과거 단수모음 a와 중세영어의 북쪽
방언에 과거 단수모음이 복수모음에 도입되어 같은 모음 a가 현
대영어에 그대로 내려왔고, 과분은 중세영어에서 그대로 내려왔
다. 현대영어에 새로 도입된 과거와 과분 shrunk는 고대영어와
중세영어의 과분 모음 u를 본받아 이루어졌다.

(5) sink의 과거(sank, sunk)와 과분(sunk, sunken)에서 중세영어(sinken
─sank─sunken)와 고대영어(sincan─sanc, suncon─gesuncen)를

참고해서 보면 과거와 과분에 새로 도입되었다. 과거 sank는 고대
영어 단수과거와 중세영어의 과거에서 나왔고, 과분 sunken은 중
세영어의 과분을 이어받았다. 새로 도입된 과거와 과분 sunk는
중세영어의 과분에서 어미 en이 없어진 형태다.

(6) write의 과거(wrote, writ)와 과분(written, writ)을 중세영어(writen－
    wrat－writen)와 고대영어(writan－wrat, writon－gewriten)를 참고해
    서 보면 과거와 과분 writ는 새롭게 현대영어에 중세영어, 고대
    영어의 부정형과 과분의 형태에 어미 en을 없앤 형이 도입되었
    고, 과거 wrote는 고대영어 과거 단수모음이 중세영어 모든 과거
    모음이 되고, 그 모음 a가 현대영어에서 o로 변화되어 사용되고
    과분은 중세영어 과분에 t가 첨가됐다.

(7) bid의 과거(bade, bid, bad(영국영어))와 과분(bidden, bid)에서 중세
    영어(bidden－bæd－beden)와 고대영어(biddan－bæd, bæde, bædon
    －gebeden)를 참고해서 보면 bid의 과거 중에 bade는 중세영어 과
    거 단수모음이 길어진 것이지만, 철자 영향으로 [bed]로 발음
    (pyles, 200)한다. 과거와 과분 bid는 현대영어에 도입된 것이다.


다음 동사는 과거에 강변화 하나를, 과분에는 강변화 둘을 쓴다.


(8) bespeak의 과거(bespoke)와 과분(bespoken, bespoke)에 중세영어
    (bispeken－bispac－bispeke)와 고대영어(besprecan－bespræc, bespræcon－
    gebesprecen, gebespræcen)를 참고해 보면 과거 bespoke는 중세영어
    의 과거 모음이 변하고 어미 e가 붙어 이루어진 것이고, 과분은
    과거와 일치한 것을 새로 도입한 것과 또한 다른 과분 어미 en

을 유추해서 만든 것이다.

(9) bestride의 과거(bestrode)와 과분(bestridden, bestrid(영국영어) bestrode)을 보면 과거 bestrode는 중세영어에서 자료는 없고, 고대영어(bestridan−bestrad, bestridon−gebestriden)의 과거 단수 어간 a 모음이 중세영어를 거쳐 o로 변화해서 이루어진 것이다. 과분 중에 bestridden은 고대영어 과분에서 내려온 형태에 d가 첨가된 것이고, bestrid와 bestrode는 현대영어에서 새로 도입되었는데, bestrid는 영국영어에 쓰인다.

(10) bite의 과거(bit)와 과분(bitten, bit)에서 보면 과거 bit는 중세영어 (biten−bat, biten−biten)와 고대영어(bitan−bat, bite, biton− gebiten) 중에서 중세영어 때에 서부 방언 과분 어간모음이 과거 어간모음에 도입된 결과가 현대영어 과거에 나타났고, 과거 bit 가 과분에도 도입되면서 중세영어에서 내려온 biten에 t가 첨가된 것과 같이 하고 있다.

(11) break의 과거(broke)와 과분(broken, broke)을 보면 과거 broke는 중세영어(breken−bræc, bræken−broken)와 고대영어(brecan−bræc, bræcon−gebrocen) 중에 중세영어 서부 방언의 과분 어간모음 o가 과거 전체 어간모음으로 도입되면서 현대영어 과거가 되었다. 이 과거가 또한 현대영어에 새로이 과분에 도입되어 중세영어 에서 온 것 broken과 경쟁하고 있다.

(12) forget의 과거(forgot)와 과분(forgot, forgotten)을 보면 과거 forgot 는 중세영어(forgeten−forgat−forgeten)와 고대영어(forgytan − forgeat, forgæt, forgeaton, forgæton, forgeton−geforgyten)에서 중 세영어 과거 어간모음 a가 o로 변화하여 현대영어 과거에 반영

되었고, 이 과거가 과분에도 새롭게 도입되어 이미 중세영어에
서 내려온 t가 첨가된 것과 경쟁하고 있다.

(13) get의 과거(got)와 과분(got, gotten)을 보면 과거 got는 중세영어
(geten − gat − geten)와 고대영어(gitan − geat, geaton − gegiten) 중
에서 중세영어 과거 어간모음 a가 현대영어에 o로 변화된 것이
고, 과분에도 이 과거가 새로 도입된 것과 중세영어에서 내려왔
지만 모음변화와 t가 첨가된 것이 쓰이고 있으며, 이 동사는 스
칸디나비아에서 차용해 왔다.

(14) slide의 과거(slid)와 과분(slid, slidden)을 보면 과거 slid는 중세
영어(sliden − slod − sliden)와 고대영어(slidan − slad − gesliden) 중에
서 중세영어 서부 방언의 영향으로 과분 어간모음이 과거 어간
모음에 도입되어 현대영어 과거 어간모음에 반영된 것이다. 이
과거가 과분에도 새로 도입되어 중세영어에서 내려온 과분과
같이 하고 있다.

(15) smite의 과거(smote)와 과분(smitten, smit, smote)을 보면 과거 smote
는 중세영어(smiten − smat − smiten)와 고대영어(smitan − smat, smiton
− gesmiten) 중 도입되어 같은 모음이 되었다가 그것이 현대영어
과거에 o 모음으로 변화되면서 이 과거가 과분에도 새로 도입되
었고 중세영어 과분에 t가 첨가된 과분과 그 과분의 어미 단축형
이 새로 도입되어 과분에 세 개가 같이하고 있다.

(16) stride의 과거(strode)와 과분(stridden, strid)을 보면 과거 strode는
중세영어(striden − strad − striden)와 고대영어(stridan − strad, stridon −
gestriden) 중에서 중세영어 과거 복수 어간모음에 단수 어간모음
이 도입되어 현대영어에 와서 o로 변화된 모습이고, 과분은 중

세영어에서 내려오면서 d가 첨가된 형과 그 과분의 어미 단축형이 새로 도입되어 경쟁하고 있다.

(17) strike의 과거 (struck)와 과분(struck, stricken)을 보면 과거 struck는 중세영어(striken－strac－striken)와 고대영어(strican－strac, stricon－gestricen) 중에서 중세영어 과거 strac에서 나오지는 않았는데 그래서 pyles(197)는 그 기원을 확실히 모르는 과거라고 했다. 이 과거가 과분에도 새로 도입되어 활발하게 쓰이는데, 실제 중세영어에서 내려온 과분은 잘 쓰이지 않고, 간혹 은유적인 표현에만 쓰이다.

(18) tread의 과거(trod)와 과분(trodden, trod)을 보면 과거 trod는 중세영어(traden－trad－treden)와 고대영어(tredan－træd, trædon－getreden) 중에 중세영어 과거모음 a가 현대영어 과거에 o 모음으로 변화된 것이고 이 과거가 과분에도 새로 도입되어 이미 en을 가진 것과 경쟁하고 있다.

(19) weave의 과거(wove)와 과분(woven, wove)을 보면 중세영어(weven－waf－자료 없음(* 이하: 이 장에서 참고한 사전에 자료가 없는 것 표시))와 고대영어(wefan－wæf, wæfon－gewefen) 중에서 과거 wove는 중세영어 서부 방언 과분의 어간모음이 과거에 도입되었고, 이 과거 어간모음 a가 현대영어 과거에는 o가 되었다. 이 과거가 과분에도 새로 도입되어 이미 있던 과분과 같이 하고 있다.

지금까지 동사 중에서 beget, write, bid, bestride, bite, forget, get, slide, smite, stride, tread 등은 어근의 끝 철자가 d나 t로 끝나는 동사로 과분에는 －dden, －tten이거나 －t, －d형으로 끝나는 두 개의 형태로 쓰

인다.

다음의 동사는 과거가 둘이고, 과분이 하나다.

(20) forbid의 과거(forbade, forbad)와 과분(forbidden)을 보면 중세영어 (forbeoden−forbead−forboden)와 고대영어(forbiodan, forbeodan− forbead, forbudon−geforboden) 중에 중세영어 과거 단수 어간모 음이 복수에도 도입되어 현대영어 과거에 어간모음 a로 되었고 여기에 어미 e가 있는 과거 forbade가 새로 도입되었다. 과분은 중세영어에서 현대영어로 오면서 부정형에 모음 i를 갖게 된 것같이 중세영어에 과분에 o가 i로 바뀌고 또한 어간 끝에 이중 자음으로 변화가 생겼다.

(21) sing의 과거(sang, sung)와 과분(sung)을 보면 중세영어(singen− sang−sunge)와 고대영어(singan−sang, sungon−gesungen) 중에 과거 sang은 중세영어의 과거 단수 모음이 복수 모음에 도입되 어 단수, 복수가 같은 모음을 갖게 되어 현대영어 과거로 된 것 이고, 과분 sung은 과분 sunge에 어미가 소실된 형이고 이것이 새로 과거에도 도입되었다.

(22) speak의 과거(spoke, spake)와 과분(spoken)을 보면 중세영어 (speken−spæc, spac−spoken)와 고대영어(speacan, specan−spæc, spæc, spæcon, spæcon−gespecen, gespecen) 중에서 과거 spake는 중세영어 spac에서 온 것으로 현대영어 고어(古語)에나 쓰이고 있다. 또 다른 과거 spoke는 고대영어와 중세영어 과분에 있는 어간 o 모음이 중세영어의 과거 spæc에 도입되어 현대영어에 어미 e를 붙여 만든 것이고 과분은 중세영어에서 그대로 가져

왔다.

(23) spin의 과거(span, spun)와 과분(spun)에서 과거 span은 중세영어
(spinnen－span－sponnen)와 고대영어(spinnan－spann, spunnon－
gespunnen)의 과거에서 내려온 것이고, 또 다른 과거 spun은 중세
영어 서부 방언 영향으로 과분 어간모음이 과거 어간모음에 도
입된 형태로 현대영어에 새로 도입되었고, 과분 spun은 중세영
어의 과분에서 어간 끝 자와 어미가 소실된 형태로 도입되었다.

(24) spring의 과거(sprung, sprang)와 과분(sprung)을 보면 중세영어
(springen－sprang－sprungen)와 고대영어(springen－sprang, strungon
－gesprungen) 중에서 과거 sprang은 중세영어에서 왔고, 또 다
른 과거 sprung은 과분에서 새로 도입되었다.

(25) stink의 과거(stank, stunk)와 과분(stunk)을 보면 중세영어(stinken
－stanc－stonken)와 고대영어(stincan－stanc, stuncon－gestuncen)
중에 과거 stank는 중세영어에서 왔으며, 또 다른 과거 stunk는
과분에서 새로 도입하였다. 특히 stank는 중세영어 과거 단수
어간모음이 복수 어간모음에 침투하여 같이 형이 되어 중세영
어와 현대영어의 과거형이 되었다.

(26) swear의 과거(swore, sware)와 과분(sworn)에서 과거 swore는 중세
영어(swerien－swor－sworen)와 고대영어(swerian－swor, sworon－
gesworen) 중에 중세영어에서 현대영어에 오면서 어미 e가 붙었
고, 또 다른 과거 sware은 다른 과거를 유추해서 생겨난 것으로
현대영어 처음 고어(古語)에 간혹 보인다. 과분 sworm은 중세영
어 과분 어미 en 중에서 e가 생략된 형이 계승되었다.

## 3.2. 강변화에 약변화가 도입된 예(30개)

고대영어에서 중세영어까지 강변화이던 동사가 현대영어에 와서 약변화의 도입으로 강변화와 치열한 경쟁을 하는 동사가 30개다.

우선 과거와 과분에 강변화 및 약변화가 다 같이 있는 것을 보면 다음과 같다.


(1) abide의 과거(abided, abode)와 과분(abided, abode)에서 과거 abode 는 중세영어(abiden—abad, abiden—abiden)와 고대영어(abidan— abad, abidon—geabiden) 중에서 중세영어 과거 단수 어간모음 a가 현대영어에 o로 되면서 어미 e가 첨가된 것이고, 과분도 과거에 서 가져온 것이고, 또 새로 약변화의 과거와 과분이 도입되었다.

(2) blend의 과거(blended, blent)와 과분(blended, blent)에서 blent는 중 세영어(blenden—blende—blent)와 고대영어(blandan, blondan— bleond, blend, bleandon, blendon—geblanden, geblonden) 중에서 나 온 강변화 과거와 과분이 현대영어에서 어간 끝이 d가 t로 대치 되면서 생긴 것이다. 여기에 현대영어에서 과거와 과분에 약변 화가 도입되었다.

(3) cleave의 과거(cleaved, cleft, clove)와 과분(cleaved, cleft, cloven)에서 과거 clove는 중세영어(cleoven—clef—clofen)와 고대영어(cleofan— cleaf, clufon—geclofen) 중에 중세영어의 서부 방언 영향으로 중세 영어 과분의 어간모음이 과거에 도입되고 f가 ve가 된 것이고, 과분 cloven도 중세영어의 f가 v로 되면서 과분 어미 en이 붙은 것이다. 과거와 과분에 cleaved와 cleft는 현대영어에 새로 도입되 었다.

(4) guit의 과거(guitted, guit)와 과분(guitted, guit)을 보면 중세영어 때에 불어에서 도입된 gviten에서 어미 en이 소실된 guit를 현대영어의 과거와 과분으로 했고, 새로 과거와 과분에 약변화의 도입으로 경쟁하고 있다.

(5) heave의 과거(heaved, hove)와 과분(heaved, hoven)에서 과거 hove는 중세영어(hebben−hof−hofen)와 고대영어(hebban, hæbban−hof, hofon−gehafen, gehæfan) 중에서 고대영어에서 이어진 중세영어 과거 hof의 f가 ve되었고 과분에도 같은 변화로 hoven이 되어 현대영어에 쓰이고, 그리고 약변화의 과거와 과분이 새로 도입되었다.

(6) shrive의 과거(shrove, shrived)와 과분(shriven, shrived)에서 과거 shrove는 중세영어(schriven−scraf−shriven)와 고대영어(scrifan−scraf, scrofon−gescrifen) 중에 중세영어에서 북부 방언 영향으로 과거 단수 어간모음이 복수 어간모음에 도입되어 단수, 복수가 동일하게 a가 되었던 것이 현대영어에서 o로 변화되면서 f가 ve로 되어 형성되었고, 과분 shriven은 중세영어의 과분에서 현대영어에 온 것이고 여기에다 새로 과거와 과분에 약변화가 도입되었다.

(7) thrive는 고대영어 때에 스칸디나비아(Old Norse)에서 도입된 동사로서 과거(throve, thrived)와 과분(thriven, thrived)에서 과거 throve는 중세영어(þrifen−þraf−þriven) 북부 방언 영향으로 과거 단수 a 모음이 복수에 도입되어 동일하게 되었다가 현대영어에 o로 변화되면서 f가 ve로 되어 나타난 것이고, 과거 thriven은 중세영어 과분에서 온 것이며, 여기에 현대영어에 약변화의 과거와 과분이 도입되었다.

(8) wake의 과거(woke, waked)와 과분(woken(영 woke), waked)을 보면 과거 및 과분(woke-woken) 모습에서 break의 과거(broke)와 과분 (broken)에서 유추해 만들었다는 Nielsen(44)의 설명이 있으나 역 사적 변천을 살펴보면 현대영어의 과거 및 과분은 중세영어 (waken-woc-waken)와 고대영어(wacan-woc-gewacen) 중 과거 어간모음이 과분 어간모음과 같은 모양으로 나온 것이다. 약변 화 과거와 과분은 현대영어에 새로이 도입되었다.

(9) wind의 과거(winded, wound)와 과분(winded, wound)에서 과거와 과분wound는 중세영어(winden-wand-wunden)와 고대영어(windan -wand, wundon- gewunden) 중에서 고대영어 때 어근모음 i와 그 뒤에 오는 자음군 nc, nd, ng, mm 등의 형태를 가진 동사는 중 세영어에서 서부방언의 영향으로 과분의 어간모음 u가 과거 어 간모음으로 도입되어 그 모음이 단모음일 때에 불어의 영향으로 ou로 표기되면서 현대영어 wound가 되었다. 또 현대영어에 약변 화의 과거와 과분이 도입되었다.

(10) fly의 과거(flied, flew)와 과분(flied, flown)을 보면 과거 flew는 중세 영어(fleogen-fl(e)ah, fleh-flowen)와 고대영어(fleogan, fliogan- fleag, flugon-geflogen) 중에 중세영어의 과분을 유추하여 과거에 w철자를 도입하여 형성되었고, 과분 flown은 중세영어 과분에서 어미 en 중에 e가 소실된 형태이고, 현대영어에 새로운 약변화의 과거와 과분이 도입되었다.

(11) grind의 과거(grinded, ground)와 과분(grinded, ground)에서 ground 는 중세영어(grinden-grond-grunden)와 고대영어(grindan-grand, grundon-gegrunden) 중에 중세영어 과거의 어간모음이 u로 대치

되고 wind 과거 wound처럼 u가 ou로 되어 생긴 것이고, 여기에 현대영어에서 약변화의 도입이 있었다.

(12) seethe의 과거(seethed, sod)와 과분(seethed, sodden)을 보면 중세영어(seoðen – seð – soden)와 고대영어(seoðan – seað, sudon – gesoden)를 참고해서 과거 sod는 고대영어 과거 복수에 어근 끝 d가 쓰인 것은 ð→d로 된 베너의 법칙(Verner's law)의 결과로 현대영어에 과거와 과분에 반영된 것이고, 과분 sodden은 중세영어의 과분에 d가 첨가된 것이고, 현대영어에서 과거와 과분에 새로 약변화가 도입되었다.

(13) shine의 과거(shined, shone)와 과분(shined, shone)을 보면 중세영어(schinen – schan – sinen)와 고대영어(scinan – scan, scean – 자료 없음) 중에서 과거 shone은 중세영어 과거모음 a가 현대영어에서 o로 변해서 사용되고 또한 과분에서 쓰이고 있다. 또한 과거와 과분에 새로 약변화가 도입되었다.

(14) let의 과거(letted, let)와 과분(letted, let)을 보면 중세영어(læten – leot – leten)와 고대영어(lætan – let, leort – gelæten) 중에 과거 let는 고대영어의 강변화 과거와 과분에 짧은 어간모음 다음에 t가 따르면서 중간모음이 소실되고, 중세영어의 과거 leot에서 t 앞 o가 소실된 것이 쓰이고 또한 현대영어에 새로 약변화의 과거와 과분이 도입되었다.

(15) shear의 과거(sheared, shore)와 과분(sheared, shorn)을 보면 중세영어(scheren – schar – schoren)와 고대영어(sceran – scær, scæron – gescoren) 중에서 과거 shore는 중세영어 때에 서부 방언 영향으로 과분 어간모음 o를 과거 어간모음에 도입하여 현대영어 과

거로 나타나면서 e가 첨부된 것이고 과분 shorn은 중세영어의
과분에서 어미 e가 소실된 것이면 현대영어에 약변화가 과거와
과분에 새로 도입되었다.

다음의 10개 동사는 중세영어 때는 강변화 동사이었으나 현대영어
에 와서 약변화의 도입으로 과거는 약변화로 완전 전환되었고, 과분
에는 고대영어와 중세영어의 형태와 꼭 같은 것이 있는가 하면 형태
가 변화된 것도 있다.

(16) grave의 과거(graved)와 과분(graved, graven)을 보면 중세영어
(graven−grof−graven)와 고대영어(grafan−grof, grofon−gegrafen)에
서 발달되어 나온 것을 알 수 있는데 과분 graved는 현대영어에
새로 도입되면서 중세영어 과거 grof를 제거해 버렸고, 과분에
새로 도입된 graved는 중세영어에서 내려온 graven과 세력경쟁을
하고 있다.

(17) hew의 과거(hewed)와 과분(hewed, hewn)을 보면 현대영어에의
약변화 도입을 알 수가 있는데 도입된 약변화 과거 hewed는 중
세영어(heawen−heou−hewen)의 과거 heou를 대신하고 있고, 과
분 hewn은 고대영어(heawan−heow, heowon−geheawen)와 중세영
어 과분 hewen에서 e가 소실된 형으로 약변화와 경쟁하고 있다.

(18) lade의 과거(laded)와 과분(laded, laden)에서 약변화가 현대영어
에 도입된 것을 알 수가 있는데 도입과 동시에 약변화가 과거
를 장악했고, 과분은 중세영어(hladen−loden−laden)와 고대영어
(hladan−hlod−gehladen)에서 내려온 laden과 새로 도입된 약변

화와 생존경쟁을 하고 있다.

(19) rive의 과거(rived)와 과분(rived, riven)을 보면 스칸디나비아(Old Norse)에서 차용해 온 이후 중세영어(riven−raf−riven)의 과거 raf는 현대영어에서 도입된 약변화 rived로 대치되었고, 과분은 중세영어에서 온 riven과 새로 도입된 약변화 rived와 생존경쟁을 하고 있다.

(20) shave의 과거(shaved)와 과분(shaved, shaven)을 보면 현대영어에의 약변화 도입을 확인할 수가 있는데 고대영어(sceafan, scafan−scof−gesceafen, gescafen)와 중세영어(schaven−schof−schaven)에서 계승해 온 과거는 새로 도입된 약변화 과거로 대치되었고, 과분은 중세영어에서 내려온 shaven과 도입된 약변화와 경쟁하고 있다.

(21) sow의 과거(sowed)와 과분(sowed, sown)을 보면 현대영어에 도입된 약변화과거 sowed는 중세영어(sawen−seow−sawen)와 고대영어(sawan−seow−gesawen)에서 발달되어 온 강변화 과거를 대치했고, 과분은 도입된 약변화와 중세영어에서 모음이 변화되어 현대영어에 온 강변화와 같이 하고 있다.

(22) swell의 과거(swelled)와 과분(swelled, swellen)에서 보면 현대영어에서의 약변화 도입을 알 수가 있는데 중세영어(swellen−swal−swollen)와 고대영어(swellan−sweall, swullon−geswollen)에서는 강변화의 과거와 과분이었던 것이 현대영어에서 과거는 약변화로 대치되어 버렸고, 과분은 중세영어에서 내려온 강변화와 경쟁하고 있다.

(23) gnaw도 과거(gnawed)와 과분(gnawed, gnawn)을 보면 현대영어에

의 약변화 도입을 알 수 있는데 중세영어(gnagen－gnogh－gnawen)
와 고대영어(gnagan－gnoh, gnogon－gegnagen, gegnægen)의 강변화
과거와 과분이 현대영어에서 약변화의 도입으로 과거는 약변
화로 대치되었고 과분은 경쟁 중에 있다.

(24) mow의 과거(mowed)와 과분(mowed, mown)에서도 현대영어에의
약변화 도입을 알 수가 있는데 중세영어(mawen－meowen－자료
없음)와 고대영어(mawan－meow－gemawen)에서 내려온 형태는
과분에 어미 in 중에 e가 생략된 mown이 있는데 이것도 새로
도입된 약변화와 경쟁하고 있으며 과거는 이미 약변화로 대치
되었다.

(25) melt의 과거(melted)와 과분(melted, molten)에서도 현대영어에의
약변화 도입을 보게 되는데 과분만이 중세영어(melten－malt－
molten)와 고대영어(meltan－mealt, multon－gemolten)에서 내려온
강변화를 겨우 유지하고 있다.


다음의 동사는 과거는 약변화와 강변화가 경쟁하고, 과분은 완전
약변화로 되었다.


(26) bide의 과거(bided, bode)와 과분(bided)에서 현대영어에서의 약
변화 도입을 확인하게 되는데 중세영어(biden－bad, biden－
biden)와 고대영어(bidan－bad, bidon－gebiden)에서 내려온 과거
bode는 고대영어와 중세영어의 강변화 과거 단수 어간모음 a가
현대영어 과거에 o로 변화되어 약변화와 경쟁하지만, 과분은
중세영어의 강변화가 현대영어에 약변화로 완전 대치되었다.

(27) crow의 과거(crowed, crew)와 과분(crowed)에서도 현대영어에서
     약변화가 도입되었다는 증거가 있다. 중세영어(crawen－creow
     －crowen)와 고대영어(crawan－creow, crewon－gecrawen) 중에서
     과거는 고대영어와 중세영어의 강변화 과거 어간모음 eo가 e로
     변하면서 현대영어에 crew로 살아남아서 약변화와 경쟁하고
     있지만 과분은 약변화로 대치되었다.


다음의 동사는 과분에만 약변화의 도입으로 기존의 강변화와 같이
쓰인다.


(28) bend의 과거(bent)와 과분(bended, bent)에서 bent는 중세영어
     (benden－bende－bend)와   고대영어(bendan－bende－gebended)
     중에서 중세영어 이후 과거와 과분의 어간 끝에서 d에서 t로
     대치되면서 어간모음이 짧아지는 결과가 초래되어 생겨난 것
     이다. 원래 고대영어에서 어간 끝이 자음＋d로서 과분에는 굴
     절어미 d가 첨가되지 않았는데, 중세영어에 와서 kept의 예를
     유추해서 북쪽 방언에서 유성음으로 끝난 어간에 d를 t로 사용
     하기 시작했으며, 처음에는 과분과 과거에 유성음 다음에 d가
     t가 되면서 benden의 과거와 과분이 bent가 되었고 이것이 영국
     남부까지 확대 사용되었다. 그리고 현대영어에 와서 과분에 처
     음으로 약변화의 도입으로 인해 경쟁하고 있다.

(29) blow의 과거(blew)와 과분(blowed, blowen)을 보면 중세영어
     (blawen－bleow－blawen)와   고대영어(blawan－bleow,bleowon－
     geblawen) 중에 고대영어 강변화 동사 제7군에 속하는 동사로서

부정형의 어간모음과 과분의 어간모음이 같은 동사에 속하므로 중세영어까지 그대로 이어 오다가 현대영어에 와서 과분에서 어간모음이 o로 대치되어 blown이 되었고, 약변화가 과분에 도입되어 경쟁상태에 있었다. 과거는 고대영어와 중세영어에까지 어간모음을 그대로 간직한 강변화였고, 현대영어에도 과거에 어간모음이 변화된 것뿐 강변화 그대로다.

다음의 동사는 과거에만 약변화가 도입되어 기존의 강변화와 같이 쓰이다.

(30) slink의 과거(slinked, slunk)와 과분(slunk)을 보면 중세영어(slinken－slank－slunk)와 고대영어(slincan－slanc, sluncon－자료 없음)에서 중세영어에 과분의 －(e)n 상실과 서부 방언 영향으로 과분 어간모음 u가 과거 어간모음에 도입되어 같은 형을 이루었던 것이 현대영어에 반영되어 과거와 과분이 slunk가 되었는데 과거에만 새로 약변화가 도입된 상태다.

### 3.3. 강변화가 약변화 변이형으로 되면서
   새로 약변화가 도입된 예(3개)

다음 동사들은 고대영어와 중세영어 때까지 강변화였으나 현대영어에 완전히 약변화로 전환되면서 변이형으로 된 후에 다시 약변화가 도입된 상태다. 과거와 과분에 어미 ed를 갖고 있는 것과 함께 동사 어근의 끝 철자 다음에 ed 대신에 t로 끝나는 과거와 과분도 있다.

(1) burn의 과거(burned, burnt)와 과분(burned, burnt)을 보면 약변화의 변이형에 새로 약변화가 도입된 것을 보여 준다. burn은 중세영어(brinnen－born－자료 없음)와 고대영어(brinnan, beornan, byrnan－barn, bearn, brunnon, burnon－ gebrunnen, gebornen) 중에 중세영어의 부정형 brinnen의 어간 끝 자음이 두 개인데 그 하나와 어미가 소실되면서 brin이 되었다가 음의 위치가 바뀌고(Metathesis) 또 모음이 변화되어 burn이 되었다. burn은 현대 영어에 와서 강변화에서 완전히 약변화로 전환되고 다시 약변화의 변이형이 되면서 새로 약변화가 도입된 상태다.

(2) drip의 과거(dripped, dript)와 과분(dripped, dript)을 보면 약변화 변이형에 새로 약변화가 도입된 것을 보여 준다. 고대영어(dreopan－dreap, drupon－gedropen)에서 현대영어 drop의 의미로 쓰이고 있다가 중세영어에서 dreopen은 현대영어의 drip의 뜻으로 바뀌어 쓰였고, 그때의 drip과 같은 모양인 drippin이 스칸디나비아에서 들어왔으나 거의 쓰이지 아니하다가 현대영어에 이르게 된 것이다. 현대영어에서 drippin이 drip이 되고 과거가 dript로 쓰이게 되자 약변화가 다시 도입되었다.

(3) leap의 과거(leaped, leapt(영))와 과분(leaped, leapt(영))을 보아도 현대영어에서 약변화의 변이형에 새로 약변화를 도입했음을 알 수가 있다. 중세영어(hleapen－leop－lopen)와 고대영어(hleapan－hleop, hleopon－gehleapen)에서 고대영어 강변화 제7군에 속하는 동사로서 중세영어 이후 현대영어까지 어간 장모음 i 다음에 철자 p가 올 때의 동사 keep의 경우와 꼭 같은 어미를 가진 과거와 과분을 갖게 되었다. 또한 현대영어에 새로 약변화가 도입됐다.

## 3.4. 고대영어 때 약변화로 현대영어에 와서 변이형이 되자 다시 약변화가 도입된 예(14개)

다음 동사들은 고대영어에 이미 약변화로 전환됐으나 현대영어에 오면서 변이형으로 되었는데 그중에는 어근 끝 철자 다음에 접미사 ed가 t로 바뀐 것이 있고, t 앞에 쓰인 자음이 소실되거나, 변화를 일으킨 것 등에 새로 약변화의 도입으로 두 가지 과거와 과분이 사용되는 동사다.

(1) bereave의 과거(bereaved, bereft)와 과분(bereaved, bereft)을 보면 중세영어 (자료 없음)와 고대영어(bereafian—bereafode—gebereafod)에서 현대영어의 과거와 과분에 어미 t로 나타난 것은 유추에 의한 것이고, 어미 t로 인하며 바로 앞 철자 v가 무성음 f로 전환변이형이 되었는데, 여기에 새로 약변화가 도입돼 있다.

(2) bless의 과거(blessed, blest)와 과분(blessed, blest)을 보면 중세영어 (bletsien—bltsede—blettsedd)와 고대영어(bletsian＝bletsode—gebltsod) 중에 고대영어 때부터 약변화로 전환되어 중세영어를 거쳐 현대영어에 와서 변이형으로 되어 과거와 과분 blest에 새로 약변화의 도입으로 경쟁하고 있다.

(3) curse의 과거(cursed, curst)와 과분(cursed, curst)을 보면 중세영어 (cursien—cursede—cursed)와 고대영어(cursean—cursode—gecuresod) 중에 고대영어 때부터 현대영어까지 약변화를 사용해 오면서 어미가 t가 되어 약변화의 변이형이 되었고, 현대영어에서 새로 약변화가 도입되어 있다.

다음의 동사 dream, dwell, kneel, learn, pen, reave, spell, spill, lean, work 등은 중세영어 때 북쪽 방언과 같이 과거 및 과분에 ed나 d가 t로 전환되면서 대신에 어간모음이 짧아진 동사다. 이들은 현대영어에서 새로 약변화가 과거와 과분에 도입되었다.

(4) dream의 과거(dreamed, dreamt)와 과분(dreamed, dreamt)은 중세영어 (dreamen—dremed—자료 없음)와 고대영어(dreman—dremde—gedreamed) 에서,

(5) dwell의 과거(dwelled, dwelt)와 과분(dreman—dremde—gedremed) 에서,

(6) kneel의 과거(kneeled, knelt(nelt))와 과분(kneeled, knelt)은 중세영어 (cneowien—cnewede—자료 없음)와 고대영어(cneowian—cneowode —gecneowod)에서,

(7) lean의 과거(learned, learnt)와 과분(learned, learnt)은 중세영어 (leornien—leornede—자료 없음)와 고대영어(leornian— leornode— 자료 없음)에서,

(8) pen의 과거(penned, pent)와 과분(penned, pent)은 중세영어(pennen —자료 없음—penned)와 고대영어(pennian—자료 없음—penned) 에서,

(9) reave의 과거(reaved, reft)와 과분(reaved, reft)은 중세영어(reaven— rævede—reved)와 고대영어(reafian—reafode—자료 없음)에서,

(10) spell의 과거(spelled, spilt)와 과분(spilled, spilt)은 중세영어(spellien —spellede—spelled)와 고대영어(spilan—spilde—자료 없음)에서,

(11) lean의 과거(leaned, leant)와 과분(leaned, leant)은 중세영어(hleonien

－hlenede,lenede－자료 없음)와 고대영어(hlinian－hleonode－자료 없음)에서,

(12) work의 과거(worked, wrought)와 과분(worked, wrought)은 중세영어(wurchen－worgte－wroht)와 고대영어(wyrcan－sorhte－geworgt)에서 같은 특징이 나타났고 그대로 현대영어에까지 왔다. 고대영어 과거와 과분(worhte－geworht), 중세영어 과거와 과분(worhte－wroht)에서 발달되어 나온 과거 및 과분 wrought를 현대영어에서 갖고 있는 work는 새로 약변화를 도입해 쓰고 있다. 그러나 고어형 wrought를 쓸 때는 뜻 차이가 있다. '일하다'의 뜻보다는 전문적인 일, 즉 '세공하다', '바느질하다', '수놓다' 등을 나타낼 때 쓰이고 있다.


위의 동사들은 기존의 약변화가 현대영어에 와서 약변화의 변이형이 되었는데 이들의 변이형 특징을 haus, 과거나 과분 어근 끝 철자 어미 ed가 t로 변화된 것 중에서 t 앞에 자음이 이중으로 자음 하나가 소실된 것(예: bless → blest, dwell → dwelt, spell → spelt), 어근이 ve로 끝날 때 그 바로 앞 음절 모음 ea가 올 때는 단모음 e로 변화되면서 ve는 f로 전환함과 동시에 t 어미가 붙게 된 것(예: bereave → bereft, reave → reft), 어근 끝 철자에 비음 m이나 n이 올 때 m이나 n 다음에 t 어미가 붙은 것(예: dream → dreamt, learn → learnt, pen → pent, lean → leant), 그리고 어근에 모음이 이중으로 있어 하나로 되면서 어근 끝 철자 l 다음에 어미 ed가 t로 된 것(예: kneel → knelt), 동사의 어근 끝 자가 e일 때 e가 소실된 것(예: curse → curst)과 옛것의 과거를 사용한 것(예: work → wrought)도 있었다.

다음 동사는 고대영어에서 강변화였다가 곧 약변화로 전환되었는데 중세영어에까지 약변화로 지속되어 오다가 현대영어에 와서 약변화의 변이형으로 되었고 여기에 새로 약변화의 도입으로 인하여 과분은 약변화에 대치되었고 과거에만 변이형이 살아남아 있는 것이다.

(13) dare의 과거(dared, durst(영))와 과분(dared)을 보면 중세영어(durren−dorste, durst−durst)와 고대영어(durran−dorste, dorston−gedorren) 중에서 고대영어에서 이미 강변화 동사의 과거가 약변화로 전환되었다. 고대영어 부정형 durran의 과거는 단순 dorste, 복수 dorston, 과분은 gedorren이다. 과거 단수 dorste가 중세영어에 와서 dorste나 durst로 사용되다가 현대영어에 와서 약변화의 도입으로 과거는 durst와 경쟁하고 있으나 과분은 약변화로 완전 전환되었다.

## 3.5. 중세영어의 약변화가 현대영어에서 변이형이 된 후에 다시 약변화가 도입된 예(7개)

다음 동사 4개는 고대영어에 대한 참고할 자료가 없지만 중세영어 자료만으로 이미 약변화에 이미 ed 대신 t 어미를 갖고 있으면서 다시 약변화를 도입해 있는 동사임을 알 수 있다.

(1) fix의 과거(fixed, fixt)와 과분(fixed, fixt)을 보면 중세영어 때에 라틴어에서 차용한 동사로 중세영어(fixen−자료 없음−fixed)의 과거와 과분이 현대영어에서 ed나 d가 t로 전환되었고, 새로 약변화가 도입되었다.

(2) smell의 과거(smelled, smelt)와 과분(smelled, smelt)도 중세영어
(smellen－smelde－ismelled) 이후에 과거와 과분 어미에 t 철자를
갖고 있는 변이형이 생겼고, 현대영어에 새로 약변화가 도입돼
있다.

(3) wrap의 과거(wrapped, wrapt)와 과분(wrapped, wrapt)을 보면 고대
영어에는 자료가 없지만 중세영어(wrappen－wrapped－wrapped)에
과거와 과분의 약변화가 어미 t를 가진 약변화의 변이형이 되면
서 새로 약변화가 도입돼 있다.


다음 동사 3개는 현대영어에 새로 약변화가 과거와 과분에 도입됨
으로 이미 쓰이고 있는 과거를 대치해 단독으로 쓰이는 것(passed), 약
변화와 약변화의 변이형과 같이 쓰이는 것(stayed) 그리고 어미 ed가 t
로 되면서 어간 끝에 자음이 겹쳐 있을 때에 자음 하나가 소실된 것
(tost) 등이 있다.


(4) pass의 과거(passed)와 과분(passed, past)을 보면 중세영어 때 불어
에서 차용해 온 동사로서 약변화로 시작(중세영어: passen－자료
없음－passed)되었으나 현대영어에서 약변화 어미 ed가 t로 변화
되면서 어근 끝 자음이 소실된 변이형 past로 되었고, 이후에 과
거와 과분에 새로 약변화가 도입됨으로써 과거는 새로 도입된
약변화로 대치되었으나 과분은 두 가지로 쓰이고 있다.

(5) stay의 과거(stayed, staid)와 과분(stayed, staid)을 보면 불어에서 차
용한 것으로 중세영어(staien－staid－자료 없음)의 과거와 과분을
이어받는 것에 현대영어에서 새로 도입된 약변화의 형태인 ed형

을 y를 i로 바꾸지 않은 것이 쓰이고 있다. 현대영어 과거로 쓰인 stayed는 원칙적으로는 y로 끝난 것에 y를 i로 바꾸고 ed를 붙여야 했다. 그런데 현대영어 초기에는 단어의 끝이 i로 끝날 때는 i를 y로 변화시켰고, 또 그 뒤에 계속 철자가 올 때는 원래 I 철자를 회복해 놓은 단어에 철자를 덧붙였던 관습이 있었다. 그래서 stay에서 y를 i로 쓰고 ed를 붙인 staied가 처음에는 쓰였으나 영어 어휘에 모음 3개가 나란히 있으면 발음하기가 어려워서 y를 그대로 쓰고 ed를 붙이게 한 것도 쓰이고, 또한 과분에서와 같이 어미 ed의 e가 소실된 형태 staid도 있었다. 따라서 stay 동사의 경우 과거와 과분으로는 stayed, staied, staid 등 세 가지가 쓰이는 상태이다.

(6) toss의 과거(tossed, tost)와 과분(tossed, tost)이 둘인 것은 과거 어미 ed와 동사 어근 이중철자 ss 중에 s 하나 소실되면서 t 철자가 도입된 변이형과 그 이후에 약변화가 새로 도입되어 사용되기 때문이다.


## 3.6. 현대영어에 약변화가 강변화로 되자
### 다시 약변화가 도입된 예(17개)

다음 동사는 모두 현대영어에 새로 약변화가 도입되어 기존의 과거나 과분을 대치했거나 같이 경쟁하면서 세력다툼을 하고 있는 동사다. 이 동사들은 고대영어부터 약변화로 사용된 동사이거나, 중세영어에 도입될 때 약변화 동사였다가 현대영어에 와서 여태까지 써왔던 약변화 어미가 소실되고 부정형과 같은 꼴이 되면서 강변화로 취급되었고, 또 어떤 것은 고대영어에서 약변화인 동사가 중세영어나 현대영어에 약변화의 어미가 없어지면서 어간 끝 d가 t로 되어 새로운 강변화의 형태로 되면서 새로 도입된 약변화와 경쟁하고 있다.

(1) begird의 과거(begirded, begirt)와 과분(begirded, begirt)에서 과거와 과분 begirt는 고대영어(begirdan−begirde−gebegirded)와 중세영어(자료 없음)의 약변화 과거와 과분의 어미 ed가 소실되면서 어간 끝 d가 t로 변하여 강변화로 되면서 새로 약변화가 도입되었다.

(2) build의 과거(builded, built)와 과분(builded, built)에서 과거와 과분 built는 고대영어(byldan − bylde − gebylded)와 중세영어(bülde − bilded)에서 약변화를 했으나 현대영어에 과거 및 과분에 약변화 어미가 없어지고 어간 끝 d가 t로 변화되면서 강변화로 되고 새로운 약변화가 도입되었다.

(3) gild의 과거(gilded, gilt)와 과분(gilded, gilt)에서 gilt는 원래 고대영어(gyldan−gyldede−gegyldod)에서 약변화였으나 중세영어(gülden−gilt−gilt)에 와서 어근 끝 자음이 어미 ed와 서로 영향을 주어 d가 t로 변함에 따라 강변화로 볼 수밖에 없게 되었다. 현대영어에 와서 다시 약변화가 도입되었다.

(4) gird의 과거(girded, girt)와 과분(girded, girt)에서 과거와 과분 girt는 고대영어(gyrdan−gyrde−gegyrded)와 중세영어(gürden−gürde−gürd)를 거치면서 약변화 어미가 사라지고 어간 끝 d가 t로 변화면서 강변화가 되었고, 또 새로 약변화의 도입으로 두 가지로 되었다.

(5) inset의 과거(insetted(영), inset)와 과분(knitted, knit)을 보면 중세영어(insetten−자료 없음−insett)와 고대영어(insttan−insette−자료

없음)의 과거와 과분 inset는 현대영어에서 과거 및 과분 어미의
소실로 강변화가 되었고, 새로 약변화가 도입되었다.

(6) knit의 과거(knitted, knit)와 과분(knitted, knit)을 보면 중세영어
(cnütten−knüte−knitted)와 고대영어(cnyttan−cnytte−gecnytted)
중에 고대영어의 약변화에 짧은 어간모음 다음에 t가 오고, 과
거와 과분에서 중간모음이 소실되었고, 또한 중세영어를 거쳐
현대영어에서 과거 및 과분 약변화 어미의 소실로 knit로 되어
강변화가 되었고, 새로 약변화가 도입되었다.

(7) rid의 과거(ridded, rid)와 과분(ridded, rid)을 보면 중세영어(hredden
−redde−red)와 고대영어(hreddan−hredde−자료 없음) 중에 고대
영어에서 스칸디나비아(Old Norse)에서 온 동사로 출발하여 약변
화를 했으나 중세영어를 거쳐 현대영어에 와서 짧은 어간모음
다음에 d가 오면서 과거의 과분에 중간모음이 소실되어 부정형
과 같은 과거와 과분(rid−rid)이 되었고, 다시 현대영어에 약변화
가 도입되었다.

(8) squat의 과거(squatted, squat)와 과분(squatted, squat)을 보면 중세
영어(sqvatten−자료 없음−sqvat) 때에 불어에서 차용해 약변화
로 출발했지만 결과적으로 부정형과 같은 형인 과거와 과분
(squat−squat)으로 변하고, 다시 약변화의 도입이 있었다.

(9) wet의 과거(wetted, wet)와 과분(wetted, wet)을 보면 중세영어
(wæten−watte−wet)와 고대영어(wætan−wætte−자료 없음)의 과
거와 과분에 있던 약변화 어미가 현대영어에 와서 소실됨으로
써 강변화로 어근으로만 부정형, 과거 그리고 과분을 나타내게
되었고, 다시 현대영어에 약변화 도입이 이루어졌다.

(10) bet의 과거(beted, bet)와 과분(betted, bet)을 보면 중세영어(beten
 －bettebet)와 고대영어(betan(to improve의 뜻)－bette－gebeted)
 에서는 약변화를 가지고 있었으나 현대영어에 와서 과거와 과
 분에 약변화의 어미가 완전 소실되면서 강변화가 되었고, 다시
 약변화의 도입이 있었다.

(11) sweat의 과거(sweated, sweat)와 과분(sweated, sweat)을 보면 중세
 영어(swæen－swette－자료 없음)와 고대영어(swætan－swætte－
 자료 없음)에서 발달되어 나오면서 과거와 과분 어미가 소실되
 어 어근만이 과거와 과분으로 사용되고, 현대영어에 약변화가
 다시 도입되어 경쟁하고 있다.

(12) shred의 과거(shredded, shred)와 과분(shredded, shred)을 보면 중세
 영어(schreaden－schred－schrede)와 고대영어(screadian－screadode－
 자료 없음)에서 약변화 어미를 간직하고 있던 과거와 과분이
 중세영어에 오면서 과거의 어미는 완전 소실되었고, 과분은 일
 부 남아 있었으나 현대영어에 와서는 그것조차 소멸되고, 또한
 새로운 약변화의 도입으로 경쟁하고 있다.


위 동사 11개의 과거 및 과분은 부정형과 같거나, 부정형 어간 끝
d가 t로 변화되어 강변화로 취급되고 있다. 단순하고 짧은 형을 이루
고 있고, 또 어근 끝 철자가 t나 d이기에 t나 d로 끝나는 것은 곧 약변
화 동사라고 생각할 수도 있어 문제점이 있는 것도 사실이다. 이와
같은 것은 과거와 과분에 어미가 없는 cut, set, shut 등과 같은 종류의
동사 과거와 과분을 유추해서 생긴 부분도 있다(Barber, 253)고 한다.
cut, set, shut 등에 대한 변천역사를 보면 과거는 약변화였으나 접미사

ed가 고대영어 때 일어난 음 변화로 상실되어서 현대영어에서 분명히 강변화로 분류되지만 변천 과정을 보면 약변화로 볼 수도 있고, 또 현대영어에서도 t란 어근 끝 자음이 있기 때문에 약변화의 잔재로 볼 수 있는 가능성이 있다.

(13) light의 과거(lighted, lit)와 과분(lighted, lit)을 보면 중세영어 (leohten, lihten－lihte－자료 없음)와 고대영어(keigtan－leohtte－ 자료 없음) 중에서 고대영어의 과거 어간모음이 중세영어에서 변 화되었고 현대영어에 오면서 약변화 어미가 소실되면서 과거와 과분을 lit로 쓰게 되고, 새로운 약변화의 도입이 이루어졌다.

(14) alight의 과거(alighted, alit)와 과분(alighted, alit)을 보면 중세영어 (alihten－alihte－alighted)와 고대영어(alihtan－alihte－자료 없음) 중에 고대영어와 중세영어의 과거와 과분의 약변화 어미가 현 대영어에 와서 소실되면서 어간 자음 h가 소멸되어 과거와 과 분이 alit로 변화되어 사용되고, 새로 약변화가 도입되었다.

(15) speed의 과거(speeded, sped)와 과분(speeded, sped)을 보면 중세영 어(speden－spedde－자료 없음)에서 고대영어와 중세영어의 과 거와 과분 어미 소실로 형성된 과거와 과분이 현대영어에 사용 되고 다시 약변화가 새로이 도입되어 경쟁하고 있다.

(16) chide의 과거(chided, chid)와 과분(chided, chid, chidden)을 보면 중 세영어(chiden－chidde－chidde)와 고대영어(chdan－cidde, ciddon, cion－gecided, gecidd)에서 약변화의 어미와 현대영어에 오면서 소실된 chid가 과거와 과분에 쓰이고, 또 과거와 과분에 새로 도입된 약변화가 쓰이고 있으며, 특히 과분에 강변화형이 도입

되어 과분에서 3개가 경쟁하고 있다. chide에 대하여 Pyles and Algeo(1982: 197)는 강변화 동사의 유추에 의해 강변화 동사로 움직임이 있다고 지적했던 동사다.

(17) dig의 과거(digged, dug)와 과분(digged, dug)은 중세영어(두 개의 동사 diggin와 dikin에 대한 것: diggin—digged—자료 없음, dikin —자료 없음—diked)와 고대영어(dician—dicode—gedicod) 중에 고대영어 때부터 이미 약변화로 전환되었고 중세영어에서 dikin에서 diggin이 도입되어 두 가지로 사용되다가 현대영어에 와서 중세영어의 diggin만이 살아남은 것으로 추측되며 이 동사의 과거와 과분은 고대영어 강변화 동사 제3급 동사의 과거와 과분들을 유추해서 그들의 변화에 따라 강변화(dug)를 취득했다. 그러나 약변화가 다시 도입되어 서로 경쟁하고 있다.

## 3.7. 현대영어에 강변화가 일부 도입된 예(8개)

다음 동사 7개는 고대영어 및 중세영어까지 약변화인데 현대영어에 와서 강변화가 과거에 도입된 것도 있고, 과분에 도입된 것도 있다. 우선 강변화가 과분에 도입된 경우 어간 끝이 w나 ve로 끝날 때에 n이 덧붙여진 것이다.

(1) strew의 과거(strewed)와 과분(strewed, strewn)을 보면 중세영어 (strawen—strewed—strawed)와 고대영어(streawian, streowian—streawode, streowed—자료 없음)에서 약변화가 계속 이어져 왔고, 현대영어에 와서 강변화의 유추로 강변화 과분이 도입되었다.

(2) bestrew의 과거(bestrewed)와 과분(bestrewed, bestrewn)을 보면 중세

영어(자료 없음)와 고대영어(bestrewian－bestrewode－gebestrewod)에서는 계속 약변화였으나, 현대영어에서 강변화의 유추로 강변화 과분이 도입되었다.

(3) prove의 과거(proved)와 과분(proved, proven)을 보면 불어에서 온 동사로 중세영어(proven－provede－자료 없음)에서와 같이 약변화로 왔으나 현대영어에서 강변화가 과분에 도입되어 있다.

(4) saw의 과거(sawed)와 과분(sawed, sawn)을 보면 고대영어에서는 명사만이 자료에서 나오고 있으나 중세영어(sagen－sahede－isahet)에서 약변화하였고, 현대영어에서 과분에 강변화를 도입함으로 경쟁하고 있다.

(5) sew의 과거(sewed)와 과분(sewed, sewn)을 보면 중세영어(seowen－sewede－sewed)와 고대영어(seowian－seowode－seowod)에서 약변화였는데 현대영어에서 과분에 강변화가 도입되었다.

(6) show의 과거(showed)와 과분(showed, shown)을 보면 중세영어(scheawen－scheawede－schwed)와 고대영어(sceawian－ sceawode－자료 없음)에서 약변화이나 현대영어에 강변화 과분이 들어와 있다.

다음 동사는 현대영어에서 과분에 강변화가 도입되어 있고, 과거에는 변이형이 쓰이고 있는 것에 새로 약변화가 도입되었다.

(7) shoe의 과거(shod, shoed)와 과분(shod, shodden)을 보면 중세영어(schoin－scoiden－ischood)와 고대영어(sceoian, scogan－scode－gescod)에서 약변화로 계속되어 오다 현대영어에서 과거와 과분에 어근 끝 e가 소실되면서 어미 d가 붙은 것으로 보아서 약변화로

볼 수 있으나, 과거에는 새로 약변화가 도입되었고, 과분에는 새로 강변화형이 도입되었다. 그래서 과거에는 약변화, 약변화의 변이형으로 볼 수 있는 형, 과분에도 약변화의 변이형으로 볼 수 있는 형과 강변화 등으로 이루어져 있다.

다음 동사는 과분에 중세영어 과분인 어간 끝 d를 두 번 쓰고 ed를 붙였던 것(wedded)을 어간 끝 d만을 남겨 놓고 시제어미와 함께 소실되어 마치 부정형과 같은 형이 도입된 것이다.

(8) wed의 과거(wedded)와 과분(wedded, wed)을 보면 중세영어(wedden －weddede－wedded)와 고대영어(weddian－weddode－자료 없음)에서와 같이 약변화이나 현대영어에서 과분에 어미가 완전히 생략된 부정형과 같은 형태가 도입되었다.

### 3.8. 약변화가 현대영어에 와서 완전 강변화로 전환된 예(3개)

(1) hide의 과거(hid)와 과분(hidden, hid)을 보면 중세영어(hüden－hüdde－hüd)와 고대영어(hydan－hydde－자료 없음)에서 접미사 de가 붙은 약변화였으나 현대영어에 와서 과거와 과분에 접미사가 소실되고, 과분 hidden을 강변화의 유추로 도입하여 과분에서 경쟁하고 있다. 따라서 모두 강변화의 모습으로 변했다.

(2) spit의 과거(spit, spat)와 과분(spit, spat) 중에 spit는 중세영어(spitten－spitte－자료 없음)와 고대영어(spittan－spitte－자료 없음)의 과거와 과분 어미 te가 소실되어 형성된 것이다. 다른 과거와 과분인 spat는 중세영어 때 과거 단수모음이 과분 모음에 영향

을 주어 갖게 된 형태를 유추해 새로 만든 것이다. 그래서 모두 강변화이다.

다음 동사는 고대영어에 이미 약변화로 전환되었으나 중세영어에서의 약변화 과거가 쓰이지만 과분에선 강변화가 도입되었다. 그래서 중세영어에 강변화로의 전환 움직임이 있었고 현대영어에서 확실하게 강변화로의 움직임이 있었으며 지금은 확실하게 강변화 동사로 자리 잡았다.

(3) ring의 과거(rang, rung)와 과분(rung)을 보면 중세영어(hringen−ringden−rungen)와 고대영어(hringan−hringde−자료 없음) 중에서 중세영어 때에 과분의 어간모음 u가 현대영어의 과거와 과분 모음으로 이어졌고, 과거에 다른 강변화형이 도입되어 경쟁하고 있다. pyles(198)는 고대영어부터 비음 자음을 가진 모든 강변화 제3급 동사들은 강변화였고, 그들의 과거는 고대영어 과거 단수에서 나온 것이라며 이러한 동사 중에 ring도 포함된다고 했다. 이 ring의 포함설명은 문제가 있다. 왜냐하면 ring의 고대영어에서 보면 부정형 hringan의 과거 hringde는 강변화를 하지 않고 약변화 과거 어미 de를 가지고 있다. 그리고 중세영어에도 과거가 ringden로 약변화 변이형 어미 den을 가지고 있고, 과분에는 약변화가 아닌 강변화 rungen을 가지고 있어서 중세영어에서 약변화에서 강변화 동사로 전환 중에 있었다. 현대영어의 과분은 중세영어 과분에서 그대로 가져온 것이지만, 과거 rang에 대한 설명으로는 ring과 같은 비음 자음을 가진 동사들이 강변

화 동사에서 거의 과거 어간에 a 모음을 가지고 있어 그것에 대한 유추현상으로 rang을 과거로 갖게 됐다고 설명할 수 있다.

## 3.9. 특이한 과거 및 과분의 예(5개)

다음의 동사 4개는 고대영어 및 중세영어에서 두 개의 동사로서 강변화 또는 약변화를 했으나, 현대영어에 와서 하나의 동사로 합치면서 과거와 과분은 강변화와 약변화로 나타내고 있으나 그들 고유의 뜻을 나타낼 때는 합치기 전의 과거 및 과분을 사용한다.

(1) awake의 과거(awaked, awoke)와 과분(awaked, awoke)을 보면 중세영어에서 두 개 동사(awaken—awoc—awake, awakien—awakede—awaked), 고대영어에서 두 개 동사(awacan—awoc, awocon—geawacen, awacian—awacode—geawacod)의 과거와 과분으로 되어 있지만 현대영어에서 하나로 합쳤다. 강변화 과거와 과분은 고대영어 부정형 awacon의 과거와 과분에서 중세영어를 거쳐 현대영어까지 오게 되었고, 약변화 과거와 과분은 고대영어 awacian의 과거와 과분에서 중세영어를 거쳐 현대영어까지 오게 된 것이다.

(2) dive의 과거(dived, dove)와 과분(dived)은 중세영어 두 개 동사(düven—defde—자료 없음, duven—deæf—자료 없음)와 고대영어 두 개 동사(dyfan—defde—gedyfed, dufan—deaf, dufon—gedofen)에서 현대영어에 와서 하나의 과거와 과분으로 이루어졌다.

다음 동사도 고대영어 또는 중세영어에서 약변화와 강변화로 각각 쓰이다가 현대영어 부정형에 하나의 동사로 통합되었으나 과거 및 과분에는 강변화와 약변화를 다 갖고 있다.

(3) hang의 과거(hanged, hung)와 과분(hanged, hung)에서 강변화는
Nielsen(45)의 설명에 의하면 중세영어 북쪽 방언 hang의 과거와
과분인 hung을 유추해 만든 것이라고 한다. 중세영어(hangien-
hangede-hanged, hon-heng-hangen)와 고대영어(hangian-hangode-
gehangod, hon-heng-gehangen)에는 두 개 과거와 과분이 있는데
현대영어의 부정형 hang은 아마도 고대영어의 hangian에서 발달
되어 나왔다고 Nielsen(45)은 설명한다. hang은 현대영어에서 하
나로 합쳤지만 원래 고대영어의 부정형은 두 가지(hangian, hon)
였고, 중세영어 때는 스칸디나비아 차용어 hengen을 포함한 세
가지였다. 현대영어에 와서 중세영어 부정형 hangian의 과거
(hangede)와 과분(hanged)에서 나온 hanged을 과거와 과분으로 갖
는 것과 고대영어와 중세영어 때의 부정형 hon에서 나온 과거
(heng)와 과분(hangen) 중에 모음 변화로 형성된 강변화형 hung을
과거와 과분으로 갖고 있는 것 두 가지가 있다. hang은 뜻에 따
라 과거와 과분이 다르다. 즉 '교수형에 처하다'의 과거와 과분
은 hanged이고 '걸다', '매달다' 뜻의 과거 및 과분에는 hung이
쓰이고 있다.

(4) clothe의 과거(clothed, clad)와 과분(clothed, clad)을 보면 중세영어
(claþen, cleþan, cloþede-cloðed)와 고대영어(claðian-claþode-geclaþod)
중에서 현대영어 과거와 과분 clothed는 고대영어 때의 앵글리안
방언인 claþian에서 중세영어를 거쳐 현대영어에 사용되고, 새로
운 과거와 과분인 clad는 고대영어 clæþan의 과거에서 발달되어

나온 것인데 현대영어에 새로 도입되어 사용하고 있다.

다음의 동사는 현대영어에 오면서 약변화와 강변화를 모두 받아들였다.

(5) stave는 중세영어 명사 staff, staf의 복수 staved에서 역형성(backformation)
으로 생겨났다.

과거(staved, stove)와 과분(staved, stove)은 강변화와 약변화의 형태를 동시에 획득하였기에 서로의 경쟁이 치열하다.

지금까지 단순동사 113개를 살펴본 결과를 종합하면 첫째, 고대영어와 중세영어에서 강변화였고 현대영어에 와서도 강변화로 사용되지만 과거와 과분에 강변화의 변이형이 들어와 서로 경쟁관계에 있는 동사가 26개다. 둘째, 고대영어와 중세영어까지 강변화였으나 현대영어에 와서 과거 또는 과분 혹은 과거와 과분 둘 다 약변화의 도입으로 강변화와 경쟁하는 동사가 30개이다. 셋째, 고대영어와 중세영어에서 강변화였다가 현대영어에 와서 완전히 약변화로 전환되었지만 과거나 과분 어미에 약변화의 변화형이 생기자 새로 약변화가 들어와 경쟁하는 동사가 3개다. 넷째, 고대영어 때 이미 약변화 동사로 전환되었지만 그 후에 과거와 과분에 약변화의 변이형이 생기자 다시 약변화가 도입되어 서로 경쟁하는 동사가 14개다. 다섯째, 중세영어 때 약변화였지만 현대영어에 와서 약변화의 변이형이 생기자 다시 약변화를 도입한 것이 7개다. 여섯째, 현대영어에서 중세영어에 약변화가 강변화로 다시 바뀌자 다시 약변화가 도입된 것이 17개다.

일곱째, 중세영어 때까지 약변화였으나 현대영어에 와서 일부에 강변화가 도입된 것이 8개다. 여덟째, 고대영어에 이미 약변화였으나 현대영어에 와서 완전히 강변화로 전환된 것이 3개다. 아홉째, 특이한 과거와 과분을 갖고 있는 것이 5개다.

## 4. 결론

현대영어 동사 과거 또는 과분에 두 가지 형을 가지고 있는 동사 129개에서 복합동사와 단순동사의 과거 변천 과정을 비교 분석해 보니 큰 흐름으로는 영어 및 중세영어 강변화 동사는 현대영어에서 약변화 동사로 전환 움직임이 있었다.

16개 복합동사를 주동사와 비교 조사해 본 결과를 보면, 첫째, 복합동사는 전부 현대영어에 와서 만들어졌다. 강변화와 약변화가 과거와 과분에서 생존경쟁을 하는 것도 복합동사가 생성되고 나서 곧 시작되었다. 둘째, 복합동사의 과거와 과분은 주동사의 과거와 과분에 일치하는 것이 거의 대부분이다. 또한 주동사가 과거와 과분에 강변화와 약변화 둘 다를 가졌을 때 복합동사도 그대로 이어받았다. 또한 주동사가 강변화 또는 그 변이형을 갖고 있으면 복합동사에도 강변화 또는 그 변이형을 갖고 있었다. 셋째로 주동사의 과거와 과분은 강변화를 할 때에 복합동사에서는 그 강변화에 순응하면서도 한편으로 독자적인 약변화를 도입하여 경쟁관계에 있는 동사가 상당수 생겨났는데 그 동사는 broadcast, forecast, radiocast, telecast, hamstring, unbend 등 6개이다. 이들은 강변화 동사에서 약변화 동사로의 전환 움직임을 확인해 주는 중요한 증거다.

또한 113개 단순동사의 변천 과정을 시대별로 비교 분석해 본 결과로 첫째, 현대영어에 들어와서도 강변화 동사가 약변화 동사로의 전환 움직임이 분명하게 나타나고 있다. 둘째, 소수이기는 해도 약변화 동사가 강변화 동사로의 전환 움직임도 나타나고 있다고 할 수 있지만 그중 상당수 동사는 부정형 어근에 de, te, t, d 등으로 끝나는 동사에서 과거나 과분의 형태를 간단히 하고자 어미 ed를 생략할 때에 어근의 일부 철자도 소실되어 생긴 것이거나 과분이 많다는 점이 유별나다. 셋째, 현대영어에서 타 품사에서 새로 생겨난 동사는 거의 대부분 약변화 동사가 된다는 사실도 확인할 수 있었다. 넷째, 복합동사와 단순동사에서 공통적인 사실은 강변화에서 약변화로 또는 약변화에서 강변화로의 전환은 상당한 시간이 걸렸다는 사실을 확인할 수 있었다. 현대영어에서 과거와 과분이 두 가지로 쓰인다는 것은 두 개 중에 하나는 이미 쓰이던 기존의 것이고 다른 하나는 새로 도입된 새 것이기 때문에 생존경쟁을 한다. 경쟁을 하다 세력이 약화된 것은 사용빈도 수가 차츰 적어지다가 없어지게 되지만, 당장 없어지는 것이 아니라 상당 기간 함께 사용되는 것(Baugh, 196)을 알 수가 있었다. 따라서 어떤 동사이건 과거나 과거분사에 두 가지 형태가 있다는 것은 치열한 생존경쟁이 존재하고, 어떤 것은 생존싸움에서 세력을 잃어 사라질 위기에 있는 것도 있다. 이런 이유로 해서 비교 조사한 동사의 과거나 과분에 두 가지 형태가 있는 것은 바로 우리 인간의 생존경쟁처럼 치열한 생존경쟁의 현장임을 알 수가 있었다.

# 제6장 세종임금이 훈민정음 창제 때 참고한 문자 연구

## 1. 개관

본 장에서는 인도의 서북부 지역인 구자라트 주에 쓰이고 있는 문자가 한글과 비슷하거나, 거의 같은 모양을 가지고 있다는 사실이 언론기관이나 각종 서적에서 지적되고 있어서 직접 그 지역을 답사하여 그 지역글자와 한글과의 관계를 자세히 분석하여 그 진위를 밝혀 보는 것이 하나이고, 다른 하나는 그와 관련하여 세종임금이 훈민정음을 창제할 때에 한자의 특징인 뜻글자가 아니라 음소문자, 즉 소리글자로 만들면서 음소문자의 근본원리를 인도의 범자에서 참조했을 것이라는 가정을 세워 보고자 한다. 인도의 범자가 불경과 더불어 중국과 한국에 전해지면서 범자의 기본 원리인 음소문자의 개념이 중국과 한국에 전해졌고, 세종임금이 범자 원리를 훈민정음의 기본원리에 도입하고, 중국에서 인도의 음운을 연구하여 중국어음에 연결시킨 성운학을 참고하여 훈민정음의 음소문자 근본원리를 만들었을 가능성을 밝혀 보고자 한다.

우선 1983년 KBS의 <신왕오천축국전> 발표에서 "인도 구자라트 주의 간판에서 신기하게도 한글과 비슷한 글자들을 발견하고 놀랐다."라 해서 처음 닮았다는 견해를 제시했다. 그리고 1984년 1월 월간지 광장 제123호에서 송호수 씨는 "어쨌든 한글을 전제로 한다는 측면에서 보아 가림다文, 古篆, 梵書, 구자라트 文字, 아히루(일면 肥人書) 文字, 훈민정음 등은 서로 동일계라는 상관성을 짙게 던져 주고 있다."라고 지적했다. 1996년 3월 8일자 중앙일보 41면에서 김병호 씨는 인도 구자라트 주에 가 보니 "큰길가에 즐비하게 걸려 있는 간판마다 씌어 있는 글자들. 한국 사람이면 60% 이상은 읽을 수 있는 낯익은 글자들이다."라고 구자라트글자에 대한 소감을 밝혔다. 또한 "탐사팀의 관심을 모은 것은 세종대왕이 창제했다는 한글 글자꼴을 인도에서 가져왔다는 움직일 수 없는 옛 기록이다."라고 성종 때 예조판서를 지낸 성현의 『용재총화』를 들고 있었다. 이에 대해서 구자라트글자가 한글과 닮은 것은 우연이라고 주장하면서 30일간 구자라트 주에 체류하면서 연구한 것을 한글 새소식 255호에 발표한 김기성 씨는 "구자라트는 인도 고대의 범자에서 갈리어 나온 글자이며, 한글과는 전혀 뿌리가 다른 글자였다. 그런데 어째서 글자 모양이 그렇게도 닮아 보였을까? 인쇄된 책이나, 신문, 잡지 등에 나타나는 글에서는 사진(사진 1)에서 보는 바와 같이 판이하게 다르다. 그런데 간판이나 디자인화된 글자(사진 2)에서는 나 자신도 KBS의 보고와 같이 너무도 흡사하다고 느꼈다."고 소감을 피력했다. 그러나 김기성 씨가 신문,

잡지 등에 나타난 글에서는 판이하게 다르다고 했지만 사실 면밀하게 찾아보면 신문, 잡지 등에서도 비슷한 것도, 꼭 같은 것도 있었다. 이러한 사실들을 보다 구체적으로 찾아보고자 한다.

## 2. 구자라트글자의 생성유래와 현대 구자라트글자

구자라트글자에는 데바나가리(Devanagari), 나가리(Nagari) 또는 발보드(Balbodh)라고 부르는 글자와 일반 구자라트글자(Common Gujarati) 등 두 가지로 Taylor(1975: 12)는 분류했다. 이전에는 나가리 글자만이 구자라트 주에서 사용되는 모든 책에 사용됐으나, 현대에 와서는 거의 쓰이지 않고 있다. 그런데 데바나가리 글자 또는 나가리 글자는 일반 구자라트글자와 비교해서 모양에서 큰 차이가 있다. 그러나 그 발달 과정을 살펴보면 데바나가리 글자에서 일반 구자라트글자로 변화되어 나온 것이다. Vyas(1978: 366)는 현재 쓰이고 있는 구자라트글자가 옛날 데바나가리에서 변천되어 나온 과정을 시대별로 제시하고 있는데 그 예는 다음과 같다.

다음의 예에서 나타난 분명한 사실은 데바나가리에 사용되고 있는 수평선이 구자라트글자에서는 전부 없어진 것이다. 그렇지만 힌두(Hindi＝인도 공용어)어를 표기하는 데바나가리 글자에는 수평선이 아직도 쓰이고 있다. Vyas가 제시한 자료를 보면 모음은 위에서부터 [a], [i], [u], [e], [o] 음에 해당되고, 자음으로는 차례대로 [ka], [kha], [tʃa], [ja], [jha], [pa], [pha], [ba], [bha] 등을 나타낸다. 그래서 구자라트 글자는 인도 범어에 사용된 데바나가리 글자에서 발달되어 나온 것이 분명하다. Vyas(1978: 366)의 예에서 중세 수서체, 중세와 현대 사이에 사용된 수서체를 비교해 보면 변천 과정이 확실하다. 따라서 현대 구자라트글자와 한글과의 유사성은 범자와 한글 창제와의 관계를 밝히기 전에는 일단 우연의 일치로 볼 수밖에 없다.

예) 데바나가리  중세 수서체  중세와 현대 중간기간  현대 구자라트 글자

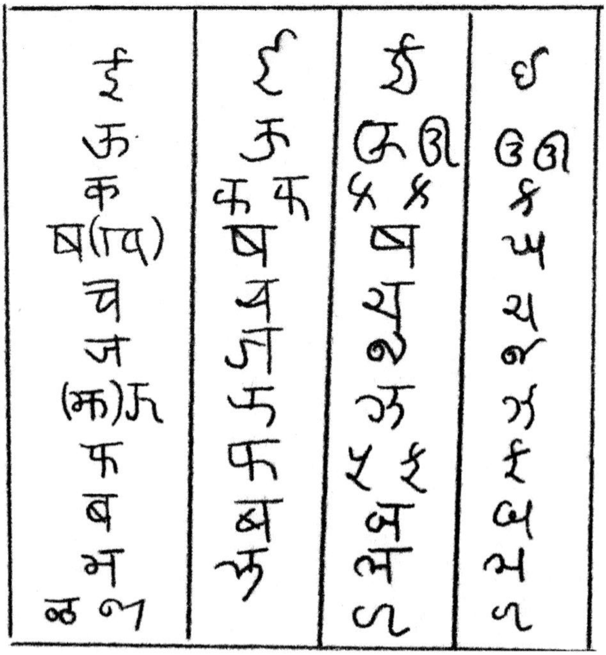

따라서 구자라트글자의 옛 글자인 범자와 한글과의 관계를 좀 더 면밀하게 검토할 필요가 있다. 그 이유는 세종임금이 한글을 창제할 때 참고할 수 있는 글자로는 뜻글자인 한자, 불교경전에서 많이 익혀 온 범어에 쓰인 범자인 음소문자, 그리고 몽고 글자와 팔사파문자 등이 있었다. 물론 일본 글자도 참고자료는 됐을 것이나 순수한 음절문자이기 때문에 큰 의미 부여는 할 수 없다. 그렇다면 음소문자인 팔

사파글자도 티베트 문자를 근본으로 하여 승려에 의해서 고안된 것이니 그것의 근원도 불교의 경전, 즉 범자의 영향권에 들 수밖에 없다. 그렇다면 범자로 쓰인 불경, 즉 범어가 우리말의 어순과 거의 동일하고, 범어에서 모음과 자음의 결합방식 등이 거의 같은 점 등을 참고할 수 있는 여지가 있어, 범자와 훈민정음과의 관계를 심도 있게 연구할 만하다고 본다.

문자학자 Taylor(1899:81)는 한국의 문자는 고대 인도문자에서 나온 것으로 분류하는 것도 참고할 만하고 우선 인도문자에서 갈리어 나온 구자라트글자와 한글상의 유사성이 얼마나 있는지를 살펴볼 필요가 있다.


## 3. 구자라트글자와 한글과의 연관성 분석


### 3.1. 구자라트 모음 문자

현재 구자라트글자에 모음이 11개가 있다. 모음의 모양은 અ(영어 organ에서 a 발음과 유사), આ(father에서 a 발음과 유사), ઇ(fill에서 I 발음과 유사), ઈ(feel에서 ee 발음과 유사), ઉ(full에서 u 발음과 유사), ઊ(fool에서 oo 발음과 유사), ઋ(rill에서 ri 발음과 유사), એ(they에서 e 발음과 유사), ઐ(aisle에서 ai, 즉 આ + ઇ), ઓ(cold에서 o 발음과 유사), ઔ(house에서 ou 발음과 유사, 즉 ઓ + ઉ) 등이다. 이 모음 형태 중에 અ, આ, એ, ઐ, ઓ, ઔ 등 6글자의 첫 획은 한글 ㄹ의 날림체 형태와 흡사하다. 그래서 અ, આ 등 두 자는 글자가 각을 이루는 선전문구나 간판글에서는 '래, 래' 형태로 쓰이고 있다. 또한 신문에서 사용되는 예를 보면 America를 અમેરિકા로 쓰고 있다. America에서 અ는 한글 '래'와 꼭 같다. 또한 ʊ도 한글 '래'와 모양을 같이 하고 있다. 모음 11개 중에 6개, 즉 [a], [á], [e], [ai], [o], [au] 등이 글자 첫머리에 한글 'ㄹ'의 형태와 거의 비슷한 모습으로 쓰이다 보니 한글의 '래'가 많이, 또 자주 쓰이는 것으로 한국인에게 보인다.

### 3.2. 구자라트 자음 문자

구자라트글자에 자음은 36글자가 있는데 그중 15글자가 한글과 유사하다. 그 예를 살펴보면 ખ[kha], ગ[ga], ચ[tʃa], ઝ[jha], ઞ[ňa](단독으로 쓴 예는 없음), થ[tha], ન[na], પ[pa], બ[ba], ભ[bha], ય[ya], લ[la], વ[va], શ[ʃa], ષ[s.a], સ[sa] 등이다. 한글과 유사한 것은 ગ[ga](ઞ[ňa]), ન[na], લ[la], સ[sa] 등이다. 이 모양은 한글의 '기, 거, 어, 더, 러'와 같은 모습이고, 거리의 상점간판에서 도식화된 글자로 쓰일 때 한글로 착각할 정도로 거의 같다.

범자인 데바나가리 글자는 자음 철자에 모음을 내포한 상태, 즉 음절문자처럼 사용되는 때도 있고, 모음 없이 쓰일 때도 있다. 예를 들면 £는 [k]음인데 모음 없이 표시되는 형태이고 £는 £[k]와 ખ[a]음이 합치된 표현 방법이다. 즉 구자라트글자는 자음을 읽을 때 모음이 내재된 상태이고 모음과 결합할 때에는 소멸된다.

### 3.3. 구자라트글자의 자음과 모음의 음절표

범자의 특수성은 자음과 모음이 결합할 때 모음의 형태가 간단한 기호로 되어 자음과 결합한다. 구자라트글자도 같은 방법이다. 이렇게 자음과 모음이 결합하여 만들어진 음절표는 한글의 음절표와 거의 같다. 그래서 한글의 'ㄱ'이 모음과 결합하면 '가, 갸, 거, 겨, 고,

교, 구, 규, 그, 기'로 되는 것과 같이 구자라트글자에서도 음절표를 만들고 있다. 모음의 변형형태를 보면 ઋ는 이미 자음에 포함되어 있기에 나타나지 않는다. 그 예로 ક는 [k+a]이다. આ는 ા로 단축되는데 그 예가 કા [k+a]이다. 계속해서 모음 ઇ는 િ로 간편하게 되고, 예는 કિ [k+i]이다. ઈ는 ી로 변하며, 예는 કી [k+ii]이다. ઉ는 ુ로 간편하게 되며 그 예는 કુ [k+u]이다. ઊ는 ૂ로 되며, 그 예는 કૂ [k+uu]이다. એ는 ે로 변화를 하고, 그 예는 કે [k+e]이다. ઐ는 ૈ로 간편하게 되어, 그 예는 કૈ [k+ai]이다. ઓ는 ો로 되어, 그 예는 કો [k+o]이고, ઔ는 ૌ로 변하여, 그 예는 કૌ [k+au]이다. 점 표시는 그대로 ં이고 그 예는 કં [k+am]이며 ઃ은 그대로 ઃ인데 그 예는 કઃ [kaha]이다. 그래서 ક와 모음 결합을 종합하면 ક , કા , કિ , કી , કુ , કૂ , કે , કૈ , કો , કૌ 등으로 나타나는데 이런 식으로 모든 자음은 모음과 결합해서 위와 같은 형태의 음절을 구성하게 된다. 그 음절표로 다른 자음 4개 정도 예를 들면 다음과 같다.

| 1 | 2 | 3 | 4 | 5 | 6 | 7 | 8 | 9 | 10 | 11 | 12 |
|---|---|---|---|---|---|---|---|---|---|---|---|
| સ | સા | સિ | સી | સુ | સૂ | સે | સૈ | સાં | સૌ | સં | સઃ |
| [sa] | [sā] | [si] | [sī] | [su] | [sū] | [se] | [sai] | [so] | [sau] | [sam] | [sah] |
| ર | રા | રિ | રી | રુ | રૂ | રે | રૈ | રાં | રૌ | રં | રઃ |
| [ra] | [rā] | [ri] | [rī] | [ru] | [rū] | [re] | [rai] | [ro] | [rau] | [ram] | [rah] |
| ન | ના | નિ | ની | નુ | નૂ | ને | નૈ | નાં | નૌ | નં | નઃ |
| [na] | [nā] | [ni] | [nī] | [nu] | [nū] | [ne] | [nai] | [no] | [nau] | [nam] | [nah] |
| લ | લા | લિ | લી | લુ | લૂ | લે | લૈ | લાં | લૌ | લં | લઃ |
| [la] | [lā] | [li] | [lī] | [lu] | [lū] | [le] | [lai] | [lo] | [lau] | [lam] | [lah] |

위의 예에서 자음과 모음이 결합한 글자에서 한글과 거의 꼭 같은
모양을 한 것이 여러 개가 있다. 그 예는 다음과 같으며, 한글로는
'레, 러, 리, 에, 어, 데, 더'로 읽을 수 있겠다.

| | | | | |
|---|---|---|---|---|
| સા | સી | સે | સાં | સં |
| રા | રી | રાં | | |
| ન | ની | ને | નાં | નં |
| લા | લી | લે | લાં | લં |

### 3.4. 신문, 잡지, 상점의 간판글씨체

일반적으로 구자라트글자의 표준형이 한글의 흘림체 모양이다. 표준 글
자형 이외에 강조를 나타낸다든가, 디자인 글씨체로 쓴다든지, 각을 나타
내는 글씨체로 쓴 경우에 글자체가 한글과 더욱 닮아 보인다. 따라서 신문
에 쓰인 것과 도로표지판이나 간판에 쓰인 것을 보면 다음과 같다.


(1) 신문에 쓰인 예

(2) 도로간판이나 상점간판에 쓰인 예

## 4. 구자라트어와 한국어의 관련성 유사성

앞에서 구자라트글자와 한글과의 유사성을 살펴보았는데 한글과 구자라트글자는 역사적으로나, 형태적으로 유사한 관계를 맺어 왔던 정확한 증거를 확보할 수는 없다. 현대에 오면서 구자라트글자에 데바나가리 글자에서 사용하던 머리줄 선이 없어졌고, 따라서 점차 모양이 한글과 유사한 방향으로 변형되어 왔고, 특히 간판, 선전용 글씨체 및 투박한 글씨체에서 사각모양을 나타냄으로써 한글과 거의 같거나 유사한 형태로 나타났다.

그런데 구자라트글자에서 나타난 유사성 못지않게 구자라트언어
에 있어서도 한국어와 유사성을 많이 가지고 있다는 사실을 발견하
게 된다. 산스크리트어와 힌두어도 마찬가지이지만 구자라트어에서
어순이 주어＋목적어＋동사의 구조를 가지고 있다. 이것은 인구어가
주어＋목적어＋동사 구조였다는 사실을 뒷받침해 주는 것이다. 이것
은 또한 한국어의 기본 구조 주어＋목적어(보어)＋동사 구조와 일치
한다. 어순의 일치를 구체적으로 살펴보고자 한다.


(1)　　주어＋목적어＋동사의 구조

　　　한국어: 목수가 탁자를 만들고 있다.

　　　구자라트어: સુતાર મેજ બનાવે છે.

　　　영어로 된 어순: The carpenter the table making is.

(2)　　주어＋보어＋동사의 구조

　　　한국어: 나는 외국인이다.

　　　구자라트어: હું પરદેશી છું.

　　　영어로 된 어순: I a foreigner am.

(3)　　의문문 어순(타동사일 때)

　　　한국어: 목수가 탁자를 만들고 있습니까?

　　　구자라트어: સુતાર મેજ બનાવે છે?

　　　영어로 된 어순: The carpenter the table making is?

(4)　　의문문 어순(보어를 가지고 있을 때)

　　　한국어: 나는 외국인입니까?

　　　구자라트어: હું પરદેશી છું?

　　　영어로 된 어순: I a foreigner am?

의문문은 말할 때 강세나 성조에서 문장 끝을 약간 올려서 의문을
나타내고, 글로 나타낼 때 의문부호를 붙인다.


(5)     긍정문, 의문문, 권유문, 명령문 등

   a.    한국어: 당신은 그 일을 할 것이다.(긍정문)

      구자라트어: તમે કામ કરશો.

      영어로 된 어순: You the work will do.

   b.    한국어: 당신은 그 일을 할 것입니까? (의문문)

      구자라트어: તમે કામ કરશો?

      영어로 된 어순: You the work will do?

   c.    한국어: 그 일을 해 주세요!

      구자라트어: તમે કામ કરશો.

      영어로 된 어순: You the work do!

   d.    한국어: 그 일을 하라.

      구자라트어: કામ કરો.

      영어로 된 어순: the work do!


(6) 인칭대명사와 지시대명사가 의문대명사 앞에 오는 어순

   a.    한국어: 당신은 누구입니까?

      구자라트어: તું કરતો છો?

      영어로 된 어순: you who are?

   b.    한국어: 당신은 무엇을 하고 있습니까?

      구자라트어: તમે શું કરી છો?

      영어로 된 어순: you what doing are?

c. 한국어: 이것은 무엇입니까?

구자라트어: આ શું છે?

영어로 된 어순: this what is?

d. 한국어: 저 사람은 누구입니까?

구자라트어: તે કોણ છે?

영어로 된 어순: that who is?


(7) 수식하는 단어는 수식받는 단어 앞에 오는 어순

a. 한국어: 이것은 매우 좋은 지도입니다.

구자라트어: આ ઘણો સારો નકશો છે.

영어로 된 어순: This very good map is.

b. 한국어: 소녀는 그 과를 빨리 읽습니다.

구자라트어: છોકરી પાઠ જલદી વાંચે છે.

영어로 된 어순: The girl quickly the lesson reads.

c. 한국어: 소녀는 빨리 그 과를 읽습니다.

구자라트어: છોકરી જલદી પાઠ વાંચે છે.

영어로 된 어순: The girl quickly the lesson reads.


(8) 의문부사로서 시간, 장소, 태도 등을 나타낼 때의 어순

a. 한국어: 당신의 친구는 언제 오느냐?

구자라트어: તમારી મિત્રો ક્યારે આવશે?

영어로 된 어순: your friends when will come.

b. 한국어: 당신의 부모는 어디에 살고 있느냐?

구자라트어: તમારી માબાપ ક્યાં રહે છે?

영어로 된 어순: your parents where live do.

(9) 전치사가 아니고 후치사로 쓰는 어순

    a.    한국어: 잉크스탠드는 탁자 위에 있습니다.

        구자라트어: બટિયો મેજ ઉપર છે

        영어로 된 어순: The ink-stand the table on is.

    b.    한국어: 망고나무는 우물 가까이에 있습니다.

        구자라트어: આંબો કુવાની પાસે છે

        영어로 된 어순: The mango tree the well near is.


이상 어순 배열에 있어 주어＋목적어＋동사, 주어＋보어＋동사 등의 순서로 나타나고, 타동사일 때와 자동사일 때의 의문문 어순, 긍정문·권유문·명령문 등에서 어순, 인칭대명사·지시대명사·의문대명사 등에서의 어순, 수식어의 어순 등에서 구자라트어와 한국어의 어순이 같다는 사실을 밝혀 보았다. 어순에서 중요한 부분이 한국어와 일치하고, 또한 자음, 모음의 결합으로 음절표를 구성하는 등이 한국어와 유사한 점을 미루어 보아 아득한 옛날에 어떤 필연의 관계가 있지 않았을까 하는 가능성을 생각해 본다.


## 5. 범자가 중국과 한국에 끼친 영향


중국인이 인도의 문자를 접하게 된 것은 종교 때문이다. 불교가 중국에 전해짐으로 인도의 소리글자 개념을 중국인이 접하게 된 것이다. 이것은 Sampson(1985: 16)이 "문자는 종교를 따라 간다."라고 지적한 것이 서양에만 적용되는 것이 아니라 동양에도 적용이 된 사례다.

종교는 말과 문자의 도움 없이는 전파가 거의 불가능하다. 따라서 종교의 전파에서 교리를 적고 있는 문자 교육이 핵심과제가 된다. 따라서 불교와 더불어 불경이 들어오고, 불경에 적힌 글자를 중국인들이 배우게 된 것이다. 강식진(1999: 31)은 "중국인들이 말의 소리에 대해 눈을 뜨기 시작한 것을 위진대(魏晉代)에 들어온 불경을 번역하면서이다. 소리글자였던 범어(梵語)로 기록한 불경을 뜻글자인 한자로 번역하면서 말소리에 관심을 가지게 되었고 이는 중국에 성운학(聲韻學)이란 학문이 태동하는 계기가 되었다."라고 지적했다. 또한 심소희(1999: 169)는 "동한(東漢, AD 25~220) 이래 불교가 중국에 전해지면서, 범어(梵語)의 영향으로 '음(音)'에 대한 인식이 생기게 되었다."고 지적했다. 당시 불교경전은 중국에서 처음으로 대규모로 받아들인 외국문헌이므로 역경사업에 종사한 승려들은 진지하게 범한(梵漢)언어의 특징을 대비적으로 연구하였다. 그리하여 그들은 범어가 자음(體文)과 모음(摩多)으로 나뉘는 개념에 착안하여 한자의 음절을 자음(聲)과 모음으로 나누어 반절(反切)이라는 주음 방법을 발명하였고, 또 범어의 격식에 한자를 대입한 운도(韻圖)를 만들어 인도의 승려들이 중국어를 습득하고 또 중국의 승려들도 범어를 익히는 데에 긴요한 공구서가 되도록 하였다. 범자(梵字)로 된 불경이 중국에 도입됨으로써 '글자꼴-의미'만을 생각했던 중국인들이 '글자꼴-소리'라는 새로운 개념을 인식하고 소리에 대한 연구를 하고, 그 소리를 표현하려는 노력도 했던 것이다.

이와 같이 중국은 인도의 불교를 접하면서 뜻을 적는 글자가 아닌 소리를 적는 글자가 있다는 사실을 알게 되었고, 그 효용성을 인정하게 되었다. 그래서 중국인들도 소리를 적는 방법을 고안했던 것이다.

동한(東漢)시대에 시작해서 육조(六朝)시대 이후에 성행했던 반절(反切)이라는 주음법이 소리를 적는 것이고, 따라서 글자의 음을 분석하는 길을 알게 됐다. 음을 분석하여 반절을 이용하는 방법을 터득했고, 중세의 정확하지도 못하고 때로는 궁하게 직음을 하던 방법을 바꾸게 되었다(공재석 1979: 87).

또한 육조(六朝)시대 때 중국 음운상에서 중요한 사성(四聖)의 발견도 불교와 관계가 있다. 불교도들이 불경을 전독(轉讀)하는데 인도의 '성명(聲明論)'이라고 하는 소위 '삼성(三聖)'에 근거하였다. 인도의 성명론의 성(聲)은 바로 음조(音調)의 고저(高低)였던 것이다(공재석 1979: 88). 육조시대에 학식이 있는 사람들은 불교도와 교류했거나 불경을 알았고, 인도의 언어와 비교해서 중국어에 성조가 존재하고 있다는 것을 알게 되었다. 이러한 현상은 인도어를 접하게 됨으로 발견하게 된 사실이다.

중국인들이 소리를 나타내는 표음 방법인 반절은 한자에서 두 글자를 하나의 글자 음으로 만드는 것이다. 예를 들면 동(冬)의 동(dong)음을 만들려면 도종절(都宗切)하는데 이것은 도(都(du))의 첫 음 d와 종(宗(zong))의 끝 음 ong을 합쳐서 동(冬(dong)) 발음을 만드는 것이다. 이때 동(冬(dong))은 피절자라 하고 도(都(du))에서 d는 절어상자(切語上字)라 하며, 종(宗(zong))의 ong은 절어하자(切語下字)라 한다. 그리고 동(冬(dong))에서 d와 도(都(du))에서 d는 쌍성(雙聲)이라 하고, 동(冬(dong))에서 ong와 종(宗(zong))에서 ong는 첩운(疊韻)이라 하면서 반절을 만든다. 이렇게 반절을 이용해서 '중고성운모(中古聲韻母)'의 계통을 깨달은 사람은 진례(陳澧)라는 학자다. '절운고(切韻考)'는 그가 쓴 논문 중에 가장 잘된 연구논문이다. 그런데 반절의 원칙에 상자(上字)는 다만 그 성모(聲母)만을 취하고 하자(下字)는 다만 그 운모(韻母)만을 취하였다. 즉 동(冬(dong))은 도(都(du))에서 d는 성모(聲母)라 하고, 종(宗(zong))에서 ong는 운모(韻母)라 한다. 이와 같이 반절이라는 주음방법을 발명해서 중국의 한자에 음과 연결시키는 방법을 고안했던 것이다.

불교와 인도인을 접하기 전에 중국인들은 어떻게 문자와 음을 결부시켰는가도 중요한 문제다. 그들은 한자에서 음에 대한 정보를 얻을 수가 없었기 때문에 글자 모두를 개별적으로 외워야만 했다. 그래서 한자의 문자적 기능을 보완하고자(심소희 1999: 164) 비황(譬況), 독약(讀若), 직음(直音) 등의 표음방식이 있었다. 반절은 근세까지 사용되어 왔으며, 오늘날에는 주음부호(主音符號)와 한어병음방안(漢語拉音方案)으로 현대 표준 중국어를 표음하고 있다. 한어병음방안이라는 것은 라틴자모를 빌려 한자의 음을 나타내는 것이므로 이것도 한자는 표음방법에서 고질적인 병폐를 가지고 있다는 것을 말해 주는 것이다.

중국과 같이 같은 시기에 한국인이 불교를 접촉하게 됐다. 우선 삼국유사(일연 1994: 181)에 고구려 소수림왕 2년 전진(前進)왕 부견(符堅)이 사신과 승려 순도(順道)를 보내어 불상과 불경을 보내 왔다고 했고, 또 4년 갑술에는 아도(阿道)가 진(晋)에서 왔다고 했다. 마라난타는 범어이고 번역하면 동학(童學)이라 했다. 또 삼국유사(일연 1994: 181)에 신라 19대 눌지왕 때 묵호자(墨胡子)가 고구려에서 왔다고 했고 또 21대 비처왕 때 아도화상(俄道和尙)이 왔는데 묵호자와 비슷했다고 전한다. 삼국유사(일연 1994: 181)에는 고구려, 백제 두 나라의 불교가 진(晋)의 말년인 대원연간에 시작되었고, 순도와 아도법사가 소수림왕 갑술년에 고구려에 온 것이 분명하다고 기술하고 있다.

이보다 앞서 한반도 남쪽 지역 가락국에서는 서기 1세기경에 인도 이유타국 공주인 허황옥이 16세 때 20여 명의 신하를 데리고 먼 뱃길로 김해 가락국에 도착해서 김수로왕과 결혼해서 한국인이 되었다고 삼국유사는 전한다. 허황옥 공주는 서기 32년에 태어나서 16세가 된 서기 48년에 한국에 온 것이다(김병모 1999: 285). 이때 불교가 들어왔던 것으로 추측하는데 김병모(1999: 116)는 김해 신어산 은하사의 한 건물인 취운루의 중수기에 다음과 같은 내용을 지적하고 있다. "세상에 전해지고 있기를 가락국 왕비 허황옥은 천축국(天竺國: 인도)으로부터 온 사람이다. 그 여자의 오라버니(兄)인 장유화상(長遊和尙)이 서림사(西林寺: 은하사의 옛 이름)를 장건하였다."라고 기록하고 있다. 또한 「칠불암유사」에는 허황옥의 오라버니가 보옥선사로 씌어 있다. 한 사람이 두 가지 이름으로 불렸던 것으로 김병모(1999: 116)는 지적하고 있다.

한국과 인도와의 교류가 서기 1세기부터 시작되고, 계속해서 불교의 경전을 접함으로써 소리글자에 대한 지식은 가지고 있었을 것이다. 한국에 불교가 들어옴으로써 소리글자에 대한 요구가 더 활발하게 된 것은 한국인들이 한자로나마 우리말을 소리 나는 대로 적어 보려는 노력과 맞물렸기 때문이다. 한자를 사용하면서 의미만을 표현하는 것에 만족하지 못하여 한국인 나름대로 보조적 방법을 고안했던 것이 이두, 임신서기체, 구결 등이다. 이것은 어디까지나 우리말을 표현하는 데 한자의 결점을 해결하려고 했던 것이지만 소리를 글자로 표기하려는 노력의 일종이다.

세종 이전에 쓰인 이두는 권종성(1987: 152)에 따르면 고조선 시기에 모색되기 시작하여 삼국시대에 활발한 발전을 기했으나 그 후 더 발전하지 못하고 소멸해 버렸던 것이라고 한다. 이두는 한자의 뜻과 음을 빌려서 우리말을 표기하려는 방안이었다. 예를 들면 한자 '명(明)'은 언제나 '明'으로 읽지만 이두에서는 '명'으로도 읽고 '밝'으로도 읽는 것이 이두 방식이다. 따라서 같은 단어를 두 가지 문자로 표기가능했는데, 그 예를 보면 소리를 적은 것이 '買忽'이고 뜻으로 옮긴 것이 '水城'이다. 이런 방식의 이두와 한자의 근본적인 다른 점은 한자는 한문을 표기하고 있으므로 한국인이 한자를 읽을 수 있지만 한문을 모르면 한자로 쓰인 글을 이해할 수가 없는 것이다. 그러나 이두문자는 한국말의 문법적 특성 등에 맞추어 한국말을 표기하는 것이다. 즉 이두를 읽으면 곧 우리말을 읽는 것이 된다. 그래서 한자는 뜻으로 읽지 않고 음으로만 읽는 것이 이두와 다른 점이다. 따라서 이두문자는 많은 부분 음절을 표기하는 기능을 수행해 왔기 때문에 음소문자의 전 단계 체제를 갖추고 있었다. 그래서 권종성(1987: 152)은 이두문자는 이중적 성격을 지닌 '표의-음절적 문자'라고 했던 것이다.

구결문자는 한문을 보다 쉽게 파악하기 위해 우리말 토를 표시한 문자인데 이 방법은 이두와 마찬가지로 한자를 음으로도 읽고, 뜻으로도 읽는 방식에서 나온 것이다. 예를 들면 한자 '고(古)'는 '고'라 읽으며, 음으로 읽는 방식이고, '위(爲)'를 '하'로 읽으면, 뜻으로 읽는 방법이다. 구결문자는 그것이 표기하는 글자의 뜻과는 아무 상관없이 우리말의 토의 음, 음절을 표기하는 데 사용한 음절문자였다. 이 구결문자는 다 같이 단음절로 이루어진다. 중요한 것은 구결로 쓰인 한자의 뜻과는 관계없이 음으로만 표현된다. 예를 들면 '隱'(은), '是羅'(시라), '飛'(나), '伊'(이) 등과 같이 그 문자의 뜻과는 아무런 관계없이 우리 민족이 쓰는 음절만을 나타낸다. 구결의 형태는 원래 한자 그대로

였던 것이 점차 한자의 일부 획을 따거나 생략, 변화된 방식으로 쓰였다. 그 예를 다음에서 볼 수 있다. 古→口: 고, 多→夕: 다, 等 → 寸: 등, 등이다. 이러한 음절문자는 일본의 음절문자 '가나'와 연관성이 있다고 생각된다. 구결문자도 보조적 문자에 불과했지만 한자의 불충분한 면을 보완해 가면서 우리말을 표현하려는 노력의 산물이다.

이두나 구결이 우리말을 표기하기 위한 방안이었다면 임신서기체는 중국어의 어순으로 된 한문을 우리말의 어순으로 표기하려는 노력을 나타낸 것이다. 임신서기체 중에 우리말식으로 된 것을 중국어 어순으로 쓴 예를 보면 다음과 같다.


우리말체　　　天前誓今自三年以後忠道執持過失天誓

　　　　　　　（임신서기체）

중국어말체　　誓扵天前自今三年以後執持忠道誓天過失

　　　　　　　（중국어말체）


이와 같이 한자를 사용해서 한국말을 표현하려는 노력 등을 살펴보았는데 한국말을 한자로 표기하기에는 정말 어려운 일임에 분명했다. 한국에서 발음하는 한자음도 중국의 음과 비슷한 것도 있고 아주 다른 것도 있다. 이와 같이 우리말을 한자로만 표현하려고 한 것은 적어도 한자와 같은 뜻글자는 아주 어려웠기 때문에 우리말에 알맞은 음절문자나 음소문자 같은 것을 한국민족이 꾸준히 추구해 왔고, 또 필요했다는 것을 말해 주는 것이다.

훈민정음 창제의 전제로 "우리나라 말이 중국과 달라, 그 한자와는 서로 잘 통하지 아니하므로……."(박종국 1977: 24)(訓民正音, 序文: "國

之語音, 異乎中國, 與文字不相流通.”)에서 우리나라 말과 중국말이 다르고, 중국의 말에 적절하게 쓰이는 한자가 우리말을 표현하기에는 상당히 어렵다는 것이 지적됐고, 그래서 우리말에 알맞은 글자를 만들게 되었다. 또 소리글자 중에서도 음절문자가 아닌 음소문자로 하니 한국인들이 쉽게 배워서 우리말을 쉽게 표기할 수 있게 하려고 했다고 풀이되고 있다.

음소문자 창제의 배경에는 인도의 범자를 비롯해서 몽고글자 등이 뒷받침됐을 것이다. 세종임금이 훈민정음을 만들 때 소리글자를 만들려는 의지를 읽을 수 있는 대목이 ‘홍무정운 역훈 서문’(강신항 1991: 191)에서 발견된다. 세종임금의 뜻을 잘 파악하고 있는 신숙주는 “古人謂梵音行扵中國, 而吾夫子 之鏗不能過跋提诃煮, 以字不以聲也, 有聲乃有字, 有無聲之字耶”(옛사람이 이르기를 범음은 중국에서 행해지지만 공자의 경서가 발제하(인도와 중국 국경의 강 이름)를 넘어가서 행하여지지 않는 것은 글자의 꼴에 따르고 소리에 따르지 않았기 때문이라 하였고 무릇 소리가 있으면 이에 부합되는 글자가 있는 것이거늘 어찌 소리 없는 글자가 있을 수 있겠는가?)라고 했다. 이미 세종임금은 한자는 뜻글자이므로 소리를 적는 데 부적당하다는 사실을 알고 있었고 소리글자에 대한 연구를 하고 있었다는 사실을 위의 예에서 알았다. 따라서 세종임금은 새로운 글자를 만들 수밖에 없는 사정, 즉 소리가 있으면 이에 맞는 글자가 있어야 하는데 한자는 그 역할을 하지 못하고 있다. 그래서 한자와는 다른 글자를 만들되 소리글자를 만들 수밖에 없다는 뜻이 확고했던 것이다. 신숙주의 서문에 소리글자의 예로 범음을 들고 있는 것에 주목한다. 인도의 언어가 중국에서 사용되고 있는 것은 소리에 부합되는 글자 때문이라고 생각했던 것이다. 스웨덴의 한문학자 Bemhard Karlgren(高本漢)은 그의 저서 Etudes sur la phonologie chinoise(中國音韻學硏究)라는 책을 펴냈는데, 그 책의 결론에서 "고대 중국인들의 어음에 대한 지식은 印度에서 배워 온 것이며, 印度人들의 審音의 정밀함은 세계 역사상 전례가 없는 것이다."(공재석 1977: 191)라고 했다.

훈민정음은 음소문자이면서도 모아쓰는 특이한 체계를 가지고 있어서 라틴자모와 차이가 있다. 즉 음절문자적 성격도 포함하고 있다. 권종성(1987: 67)은 "그런데 조선문자 '훈민정음'은 문자 유형상 자모음문자라고 말할 수 있고 음절문자라고 말할 수 있는 이중적인 성격을 가진 문자이다."라고 말했는데 그 이유로 그는 "라틴문자나 끼릴문자는 문자생활에 쓰일 때 옆으로 한 줄로 나란히 배열되어 단어를 표기하며 자모음문자 그대로 가능하게 되고 남아 있게 된다. 훈민정음은 이러한 것과는 달리 실지 사람들의 문자생활에 쓰일 때에는 자모음문자의 몇 개 결합으로 이루어지는 네모(넓적)글자이다."라고 라틴자모와의 차이점을 밝히고 있다. 이러한 지적은 바로 훈민정음의 원리를 인도의 범자에서 가져왔을 가능성을 한결 높여 준다. 왜냐하면 인도의 범자도 구자라트글자도 음소문자이면서 음절문자의 특징을 가지고 모아서 쓰고 있고, 이것은 한글과 같다. 글을 모아쓰는 방법은 중국의 한자, 범자, 한글 등이 동일하다.

훈민정음을 창제할 때에 세종임금이 음소문자를 만들겠다는 생각을 어느 문자에서 참고했을까에 대한 견해에 김완진(1996: 339)은 "여기 대해서 필자는 우이구르문자였다고 대답하기를 서슴지 않는다."라고 확신에 찬 결론을 내리고 있다. 그 이유로는 김완진(1996: 343)은 "세종대의 사람들이 알고 있었을 문자들 가운데 진정한 음소문자는

우이구르문자 이외는 존재하지 않았기 때문이다. 단, 훈민정음의 제자
과정에서 우이구르문자를 그 이상의 단계에서 참고한 흔적은 없다.”
라고 했다. 사실 우이구르문자를 참고했을 경우도 있을 것이지만 그렇
게 단정적으로 결론짓기에는 성급하지 않나 생각하게 된다. 우이구르
어는 그 어순이 주어＋목적어＋동사로 된 교착어이기 때문에 한국인
에게는 친숙해지기 쉬운 언어(민병훈 1995)이지만, 우이구르문자는 소
그드문자를 약간 고쳐 만든 것으로, 모음 O, U 등이 동일기호인 것도
소그드문자의 결점을 그대로 가지고 있었다. 처음 만들 때에는 우측에
서 좌측으로 쓰는 서법이었으나, 나중에 가서 세로쓰기로 바뀌었다.
이 우이구르문자를 칭기즈칸이 몽고제국을 건설한 뒤 약간의 개조를
해서 몽고글자로 사용했다. 권재선(2000: 67)에 의하면, 몽고자(蒙古字)
에 기원이 있을 거라고 추측하였는데 유희는 이 설을 그대로 믿은 것
이라고 한다. 따라서 유희도 김완진도 이 설을 아무 고증 없이 믿고
따르고 있다고 본다. 몽고글자는 소그드, 우이구르문자와 마찬가지로
어두, 어중, 어미로 자형을 각각 달리했다. 이 몽고글자는 몽고어를 표
현하기에 자모 수도 부족하여 문제점이 있었다. 그래서 쿠빌라이칸 시
대에 티베트의 고승 파스파에게 새로운 몽고문자를 만들도록 했는데
이 문자가 파스파문자인 것이다. 결국 몽고는 두 가지 글자를 가지게
된 것인데, 우이구르문자는 자음문자의 바탕에 모음을 첨가한 문자에
서 점차 발달되어 나온 문자이고, 파스파문자는 인도 범자의 영향을
받은 티베트 문자를 모체로 해서 몽고어에 알맞게 좌측에서 횡서하도
록 만들었던 것이다. 이 파스파문자는 음소문자식으로 만들었으나, 음
절문자처럼 쓰도록 마련한 문자였다. 그래서 세종임금이 음소문자를
만들 때에 참고한 문자는 우이구르문자보다는 범자, 중국의 반절, 파

스파문자 중에서 찾는 것이 더 합리적일 것으로 생각된다. 그 이유는 범자는 모음은 명확하게 있는데 자음은 항상 모음을 동반한 음절문자적 성질을 가지고 있다는 것이다. 그러나 모음 자체가 자음과 결합할 때는 항상 반체부호 형태로 되어서 자음, 모음 구별할 수 있게끔 해준다. 이러한 결합방식은 훈민정음의 결합방식과 유사성이 가장 있으며, 또한 음절표에도 그 점이 크게 부합되고 있다.

## 6. 결론

최신항(1991: 159)에 의하면 정인지가 "훈민정음을 '象形而字放古篆', 즉 상형해서 글자를 만들되 글자 모양은 중국의 고전을 본떴다."라고 한 것에 대해서 상소를 한 최만리 부제학은 "혹시 말하기를 언문은 모두 옛 글자를 바탕으로 한 것이지 새 글자가 아니라고 한다면 곧 자형은 비록 옛날의 고전글자와 비슷하나 소리로서 글자를 합하는 것은 모두 옛것에 어긋나는 일이며 실로 근거가 없는 일이다."라고 했다. 최만리의 항의에서 '소리로서 글자를 합하는 것'은 소리글자인데 이것은 '글자-의미'를 나타내는 한자와 어긋나는 것이고 한자에서는 찾아볼 수 없는 근거가 없는 새로운 글자라는 의미가 담겨 있다. 즉 '글자-소리'라는 개념을 받아들이기가 어려웠던 것이다. 이것은 바로 뜻글자인 한자에서 소리글자에 대한 정보를 얻을 수 없다는 것이다. 그런데 세종임금은 범음(梵音)에 관한 연구를 했을 것이고 소리가 있으면 그에 맞는 글자가 있어야 표기가 가능하지 소리를 표기 못 하는 글자가 글자 역할을 다할 수 없다는 것을 알고 있었고 그런 글자를 만들려고 했다는 의도를 간접적으로 밝히고 있으며 그것의 모범 예가 범자

(梵字)에서 해법을 찾았던 것이다. 불교가 중국에 들어옴으로써 중국인이 소리표현에 대한 개념을 알았듯이 우리도 불교 경전에 쓰인 범어를 중국을 통해서 접했던 것과 직접 인도 사람을 통해서 범어를 접함으로써 말을 적어 내는 음소문자의 개념을 터득하게 된 것임이 분명하다. 또 범어의 어순이 우리말과 상당 부분 같고 문법적 특성 또한 상당 부분이 닮았으며, 인도의 말을 소리로 표현하는 음소문자인 데바나가리글자를 접하게 됨으로써 그 글자를 창제의 원리로 삼았다고 생각한다. 인도의 데바나가리글자에서 발달되어 나온 구자라트글자도 한글과 원리 면에서는 닮은 점이 많다. 그러나 구자라트글자 모양이 한글과의 유사성에 대해서 구자라트글자가 한글 모양으로 점차 닮아 왔을 뿐이지 글자꼴 자체에는 연관성이 없다고 본다.

# 제7장 원전 『훈민정음』에 나타난 몇 가지 문제

## 1. 개관

    원전이라고 고증된 『훈민정음』 책은 세 부분의 설명문으로 구성되어 있다. 이 책의 본문 격이며 처음에 나오는 예의 편(例義篇)과, 이 예의 편에서 아주 간단히 언급된 사항들을 보다 구체적으로 여섯 부분으로 나누어 설명을 하고 있는 제자해, 초성해, 중성해, 종성해, 합자해, 그리고 용자해 등 구체적으로 설명한 해례 편(解例篇), 그리고 정인지가 쓴 서문(序文) 등 세 부분이다. 이 중에서 훈민정음이란 글자를 어떻게 창제했는지를 설명해 주는 것이 해례 편에 있는 제자해(制字解)다. 이 제자해를 읽어 보면 훈민정음 글자 창제에 관하여 일관된 설명이 나오는 것이 아니고 몇 가지 이론이 혼합된 모습을 보게 된다. 예를 들면 "천지자연(우주)의 원리는 오직 음양오행일 뿐이다."(강신항 1990: 60)로 시작되고 그 다음에 가서 "정음 스물여덟 자는 각각 그 모양을 본떠서 만들었다."로 되어 있는 것처럼 이것은 일관된 이론이 아니다. 그러나 이러한 이론의 혼합설명은 충분히 이해가 되는 일이다. 그 이유는 처음 창제한 문자를 사실 한 가지 이론만으로 일관성 있게 설명한다는 것이 대단히 어려운 일이며, 실제 세계 문자에도 없는 일이다. 그래서 새로 창제한 글자를 설명하는 데는 여러 가지 이론을 혼합 적용하여 설명할 수가 있고 그러다 보니 부수적인 여러 가지 문제점이 발생하게 된다.

본 장에서는 훈민정음이란 책에 기술된 내용을 애국심에 의지하지 않고 있는 그대로 나타난 몇 가지 문제점을 짚어 보고자 한다.

## 2. 훈민정음의 창제와 그 특징

훈민정음은 표음문자로서 창제 시에 28글자로 만들어졌으나 세월이 지나면서 4개가 없어지고 지금은 자음 14개, 모음 10개를 기본으로 하고 16개의 합성문자를 포함해서 모두 40개로 구성되어 있다. 이 훈민정음에 대한 글자 이름도 현대에 오면서 '한글'이란 이름으로 바뀌었다.

이 훈민정음은 다른 표음문자 중에서도 몇 가지 특징이 있다. 그 특징을 살펴보면 표음문자의 대표인 로마문자는 각각 독립해 철자하는데, 훈민정음은 독립된 문자이면서도 사용할 때는 음절문자로 변하여 사용되는 특징이 있다. 그래서 기본글자가 24개이지만 이들이 결합된 음절문자를 가지고 있는 것을 보면 18,000개가 넘는 문자가 된다.

일본문자도 표음문자이지만 같은 훈민정음과의 차이점(김형규 1987: 5)은 일본글자는 처음부터 음절문자로 구성되어 있는 반면에 훈민정음은 처음부터 자음, 모음이 따로 구성되어 있는 것이 다르다. 그렇지만 사용 때에는 음절문자로 사용하는 것은 같다. 그래서 훈민정음은 로마문자와 같은 성격을 가지고 있으면서도 일본문자의 성격도 가지고 있다.

세종임금이 창제한 표음문자는 이후 여러 가지 어려운 난관은 있었지만 그래도 없어지지 않은 것은 나름대로 우리 민족에게 알맞은 면이 있었기에 가능했다고 본다. 우리 민족에게 적합한 면을 생각해 보니, 세종임금이 문자를 창제할 때 우리말의 특성을 고려한 점 때문인 것이다. 창제 때에 고려한 점으로 첫째, 문자가 표기해야 할 대상인 한국어 음운을 정확하게 이해하고 분석해야 했다는 점이고, 둘째는 한국어의 음운을 파악한 후에 그 음운에 1 대 1로 대응하는 글자를 창제해야 했던 것이다. 이 두 가지 점을 훈민정음 창제에 반영했기 때문에 우리 민족에게 알맞고 적합한 글자가 되었다고 생각된다.

훈민정음은 "당시의 音素와 그 文字와의 사이에 對應이 이루어지고 그 音記法은 배우기 쉬운 실용적 편의를 위하여 音素表記"(김민수1987: 6)가 채택되었고 음성표기가 채택되지 않았다. 그 이유는 세세한 발음변화를 표기에 다 반영하는 복잡한 형태표기보다는 음소표기가 이론적 바탕을 그대로 유지하고 있어서 실용적인 면에서 유리하기 때문이다. 이와 같이 음성표기가 아니고 음소적 표기를 할 정도의 언어학적인 지식을 가진 학자들이 그 당시 훈민정음 창제에 얼마나 참여했는가는 의문의 여지가 있다.

## 2.1. 훈민정음 창제자들의 언어학적 지식 문제

훈민정음을 창제한 세종임금을 포함해서 창제에 적극 가담한 사람
들의 학문적 배경을 보면 체계적인 언어학적 훈련을 받은 언어학자
들은 아니다. 전부가 유학을 공부하고, 공자, 맹자 등을 읽은 한학자
들이다. 이들 모두는 한자 문화권에서 한문을 배우고 한자로 문자생
활을 해 온 사람들이다. 이와 같이 한학에 대한 해박한 지식을 가진
선비들에게서 음운, 음성, 문자학 등에 대한 체계적이고 이론적인 논
리 전개가 반듯하기를 바라는 자체가 무리일 것이다. 물론 세종임금
을 비롯한 몇몇 참여자들은 중국의 음운학을 연구했을 것으로 볼 수
있으나 대개는 중국의 음운학에조차 일천한 실력의 소유자였다.

특히 문자를 창제하는 일과 창제한 문자를 설명하는 일 그 자체가
고도의 언어학적 연구를 오래한 사람들도 힘겨운 일이며, 실제로 어
떠한 문자를 만든다는 것 자체가 결코 쉬운 일이 아니다. 역사적으로
예로 보면 이미 존재하고 있는 알파벳에 단 하나의 문자를 첨가시키
는 것도 여간 어렵고 힘든 일이 아닌데(라틴철자에 3개의 철자를 첨
가하고 싶어 했으나 성공하지 못한 예), 하물며 반듯한 이론적 체계에
딱 들어맞는 문자를 만든다는 것 자체가 사실 불가능한 일이다. 특히 언
어학적 지식이 많지 않은 학자들이 훈민정음이라는 글자를 만들고 창제
이론을 만드는 자체가 결코 쉬운 일이 아니었을 것이다.

세종을 비롯한 훈민정음 창제에 관여한 소수의 사람은 아마도 중
국의 음운학을 많이 읽고 참고했을 것이다. 강신항(1990: 173)은 "세
종과 세종을 보필한 학자들은 중국음운학에 관하여 깊은 소양을 가
지고 있었다. 그래서 국어의 문자화를 연구할 때에 이 음운학의 지식
을 활용하여 우선 15세기 조선 한자음의 음소를 분석하고 이를 바탕

으로 해서 국어의 음소분석으로 나아간 것으로 인정되고 있다.”라고
하듯이 이들 모두가 한학자들이기 때문에 중국의 음운학에 관한 것
은 충분히 이해하고 있었을 것으로 짐작이 가지만 중국의 음운학은
어디까지나 중국어의 발음 및 음운에 관계되는 것이기 때문에 우리
말을 적기 위한 글자창제 그대로 적용하기가 쉽지 않은 작업임은 분
명한 사실이다. 그래서 훈민정음을 만들고 그것을 설명하는 데 여러
가지 문제점이 발생하는 것은 어찌 보면 당연한 결과인 것으로 생각
되기도 한다.

세종임금과 그 시대의 학자들이 중국음운학에 관하여 어느 정도의
식견을 가지고 있었는지 간접적으로 확인할 수가 있는데 그것은 최
만리 등이 올린 상소문을 처리하는 과정에서 나타나고 있다.

첫째, 최만리 등이 언문창제 반대상소문을 올렸을 때에 세종임금이
상소문에 관련된 7명(최만리, 신석조, 김문, 정창손, 하위지, 송처검, 조
근 등)을 불러 말하기를 “또 그대가 운서를 아느냐? 사성과 칠음을 알
며, 자모가 몇인지 아느냐? 만일에 내가 저 운서를 바로잡지 않는다면,
그 누가 이를 바로잡겠느냐?”(강신항 1990: 170)에서 세종은 집현전의
학자들조차 거의가 운서나 사성 칠음에 대하여 무식하다는 것을 단정
하는 언급이다. 이 운서라고 하는 것은 중국의 음운학에 나오는 것으
로 중국의 음운학을 말하는 것이고, 사성은 중국어에 있는 사성을 훈
민정음에 도입하여 거성, 상성, 평성, 입성을 말함이며, 칠음도 중국의
음운학에 나오는 것으로 중국의 음운학에 근거하여 중국 한어의 어두
자음을 조음 위치별로 나눈 것에 본떠서 훈민정음에 도입하여 아, 설,
순, 치, 후 다섯 음과 반설음, 반치음 등 일곱 개의 음으로 훈민정음의
자음을 기초하였다. 이것은 훈민정음의 자음 분류를 중국의 음운학에

근거한 단서가 될뿐더러 그 당시 음운학에 조예가 있는 사람이 그다지 많지 않았다는 것에 대한 정보이기도 하다.

둘째, 신숙주가 지은 보한재집(保閑齋集)에 보면 "궁중 안에 (언문관계)기관을 설치하여 문신을 뽑아 여러 서적을 짓게 할 때 공만 홀로 내전에 드나들며 임금의 재가를 직접 받아서 오음(성모)의 청·탁 구별과 성모·운모법을 정하고, 다른 학자들은 완성된 결과만을 받을 따름이었다."(강신항 1990: 205)라고 언급한 것에서 알 수 있듯이 세종임금은 신숙주에게 음운학에 관한 서적을 만들게 했을 때에 일일이 조언과 감수를 해 줄 만큼 지식이 있었지만 다른 학자들은 믿을 만한 음운학에 대한 지식의 소유자가 아니었다는 것을 말해 주는 것이다. 또한 홍무정운역훈서문(洪武正韻譯訓序文)을 지은 신숙주의 언급에서 "신 등이 학문이 얕고 학식이 모자라서 일찍이 깊은 이치를 연구하고 깊은 이치를 밝히어 임금님의 뜻을 현양하지 못하고, 오히려 하늘이 내신 성인이신 세종대왕께서 밝고 넓게 아시지 못하는 바가 없으셔서 성운학의 근원도 밝게 연구하시어 (우리가 밝히지 못한 바를) 헤아리시고 결정해 주심에 힘입어서, 성모(칠음)와 운모(사성)를 배열한 하나의 경(經), 하나의 위(緯)로 하여금 마침내 바름으로 돌아가게 하였다." (강신항 1990: 190)에서도 세종임금만이 언어학에 관한 지식이 다른 학자들보다 월등했다는 것을 알 수가 있고, 세종이 신임하는 신숙주, 성삼문 등도 세종에 이르지 못하고 세종의 세밀한 지도를 받아 가면서 훈민정음에 관한 서적을 짓거나 번역했던 것을 알 수가 있다.

셋째, 직해동자습서(直解童子習序)를 지은 성삼문은 "동쪽에 나라가 있은 지 수천 년의 오랜 세월을 지내는 동안, 사람이 날마다 쓰되 칠음이 나에게 있는 줄을 몰랐으니, 칠음도 알지 못하거든 하물며 청탁

이야 알았겠는가?"에서 성삼문의 음운학에 대한 본인의 무지를 토로한 것이다. 훈민정음을 창제한 이후에 본격적으로 언어학에 대한 공부를 했다는 정황을 알 수 있다.

따라서 세종임금은 글자를 창제하기 위해서 의도적으로 언어학에 대한 연구를 많이 했지만 다른 신하들은 창제한 후에 왕의 지시에 따라 연구를 했던 것으로 생각된다. 따라서 훈민정음의 완성과 운서의 정리를 총지휘한 사람은 세종이었고, 신숙주, 최항, 박팽년, 이선로, 이개, 강희안, 성삼문, 정인지 등 8명은 훈민정음 창제 전후로 언어학을 연구하게 된 사람들이다. 이 중에서 연장자인 정인지가 훈민정음 서문을 쓰는 등 역할을 했고, 신숙주 등이 중요한 역할을 했던 것이다. 이런 것을 미루어 훈민정음 창제 당시 상황으로 보면 언어학에 관한 기본적인 인식이 있었으나 아주 극소수의 학자들만이 음운론에 관심을 가지고 있었지만 그것도 중국한자음에 국한된 것이었다. 우리나라에서 중국한자음의 조선말 표현이 여러 가지가 있어 중국한자음의 표준화 과정이 절실한 시기에 훈민정음 창제 동기가 나타났고, 훈민정음을 만들기에 이른 또 다른 동기는 단순히 우리말만을 적으려고 한 것이 아니라 조선한자음이나 중국음을 표기하려는 욕망도 컸었던 것이다. 그래서 훈민정음 창제 동기는 두 가지로 하나는 순우리말을 표기하는 것이요, 또 하나는 한자음의 정확한 표기(허웅 1990: 282)였던 것이다.

## 2.2. 예의 편에 나타난 "나라의 말소리가 중국과 달라, 그 문자(文字)와는 서로 통하지 아니하므로"(박종국 1976: 924)에서 문제

"國之語音異乎中國與文字不相流通"에서 한문의 번역으로 "나라의 말소리가 중국과 달라, 그 문자(文字)와는 서로 통하지 아니하므로"에서 언어학적 지식이 부족한 것이 발견된다. 우리나라 말이 중국말과 다른 것은 너무나 자명하다. 중국의 언어는 'Sino—Tibetan' 어족이고 우리의 언어는 'Altai' 어족이라서 어족이 다르다. 언어가 다른 것은 각 민족이 자기 고유의 말을 가지고 있기 때문이다. 사실 민족이 다르면 대체로 민족마다 그들의 본디 말을 가지고 있다.

글자문제는 말과는 전혀 다른 별개의 문제다. 중국은 중국말을 표기하는 데 가장 알맞은 글자를 가지고 있지 않았다. 중국의 글자는 중국말, 즉 소리를 표기하는 글자가 아니고 말의 뜻을 표현하는 뜻글자이다. 그래서 중국민족도 그들의 말을 글자로 표기하는 데에는 상당한 어려움을 가지고 있었고 지금도 가지고 있다. 우리나라 말이 중국말과 달라서 중국글자와 서로 통하지 않는다고 말한 것은 잘못이며 말과 문자를 혼동하고 있는 데서 비롯된 것이다. 전 세계의 문자 사용 현황을 보게 되면 각 민족마다 말은 있으나 글이 없을 때에는 남의 글을 빌려 와서 자기 말을 표기하는 예는 많다. 그 예로 로마글자는 그리스글자를 도입하여 로마인의 말을 표기하기 알맞도록 약간 고쳐 사용했고, 그리스글자도 사실 옛날 셈족인 페니키아인들이 쓰던 글자를 가져와서 그들의 말을 표기하기 위해 알맞게 고쳐 사용했다. 영국, 독일, 덴마크, 노르웨이, 스웨덴 등도 그들의 고유글자인 루운글자를 버리고 로마글자를 가져와 약간 고쳐 그들의 말을 표기하고 있다. 이렇게 남의 글자를 가져와 자기 말을 표기하여도 의사소통에는 아무 지장을 주지 않고 있다.

따라서 '나라의 말소리가 중국과 달라'라는 것을 빼 버리고 다만 '우리가 중국의 글자를 가져와서 우리말을 표기하려고 하니 전혀 표기할 수가 없으므로'로 해야 될 것이다. 왜냐하면 중국인의 글자인 한자는 사실 중국인들도 배우고, 쓰기에 여간 어려운 글자가 아니다. 중국글자는 사람의 말소리를 표기하는 것이 아니라 사람의 말뜻을 표기하기 때문에 원천적으로 말을 표기하는 데는 알맞지 않은 글자다. 따라서 배우기가 어렵고 쓰기 어려운 글자가 중국글자다. 어렵고 쉬운 글자는 글자 자체에 있지 우리말과 중국말이 달라서 '중국의 한자와는 서로 잘 통하지 아니'한 것 때문만은 아닌 것이다.

또한 중국글자는 중국말이 단음절 언어이기에 어느 정도 그 언어에 알맞게 단음절 표현이 적절한 한자를 개발한 것으로 볼 수도 있다. 우리말은 다음절 언어이기에 다음절의 언어를 단음절 언어를 표현하는 한자로 표현하는 한자로 표현하는 것은 결코 가능한 일이 아니다. 한자를 우리말의 표기에 이용하기 위해 이두, 구결, 서기체, 그리고 향찰 등 여러 가지 방안을 고안했으나, 근본적인 장애에 부딪혀 성공하지 못한 여러 이유 중의 하나도 바로 단음절 표현에 맞는 한자를 다음절 말의 표현에 적용시키고자 한 데서 온 것이다. 그리고 중국한자는 뜻글자이고 소리를 표현하는 소리글자가 아니므로 근본적으로 말소리를 표기하는 데에는 문제가 있는 글자다.

따라서 한자는 우리나라 사람을 비롯한 세계의 어느 사람들의 말소리를 표현하는 데에도 알맞은 글자가 아니다.

## 2.3. 종성복용초성(鐘聲復用初聲)의 문제

예의 편은 글자의 모양과 그 짜임새를 설명하는 안내서에 해당된다. 이 안내서는 자음과 모음의 모양과 발음의 예를 소개하고 있다. 그래서 예의에서 "ㄱ은 어금닛소리…… 같으니라"로 자음과 모음의 음가를 예를 들어 설명한다. 그런데 문제는 "끝소리(종성)는 다시 첫소리를 쓰느니라"라고 설명한 뒤에 그 쓰임새의 예를 들지 않은 데서 문제가 생긴다.

예를 들지 않은 이유를 생각해 보니 예의 편에 자음과 모음의 음가를 모두 다 설명하고 난 뒤에 글의 형성을 초성, 중성 그리고 종성으로 구성하고 보니 설명하지 못한 부분이 있어 뒤에 보충해 넣었던 것이 아닌가 생각된다. 그래서 종성은 초성을 다시 쓴다는 포괄적인 설명만 하고 그 자세한 용법은 제시하지 않았다.

문제는 초성을 모두 종성으로 쓰느냐 하는 것이다. 훈민정음 글자의 기본 구성이 초성+중성+종성으로 3성이 합하여 이루어진다고 했다. 예를 보면 '즉(卽)' 자의 종성은 ㄱ인데 '즈'의 끝에 있어서 '즉'이 되는 것이다. 그런데 훈민정음을 실제 적용한 '용비어천가'나 '월인천강지곡'에서 보면 전청인 'ㄱ, ㄷ, ㅂ, ㅅ, ㅈ, ㆆ'과 차청인 'ㅊ, ㅍ'과 불청불탁인 'ㅇ, ㄴ, ㅁ, ㄹ, ㅿ, (ㅇ)' 등은 종성에 쓰이고 있었지만, 전탁인 'ㄲ, ㄸ, ㅃ, ㅆ, ㅉ' 등은 종성에 쓰인 예를 찾을 수가 없다. 따라서 실제에 있어서 '然 ㄱ, ㅇ, ㄷ, ㄴ, ㅂ, ㅁ, ㅅ, ㄹ 八字可足用也'라고 하는 등 8자만이 종성에 쓰이고 있다. 그리고 빚(배꽃)의 'ㅈ'과 엿의 (여우의 가죽)의 'ㅿ, ㅊ'은 ㅅ으로 통용될 수 있으므로 다만 'ㅅ'만으로 쓴다 하였다. 이것은 정인지 해례의 종성해에서 나온 설명이다. 또한 종성 'ㅇ'은 "우리말을 적는 데 쓰이지 않는다."(허웅 1990: 324). 그 이유는 "ㅇ은 소리가 맑고 비었으니, 반드시 끝소리를 쓰지 아니하여도 가운뎃소리가 음(音)을 이룰 수가 있느니라"(박종국 1976: 42)라고 정인지가 종성에 대하여 설명했다. 따라서 'ㅇ'은 써도 되고, 안 써도 되는 어중간한 것으로 생각된다. 따라서 종성복용초성이란 말은 미완성의 설명이다. 강신항(1990: 93)은 "······종성글자를 따로 만들지 않고 초성글자를 그대로 쓰도록 한 것은 이들이 음성상으로는 차이가 있어도 같은 음소에 속하는 이음(異音)임을 인식하고 있었던 증거가 된다." 라고 설명하지만 그 당시에 이음을 인식하고 있었는지도 알 수가 없는 상황이다. 그 이유는 초기의 훈민정음 문헌에 모든 초성 자가 종성으로 쓰이지 않았고, 더구나 종성해에서도 8음(즉 ㄱ, ㅇ, ㄷ, ㄴ, ㅂ, ㅁ, ㅅ, ㄹ)만이 종성발음으로 쓰이고 있다 하기 때문이다.

## 2.4. 한국어 음절 설정과 ㅇ(이응) 글자 문제

훈민정음 창제자는 한자의 음이 대개는 초중종 3성을 갖추고 있는 것이 대부분이라서 한자의 음은 반드시 3성을 갖추고 있어야 되는 것으로 생각(허웅 1990: 342)했는데 자세히 보니 초성이 없는 것이 있고, 또 종성이 없는 것도 있고, 또 양자가 없는 것도 허다하지만 기본적으로 없는 것에도 초성, 중성, 종성의 기본 3성이 있는 것으로 인정해서 없는 것에는 ㅇ 자를 첨가해 모양새를 갖추게 했는데 이렇게 3성을 반드시 표기해야 한다고 정하면서부터 여러 가지 문제가 발생했다.

훈민정음 창제자는 중국어를 참조하면서 중국어의 음절에는 성모와 운모로 나누고 있지만 그것을 한국어에 적용하기는 상당히 어렵다는 사실을 발견했을 것이다. 중국어의 한 음절에서 성모란 음절머리의 자음 또는 초성을 말하고, 운모란 음절머리 자음, 즉 초성을 제외한 나머지 전부를 말한다. 훈민정음은 한 음절을 초성, 중성, 종성으로 규정하고, 초성은 음절머리에서 오는 자음을, 중성은 음절 가운데 오는 모음을, 종성은 음절 말미에 오는 자음으로 기본적 구성을 했던 것이다. 예를 들면 '솅, 엉, 졩'이라고 표기했는데 이 표기를 보면 종성이 필요 없는 곳에도 ㅇ 표시를 붙여 표기했다.

처음 한국어 음운 구성에서 중국어와 같이 음절로 구성단위를 정한 것은 소리 개념을 바탕에 두고 한 것으로 한국어에서는 3개로 구성한 것이다. 훈민정음 해례의 합자해에서 "첫소리, 가운뎃소리, 끝소리 세 소리(三聲)가 합하여 글자를 이룸이라"라고 했으니 두 소리로 끝나는 소리에는 표기상의 문제점이 나타나는 것은 당연하다. 두 소리로만 구성된 것을 보완하기 위해서 종성해에서 "'ㅇ'은 소리가 맑고 비었으니, 반드시 끝소리로 쓰지 아니하여도 가운뎃소리가 음을 이룰 수가 있느니라" 하여 훈민정음의 기본인 세 소리가 합하여 글자를 이룬다는 기준에 문제가 있다는 것을 이미 깨닫고 보완을 한 것이다. 보완을 하다 보니 'ㅇ'소리 개념에 다소 혼선을 초래하게 된다. 해례의 끝에 가서 설명은 "오직 ㅇ(欲) 소리를 쓸 자리에, 가운뎃소리로 음(音)을 이루어도 같이 통하느니라"에서 초성 'ㅇ'으로 소리 없이 된다는 사실을 밝혔다. 첫소리에 'ㅇ'이 오면 없어도 되고, 종성에 'ㅇ'이 안 와도 가운뎃소리가 해결한다고 했으니 그래서 'ㅇ'에 대한 정의에 대한 문제가 제기된다. 훈민정음 예의 편에서는 "'ㅇ'은 목구멍 소리니, '욕(欲)' 자의 처음 나는 소리 같으니라"라고 이미 초성에서 발음규정을 명확히 했다. 또한 'ㅇ'의 쓰임새까지 제시하고 있다.

따라서 'ㅇ' 자는 훈민정음에서 세 가지로 설명하고 있다. 첫째,

‘욕’ 자의 처음 나는 소리라고 음가를 분명하게 부여받고 있다. 둘째, ‘욕’ 자에서 가운뎃소리만으로도 그 소리를 내니까 ‘ㅇ’ 자가 소리가 없다는 것이다. 셋째, “입술소리 아래, 즉 ㅸ에서 ‘ㅇ’은 입술소리에 영향을 주어 입술 가벼운 소리를 나게 하는” 역할을 하고 있다. 결과적으로 ‘ㅇ’은 삼중 구조를 갖고 있다.

훈민정음 창제자는 처음에 원칙적으로 초성, 중성, 조성이 합해져야 소리가 될 수가 있다고 생각했는데, 왜 처음부터 중성의 단독 사용을 인정하지 않았을까? 중성인 모음은 그 한 소리만으로도 음절을 충분히 이룰 수가 있는데, 이것에 대한 설명은 없다. 예를 들면 ‘생, 종, 엉, 졍’을 보면 중성만으로 발음하는 개념이 없는 듯하다. ‘엉’ 자와 같이 중성만으로 발음이 가능한데도 그렇게 쓰지 않고 있다. ‘엉’에 초성 ‘ㅇ’의 발음은 나도록 했다. 이때의 발음이 ‘엉’ 발음과 어떤 차이가 있었을까? 훈민정음 후기에 와서는 같게 된 것이다.

ㆆ 音(ㆆ+음 ) 은 　→ ㅇ 음으로

ㆁ 은 　　　　　→ ㅇ 음으로

없음(ㅇ) 欲(욕) 　→ ㅇ 음으로

이에 대해서 허웅(1990: 304)은 초성이나 종성이 없는 것에도 “모두 초성, 중성, 종성 세 소리로 된 것으로 해석하고서, 그 소리 없는 자리는 ‘ㅇ’을 써서 메우는 방식을 강구했던 것이다.”라고 한다. 그렇다면, 훈민정음 예의 편에서 “ㅇ가 喉音如欲字初業聲”이란 구절은 어떻게 설명되어야 하느냐가 문제로 제기된다. 또한 허웅(1990: 305)은 “목소리는 [ㅇ, ㆆ, ㅎ]인데, [ㅇ]은 소리 없는 것이므로 가장 약한 소리로 인정받았다.”에서도 이론적 모순이 제기된다.

훈민정음 제자해에서 “다만 어금닛소리의 ㆁ만은 비록 혀뿌리가 목구멍을 닫아서 소리의 기운이 코로 나오지만 그 소리는 ㅇ과 비슷해서 운서에서도 의(疑母)와 유(喩母)가 많이 서로 혼용되는 것이다.”라는 설명이 있다. 즉 훈민정음을 만들 때부터 ‘ㆁ’와 ‘ㅇ’의 사용에서 서로 혼동하는 경우를 알고 있었다면 개선할 필요는 없었는가? 처음부터 ‘ㅇ’은 처음에 소리가 나기도 하고, 나지 않기도 했다는 설명이 된다. 그리고 ‘ㆁ’이 또한 ‘ㅇ’에 사용하는 경우도 있었으니 ‘ㆁ’과 ‘ㅇ’이 합해지는 것이 시간 문제였다고 보아도 될 것이다.

또 다른 문제로 “ㅇ을 입술소리 아래에 연서하면 입술 가벼운 소리가 되느니라” 설명에서 보면 입술소리는 세 글자인 ‘ㅂ, ㅍ, ㅁ’이다. 이 세 글자 아래에 ‘ㅇ’을 붙이면 ㅸ,ㆄ,ㅱ으로 된다. 그런데 문제는 ‘ㅂ’의 병서 ‘ㅃ’이 있는데 이것에도 어떻게 입술 가벼운 소리를 만드느냐 하는 방법을 제시했어야 되는데 설명이 없다. 그래서 ㅹ로 써야 되나 아니면 다른 방법으로 써야 되느냐가 문제다. 또 다른 문제는 반설음 ‘ㄹ’에 ‘ㅇ’을 붙여 ‘ᄛ’을 쓰고 있는데 허웅(1990: 327)은 사실상 ‘ᄛ’은 쓰이지 않았다고 지적하고 있어 이것에 대한 설명이 부족하다. 훈민정음 원본의 합자해(合字解)에 기록된 설명 외에 쓰인 예를 찾을 수가 없다.


## 2.5. 해례 편에 나타난 문제점

해례 편을 보면 훈민정음 스물여덟 글자는 각각 그 형상을 본떠서 만든 것이라고 했다. 글자를 만들 때 그 형상을 직접 본떠 만든 것이라면 서양의 로마 알파벳이나, 수메르의 쐐기문자와는 근본적으로 다른 것이다. 형상을 따서 만든 글자는 처음부터 자음은 어금닛소리, 혓소리, 입술소리, 잇소리, 목구멍소리로 분류했다. 이와 같이 자음 소리를 분류한 것은 이미 있는 기존의 문자 틀을 참고했기 때문이다. 이미 정립되어 있는 중국어의 음운에 쓰인 분류 방식을 그대로 가져와서 사용한 것이다. 중국어의 음운 분류 방식을 훈민정음에 적용시키고 있으니 훈민정음의 조음방법이나, 조음장소에 잘 맞지 않는 소리 분류가 나온 것은 어찌 보면 당연한 결과다. 그것에 대하여 여러 가지 문제가 제기된다.

첫째, ㄱ을 어금닛소리라 한 것.

ㄱ을 발음하는 위치는 입 안쪽 연구개이며, 조음방법은 혀뿌리가 목구멍을 닫게 하는데 예를 들면 '근' 자 발음의 첫 음과 같다. 그래서 ㄱ을 어금닛소리로 분류한 것부터 적절하지 않다. 어금니는 ㄱ의 조음방법이나 조음위치 등과 별 상관없다. 조음방법으로는 뒤 혓바닥을 여린입천장, 즉 연구개에 올려붙여서 숨을 내실 때 공기를 막아서 내는 것이다. 해례 편에서도 '혀뿌리가 목구멍을 닫는다.'라고 설명하고 있지 않은가. 그래서 조음위치는 여린입천장이지 어금니에 있지 않으니 ㄱ을 어금닛소리로 부른 것은 적절치 못하다. 조음방법의 설명에서 뒤 혓바닥을 여린입천장에 올려붙이고 있을 때 혀의 모양과 같은 모양을 본뜬 것이 ㄱ이니까 발음작용 상형인데 어금니와는 관계가 없다.

둘째, ㄴ 글자를 혓소리라 한 것.

ㄴ과 같은 상형 방식을 발음작용 상형이라 한다. ㄴ은 혀가 윗잇몸에 닿는 꼴을 본뜬 것이라 했는데 그때에 나는 소리는 사실 혓소리가 아니고 콧소리다. 혀의 작용으로 공기의 유통을 코로 내게 해서 나는

소리로 그 소리는 콧소리가 된다. 그러니 혓소리라 하면, ㄱ도 혓소리라고 칭할 수 있다. 그렇지만 ㄱ과 ㄴ은 발음하려고 할 때 각 발음기관이 움직여 있는 상태를 그 글자의 형상으로 표현했다는 것에는 동일하게 취급하고 있다. 즉 발음 작용 상형이기 때문이다.

셋째, 입술소리 ㅁ에 관한 것.

입술소리 ㅁ은 아래위 두 입술을 꼭 닫고 공기의 흐름을 코로 진행시켜서 내는 소리다. 허웅(1990: 302)은 "[ㅁ]을 낼 때 입술은 닫기므로 이때의 입의 모양을 본떠서 'ㅁ' 자를 만들었다."라는 설명에 문제가 있다.

ㅁ을 발음하기 위해 입술을 닫게 한 상태에서는 ㅁ 자는 입술모양이 될 수가 없다. 왜냐하면 입을 꼭 다문 상태를 일반적으로 한 일(一) 자 모양이라고 표현하고 있는 것이 상식이다. 허웅은 계속해서 "중국 한자의 'ㅁ'(입 구) 자는 원래 입의 모양을 본뜬 것이므로 이 두 글자는 같게 만들어졌다."고 설명한다. 즉 ㅁ 글자는 한자에서 가져온 것이라는 설명이다. ㅁ에 대한 입의 꼴은 따지고 보면 입을 벌린 상태를 상형한 것이다. ㅁ 글자는 발음기관인 입을 벌린 꼴을 본떠 만든 한자를 훈민정음에서 입술소리 ㅁ으로 했을 것이라는 설명이 나올 법하지만, 소리의 설명에서 한자에서 가져왔다고 할 수가 없으므로 새로운 설명을 붙이려고 하다 보니깐 어색한 설명이 붙여진 것으로 볼 수 있다.


## 2.6. "첫소리를 어울려 쓰려면 병서하라. 끝소리도 마찬 가지느니라"의 문제

예의 편에서 병서의 예로 ㄲ(虯 뀨?), ㄸ(覃 땀), ㅃ(步 뽕), ㅉ(慈 쯩?),

ㅆ(邪 쌍), ㆅ(洪 ㆅ?)이 나와 있다. 그렇지만 "초성합용 則(즉) 병서 종성 동"이라는 설명에서 보면 ㄲ, ㄸ, ㅃ, ㅉ, ㅆ, ㆅ만을 뜻하지 않고 ㄳ, ㅼ, ㅄ, ㅽ를 포함할 수가 있으므로 병서의 범위와 그 용법도 포함해서 설명했어야 했는데 설명이 없다. 병서로 모두 써 보면 ㄱㄷ, ㄱㅂ, ㄱㅈ, ㄱㅅ, ㄷㄱ, ㄷㅂ, ㄷㅈ, ㄹㄱ, ㄹㅂ를 포함했어야 하는데, 이것 모두 병서를 볼 것인가에 대한 용법과 설명을 찾을 수가 없다. 홍기문(1946)의 조사에 의하면 '용비어천가', '월인천강지곡' 등 한자음에 한하여 초성병서와 종성병서는 분명히 다름을 지적했다. 따라서 이 병서에 대한 구체적인 연구 없이 간단한 용법만을 붙인 결과로 볼 수밖에 없다.

위에서 살펴본 글자에 대한 설명들을 미루어 보면 이미 글자를 창제한 후에 그 글자에 대한 보다 구체적인 설명을 붙이려고 하니 지식이 부족하여 이런 설명이 되었다고 추측이 간다. 그런데 이 설명들이 이치에 합당하고, 논리적인 것이 아니기 때문에 후세에 와서도 거기에 충분한 설명을 붙일 수가 없는 어려움이 생긴다. 그 예로 허웅(1990: 302)은 기본 다섯 가지 글자에 대해 보다 쉽게 설명을 하기 위해 그림을 보여 주면서 설명한 것이 있는데 이 설명에는 다섯 글자 중에 세 글자의 그림뿐이고 두 글자는 그림 설명이 없다. 이것은 무엇을 의미하는가? 두 글자는 그림으로 설명하기엔 어려움이 있다는 증거이다. 그중에서도 ㅅ을 설명하는 것을 '이의 모양'만을 제시했을 뿐이다.

위에서 밝힌 바대로 글자를 만든 내역을 알려 주는 해례 편에 제자해에 훈민정음 스물여덟 글자는 각각 그 형상(形象)을 본떠서 만들었다고 하지만 실제로 자음 중에서 서로 다른 기준으로 글자를 만든 것을 모아 보면 다음 다섯 가지다.

(1) 발음기관의 발음할 때 모양을 본떠 만든 글자: ㄱ과 ㄴ
(2) 발음기관 모양을 본떠 만든 글자: ㅅ과 ㅇ
(3) 발음기관을 본떠 만든 한자를 그대로 적용한 글자: ㅁ
(4) 가획으로 만든 글자: ㅋ, ㄷ, ㅌ, ㅂ, ㅍ, ㅈ, ㅊ, ㆆ, ㅎ
(5) 설명할 수 없는 기준: ㆁ, ㄹ, ㅿ

## 2.7. 가획에 나타난 문제

가획으로 "ㅋ은 ㄱ에 비하여 소리가 좀 세게 나는 고로 획(畫)을 더한 것이요 ㄴ에서 ㄷ으로, ㄷ에서 ㅌ으로, ㅁ에서 ㅂ으로, ㅂ에서 ㅍ으로, ㅅ에서 ㅈ으로, ㅈ에서 ㅊ으로, ㅇ에서 ㆆ으로, ㆆ에서 ㅎ으로 함도 그 소리에 좇아 획을 더하는 뜻은 다 같되, 오직 ㆁ은 다르게 하였으며, 반혓소리 ㄹ과 반잇소리 ㅿ도 또한 혀(舌)와 이빨의 꼴을 본뜻 것이로되, 그 본(體)을 달리함이요, 획(畫)을 더하는 뜻은 없느니라"에서 몇 가지 문제가 있다.

첫째, ㅋ은 ㄱ에 비해 소리가 좀 세게 나므로 획을 하나 더해서 ㄱ에서 ㅋ을 만들었다고 했다. 이와 같은 방법으로 다른 음도 그 소리에 좇아 획을 더했다고 하면서, 그 예로 든 것 중에 올바른 것도 있고 틀린 것도 있다. 이 예 중에서 'ㄷ에서 ㅌ'와 'ㅈ에서 ㅊ' 등 두 예는 뒤의 것이 소리가 좀 세게 나므로 획을 하나 더하여도 같은 음의 계열에 속하니까 처음 예처럼 합당하고 올바른 설명이다.

둘째, 'ㄴ에서 ㄷ으로, ㅁ에서 ㅂ으로, ㅅ에서 ㅈ으로, ㅇ에서 ㆆ으로, ㆆ에서 ㅎ으로'의 예는 올바르지 않거나 알기 어려운 예이다. 'ㄴ

에서 ㄷ으로'에서는 문제가 있다. ㄴ에서 소리를 좀 더 세게 하면 ㄷ 음이 되지 않기 때문이다. 그래서 획을 하나 더해 만든 것이라 볼 수 없다. 같은 종류의 소리가 아니기 때문에 획을 하나 더해도 좀 세게 나는 같은 소리로 되지 않는다. 소리가 좀 세게 나는 정도가 아니고 소리 자체가 다르다. ㄱ에서 ㅋ은 같은 음 계열에서 ㄱ을 좀 세게 발음하며 ㅋ이 되지만, ㄴ을 좀 세게 발음한다고 해서 ㄷ 발음이 되지 않을 뿐만 아니라 같은 계열음도 아니다. ㄴ은 혀가 윗잇몸에 붙는 꼴에서 폐에서 나온 공기를 차단하여 코로 소리가 나는 음인데, ㄷ은 혀를 위 이빨 뒤 치경에 붙여서 공기를 막았다가 갑자기 터지면서 나오는 소리이므로 근본적으로 ㄴ 발음과 ㄷ 발음은 다르기에 획을 더해도 같은 음의 센 음이 아니다.

셋째, 'ㅁ에서 ㅂ으로'에서도 ㄱ에서 ㅋ으로 만들어지는 것과 같은 방법으로 되지 않는다. ㅁ은 양 입술을 붙여서 공기를 코로 통하게 하여 성대를 울려 콧소리를 나게 하는 것이고, ㅍ은 양 입술을 꼭 다물고 있다가 공기를 일시에 터트리는 방법으로 소리를 내기 때문에 소리 나는 위치와 방법이 전혀 다르다. 그래서 ㅁ에 소리를 좀 세게 한다고 해서 ㅂ이 만들어지지 않는다.

넷째, ㅅ은 '술' 자의 처음 나는 소리이며, ㅈ은 '즉'의 처음 나는 소리이다. ㅅ 발음에는 혀가 ㅈ을 발음할 때와는 같은 위치에 있지 않다. 단순히 소리가 좀 세게 나서 획을 더한다는 이론이 적용되지 않는다. ㅅ과 ㅈ은 발음 위치와 발음 방법이 서로 다르다.

다섯째, 'ㅇ에서 ㅎ로'에서도 소리가 좀 세게 나오는 것으로 설명이 되지 못한다. 그 이유는 ㅎ의 발음이 어떤 발음인지가 정확하게 설명이 없기 때문이다.

따라서 'ㄴ에서 ㄷ으로', 'ㅁ에서 ㅂ으로', 'ㅂ에서 ㅍ으로', 'ㅅ에서 ㅈ으로', 'ㅇ에서 ㆆ으로', 'ㆆ에서 ㅎ으로' 등 여섯 가지는 설명이 궁했거나, 설명할 수가 없어서 ㄱ에서 ㅋ으로 만드는 것과 같은 원리라고만 하고 구체적인 설명을 하지 않았다고 본다.

왜 이렇게 궁한 설명을 했을까에 대해서도 그 이유로 먼저 글자를 만들어 놓고 어떻게 설명할까 궁리하다가 마땅하게 설명할 수가 없었거나, 깊은 고심이나 생각을 하지 않고 대체로 ㄱ에서 ㅋ으로 만든 경우와 같은 것으로 한데 묶은 것으로밖에 생각이 안 된다.

그 다음으로 'ㆁ는 다르게 하였으며'라는 것에서도 이렇다 할 구체적인 설명이 없다. 즉 ㆁ을 어금닛소리라고 하였는데 그 이치를 설명하지 않고 다만 다르게 하였다고만 덧붙였을 뿐이다.

"반혓소리 ㄹ과 반잇소리 ㅿ도 또한 혀(舌)와 이(齒)의 꼴을 본뜬 것이로되 그 본(體)을 달리함이요, 획(畫)을 더하는 뜻은 없느니라"에서도 설명이 궁하기는 마찬가지다. ㄹ은 혀를 본뜬 것이고 반잇소리 ㅿ는 이의 꼴을 본뜬 것이라 했다. 이것에 대해서도 왜 ㄹ을 혀의 꼴을 본뜬 것인지를 설명할 수 있는 사람은 없다. 어떻게 ㄹ이 혀를 본뜬단 말인가? ㄹ, ㅿ 등은 이미 글자를 만들어 놓고 억지로 발음기관을 형상했다고 설명하려는 것에 지나지 않는다.

허웅(1990: 306)은 "즉 'ㆁ'은 'ㅇ'에, ㄹ은 'ㄴ'에, 'ㅿ'은 'ㅅ'에 각각 획을 더한 모양으로 만들어졌으나, 이것은 단순히 'ㅇ, ㄴ, ㅅ'과 그 꼴을 달리했을 뿐이지, 소리가 더 세기 때문에 획을 더한 것이 아니라 했다."라는 것은 설명이 되지 않는다. 그런데 정말 ㄹ의 혀 모양을 본뜬 것이 올바른 표현이며 ㅿ도 반잇소리로 이의 꼴을 본뜬 것으로 볼 수 있을까?

허웅(1990: 305)은 "기본글자로 표현되는 소리보다 세면, 거기에다 획을 하나 더 붙인다는 것이다. 이것이 아홉 글자를 만든 원리이다."라고 했다. 아홉 글자는 ㅋ, ㄷ, ㅌ, ㅂ, ㅍ, ㅈ, ㅊ, ㆆ, ㅎ 등인데, 사실로 보면 소리가 세며 획을 하나 더 붙인 것은 ㅋ, ㅊ, ㅌ뿐이고, 다른 것은 소리의 세기에 있는 것이 아니라 소리가 다르게 나는 것인데 이것에 대해서는 설명이 없다.

허웅(1990: 305)은 "[ㅁ-ㅂ-ㅍ-]의 관계는 [ㄴ-ㄷ-ㅌ]의 관계와 똑같다."고 설명했지만 사실을 보면 꼭 같지 않다. 왜냐하면, ㄷ-ㅌ의 관계는 ㄱ-ㅋ의 관계처럼 소리의 세기와 같은 관계이지만 ㅂ-ㅍ의 관계는 전혀 다르기 때문이다. 또한 ㄴ-ㄷ-ㅌ처럼 한 획을 더하여 만든 것도 더욱 아니다. ㅁ → ㅂ은 어떤 위치에 한 획을 더했다고 보기가 어렵다. ㅁ에서 한 획을 더하면 ㄷ → ㅌ처럼 이거나 ㄱ → ㅋ처럼 ㅁ → ㅌ이든가 하여간 하나의 획을 더하여야 되는데 ㅁ → ㅂ에서 ㅁ 위에 뿔이 두 개 난 것과 같다. ㅂ → ㅍ에서는 획을 하나 더하여 만든 것도 아니다. ㅂ과 ㅍ의 관계는 획을 더하여 만든 관계 이상의 관계로 생각해야 된다. ㅁ에서 ㅂ은 위로 두 개의 획을 첨가했다면, ㅂ에서 ㅍ은 아래로 획을 두 개 첨가하고 옆으로 눕힌 모양으로 볼 수도 있다. 모양에서도 ㅁ-ㅂ-ㅍ의 생성과정이 불투명할 뿐 아니라, 소리에서도 더욱 분명치 않다. 우선 그 차이점을 살펴보면, 첫째, ㅁ과 ㅂ은 유성음인 데 비해 ㅍ은 유성음이 아니다. 둘째, ㅁ은 비음을 나타내고 있으나 ㅂ, ㅍ는 입술소리를 내고 있다. 셋째, ㅁ은 입을 다물고 소리를 내지만, ㅂ, ㅍ은 파열음으로 낸다. 따라서 ㅁ, ㅂ, ㅍ은 소리가 세고 여리고의 차원이 아니라 ㅁ, ㅂ, ㅍ의 관계는 소리가 아주 다른 관계다. 허웅(1990: 305)도 "그러나 이 자형들에 있어서는, 한 획을 더한 사실이 'ㅋ'이나 'ㄷ, ㅌ'처럼 분명하지 않은데, 그 이유는 아마 'ㅁ'에 획을 더하면 좀 어색한 글자가 되기 때문이 아니었을까 생각된다."라 하여 글자 모양에 대한 궁금함을 제기한다. 또 위의 설명에서는 사실 ㅁ－ㅂ－ㅍ의 관계가 ㄱ－ㅋ, ㄴ－ㄷ－ㅌ의 관계보다 더 서로 연관이 없는 관계를 가획했다고 설명하고 있다.

허웅은 "획을 안으로 넣은 日은 한자와 혼동하기 쉽고, 거기에서 한 획을 더하면 目이 된다."에서 日은 한자와 혼동하기 쉽기에 곤란하다는 의견인데 口(입 구) 자는 중국의 한자와 같고, 입의 모양을 본뜬 ㅁ은 중국한자의 口를 같이 쓰고 있는데 한자와 혼동되어 안 쓴 것으로 보기 어렵다.

잇소리 ㅅ, ㅈ, ㅊ 관계도 ㄴ, ㄷ, ㅌ의 관계처럼 ㅈ, ㅊ의 관계는 소리의 세기와 관계가 있으나 ㅅ과 ㅈ의 관계는 단지 소리의 세기 관계로 설명이 부족하다. ㅅ과 ㅈ의 관계는 소리세기에 획을 하나 첨가한 것이 아니라 발음 자체가 다르게 발음하기도 하고 들리기도 한다. 또한 조음할 때 혀의 위치가 ㅅ과 ㅈ이 같지 않고 다르다. 목소리 ㅇ－ㆆ－ㅎ 등은 같은 문제가 있다. 허웅(1990: 306)은 "운서 체계에 ㆆ은 전청(全淸)이고, ㄱ, ㄷ, ㅂ, ㅅ, ㅈ이 차청(ㅋ, ㅌ, ㅍ, ㅊ)보다 모두 약하므로 목소리에 있어서도 [ㅎ]을 [ㆆ]보다 센 소리로 잡은 모양이다."라고 했다. 이런 설명이 있는 이유는 "ㆆ[ʔ]과 ㅎ[h]은 어느 편이 더 센지 판단하기 곤란하다. 오히려 ㆆ[ʔ]이 더 센 인상을 줄지도 모른다."라고 판단하기에 위의 설명을 했던 것이다. ㆆ의 음가에 대한 설명은 사실 거의 없다. 다만 "ㆆ은 ㅇ에 비해서 깊다고 한 것이 모두이다. 이 설명만으로는 구체적인 음가를 파악할 수가 없고"(허웅

1973: 294) 단지 후두에서 조음되는 음이란 정도로 파악할 뿐이다. 소리의 세기를 기준으로 "ㄴ, ㅁ, ㅇ이 가장 세지 않으니 그러므로 차례는 비록 뒤에 있으나, 꼴을 본떠서 글자를 만듦에는 시초가 된 것이요, ㅅ, ㅈ은 비록 진청이나, ㅅ이 ㅈ에 비해 소리가 세지 않으니, 그러므로 또한 글자를 만듦에는 시초가 된 것이요."라고 설명했다. 박종국(1976: 60)은 전청(全淸)은 현대 음성학에서 여린 소리(軟音)이고 차청은 현대음성학에서 거센소리(有氣性, 激音)라 했다. 전탁은 현대음성학에서 된소리(硬音)이고 불청불탁은 음성학의 향음(響音)이라 한다. 여기에서 이론적으로 전청인 여린 소리에서 소리를 세게 함으로써 ㄱ → ㅋ, ㄷ → ㅌ, ㅈ → ㅊ 등은 이치에 합당하지만 ㄴ에서 ㄷ으로 되는 것, ㅁ에서 ㅂ으로, 그리고 ㅂ에서 ㅍ으로 되는 것은 이치에 맞지 않는 것이다. ㅅ과 ㅈ에서 전탁을 ㅆ과 ㅉ이 맞지만 그 이치에 따르면 ㄱ → ㅋ, ㄷ → ㅌ, ㅈ → ㅊ과 합당하다.

문제는 ㄴ → ㄷ, ㅅ → ㅈ, ㅁ → ㅂ → ㅍ, ㅇ → ㆆ → ㅎ 등 소리를 세게 함으로 음의 변화 없이 소리세기 여림만으로 되는 것이 아니므로, 설명이 많이 부족함을 가지고 있다.

김진우(1988: 30)의 설명에 따르면, '문자 체제 안에 있는 체계적인 조직'에 '음운론적인 원리'에 입각하여 가획을 하는 '자체를 보여 주는 문자는 세계에 또 없다'고 언급하면서 그 자음의 가획 예를 들고 있는데 같은 자음의 계열은 기본자음형에 획을 더함으로써 같은 조음위치에서 조음방식이 다른 자음을 만듦을 보여 주는 예를 들고 있는데서 예삿소리인 ㄱ, ㄷ, ㅂ, ㅈ에 한 획을 더하면 거센소리가 되어 ㅋ, ㅌ, ㅍ, ㅊ이 되며, 예삿소리를 중복해서 쓰면 ㄲ, ㄸ, ㅃ, ㅉ이 된다고 설명했지만 문제는 ㄴ → ㄷ, ㅅ → ㅈ, ㅁ → ㅂ, ㅇ → ㆆ의 예를 주지도 않고, 설명도 없다. 이것은 설명이 되는 일부분만을 뽑아서 설명한 것에 지나지 않아 일관성이 없고 설명에도 한계가 있다. 설명을 하지 않은 이유는 위의 논리로는 설명할 수가 없는 것이기 때문이다. 훈민정음에서는 같은 원리로, 같은 이유로 가획의 원리로 설명을 했는데 김진우는 설명할 수 있는 것만을 골랐고 다른 것은 설명할 수가 없어 설명에서 제외했다.

훈민정음 창제 때에 중국의 음운학을 참고하여 훈민정음의 음운을 정했다. 그런데 기본이 되는 중국의 음운학에 기본적인 문제점이 존재하고 있음을 알 수가 있다. 중국에서 불교가 들어올 때 범어가 들어왔고, 인도 범어의 글자 음이 자음과 모음으로 나누는 것을 그대로 본받아 한자 음절을 자음과 모음으로 나누어 반절(半切)이라는 두음방법을 만들었다. 그러나 중국의 방언과 고음(古音)이 지역에 따라 각양각색의 운도가 제작되어 제작자들마다 방언과 고음을 적용하는 어음기준이 달라서 일정한 기준을 삼기가 힘들었던 것이다. 그 이유 중의 가장 대표적인 것이 글자 표음기능이 불완전한 한자라는 글자의 특성이자 결핍 때문이었다. "중국에서 제작된 어떠한 운서(韻書)나 운도(韻圖)의 음운체계도 표준이 될 수가 없었다."(심소희 1996: 204) 이러한 불완전한 중국의 음운체계를 훈민정음 창제에 적용시켰기에 훈민정음 제자해에서의 설명이 부실하고 엉성할 수밖에 없었다고 생각된다.


## 2.8. 훈민정음 용자례(用字例)의 짜임새에 대한 문제

용례 편은 글자 쓰기의 예를 보여 준다. 초성 17자 예를 두 가지씩 들고 있다. 즉 ㄱ, ㅋ, ㅇ, ㄷ, ㅌ, ㄴ, ㅂ, ㅍ, ㅁ, 그 다음 ㅸ에 두 가지 예: ㅈ, ㅊ, ㅅ, ㅎ, ㅇ, ㄹ, ㅿ 등에 두 가지씩 예를 들고 있는데 짜임새에 문제가 있다.

첫째, 용자례에서 ㆆ의 예를 찾을 수가 없다. 즉 빠뜨렸던 것이다. 차례를 보면 ㅂ, ㅍ, ㅁ 그 다음 글자로 ㅈ, ㅊ, ㅅ 등이 와야 되는데 ㅁ 다음에 ㅇ을 입술소리 아래에 연서한 ㅸ, ㅱ, ㆄ 등 3개 중에 ㅸ 하나를 들고 있다. 또 그 다음 목구멍소리 ㆆ, ㅎ, ㅇ을 써야 되는데 여기서 ㆆ을 빠뜨리고 ㅎ, ㅇ 두 가지만 용자례를 쓰고 있다.

훈민정음의 예의 편에 보면 ㄱ, ㅋ, ㆁ으로 시작해서 ㄷ, ㅌ, ㄴ, ㅂ, ㅍ, ㅁ, ㅈ, ㅊ, ㅅ, ㆆ, ㅇ 등으로 하고 ㄹ, ㅿ을 뒤에 썼다. 용자례에도 이와 같은 구성으로 해야 한다고 보면 ㅂ, ㅍ, ㅁ 다음에 ㅸ의 예가 있는 것은 잘못된 것이고 그 다음 ㆆ, ㅎ, ㅇ에서 ㆆ을 빼 버렸다는 것도 잘못된 것이다.

둘째, 홍기문(1946: 41−42)은 훈민정음에 세 가지 결함이 있다고 지적했는데 그 첫째, "訓民正音은 三白年 前 그 當時의 우리말을 標準한 것이요 三白年 後 오늘의 우리말을 標準한 것이 아니다."라고 했다. 둘째는 "訓民字母는 오늘 우리말을 本位삼아 만들지 않고 그보다도 더 많이 漢字音을 本位삼아 만든 것이다."라고 했다. "四聲의 區別은 무엇보다도 그것을 證明한다."라고 했다. 한자에 사성 구별이 있으나 우리말에는 구별할 필요가 없는데도 사성을 만들어 붙였던 것은 중국말에도 있으니 우리말에도 있을 수 있는 것으로 생각해 만들었던 것을 말함이다. 셋째는 "訓民字母는 아주 完成한 作品으로서 表되지 못하고 좀더 磨琢할 餘地를 두고 發表된 것 같다. ㅇ을 脣音아래 連書해서 脣輕音을 만드는 것은 二十八字에 못들뿐 아니라 글자를 만드는 것이나 欄外設明에 넣은 것으로 보아서 追後의 追加가 아닌가 疑心된다."라고 지적했다. 이것 중에 첫째는 결점으로 볼 수가 없다. 왜냐하면 훈민정음을 만들 때 그 당시대의 말을 기본으로 할 수밖에 없었다. 두 번째와 세 번째만을 단점으로 생각하는 것이 타당하다. 우리말에 필요 없는 사성은 결국에 없어져 버렸다. 그다음 세 번째의 단점 지적에 동의하면서 그 문제점을 살펴보면, 즉 ㅇ을 순음 아래 연서하면 ㅸ, ㅱ, ㆄ이 되는데 이 중에서도 ㅸ만 넣고 ㅱ, ㆄ은 넣지 않았다. ㅸ은 널리 쓰이는 발음으로 효용가치가 있었다. 그러면 ㅱ, ㅸ은 효용가치가 없었는지 의문이다.

## 2.9. 상형문자에 대한 문제

최현배(1961: 276)는 "③ 엄소리 ㆁ의 구성은 어금니와 목구멍의 본뜸의 합성으로 된 것"이라 단정하면서 훈민정음에 대한 의문점 4개 중에 의문 3(ㆁ에 대한 것)과 4(아래에 설명)에 대해서 의문을 제시했다. 즉 정인지 서에 보면 '상형이자방고전'이라 밝혀 놓았는데, 어찌해서 해례에서는 다만 꼴 본뜸, 즉 상형에 대해서만 풀이하고 '자방고전'에 대해서는 한 말도 없는 것에 대해서도 최현배는 "아마도, 이는 그의 손 빠짐이 아닐까."라고 했다. 설명이 없기 때문에 후세사람들의 추측도 무성하다.

유창균(1984: 291)은 상형문자 ㅁ과 ㅅ에 대해서 허웅의 의견에 약간 차이를 보이고 있다.

허웅(1990: 302)은 "[ㅁ을 낼 때는 입술이 닫기므로 이때의 입의 모양을 본떠서 'ㅁ' 자를 만들었다. 중국한자 'ㅁ(입 구)' 자는 원래 입의 모양을 본뜬 것이므로, 이 두 글자는 같게 만들어졌다."라 했다. 그러나 유창균(1984: 290)은 "'ㅁ'은 ㅁ인데 이것이 한자의 口字를 우리의 'ㅁ'에 轉借(전차)했다는 것을 뜻하는 것이 아니다."라고 했다. 이 설명은 충분하지 못하고, 만족할 수가 없다.

입술이 닫길 때 입의 모양은 한자의 一 자 모양을 나타낸다. 따라서 □ 모양을 만들 수가 없다. 한자 문화권에 살아온 사람들은 입의 모양을 □로 표현했기에 입의 모양을 제대로 표현하지 못하는 모양이다. 입을 벌리면 □보다는 솔직히 0에 가깝고, 입을 다물면 一에 가깝다. 입이란 동일한 대상을 놓고 상형할 때 0, 一 등 두 가지로 할 수 있는데 입 구(□) 자로 할 여지는 적다. 차라리 ㅁ을 중국의 한자 □에서 전차했다는 것이 더욱 설득력이 있을 것이다.

다음은 잇소리에 대한 엇갈린 주장이다. 허웅(1990: 302)은 "[ㅅ] 소리는 혀끝을 윗니 뒤쪽에 가까이 접근시켜 거기에서 갈이소리를 내는 것으로 이의 줄을 본떠서 만들었다."고 했고 유창균(1984: 291)은 "'ㅅ'은 上下齒의 接觸을 암시적으로 상형한 것이다."고 하여 차이를 나타내기도 한다.

유창균(1984: 291)은 한자의 글자 만든 방법, 즉 "구체적인 사물은 상징적으로 표시하며 지시물의 개념을 표상하게 한 것이고, 훈민정음은 발음기관의 모양이나 운동을 암시적으로 표시하여 음성기호를 표상하게끔 한 점이 다르다."라고 설명하고 있다.

훈민정음은 초성과 중성자의 기본을 만든 다음에 가획의 원리를 적용하거나 기본에 가점하여 필요한 초성, 중성자를 기본적으로 구성했다는 의견이다.

유창균은 "(3) '字倣古篆'은 字의 형태를 말한다. 이것은 그 字形을 篆字를 模倣하여 方形으로 하였다는 것을 意味한다. 또 篆字를 模倣하여 그 形態를 固定시키는데는 八思巴字의 簡略化를 생각해낸 것으로 생각된다."(1984: 309) 또한 "여기에서 '字倣古篆'의 '字'는 字形은 意味할 수 있으니, 訓民正音은 그 字形을 옛날 篆字의 形態로 模倣하여 左右均一한 方形의 形態로 그 字形을 만들었다는 것을 意味한다고 解釋되는 것이다. 이것은 解例에 提示한 字形을 보더라도 充分히 理解되는 터이며, '字倣古篆'의 意味를 이렇게 解釋해야만 鄭인지가 解例序에서 '象形而字倣古篆'이라고 한 眞實이 거짓 없는 眞實이라는 것을 之證하게 되는 것이다."(1984: 302)라고 하였다. 또한 訓民正音의 '字倣古篆'에 대해서 유창균(1984: 302)은 "篆字은 左右均一한 方形文임을 알 수 있는 것이다."라 했다.

이것은 몽고글자인 팔사파글자와 연관시키고 있는 것이다.

유창균(1984: 302)은 "元代 先文의 增修로 알려진 몽고자운에 의하면 권두에 자모도를 제시하고, 그 아래에 八思巴의 四種字體를 提示하고, 이것을 '篆字母'라고 하였다."라고 언급했다. 팔사파문자는 그 자체가 사각형으로 이것을 방형문자(方形文字)라고도 하는데, 이의 여러 가지 체격을 '篆字母'라고 호칭한 까닭은 더욱 흥미 있는 일이다. 그러나 이런 제안은 더욱 연구가 되어야 할 사항이지 단정하거나 학계에서 전부 인정된 사안은 아니다.

## 2.10. 자음의 소리 분류에 대한 문제

훈민정음 스물여덟 글자는 '각 그 형상을 본떠서 만들었다.'고 하면서 글자의 분류를 어금닛소리, 혓소리, 입술소리, 잇소리, 그리고 목구멍소리로 5개로 분류한 후 반혓소리, 반잇소리 등 2개를 첨가했다. 그리고 입술소리에 연서해서 입술 가벼운 소리 등 자음은 모두 8개 소리 분류가 있었다. 그런데 이 소리 분류는 어떤 기준에 의한 것이 아니고 대략의 소리 나는 위치를 보고 정했던 것으로 생각된다.

ㄱ, ㅋ, ㅇ이 어금닛소리라 했는데, 이것에 대한 설명이 없다. ㄷ, ㅌ, ㄴ은 혓소리라 했고, 그 기본이 되는 ㄴ이 혀가 윗잇몸에 닿는 꼴을 본뜬 것이라고 하여 그 소리 분류에 대해서는 언급이 없었다. 이것은 이미 중국에서 사용되는 용어를 아무 비판이나 그 소리성격에 맞는지 등에 대한 생각 없이 붙인 이름이다. 즉 소리가 나는 대강의 위치를 나타냈을 뿐이다.

청탁에 대한 설명도 없었다. 청탁이란 자음을 소리 내는 방법과 힘에 의해 분류한 것인데, 전청은 약한 소리(軟音)이고, 차청은 거센소리(激音, 氣音)이다. 전탁은 된소리(硬音)에 각각 해당된다. 그리고 불청불탁은 향음(즉 sonorant: 울림소리)인데 ㅇ, ㄴ, ㄹ, ㅁ, ㅿ, ㆁ 등이 여기에 속한다. 전청, 차청, 전탁은 어디에 부딪혀(장애음, obstruent) 소리 나는 것(허웅 1990: 307)이다. 그래서 음을 소리 내는 방법과 힘에 의한 분류로 보면 약한 소리인 전청(全淸)은 ㄱ, ㄷ, ㅂ, ㅈ, ㅅ, ㅎ이고, 거센 소리인 차청(次淸)은 ㅋ, ㅌ, ㅍ, ㅊ, ㅊ, ㅎ이며, 된소리인 전탁(全濁)은 ㄲ, ㄸ, ㅃ, ㅉ, ㅆ, ㆅ인데 향음(sonorant)인 불청불탁(不淸不濁)은 ㅇ, ㄴ, ㄷ, ㆁ, ㄹ, ㅿ(ㄴ, ㅁ, ㅇ은 소리가 세지 않으나)이다.

청탁으로 분류해 보니 기본글자가 속해 있는 것은 모두 전청인 줄 알았는데 전청에 속한 것은 어금닛소리 ㄱ과 잇소리 ㅅ이고, 혓소리 ㄴ, 입술소리 ㅁ, 목소리 ㅇ은 불청불탁에 속한 것으로 분류된다. 따라서 이론적 일관성이 없다.


## 2.11. 정인지의 서문과 그의 의도

세종임금이 한자를 쓰지도, 읽지도 못하는 백성들을 위해 쓰기 쉽고 배우기 쉬운 우리 글자를 창제한 뒤에 정인지에게 명하여 서문을 쓰게 한 사실은 잘 알려진 일이다. 그런데 정인지는 이 글자를 만들 때 세종임금이 참고한 글자에 대하여 상세한 설명을 하면 훈민정음의 신비로움이 없어질까 염려한 때문인지 서문을 아주 애매모호하게 적었다. 그래서 후세사람들이 세종임금이 참고한 글자를 찾아내려고 노력해도 아직 풀리지 않은 수수께끼로 남아 있다.

정인지 서문을 보면 훈민정음은 사물의 형상을 시늉하여 만들었고, 삼재(즉 天·地·人)와 음양을 포괄하며, 옛날 전자(篆字)를 모방했다고 기록하고 있다. 그러나 전자를 모방했다고 했으나 그 예를 하나도 제시하지 않았다. 옛날의 전자 글자를 모방했다고 한 것은 훈민정음을 한사코 반대한 최만리가 세종임금에게 제출한 상소문에도 나와 있다.

"언문이 모두 옛 글자를 바탕으로 한 것이지 새 글자가 아니라고 하신다면, 곧 자형은 비록 옛날의 고전글자와 비슷합니다만……"(강신항 1990: 164)에서와 같이 훈민정음은 새로운 글자가 아니고 모두 옛날의 고전글자와 비슷하게 만들었다는 것을 확인시켜 준다.

사실 정인지와 최만리는 모두 옛 전자를 알고 있었던 사람들이다. 최만리로서는 훈민정음이 못마땅하니까 굳이 옛 글자의 예를 제시할 필요를 느끼지 않았겠으나, 정인지는 이를 제시했어야 하는데 그것을 의도적으로 회피했다는 생각이 든다.

그렇다면 훈민정음에 참고한 옛 글자가 한자의 글씨체 중에 있는 전자(篆字)였을까? 그러나 오늘날까지 남아 있는 전자에서 훈민정음과 같은 글자를 아무리 찾아보아도 한두 자 이외에는 훈민정음과 닮은꼴을 찾을 수가 없다. 아니면 유창균(1984: 302)의 주장대로 '몽고전자'라고 하는 몽고문자에서 나왔을까? 몽고전자는 일명 팔사파문자라고도 부른다. 이 문자는 언뜻 보면 훈민정음과 닮은꼴이 많지만 모양과 음가 면에서 훈민정음과 유사한 것은 5개 정도이고, 체계적으로 유사성이 별로 없다.

따라서 정인지나 최만리가 훈민정음은 모두 옛 글자를 바탕으로 만들었다고 했지만 그 예를 주지 않아서 후세에 와서 그 실마리를 찾는 데에 참 어려움이 뒤따르게 됐다. 이것은 바로 정인지가 의도한 훈민정음을 보다 신비롭게 하고 후세사람에게 더욱 호기심을 유발시킬 생각에서 나온 것이 아닌가 생각된다.

그런데 2001년 12월에 참고한 옛 글자가 중국의 전자도 몽고전자도 아닌 점토구결(點吐口訣)일 가능성이 제시되어 정인지의 의도가 없어질 위기에 있다. 점토구결이란 고려시대에 한자로 쓴 불교경전을 쉽게 읽기 위해 토를 단 것을 말한다.

이 토를 달 때에 붓으로 표시하지 않고 대나무를 뾰족하게 깎아 만든 막대기로 점과 선을 표시한 것이 있는데 이것을 각필부호라고 한다. 이것이 훈민정음과 똑같아, 보는 사람들에게 놀라움을 주고 있다.

훈민정음과 닮은 예를 보면, 경계선으로 쓴 'ㄱ, ㄴ, ㄷ' 테두리선으로 쓴 'ㅁ, ㅇ' 그 외 것으로 '·, ·ㅣ' 등이 있다. 이보다 더 정교하고 더 닮은꼴을 발견할 수 없을 정도다. 이것들은 모두 각필로 쓴 것인데, 1446년에 최초로 목판본으로 나온 훈민정음 책에서도 훈민정음 글자꼴은 각필과 같은 모양의 막대기로 쓴 필체이다.

이러한 각필 부호와 훈민정음과의 관계를 좀 더 연구하면 훈민정음을 창제할 때에 세종임금이 참고한 글자의 윤곽이 확실히 밝혀질 것으로 기대된다. 그 같은 관계가 밝혀지더라도 훈민정음이 세계 문자 중 가장 뛰어나고 과학적인 것이라는 사실에는 조금도 위상이 흔들리지 않을 것이다.

## 3. 결론

훈민정음 원문이나 번역을 읽어 볼 때 객관적으로 보아서 논리의 일관성이나 용의주도한 짜임새 있는 논리를 가진 '제자해'를 기대한다는 것은 사실상 힘든 일이라고 전제를 달아야 한다. 그 이유는 기존의 문자를 모방하든, 새로운 문자를 만들어 내든 간에 처음으로 글자를 만들어 해설을 하는 입장에서 논리 정연하게 해설이나 설명을 한다는 것은 힘든 일이다. 그 이유는 그 당시 참고할 수 있는 어떤 문자이든지 간에 일관되고, 논리 정연한 글자 해설이 없기도 하고, 또한 말 그 자체가 논리 정연하지 못하기 때문이다.

세종임금이 훈민정음을 창제하실 당시에 체계적으로 언어학을 연구한 학자가 드물기도 하지만 주로 한자에 관한 것을 연구했으므로 한자나 한자음, 그 당시 중국인들의 말을 기술한 한자가 완전치 못한, 다시 말하면 소리를 적은 것보다는 의미를 적는 한자의 역할에 기인된 것도 있다. 따라서 반쪽짜리 글자를 참고하여 설명하게 된 훈민정음「제자해」자체가 한계성을 가지고 있다고 본다.

예를 들면 "正音二十八字. 各象其形而制之." 즉 "훈민정음 스물여덟 글자는 각각 그 형상을 본떠서 만들었다."라는 설명에서 보면 알 수가 있다. 이 설명은 좀 더 구체적으로 그 형상을 본뜬 것 중에 초성 자음글자는 발음기관의 모양을 본떠 만들었다고 설명하고 있으나 극히 일부에 그치고 있다. 즉 '제자해'에서 초성글자로는 발음작용 상형에 ㄱ과 ㄴ, 2개와 발음기관 상형으로 ㅁ, ㅅ, ㅇ을 들고 있어 초성글자는 5개를 창제했다는 것이다.

그리고 ㅋ, ㄷ, ㅌ, ㅂ, ㅍ, ㅈ, ㅊ, ㆆ, ㅎ 등은 이미 창제한 5개 글자

에 소리의 세기에 따라 획을 더하여 9개 글자를 만든 것으로 이 9개 글자는 발음기관상형과 무관하다.

그러나 ㅇ 글자는 어떻게 만들었다는 설명이 없고 '오직 ㅇ는 다르게 하였으며'라고만 기록하고 있다. ㅇ 글자는 만들 때 어떤 것을 상형했는가에 대한 설명이 없다.

그리고 반혓소리 ㄹ, 반잇소리 △에 대해서 혀와 이의 꼴을 본뜬 것이라 하지만 전혀 본뜬 것 같지 않고 이것을 합하여 발음기관을 본뜬 것은 이미 설명한 ㅁ, ㅅ, ㅇ 3개와 ㄹ, △ 2개 등 5개다.

자음, 즉 초성글자 17개 중에 발음작용 상형 2글자, 발음기관 상형 5글자 합하여 7개 글자만 발음기관이나 발음작용 상형으로 제자 했고, 중국의 한자 1개(ㅁ)와 거의 같은 꼴을 만들고 나머지 9개 글자는 획을 첨가하여 만든 글자인데 획을 어떻게 붙이고, 획을 붙이는 논리나 이치의 설명이 부족하거나, 없어서 이미 존재하고 있는 글자에 대해 억지 설명을 붙이는 격으로 설명되었다.

모음은 발음작용이나 발음기관 상형이 아니라 자연현상을 상형한 것이다.

· 글자는 끝이 둥긂은 하늘을 본뜬 것이고, ㅡ 글자는 끝이 평평함은 땅을 본뜬 것이고 ㅣ 글자는 끝이 섬(초)은 사람을 본뜬 것이다. 이렇게 글자를 만든 것은 상형에 의한 것이다. 또 글자의 소리 설명을 보면 "·는 혀가 오그라지고 소리가 깊으니" 또 "ㅡ는 혀가 조금 오그라지고 소리가 깊지도 않고, 얕지도 않으니" 사람에게 형상한 "ㅣ는 혀가 오그라지지 않고 소리가 얕으니"라 했다. 이들 모음에 대한 후세 사람들의 설명을 보면 ·에 대한 설명에서 허웅(1990: 316)은 '혀의 모양을 설명하고' 또한 '들었을 때의 인상을 설명하니' 등으로 해서 발

성음성학적인 설명과 청취음성학적 설명을 겸비한 것이라고 했다.

모음의 기본이 되는 ·, ㅡ, ㅣ 글자에서 ·의 소리가 깊다는 것은 후설모음이고 ㅣ 글자가 소리가 얕다고 한 것은 전설모음이며, ㅡ 글자는 소리가 깊지도 얕지도 않으니, 즉 후설모음도 전설모음도 아니란 표현으로 설명(백응진 1999: 191)한다.

앞에서 언급된 여러 가지 문제점이 있음에도 불구하고, 훈민정음의 공헌도는 훈민정음 글자가 어떤 것을 상형했거나 고전글자 또는 주자, 몽고글자 등에서 취합했거나 간에 글자에 음가를 부여하여 우리말을 표기하게 한 것은 세계의 글자 역사에 둘도 없는 개인의 창조물로 기록되고 있는 것이다.

훈민정음 예의 편에 보면 "ㄱ은 어금닛소리니 '군(君)' 자의 처음 나는 소리와 같으며, 병서하면 '뀨(蚪)' 자의 처음 나는 소리 같으니라", 즉 "ㄱ. 牙音如君字初業聲"이라고 한 것이 바로 세종임금의 공적이다. ㄱ 글자를 君(군)을 읽을 때 처음 나는 소리의 음가를 부여한 것이 바로 우리가 소리글자를 가지는 역사적인 업적이다. 훈민정음은 의심할 바 없이 인간의 위대한 지적 업적 중의 하나로 여겨 손색이 없는 글자(Sampson 1985: 144)이다.

# 제8장 가게 이름의 글자 및 언어 사용 실태

## 1. 개관

### 1.1. 목적 및 방법

최근 분양하는 아파트 이름에 '월드마크 센텀'이나 '펜트하우스' 등과 같이 외국말 이름이 많고, 이미 낯이 익고 눈에 잘 들어오는 기존의 아파트 이름인 '화정은빛마을'을 '프라웰(flowell)'과 같은 외국말로 바꾸는 곳도 많이 있다. 이런 현상은 아파트 이름뿐만 아니라 회사 이름에도 나타나는데, '포항제철'을 포스코(POSCO)로, '선경'을 로마글자인 'SK'로 전환한 사례가 있다. 이와 같이 이미 오랫동안 사용해 오던 이름을 서양 외국말로 고쳐 사용하는 예가 요즈음에 많이 보인다. 또한 최근에 나타난 특이한 것은 한글에 한자나 로마자를 섞어 만든 섞임글이 눈에 띈다는 것이다. 예를 들어 보면 컴퓨터 사이트 이름에 '海누리', 정치 정당에서 사용하는 구호에 '民들來', 음식점 이름 '味S' 등이 있다. 한글이나 순우리말 이름에 외국글이나 말을 붙여 혼합하여 사용하는 것이 순우리말과 한글의 발전에 도움을 줄 것인지 아니면 방해를 줄 것인지 심각히 고민해 보아야 할 것이다. 이러한 현상들이 어느 정도 우리 곁에 와 있는지 그 실태를 파악하기 위해 가게 이름을 조사해 보았다. 가게 이름에 사용된 말과 글은 그 시대 일반대중의 사상이나 감정을 가장 잘 표현한 것이고, 고객의 기호에 가장 민감하게 반응하며, 그 시대의 흐름을 신속하게 반영하면서 사람들과 사회를 이어 주는 가장 친근한 언어체계를 보유하고 있고, 간판어는 사회현상의 거울로 대중 언어생활의 기호를 파악하는 데 가장 정확한 연구대상(김혜숙 1991)이기 때문이다.

본 장에서 고찰할 가게 이름의 조사 연구방법은 다음과 같다.

첫째, 조사지역은 부산시 금정구 장전동 부산대학교 정문 주변이며, 그 주변에 있는 가게 이름의 글자와 언어 사용 현상을 파악한다. 정문 주변 범위는 부산대 정문에서부터 지하철역인 부산대앞역까지인데, 이곳은 많은 가게가 문을 열고 영업을 하기 때문에 최근에 부산의 새로운 상권을 크게 형성한 곳이다. 둘째, 수집된 자료는 순우리말, 한자말, 외국말(외래어 포함), 섞임말, 그리고 신조어(정체불명어: 이하 신조어라 함) 등 5개로 나누고, 표기글자(이하 글로 통칭함)는 한글, 한자글, 외국글(일본 가나글자로 표기된 가게 이름 6개를 제외하면 모두 로마글자임), 섞임글 등 네 가지로 나누어 분석한다. 셋째, 이번에 수집된 자료를 예전에 같은 지역에서 수집했던 자료와 비교해서 말과 글자 사용의 통시적 변화 현상을 파악하고자 한다. 넷째, 수집된 자료를 타 지역 자료와 비교해서 이 지역에 나타나는 특성이 타 지역에서도 적용되는지 알아보고자 한다.


## 1.2. 선행연구 및 문제점

한국의 가게 이름 조사는 1955년 이희승(1955)이 처음이다. 이 연구
는 서울, 부산, 대전 등 3개 도시에 있는 다방 이름 290개를 수집해
분석한 것인데 그 내용은 다음과 같다.


| 한글 표기 | 한자표기 | 한글과 한자 혼용 |
| --- | --- | --- |
| 33.1%(96개) | 65.5%(190개) | 1.4%(4개) |


이 자료는 글자표기를 중심으로 한 것인데 조사결과에서 한자표기
가 가게에서 다수를 차지하고 있다. 그 당시엔 외국글이 거의 사용되
지 않았고 한자표기가 많았다. 한글과 한자의 섞임글도 사용되고 있
었다.

최일성(1961)은 서울지역 다방 및 미장원 이름 546개를 조사·분석
한 결과를 발표했는데 그 결과는 다음과 같다.


| 토박이말 | 한자말 | 외래말 |
| --- | --- | --- |
| 10%(50개) | 75%(410개) | 15%(86개) |


이 연구는 말을 중심으로 분석한 것인데 분석 결과를 보면 한자말
이 가장 많았고 그 다음이 외래말 순이었다. 토박이말은 극히 소수에
불과했다. 섞임말이나 섞임글로 된 이름은 나타나지 않았으나 외래말
이 상당히 쓰이고 있었다.

남기심(1973)은 대구 시내의 간판어를 조사하고 분석하였는데 그 결과는 다음과 같다.

| 고유어 | 한자어 | 외래어 |
| --- | --- | --- |
| 13.4% | 69.5% | 17.1% |

이 연구는 한국에서 처음으로 다양한 업종의 간판어를 조사·분석한 것으로 이 연구로 대구지역 가게 이름의 전체적인 윤곽을 파악할수 있게 되었다. 분석 결과 한자어가 절대 다수를 차지하고 외래어가 고유어보다 많이 사용되고 있었다. 고유어는 10%대를 유지하고 있었다.

서정수(1988)는 서울시대 가게와 일상 용품의 이름을 조사했는데 그 중에서 가게이름 2,311개의 분석 결과는 다음과 같다.

| 고유어 | 한자말 | 외국말 | 섞임말 |
| --- | --- | --- | --- |
| 18%(417개) | 47%(1,097개) | 33%(752개) | 2%(45개) |

이 자료조사는 분석 결과 발표보다 약 2년 반 전 1986년에 실시된 것이다. 이 분석은 말을 중심으로 한 것인데, 결과를 보면 한자말이 47%로 가장 많이 사용되었고 그 다음이 외국말 순이었다. 이 시기에 외국말이 상당히 많이 사용되어 한자말의 숫자에 바짝 다가서고 있었다. 외국말과 순우리말 비율도 33 : 18로 외국말의 비율이 현저히 높다는 사실이 밝혀졌다. 이 분석에서 섞임말이 아주 적게 사용되고 있었다.

김윤학 외(1988)는 서울 시내의 가게 이름을 조사하고 분석한 결과는 다음과 같다.

| 토박이말 | 한자말 | 서양말 | 일본말 | 섞임말 |
|---|---|---|---|---|
| 18.6% | 40.8% | 27.2% | 0.5% | 12.9% |

이 연구는 서양말과 일본말의 항목을 분리해서 분석했는데 이것을 외국말이란 항목에 포함시켜 보면 외국말이 27.7%에 달한다. 1년 전 서정수의 연구에서 외국말이 33%에 달한 것을 생각하면 외국말의 비율이 약간의 차이는 있으나 비슷하게 나왔다. 이 분석에서도 한자말이 가장 많이 사용되었다.

그 후 김혜숙(1991)은 서울 시내 전역을 대상으로 78,000개의 간판어를 수집·분석한 결과를 발표했는데 그 내용은 다음과 같다.

| 한자어 | 외래어 | 고유어 | 혼합어 |
|---|---|---|---|
| 64.57% | 18.99% | 12.74% | 3.71% |

수집한 자료의 분석 결과는 언어를 중심으로 분석한 것인데 고유어와 외래어는 새로 개발된 지역(강남구)이나 대학가를 끼고 있는 지역(서대문구)에서 높은 비율로 사용되었고, 변두리 지역(강서구, 강동구)일수록 한자어의 비율이 높았다(1991:25). 그런데 이 연구는 세 가지 문제점을 안고 있다. 첫째, 서울을 20개 지역으로 나누어 간판어를 수집하면서 각 지역별로 약 3,800개 정도의 간판 개수를 정하여 수집했다고 하니 취사선택의 여지가 있기 때문에 분석 결과의 신빙성 문제가 제기될 수 있다. 둘째, 김혜숙(1991: 25)은 "고유어도 종래의 명

사류에서 벗어난 새말이 많이 생성되고 있다.”고 지적했지만 새말을 따로 분류하지 않았고, 이 새말을 어느 말에 분류했는지 밝히지도 않았다. 셋째, 가게 이름의 특성상 간판에 표기된 글자가 말보다 더 우선시될 수도 있는데 언어만을 연구대상으로 삼았다. 최근에 새로 생긴 가게 이름을 보면 한글로 표현된 외국말, 순우리말, 한자말 가게 이름이 크게 증가하고 있어서 표기글자의 분석도 중요하다고 생각된다. 예를 들면 한글로 표기된 가게 이름으로 '루비, 골든벨, 이브' 등이 있다. 따라서 글자가 표현한 말만을 분석한 점은 반쪽 연구에 불과한 것으로 생각된다.

최용기(1993)는 서울·부산·대구 등 16개 주요 도시를 중심으로 옥외 광고물 표기 실태를 조사하고 중심 지역과 변두리 지역의 특성을 밝혔다. 이 분석은 대도시 및 중심 상가 지역일수록, 그리고 고급 업종일수록 한글 표기가 적고, 로마자 등 외국글자 표기가 많다는 것을 밝혀냈다. 특히 업종 중에 의류, 구두, 약식 음식점, 대기업체의 대리점 등이 두드러졌다는 것도 지적됐다. 반면에 공공기관, 대기업의 일부 업종은 한자 사용의 빈도가 높고, 업종 중에 고서화, 골동품점, 화랑, 중국음식점 등은 한자 사용이 많다는 것을 밝혔다. 그러나 이 연구는 말과 글의 사용을 구체적으로 분석하고 그 특성을 밝혀냈지만, 나타난 현상만을 제시했을 뿐, 몇 년에 걸쳐 일어난 어떤 변화 양상을 실증적으로 제시하지는 못했다.

민현식(2001)은 전국 17개 도시 중심가의 가게 간판 이름을 수집하여 어종, 외래어 어원, 언어구조 및 문자구조를 분석했다. 이 논문은 아주 광범위하고 체계적인 연구로서 지금까지 연구된 가게 간판어 연구의 미흡한 부분을 어느 정도 보완, 총집대성한 논문이다. 특히 가게 간판어의 구성 부분을 대상호부(예: 부산횟집)로 여기고 그 하위 구성성분을 상호부(예: 부산)와 업종부(예: 횟집)로 나누어 보다 구체 적으로 가게 이름을 분석했다. 가게 이름에 쓰인 언어 구조 단위를 단어, 구, 문장, 이야기 등 네 가지로 분류했는데 이 중에서 단어의 사용빈도가 전체의 94.3%를 차지하고 있어서 구조단위를 따로 구분한 효과는 별로 없었다. 특히 외국말의 표기에서 '샵, 센타, 크럽, 쇼파, 칼라, 돈까스, 바비큐, 타올, 로타리, 쥬라기, 바게트, 크리닉' 등이 잘 못된 표기로 분류되고 있지만 현실적으로는 어느 지역에서나 이런 잘못된 표기가 많이 사용되고 있어서 오히려 외래어표기법이 개정되 어야 될 시점에 도달한 것은 아닌가 생각할 정도이다.

지금까지 선행연구를 살펴보았는데 한 지역 또는 여러 지역에 대하여 조사 당시의 가게 이름을 조사 분석한 논문들이었다. 한 지역을 몇 년의 간격을 두고 조사하여 가게 이름의 글과 말의 변화 양상을 파악한 연구는 없었다.


## 1.3. 가게 이름 조사 및 분류

가게 이름에 일반적으로 대상호(예: 승리약국)가 있고 그 하위구조 는 상호부(예: 승리)와 업종부(예: 약국)로 구성된 것으로 생각하고 자료 수집에 임했다. 그러나 실제 조사를 해 보니 상호부와 업종부를 구분할 수 있는 가게 이름이 일반적인 현상임을 알게 되었다. 그 예를 들어 보면 요식업에 '마음씨 좋은 삼겹살', '두레명석', '잘차린밥상' 등이 있고, 다방에 '쉴 만한 곳', '많은 물소리', '보성선운다원' 등이 있었다. 의류판매업에 '보금', '싸고 좋은 옷', '삼바스포츠' 등이 있고, 위생숙박업에 '다 모아 미용실', '가이 헤어', '두레 미용실' 등이 있었다. 그래서 이 장에서는 상호부와 업종부를 구별하지 않고 가게 이름 전체, 즉 대상호부를 수집하여 분석하게 되었다.

가게 이름의 언어 분석에서 제기된 문제가 외국에서 들어온 말에 대한 분석이다. 가게 이름에 순우리말과 한글이 많이 사용되는 것이 바람직하지만 그러나 외국에서 들어온 말이 꼭 필요한 때도 있다. 그런데 외국에서 들어온 말들은 지금까지 여러 가지 용어, 즉 외래어, 차용어 및 외국어로 쓰이고 있는데 문제는 각 용어에 대한 정의를 내리기가 쉽지 않다는 데 있다. 외국에서 들어온 말에 대한 분명한 정의를 내리고, 그 정의에 따라 가려 써야 하기 때문에 그것이 쉬운 일이 아니다. 그래서 이 장에서는 통칭해서 외국말이라는 용어가 사용된다. 그 이유는 정희원(2004)이 "특정한 낱말이 외국어, 외래어, 차용어인지 실제 구분이 어려운 숙제"라고 주장한 것과 같은 생각이기 때문이다.

그리고 글자에 표현된 말의 분류는 순우리말, 한자말, 외국말, 섞임말, 그리고 신조어 등 5개로 했다. 이 중에서 신조어는 최근에 조금씩 사용되고 있지만 이전에 사용된 바가 없는 새말을 뜻한다. 이 신조어의 예를 들면 '酎有所', 'zen多', '빠닭' 등이 있다. 표기된 글자의 예를 들면 한글은 '우리가 함께라면', '러브이즈', '화이트 하우스' 등이 있고, 한자글은 '金井商會', '紫金城', '味家' 등이 있다. 외국글은 'AGACI', 'GOGUMA', 'NICE' 등이 있고, 두 가지 이상의 다른 글자가 혼용된 섞임글에는 '봄春', 'Califonia 롤집', '味S롤' 등이 있다. 한글 표기에 나타난 말은 순우리말, 외국말, 한자말, 섞임말 및 신조어가 있고, 한자글이 나타난 말은 한자말과 신조어가 있으며, 외국글 표현에 순우리말, 외국말, 한자말, 섞임말 및 신조어가 있고, 섞임글에는 순우리말과 한자말, 순우리말과 외국말, 외국말과 한자말 및 신조어와 여러 말이 혼용된 섞임말 등이 포함된다.

　이번에 수집한 가게 이름의 총 개수는 1,891개였다. 이 숫자는 1998년에 수집한 가게 숫자 2,125개보다 234개나 적다. 가게 숫자가 이처럼 줄어든 원인은 두 가지로 생각할 수가 있다. 첫째, 상인들의 주장대로 인근 2km 이내에 대형할인점이 최근에 두 개나 문을 열고 영업을 하기 때문에 작은 가게는 문을 닫은 경우이다. 둘째, 그동안 전체적으로 국가 경제가 좋지 않은 탓으로, 영업이 잘되지 않은 가게는 문을 닫았기 때문이기도 하다. 이런 원인을 설명해 주고 뒷받침해 주는 두 가지 신문기사가 있다. 조선일보 2007년 6월 22일자 A2면의 보도에서 "구멍가게 1만 개 줄었다. 편의점, 할인점에 밀려 '매출 반 토막' 수두룩" 기사가 있고, 또 다른 기사로 조선경제 2007년 7월 6일자 B1 3면에서 '문 닫는 구멍가게 속출, 국가는 책임 없나요?'라는 기사가 있다.

　다음 표는 2006년도와 1998년도에 수집한 업종별 가게 숫자와 그 비율을 나타내고 있다.

〈표 1〉 2006년도와 1998년도 업종별 가게 숫자와 비율 표

| 2006년도 업종 | 가게숫자 | 비율(%) | 1998년도 업종 | 가게숫자 | 비율(%) |
|---|---|---|---|---|---|
| 요식업 | 643 | 34.0 | 요식업 | 737 | 34.7 |
| 그 밖의 업종 | 600 | 31.7 | 그 밖의 업종 | 700 | 32.9 |
| 의류판매업 | 282 | 14.9 | 의류판매업 | 262 | 12.3 |
| 위락업 | 166 | 8.8 | 위락업 | 189 | 8.9 |
| 다방 | 63 | 3.3 | 다방 | 103 | 4.8 |
| 부동산소개업 | 50 | 2.7 | 부동산소개업 | 67 | 3.2 |
| 위생숙박업 | 42 | 2.2 | 위생숙박업 | 34 | 1.6 |
| 보건의약업 | 27 | 1.4 | 보건의약업 | 21 | 1.0 |

| 2006년도 업종 | 가게숫자 | 비율(%) | 1998년도 업종 | 가게숫자 | 비율(%) |
|---|---|---|---|---|---|
| 신발류판매업 | 18 | 1.0 | 신발류판매업 | 12 | 0.6 |
| 합 계 | 1891 | 100 | 합 계 | 2125 | 100 |

위의 표를 보면 전체적으로 1998년도 자료의 가게 이름 수가 많은 업종 순위는 1위 요식업, 2위 그 밖의 업종, 3위 위락업, 4위 의류판매업, 5위 위생숙박업, 6위 다방, 7위 보건의약업, 8위 부동산소개업, 9위 신발류판매업 순이었다. 이것과 비교해서 2006년도 자료의 가게 이름 수가 많은 업종 순위를 보면 1위 요식업, 2위 그 밖의 업종, 3위 의류판매업, 4위 위락업, 5위 다방, 6위 부동산소개업, 7위 위생숙박업, 8위 보건의약업, 9위 신발류판매업 순이었다. 두 자료를 비교해 보면 8년간 가게 수가 많은 업종 순위는 몇 가지 업종에서 약간의 조정이 일어났다. 우선 1위와 2위 업종은 변화가 없지만, 4위 의류판매업이 위락업보다 가게 수가 많아져 3위에 올랐고, 6위 다방이 5위로, 그리고 8위 부동산소개업이 6위로 두 단계나 뛰어올랐다.

8년간 가게 수의 증감을 살펴보면 의류판매업이 189개 → 282개로 크게 증가했고, 부동산소개업이 21개 → 50개로 배 이상 증가했다. 이들 업종 가게의 증가는 영업이 잘되었다는 의미로 해석된다. 그러나 요식업이 737개 → 643개로, 그 밖의 업종이 700개 → 600개로 각각 크게 감소했다. 이들 업종 가게의 감소는 바로 영업이 부진했다는 의미일 것이다.

## 2. 가게 이름의 글자 분석

가게 이름의 글자 분석은 한글, 한자글, 외국글, 섞임글의 순서로
한다.


### 2.1. 한글

다음은 수집된 자료 중에서 한글로 표현된 말과 업종을 분류한 것
이다.

<표 2> 한글로 표현된 말과 업종 분류표

| | 순우리말 | 한자말 | 외국말 | 섞임말 | 신조어 | 합계 |
|---|---|---|---|---|---|---|
| 요식업 | 98 | 67 | 78 | 187 | 12 | 442 |
| 다방 | 4 | 2 | 14 | 9 | 0 | 29 |
| 의류판매업 | 15 | 5 | 11 | 7 | 4 | 42 |
| 신발류판매업 | 1 | 0 | 4 | 0 | 1 | 6 |
| 부동산소개업 | 5 | 14 | 12 | 17 | 2 | 50 |
| 보건의약업 | 0 | 21 | 1 | 2 | 0 | 24 |
| 위생숙박업 | 1 | 17 | 6 | 15 | 0 | 39 |
| 그 밖의 업종 | 16 | 187 | 59 | 193 | 5 | 460 |
| 위락업 | 10 | 15 | 52 | 28 | 1 | 106 |
| 합 계 | 150 | 328 | 237 | 458 | 25 | 1,198 |
| 비율(%) | 12.5 | 27.4 | 19.8 | 38.2 | 2.1 | 100 |
| 1998 비율(%) | 13.7 | 55.1 | 20.0 | 10.7 | 0.5 | 100 |

이 자료의 한글 표기 가게는 모두 1,198개였다. 한글 표기 가게는
전체 가게 1,891개의 63.3%에 달했다. 한글 표기 가게가 이렇게 많은
수를 차지한 것은 당연한 결과이다. 왜냐하면 우리나라의 가게 이름

은 당연히 우리글인 한글로 표시되는 것이 당연하기 때문이다. 물론 최초의 가게 이름을 조사한 이희승의 연구(1955)에서 한자표기가 65.5%에 달했고, 이에 반해 한글 표기는 33.1%에 불과한 것을 참고하면 한글 표기 가게가 크게 증가한 것을 알 수가 있다. 한자글은 1.6%에 불과해 한자글 가게가 많이 사라졌음을 보여 준다. 최근 몇 년 사이에 한자글은 감소하고 대신 한글을 많이 사용하는 경향이 대세를 이루고 있음을 알 수가 있다.

한글 가게 이름에 표현된 언어를 살펴보면 순우리말이 12.5%에, 한자말이 27.4%에, 외국말이 19.8%에, 섞임말이 38.2%에, 신조어가 2.1%에 달하고 있다. 한글 가게 이름에서 섞임말이 제일 많고 그 다음이 한자말 순이었고 순우리말은 겨우 12.5%에 지나지 않는다는 사실이 밝혀졌다. 순우리말이 한글 표기에서 외국말보다 사랑을 받지 못하는 현상이 나타났다. 한글 표기에 표현된 말 중에 제일 많은 말의 순위는 섞임말, 한자말, 외국말 순이었다.

제일 많이 사용된 섞임말(38.2%)의 예를 들면, '티파니에서 아침을'(외국말＋순우리말), '부대코너'(한자말＋외국말) 등이 있다. 섞임말을 가장 많이 사용한 업종은 그 밖의 업종으로 섞임말 전체(458개)의 42.1%까지 사용되고, 그 다음이 요식업으로 전체의 40.8%까지, 그 다음이 위락업으로 전체의 6.1%까지 사용되고 있다.

두 번째로 많이 사용된 한자말(27.4%)의 예를 들어보면, '송학', '용붕궁' 등이 있다. 한자말을 가장 많이 사용한 업종은 그 밖의 업종으로 전체 한자말(328개)의 57.0%에 달하고, 그 다음이 요식업으로 20.4%에 달하며, 그 다음이 보건의약업(6.4%) 순이었다.

세 번째로 많이 사용된 외국말(19.8%)의 예를 들어 보면, '알렉산

더’, ‘블루문’ 등이 있다. 외국말을 가장 많이 사용한 업종은 요식업(32.9%)이며, 그 다음이 그 밖의 업종(10.7%) 순이었다.

네 번째 많이 사용된 순우리말(12.5%)의 예를 들면, ‘새벽’, ‘설렘’, ‘보글보글’ 등이 있다. 순우리말을 제일 많이 사용한 업종은 요식업(65.3%)이며, 그 다음이 그 밖의 업종(10.7%) 순이었다.

가장 적게 사용된 신조어(2.1%)의 예를 들어보면, ‘속닭속닭’, ‘고불’ 등이 있다. 신조어를 제일 많이 선호한 업종은 요식업(48%)이고 그 다음이 그 밖의 업종(20%) 순이었다.

8년 전 결과와 비교해 보면 한글 표기에서 순우리말 사용은 13.7% → 12.5%로 약간 감소하고 한자말도 55.1% → 27.4%로 크게 감소했다. 외국말은 20% → 19.8%로 거의 비슷했으나 섞임말은 10.7% → 38.2% 로 크게 증가했고 또한 신조어도 0.5% → 2.1%로 증가했다.

따라서 8년간 한글로 표현된 가게 이름의 변화를 보면 순우리말과 한자말은 감소한 반면에 섞임말과 신조어는 크게 증가했다. 이 결과를 토대로 앞으로의 경향을 예상해 보면 순우리말과 한자말은 감소하거나 현상 유지할 것이고 섞임말 및 신조어는 계속 증가할 것이다.

## 2.2. 한자글

다음은 한자글로 표현된 말과 업종을 분류한 것이다.

〈표 3〉 한자글로 표현된 말과 업종 분류표

| | 한자말 | 외국말 | 신조어 | 합계 |
|---|---|---|---|---|
| 요식업 | 16 | 2 | 1 | 19 |
| 의류판매업 | 1 | | | 1 |
| 위생숙박업 | 1 | | | 1 |

|  | 한자말 | 외국말 | 신조어 | 합계 |
|---|---|---|---|---|
| 그 밖의 업종 | 9 |  |  | 9 |
| 합 계 | 27 | 2 | 1 | 30 |
| 비 율(%) | 90.0 | 6.7 | 3.3 | 100 |

가게 이름에 표기된 한자글은 모두 30개로 극히 적게 쓰이고 있었고, 전체 가게 이름의 비율에서 1.6%에 해당된다. 이희승의 연구(1955)에서 한자글이 전체의 65.5%에 달했던 것과 비교하면 최근에 한자 표시 가게 이름이 거의 쓰이지 않고 있다.

한자글을 가장 많이 사용한 업종은 요식업으로 한자글 전체의 63.3%에 해당되고 그 다음이 그 밖의 업종으로 30.0%에 달하여 요식업과 그 밖의 업종은 합이 93.3%로 다수를 차지한다. 한자글은 한자말을 90% 이상을 표기하고 그 이외에 외국말 臥友, 可口可樂 등 2개, 신조어 酒有所 1개가 있다.

8년 전 결과와 비교하면 한자글 가게 수가 18개(전체의 0.85%) → 30개(전체의 1.6%)로 많이 증가되었고, 또한 전부 한자말 표현에서 다른 외국말과 신조어 표현도 나타나고 있어 한자글의 다양성이 엿보인다.

### 2.3. 외국글

다음은 외국글로 표현된 말과 업종을 분류한 것이다.

〈표 4〉 외국글로 표현된 말과 업종 분류표

|  | 순우리말 | 한자말 | 외국말 | 섞임말 | 신조어 | 합계 |
|---|---|---|---|---|---|---|
| 요식업 | 8 | 1 | 134 | 3 | 3 | 149 |
| 다방 |  |  | 31 | 2 |  | 33 |
| 의류판매업 | 7 | 1 | 226 | 1 | 1 | 236 |

|  | 순우리말 | 한자말 | 외국말 | 섞임말 | 신조어 | 합계 |
|---|---|---|---|---|---|---|
| 신발류판매업 |  |  | 12 |  |  | 12 |
| 보건의약업 |  |  | 2 |  |  | 2 |
| 위락업 |  |  | 36 | 1 |  | 37 |
| 위생숙박업 |  |  | 2 |  |  | 2 |
| 그 밖의 업종 | 4 | 1 | 92 |  | 3 | 100 |
| 부동산소개업 |  |  |  |  |  |  |
| 합계 | 19 | 3 | 535 | 7 | 7 | 571 |
| 비율(%) | 3.3 | 0.5 | 93.8 | 1.2 | 1.2 | 100 |

외국글 가게 이름 수는 전체의 30.3%에 해당하는 571개였다. 한글 가게 이름수(전체의 63.3%)에 이어서 두 번째로 가게 수가 많다. 외국글 가게 이름은 전체의 93.8%에 해당하는 외국말로 표기한다. 외국말 다음으로 많이 사용한 말의 순위를 보면 순우리말 3.3%, 섞임말 1.2%, 한자말 0.5% 순이었다. 외국글 가게 이름 중에서 6개의 가게 이름이 일본 가나글자로 표기되었고 그 나머지는 로마글자로 표기되었다. 이 외국글에 표현된 외국말이 가장 많이 사용된 업종 순위를 보면 의류 판매업이 41.3%, 요식업이 26.1%, 그 밖의 업종이 17.5% 등 순이었다. 51년 전 간판어 조사에는 서양글자가 전혀 없었고, 단지 한자와 한글 의 섞임글만이 전체의 1.4%로 나타났을 뿐인데, 반세기가 지난 지금 외국글자 특히 로마글자가 엄청난 세력으로 한국의 가게 이름에 등 장했다.

8년 전 결과와 비교해 보면 외국글은 10.7% → 30.3%로 크게 증가 했다. 외국글에 표현된 외국말은 96% → 93.8%로 비슷하나 다소 감 소했다. 이런 감소현상의 원인 중의 하나는 최근 외국말이 한글로 표 기되는 현상이 많이 증가됐기 때문이다. 그 예를 들어보면 '보디가드’, ‘영에이지’ 등이 있는데 이렇게 외국말의 한글 표시 경향은 계속 증가될 것으로 예상된다.

## 2.4. 섞임글

다음은 섞임글로 표현된 말과 업종을 분류한 것이다.

〈표 5〉 섞임글로 표현된 말과 업종 분류표

| | 순우리말 | 한자말 | 외국말 | 섞임말 | 신조어 | 합계 |
|---|---|---|---|---|---|---|
| 요식업 | | 1 | 8 | 23 | 2 | 34 |
| 다방 | | | 1 | | | 1 |
| 의류판매업 | | | 1 | 2 | | 3 |
| 부동산 소개업 | | | | | | |
| 보건의약업 | | 1 | | | | 1 |
| 위락업 | | | 9 | 14 | | 23 |
| 위생숙박업 | | | | 3 | | 3 |
| 그 밖의 업종 | 1 | 5 | 6 | 15 | | 27 |
| 신발류 판매업 | | | | | | |
| 합계 | 1 | 7 | 25 | 57 | 2 | 92 |
| 비율(%) | 1.0 | 7.6 | 27.2 | 62.0 | 2.2 | 100 |

섞임글 가게 이름 수는 전체의 4.8%인 92개밖에 안 되었다. 얼마 되지 않는 섞임글을 많이 사용한 업종 순위를 보면 요식업이 섞임글 전체의 37.0%, 그 밖의 업종이 29.3%, 위락업이 25.0%, 의류판매업과 위생숙박업이 각각 3.3% 순이었다. 나머지 업종은 다방과 보건의약 업에 각각 1.0%이었다. 섞임글에 표현된 말이 가장 많은 순위를 보면 섞임말 62.0%, 외국말 27.2%, 한자말 7.6%, 신조어 2.2%, 순우리말 1.0% 순이었다. 이희승의 연구(1955)에서 한글과 한자의 섞임글이 가

게 이름에 사용됐지만 현재는 외국글의 섞임글도 점차 증가 추세에 있다. 섞임글에 한글＋외국글의 섞임이 모두 60개로서 전체의 65.2%로 제일 많이 사용되었다. 이런 섞임글이 제일 많이 사용된 업종 순위를 보면 위락업이 24개, 요식업이 16개, 그 밖의 업종에서 16개, 위생숙박업 2개, 의류판매업과 다방은 각각 1개의 순이었다. 그 다음으로 많이 사용된 섞임글은 한글＋한자글의 섞임으로서 섞임글 전체의 31.5%에 해당하는 29개이고, 많이 사용된 업종순위를 보면 요식업이 19개, 그 밖의 업종이 6개, 의류판매업, 위락업, 보건의약업, 그리고 위생숙박업 등이 각각 1개씩이었다. 그 다음으로 많이 사용된 섞임글은 한자글＋외국글의 섞임으로서 모두 3개인데 전체의 3.3%에 해당한다. 의류판매업에 2개, 요식업에 1개가 사용되었다. 그 예를 들어보면 요식업에 'zen 多'가 있고, 의류판매업에 '秀 FASHION', '美 Gongju' 등이 있다. 따라서 섞임글에서 반 이상이 한글＋외국글로 구성되어 있고 한글＋한자글도 상당히 된다. 8년 전의 결과와 비교해보면 섞임글 가게 이름의 수는 12.9% → 4.8%로 크게 감소했다.

　종합적으로 8년 전 결과와 비교해 보면 첫째, 한글 가게 이름수가 75.5% → 63.3%로 약간 감소했다. 둘째, 외국글 가게 이름 수는 10.7% → 30.0%로 크게 증가했다. 외국글은 거의가 로마글자인데 이에 대한 선호도가 크게 증가됐다. 셋째, 한자글 가게 이름수는 0.9% → 1.6%로 약간 증가했다. 넷째, 섞임글 가게 이름의 수는 12.9% → 4.8%로 크게 감소했다. 결과적으로 한글, 섞임글의 가게 이름은 감소한 대신에 외국글의 가게 이름은 크게 증가했다. 앞으로도 한글 가게 숫자는 비슷할 것이고, 외국글 가게 숫자는 계속 증가할 것으로 예견된다.

# 3. 가게 이름의 언어 분석

다음은 1998년도와 2006년도 가게 이름의 말과 업종을 분류한 것이다.

<표 6> 1998년도와 2006년도 가게이름의 말과 업종 분류표

| | 1998년 가게 이름 | | | | | | 2006년 가게 이름 | | | | | |
|---|---|---|---|---|---|---|---|---|---|---|---|---|
| | 순우리말 | 한자말 | 외국말 | 섞임말 | 신조어 | 합계 | 순우리말 | 한자말 | 외국말 | 섞임말 | 신조어 | 합계 |
| 요식업 | 212 | 230 | 250 | 129 | 7 | 737 | 106 | 85 | 222 | 212 | 18 | 643 |
| 다방 | 4 | 11 | 38 | 14 | 0 | 67 | 4 | 2 | 46 | 11 | 0 | 63 |
| 의류판매업 | 26 | 23 | 125 | 13 | 2 | 189 | 22 | 7 | 238 | 10 | 5 | 282 |
| 신발업 | 3 | 0 | 8 | 1 | 0 | 12 | 1 | 0 | 16 | 0 | 1 | 18 |
| 부동산소개업 | 0 | 20 | 0 | 1 | 0 | 21 | 5 | 14 | 12 | 17 | 2 | 50 |
| 보건의약업 | 0 | 33 | 0 | 1 | 0 | 34 | 0 | 22 | 3 | 2 | 0 | 27 |
| 위락업 | 14 | 76 | 154 | 18 | 0 | 262 | 10 | 15 | 97 | 43 | 1 | 166 |
| 위생숙박업 | 10 | 55 | 25 | 12 | 1 | 103 | 1 | 18 | 8 | 15 | 0 | 42 |
| 그 밖의 업종 | 50 | 483 | 120 | 46 | 1 | 700 | 21 | 202 | 157 | 212 | 8 | 600 |
| 합계 | 228 | 931 | 720 | 235 | 11 | 2,125 | 170 | 365 | 799 | 522 | 35 | 1,891 |
| 비율(%) | 10.7 | 43.8 | 33.9 | 11.1 | 0.5 | 100 | 9.0 | 19.3 | 42.2 | 27.6 | 1.9 | 100 |

이번에 수집된 전체 가게 이름의 수는 1,891개였다. 가게 이름에 사용된 말 중에서 제일 많이 사용된 말의 순위를 차례로 보면 외국말이 799개로 전체의 42.2%에 달했고, 섞임말이 522개로 전체의 27.6%에 해당되었다. 한자말이 19.3%인 365개, 순우리말이 9.0%인 170개, 신조어가 1.9%인 35개 순이었다. 순우리말이 전체의 9.0%에 불과한 것은 순우리말이 크게 사용되지 않고 위축된 상태에 있는 것에 비해 외국말은 전체의 42.2%로 거의 과반수에 육박할 정도로 많이 사용되고 있고 여기에다 섞임말 27.6% 중에서도 외국말이 많이 포함되어 있음

을 감안하면 외국말의 수는 더욱 많은 비중을 차지하게 된다. 언어 사용 실태의 한 단면에 불과한 가게 이름을 살펴보아도 외국말이 우리 주변에서 많이 사용되고 있다는 것을 쉽게 알 수 있다.

8년 전 조사 결과와 비교해 보면 두 가지 면에서 차이가 난다. 첫째, 8년 전에 비해 한자말의 수가 크게 감소했다. 8년 전 한자말은 전체의 43.8%인 931개로 사용되었지만 이번 자료에는 한자말이 전체의 19.3%인 365개에 불과했다. 둘째, 8년 전에 비해 외국말이 크게 증가했다. 8년 전 외국말이 전체의 33.9%인 720개이었으나 이번 자료에는 외국말이 42.2%인 799개로 전체 가게 수가 감소했음에도 불구하고 외국말의 가게 수는 오히려 크게 증가했다.

전체적으로 보면 8년간에 일어난 여러 가지 변화에서 순우리말은 10.7% → 9.0%로 약간 감소했고, 한자말은 43.8% → 19.3%로 크게 감소했다. 반면에 외국말은 33.9% → 42.2%로 증가했고, 섞임말도 11.1% → 27.6%로 크게 증가했다. 신조어도 0.5% → 1.9%로 증가했다. 앞으로의 예상도 8년 사이에 나타난 현상이 지속될 것으로 예견된다.


## 3.1. 순우리말

가게 이름에서 사용된 순우리말은 170개로 전체의 9.0%에 해당된다. 순우리말을 많이 사용한 업종의 순위를 보면 요식업이 62.6%, 의류판매업이 12.9%, 그 밖의 업종이 12.3%, 위락업이 5.8%, 부동산소개업이 2.9%, 다방이 2.3%, 신발판매업과 위생숙박업이 각각 0.6% 순이었다. 순우리말로 되어 있는 요식업 가게 이름의 예를 들어 보면 '나들목', '소금별', '보글보글' 등이 있고, 의류판매업 가게 이름의 예를 들어보면, '노랑', '싸고 좋은 옷' 등이 있다. 그 밖의 업종에서는 '고운바다', '댕기', '가락지' 등이 있다.

8년 전의 결과와 비교해 보면 순우리말 이름의 요식업은 53.1% → 62.6%로 증가했다. 의류판매업은 11.4% → 12.9%로 다소 증가했다. 그 밖의 업종은 21.9% → 12.3%로 다소 감소했다.

결과적으로 요식업과 의류판매업은 순우리말을 다른 업종에 비해서 많이 사용하고 있다.


### 3.2. 한자말

한자말 가게 이름의 수는 모두 365개로 전체의 19.3%에 해당된다. 한자말을 많이 사용한 업종의 순위를 보면 그 밖의 업종이 전체 354개의 반수가 넘는 55.4%에 이르고, 다음이 요식업으로 23.5%, 보건의약업이 6.0%, 위생숙박업이 4.9%, 위락업이 4.1%, 부동산소개업이 3.8%, 의류판매업이 1.9%, 그리고 다방이 0.6% 순이었다.

8년 전 결과와 비교해 보면 그 밖의 업종이 51.9% → 55.4%로 약간 증가했으나 여전히 많이 사용되고 있고, 요식업은 24.7% → 23.3%로 약간 감소했다. 결과적으로 한자말은 그 밖의 업종에서 거의 반 이상을 차지하고, 그 다음으로 요식업에서 많이 사용하고 있는데 이 두 업종을 합한 한자말의 가게 수는 80%에 달하고 있어서 8년 전 결과와 비슷하다.


### 3.3. 외국말

외국말 가게 이름의 수는 799개로 전체의 42.2%에 해당되며, 외국말이 가게 이름에서 제일 많이 쓰이고 있다. 외국말을 사용하는 업종 중에서 의류판매업이 가장 많이 사용하고 있는데 전체의 29.8%에 해당된다. 그 다음의 순위를 보면, 요식업이 27.7%, 그 밖의 업종이 19.7%, 위락업이 12.1%, 다방이 5.8%, 신발판매업이 2.0%, 부동산소개업이 1.5%, 위생숙박업이 1.0%, 보건의약업이 0.4% 순이었다. 의류판매업 가게 이름의 예를 들면, 'CAP', 'HUNT', 'NOBLESS CLUB' 등이 있다. 요식업의 예를 들면 'BEST FELL', 'MR. PIZZA', 'POTATO' 등이 있다.

8년 전 가게 이름에 한자말(43.8%)이 제일 많이 쓰였고 그 다음이 외국말(33.9%)이었다. 그러나 이번 조사에서는 외국말이 제일 많이 쓰였고, 그 다음이 한자말이어서 순위가 바뀌었다. 8년 동안에 외국말의 사용이 그만큼 증가한 반면 한자말의 사용은 크게 감소했다. 그 동안 한국인이 보다 많이 해외에 진출함으로써 세계화에 대한 의식을 가지게 되고 그것이 가게 이름에 반영된 것이다.


### 3.4. 섞임말

섞임말은 최초의 가게 이름을 조사한 이희승의 연구(1955)에서 전체의 1.4%가 나왔지만 대구지역을 조사한 남기심의 연구(1973)에서는 전혀 나오지 않았다. 그 이후 서울지역을 조사한 서정수의 연구(1988)에서 섞임말이 2%, 김윤학의 연구(1988)에서 12.9%, 김혜숙의 연구(1991)에서 3.71%, 부산지역을 조사한 조두상의 연구(2000)에서 11.06% 사용된 결과를 얻었다. 따라서 이러한 조사를 참고하면 섞임말의 사용이 점차적으로 증가 추세에 있다고 말할 수가 있다.

이번 조사에서 섞임말이 전체 가게 이름 522개 중에 27.6%에 해당되며, 섞임말을 제일 많이 사용하는 업종 순위를 보면 요식업과 그 밖의 업종이 각각 40.6%, 그 다음이 위락업 8.2% 순이었다. 섞임말도 우리나라 최초의 조사에서는 우리말과 한자말의 혼용이었지만 최근에는 우리말과 한자말의 섞임말보다는 우리말과 외국말의 섞임말이 더 증가하고 있다. 섞임말의 예를 들어보면 'OH MY 칼국수', '酒酒클럽6000' 등이 있다.

8년 전 섞임말은 전체의 11.06%에 불과했지만 이번 조사 결과는 27.6%로 크게 증가했다. 또한 섞임말이 전체 가게 중에 외국말에 이어 두 번째로 높은 비율을 차지하고 있다. 앞으로도 섞임말의 가게 이름은 증가할 것으로 예상된다.


### 3.5. 신조어

신조어는 처음으로 사용된 말로, 정체불명어인데 이 장에서는 신조어라는 이름으로 분류했다. 이런 낯선 가게 이름의 예가 선행연구에서는 별다른 항목으로 분류되지 않았다. 예를 들면 김혜숙(1991: 25)은 "……또는 전혀 의미를 연상할 수가 없는 명칭들(땡삐(음), GQ(양), 리부가(미), 뚜리바(음), 아띠까(구), GG하우스(음), 투다리(음), 진또베기(음) 등)은 시정되어야 할 것이다."라고 언급하면서도 이런 예들을 새로운 항목으로 분류하지 않았는데, 이러한 가게 이름은 새로운 항목인 신조어로 분류하는 것이 타당하다.

신조어의 예를 들면 '폼생폼사', '토즈토즈', '잔비어스', '최뿔오돌뼈', '로카롤라', '꾸바꾸바', 'Babpane', '꼴까닭', '토스토리', '초바비', '라빰빠', '찡'. '미하비' 등이 있다. 이들 예 중에는 속어, 비어 또는 소리 나는 대로 적는 신조어도 있다. 설명이 가능한 몇 가지를 예로 들면 '폼생폼사'는 영어의 'form'이란 단어에서 음을 따왔고 여기에 한자어 '生'과 '死'의 음을 합해서 만든 것이다. 또 '잔비어스'는 그릇 '잔'에 내용물이 없을 때 '비다'의 의미를 같이 혼합하여 만든 것이다. 이와 같이 몇몇 단어는 기존의 단어 발음과 비슷하게 발음되는 것을 사용하지만 전혀 의미를 짐작조차 하기 힘든 이름도 있다.

왜 이런 생소한 가게 이름을 쓰느냐는 질문에 가게 주인의 한결같은 대답은 '좀 특이하거나 유별나게 해서 손님의 관심을 끌기 위한 자구책'이거나 '쉽게 발음을 해서 잊히지 않도록 하기 위한 가게 선전용'으로 한다는 것이었다. 요식업에서 이런 특이한 이름이 가장 많은데 전체 신조어 51.4%에 달할 정도다. 그 다음의 순위를 보면 그 밖의 업종이 22.8%, 의류판매업이 14.3%, 부동산소개업이 5.7%, 신발판매업과 위락업이 각각 1개씩 2.9%의 순이었다.

8년 전 신조어는 전체 상호의 0.5%에 해당되었는데 8년 동안에 1.9%로 증가된 현상이다. 이런 신조어 가게 이름이 점차 증가추세에 있다.


## 4. 업종별 언어 선호 분석

이 연구에서는 가게의 업종이 아홉 종류로 구분되었다. 각 업종에서 어느 말이 선호되는지를 가게 수가 많은 순위로 차례로 살펴보고자 한다.


### 4.1. 요식업

요식업이 전체 가게 수의 34.0%에 해당하는 643개나 된다. 요식업의 이름을 몇 개 들어 보면 '매운 연탄 갈비', '부뚜막', '마이 묵고 가

이소', '진주식당' 등이 있다.

요식업에서 제일 많이 사용되는 가게 이름말은 외국말이다. 외국말 가게 이름이 모두 222개로 전체 요식업의 34.4%에 해당된다. 그 다음으로 많이 선호되는 말이 섞임말인데 33.0%에 해당된다. 그 다음 순위가 순우리말이며 요식업 전체의 16.6%에 해당된다. 따라서 요식업은 외국말 이름을 가장 선호하고 그 다음이 섞임말, 순우리말의 순이었다.

### 4.2. 그 밖의 업종

그 밖의 업종은 요식업, 다방, 의류판매업, 위락업, 부동산소개업, 보건의약업, 위생숙박업 등 8가지 업종을 제외한 모든 업종을 포함한 업종이다. 그 밖의 업종 가게 수는 600개로 요식업 다음으로 가게 수가 많다. 그 밖의 업종 가게에서 가장 선호되는 말은 섞임말로 그 수는 모두 212개로 전체의 35.3%에 달한다. 이 섞임말은 단일 언어가 아니라 두 개 이상의 언어가 혼합되어 사용된 말인데, 그 예를 들어 보면 '히트단란주점', '왕 돈까스와 스파게티', '시장횟집' 등이 있다. 섞임말 다음으로 선호되는 말은 한자말인데 전체의 33.7%에 해당된다. 그 밖의 업종가게가 선호하는 섞임말과 한자말을 합하면 69%에 이른다.

### 4.3. 의류판매업

의류판매업은 전체 가게 수에서 세 번째로 많다. 8년간 가게 수의 증감에서 요식업은 8년간 737개 → 643개로 감소했고, 그 밖의 업종도 700개 → 600개로 크게 감소했지만 의류판매업은 189개 → 282개로 오히려 크게 증가해서 증가 업종에서 단연 수위를 달리고 있다. 또한 이 업종에서 사용된 외국말은 의류판매업 전체의 84.4%인 238개에 해당되고, 그 다음으로 순우리말이 7.8%의 순이었다. 따라서 의류판매업 가게 이름은 거의 외국말로 되어 있는데, 의류판매업의 대부분이 여성의류 판매점으로 구성되어 있다. 의류판매업 가게 이름의 예를 들어 보면 'DEMIAN', 'CHELLCY STITCH', 'RENEEVON', 'PARK'S' 등이 있다.

### 4.4. 위락업

위락업은 게임방, PC방, 당구장 등이 이 업에 속한다. 이 위락업의 수는 8년 전 262개였던 것이 166개로 크게 감소했는데, 가게 수의 순위에서도 3위에서 4위로 밀려났다. 이 위락업의 가게 이름은 외국말을 아주 선호해서 전체 위락업 166개 중에서 58.4%에 해당되는 97개나 된다. 그 다음이 섞임말로 25.9%에 달하고 있다. 위락업 가게 이름의 예를 들어 보면 '메가게임랜드', '솔로몬 PC방', '보디가드 당구장' 등이 있다.

### 4.5. 다방

다방 및 찻집의 가게 수는 모두 63개로 전체의 3.3%에 불과하다. 다방은 8년간 거의 비슷한 숫자로 유지되고 있었다. 다방은 외국글과 외국말인 Coffee Shop으로 더 알려져 있다. 업종의 표기가 외국글에 외국말이니 다방의 가게 이름은 거의 다 외국말로 되어 있다. 그래서 가게 이름에 외국말이 46개로 73.0%에 달하고, 그 다음 섞임말이 11개로 17.5%에 달하고 있다. 다방 가게 이름의 예를 들어 보면 '커피

볶는 집’, ‘Jasmin’, ‘NONAIM CAPE’, ‘NERO 커피나라’ 등이 있다.

따라서 다방 이름은 외국말이 가장 많고 그 다음이 섞임말 순이었다.

### 4.6. 부동산소개업, 위생숙박업, 보건의약업, 신발류판매업

다음의 4개 업종 부동산소개업, 위생숙박업, 보건의약업 및 신발류판매업 등은 가게 이름 숫자가 얼마 되지 않아서 함께 분석하고자 한다.

부동산소개업의 가게 이름 수는 전체의 2.7%인 50개, 위생숙박업은 전체의 2.2%인 42개, 보건의약업은 전체의 1.4%인 27개 및 신발류판매업은 전체의 1.0%인 18개였다. 부동산소개업 가게 이름에 가장 많이 사용된 말의 순위를 보면 섞임말이 17개로 전체의 34.0%에 달하고, 그 다음 한자말이 14개로 전체의 28.0%에 달한다. 가게 이름의 예를 들어 보면 ‘한빛 부동산’, ‘에이스 부동산’ 등이 있다.

위생숙박업 가게 이름에 가장 많이 사용된 말의 순위를 보면 외국말이 18개로 전체의 42.9%에 달하고 그 다음 섞임말이 15개로 전체의 35.7%에 달한다. 그 예로 ‘다모아미용실’, ‘가이 헤어’, ‘Prince & Princess’ 등이 있다.

보건의약업 가게 이름에 가장 많이 사용된 말의 순위를 보면 한자말이 22개로 전체의 81.5%에 달하고 그 다음 외국말이 3개로 전체의 11.1%에 해당한다. 가게 이름의 예를 들어 보면 ‘동양당한의원’, ‘홍제당약국’, ‘(주)솔고 의료기’ 등이 있다.

신발류판매업 가게 이름에 가장 많이 사용된 말은 외국말이 16개로 전체의 88.9%에 달하고 그 다음이 순우리말과 신조어가 각각 1개로 전체의 5.5%에 해당한다. 가게 이름의 예를 들면 '제노바 슈즈싸롱', '도로시', '토토슈즈' 등이 있다.

따라서 업종별로 가장 많이 사용된 언어를 살펴보면, 요식업, 다방, 의류판매업, 신발판매업 및 위락업 등에는 외국말이, 보건의약법과 위생숙박업에는 한자말이, 부동산소개업과 그 밖의 업종에는 섞임말이 가장 많이 사용되었다.

8년 전 결과와 비교해 보면 요식업에는 여전히 외국말이 전체의 33.9% → 34.4%로 가장 많이 사용되었다. 다방, 찻집에도 여전히 외국말이 56.7% → 73.0%로 가장 많이 사용되었고 또한 크게 증가되었다. 의류판매업에 사용된 외국말이 전체의 66.1% → 84.4%로 크게 증가됐다. 신발류판매업 가게 수는 소수에 불과하지만 가게 이름에 쓰인 외국말이 전체 66.7% → 88.9%로 크게 증가했다. 부동산소개업에 가장 많이 쓰인 한자말이 95.2% → 28.00%로 크게 감소했고, 반면에 섞임말이 4.8% → 34%로 부동산소개업에는 한자말보다는 섞임말이 더 많이 사용되고 있다. 보건의약업은 한자말이 97.1% → 81.5%로 감소했다. 그러나 여전히 한자말이 제일 선호되고 있다. 위락업에서 제일 선호되는 말은 외국말인데 58.8% → 58.4%로 비슷한 숫자이다. 위생숙박업에 제일 많이 사용되는 말은 한자말로 53.4% → 42.9%로 크게 감소했다. 그 밖의 업종은 한자말이 69% → 33.7%로 크게 감소되면서 그 대신 섞임말이 6.6% → 35.3%로 크게 증가했다.

8년 동안의 변화를 종합해 보면 다방, 의류판매업, 신발판매업은 외국말이 크게 증가됐고, 부동산소개업, 보건의약품, 위생숙박업, 그 밖의 업종 등에서 한자말이 감소추세에 있고, 요식업과 위락업에서 외국말의 수치는 비슷했다. 또한 각 언어가 제일 많이 사용되는 업종을 보면 순우리말을 제일 많이 사용한 업종은 요식업(60.2%) → 요식업(62.6%)으로 변함이 없다. 외국말을 제일 많이 사용한 업종은 요식업(34.7%) → 의류판매업(29.8%)으로 업종에 변화가 일어났다. 한자말을 제일 많이 사용한 업종은 그 밖의 업종(51.9%) → 그 밖의 업종(55.3%)으로 변화 없다. 섞임말을 제일 많이 사용한 업종은 요식업(54.9%) → 요식업(40.6%)으로 여전히 변함없다. 신조어를 가장 많이 사용한 업종은 요식업(63.6%) → 요식업(51.4%)으로 변함없다.

최근에 와서 의류판매업이 외국말을 제일 많이 사용하는 업종으로 요식업을 제치고 나섰다는 것이 눈에 띄는 사항이다.

## 5. 타 지역의 언어 분석 자료와 비교

지금까지 중점적으로 분석한 자료는 부산의 한 대학가 주변인 아주 좁은 지역에서 수집한 것이다. 이 분석 결과를 다른 지역에서 실시된 조사결과와 비교해 보면 어떤 결과가 나올까? 비교 결과에 대한 해석이 여러 가지가 나올 수가 있을 것이고 또한 결과에 대한 신빙성 문제가 제기될 수가 있을 것이다. 그렇지만 서로 다른 지역의 분석 결과를 비교해 본다면 한국 가게 이름의 언어 사용 실태의 윤곽이 조금이라도 파악될 수 있을 것이라 생각된다.

다음은 서울 지역의 가게 이름 조사 결과와 부산 지역의 가게 이름 조사 결과의 비율을 비교한 것이다.

〈표 7〉 서울과 부산 지역 가게 이름 조사 결과 비율 비교표

| 지역 | 연도 | 순우리말(%) | 한자말(%) | 외국말(%) | 섞임말(%) | 신조어(%) |
|---|---|---|---|---|---|---|
| 서울 | 1985 | 18 | 47 | 33 | 2 | 0 |
| 서울 | 1986 | 18.6 | 40.8 | 27.7 | 12.9 | 0 |
| 부산 | 1998 | 10.7 | 43.8 | 33.9 | 11.1 | 0.5 |
| 부산 | 2006 | 9.0 | 19.3 | 42.2 | 27.6 | 1.9 |

서울의 1985년 결과를 1986 결과와 비교해 보니 순우리말 18% → 18.6%이고, 한자말이 47% → 40.8%이며, 외국말이 33% → 27.7%(일본말 포함)이고, 섞임말이 2% → 12.9%이다. 1985년과 1986년 사이에 한자말이 가장 많이 사용되었고 그 다음이 외국말, 순우리말 및 섞임말 순이었다.

1986년도 서울의 분석 결과와 1998년도 부산의 분석 결과를 비교해 보면 순우리말이 18.6% → 10.7%로, 한자말이 40.8% → 43.8%로, 외국말이 27.7% → 33.9%로, 섞임말이 12.9% → 11.1%로, 신조어가 0% → 0.5%로 변화되었다. 이 차이는 지역적인 차이에서 오는 것일 수도 있고 또한 10년 이상의 시간적 간격으로 인한 것일 수도 있다. 이 비교에서 나온 결과를 보면 순우리말이 감소하고, 외국말이 큰 증가 추세에 있다. 한자말의 경우 부산의 조사에서 43.8%로 나온 것은 1990년대에 한자말을 많이 선호했으나 2000년대에 들어와서는 한자말이 크게 감소하는 것으로 파악할 수가 있겠다. 외국말이 점점 증가하고 있다는 것은 변함없이 나타나는 현상이다. 섞임말도 점차 증가 추세이고, 특히 새말인 신조어가 등장하고 있다.

따라서 이 비교의 결과로 가게 이름 조사 분석 결과는 부산과 서울이라는 지역적인 한계를 넘어 어느 정도 객관화할 수 있는 여지가 있고,

또한 지역적인 한계보다는 세월의 한계가 더욱 뚜렷이 나타났다.

## 6. 결론 및 남은 과제

### 6.1. 결론

이번 조사에서 가게 수가 제일 많은 업종은 요식업이고, 그 다음이 지정 분류한 8개 업종을 제외한 모든 업종을 포함한 업종 종목인 그 밖의 업종이다. 8년 전과 비교하면 크게 증가한 가게는 의류판매업이었다.

수집된 한글 가게 이름은 모두 1,198개로 전체의 63.3%를 차지하고, 한자글은 1.6%에 불과했다. 8년 전의 결과와 비교해 보면 한글에 표현된 순우리말은 약간 감소했고, 한자말은 크게 감소했다. 그러나 외국말은 비슷했으며, 섞임말은 크게 증가했고, 신조어도 세력을 확장 중에 있었다.

한자글은 한자말을 90% 이상을 표현하고 있었다. 8년 전의 결과와 비교하면 한자글의 한자말은 크게 감소했다. 그 이유를 찾아보면 한자글이 한자말만을 표현하는 것이 아니라 외국말, 신조어 등을 표현함으로써 분산 사용되었기 때문이다.

외국글 가게는 전체의 30.3%에 해당했다. 한글(전체의 63.3%) 다음으로 많이 사용되었다. 외국글 가게 이름은 거의가 외국말로 되어 있었다. 외국글을 많이 쓰는 업종순으로 보면 의류판매업, 요식업, 그 밖의 업종 등이었다. 8년 전의 결과와 비교해 보면 전체 외국글은 크게 증가했지만 외국글로 표현된 외국말은 다소 감소했다. 감소의 원인으로 최근에 외국말을 한글로 표기하는 현상이 크게 증가했기 때문이다.

섞임글은 전체의 4.8%에 해당되며, 많이 사용한 업종의 순위를 보면 요식업, 그 밖의 업종, 위락업, 의류판매업과 위생숙박업, 다방, 보건의약업 등 순이었다. 섞임글에 표현된 언어가 많은 수의 순위를 보면 섞임말, 외국말, 한자말, 신조어, 순우리말 순이었다. 8년 전의 결과와 비교해 보면 섞임글은 크게 감소했다.

따라서 글자 분석에서 한글 가게 이름은 약간 감소했고, 외국글은 크게 증가했다. 앞으로도 이런 현상이 계속될 것으로 예상된다.

가게의 언어 분석에서 8년 전과 비교해서 전체적으로 순우리말은 약간 감소, 한자말은 크게 감소, 외국말은 크게 증가, 섞임말도 크게 증가, 신조어는 조금 증가했다. 8년 사이에 가게 이름의 언어에 나타난 특징은 순우리말과 한자말은 계속 감소했지만, 외국말, 섞임말, 신조어 등은 계속 증가한 것이다. 이런 현상은 앞으로 계속될 전망이다.

업종별 언어선호도를 8년 전의 결과와 비교해 보면 순우리말을 제일 선호한 업종은 요식업(60.2%) → 요식업(62.6%)으로 변함이 없다. 외국말을 제일 선호한 업종은 요식업(34.7%) → 의류판매업(29.8%)으로 업종에 변화가 일어났다. 한자말을 제일 선호한 업종은 그 밖의 업종(51.9%) → 그 밖의 업종(55.3%)으로 변화 없다. 섞임말을 제일 선호한 업종은 요식업(54.9%) → 요식업(40.6%)으로 여전히 변함없다. 신조어를 가장 많이 사용한 업종은 요식업(63.6%) → 요식업(51.4%)으로 변함없다. 따라서 업종 중에서는 요식업에서 순우리말, 섞임말, 신조어가 가장 많이 사용되었고 최근에 들어와서 의류판매업이 외국말을 제일 선호하는 업종으로서 요식업을 제치고 나섰다. 이런 현상은 앞으로도 계속될 전망이다.

따라서 이번 조사에서 최근에 외국말이 많이 남용되고 있다는 예측과 우려가 현실로 다가와 있다는 것이 자료 분석 결과이다. 또한 외국말 가게와 순우리말 가게의 비율이 14 : 3으로 날이 갈수록 외국말 가게가 순우리말 가게를 크게 압도하고 있는 현상도 확인됐다.

## 6.2. 남은 과제

가게 이름에 한글과 순우리말을 많이 사용하도록 모든 노력을 기울여야 되겠는데 그 방법은 여러 가지가 있을 것이다.

첫째, 우선 정부 당국이 나서서 순우리말과 한글 사용의 당위성을 적극적으로 홍보해야 한다. 문화관광부에서 「옥외 광고물 등 관리법 시행령」을 잘 만들어 놓고도 이 시행령을 엄격하게 적용하지 않고 있다. 「옥외 광고물 표기 지침」에 "옥외 광고물은 한글로 표기함을 원칙으로 하고, 표기할 때 제반 어문규범을 지켜야 하며 불필요한 외래어 표현은 우리말로 고쳐서 쓴다."라고 되어 있다. 이 지침을 철저히 시행만 해도 한글과 순우리말 가게가 증가할 것이다.

둘째, 가게를 운영하는 업자의 인식 변화가 필요하다. 물론 가게 운영자들은 한글로 된 순우리말이나 한글 가게 이름을 사용해서 매상이 더 많이 오른다면 누구나 그렇게 하겠지만 오히려 매상이 줄어든다면 한글과 우리말 가게 이름을 그리 좋아할 리가 없을 것이다. 애국심과 거리 및 환경 정화 차원에서 다 같이 함께 한글로 표현된 순우리말을 쓰도록 상인들 스스로 노력이 필요한 시점이다.

셋째, 순우리말과 한글의 중요성을 크게 홍보해야 한다. 홍보에 가장 효과적인 매체는 방송과 신문이다. 구법회(2003)는 '언론사는 외래어 만드는 공장인가?'라고 주장할 정도로 언론사는 많은 외래어를 생산해 내고 있으며, 심지어 신문기자 신향식(1996)은 '말과 행동이 따로 노는 신문·방송의 우리말 냉대'라는 기사를 써서 외래어 도입과 순우리말 죽이기에 앞장선 방송사와 신문사를 강하게 비판하고 있다. 그럼에도 불구하고 방송사와 신문사를 통해 순우리말과 한글을 홍보해야 하는 것은 언론의 힘이 현대사회에서 절대적이고 효과 또한 엄청나기 때문이다.

넷째, 지식인이나 교직에 있는 분들은 학교에서 또는 신문, 방송, 잡지 등 모든 매체를 통해서 학생과 국민에게 순우리말의 소중함과 한글의 우수함을 가르치고 이해시켜서 장래의 가게 운영자나 주인으로서 순우리말과 한글의 소중함을 갖게 해야 한다.

또 다른 과제로 가게 이름이 잘못 표기된 것 중에 외국말이 많고, 또한 8년이 지나도 고쳐지지 않고 있어 이것의 시정이 필요하다. 외국말의 잘못된 표기를 보면 '샵, 센타, 크럽, 쇼파, 칼라, 스넥, 돈까스, 타올, 쥬라기, 바게뜨' 등이 있는데, 이런 표기가 오히려 바른 표기가 아닌가 싶을 정도로 일반화되어 있다. 이것을 민현식(2001: 252)에 따라 바르게 고쳐 보면 숍, 센터, 클럽, 소파, 컬러, 스낵, 돈가스, 타월, 쥐라기, 바게트'가 된다. 이와 관련하여 고려해 보아야 할 사항이 있다. SBS라디오가 2007년 11월 28일 여론조사기관에 의뢰하여 중국외래어 '짜장면'과 '자장면'의 표기에 대한 여론조사를 실시했는데 '짜장면'을 써야 한다가 56.7%이고, '자장면'을 써야 한다가 25.6%의 응답이 나왔다. '자장면'이 현행 표준표기법이지만 '짜장면'을 다수의 국민이 인정하고 있다는 것이다. 다수의 국민이 사용한다고 다 올바르다고는 할 수가 없지만 외국말의 표기에는 좀 더 일반 대중이 사용하는 것을 반영하는 등 전향적인 조정이 필요한 시기라고 생각한다.

# 참고문헌


강식진. 1991. 최세진의 번역활동: 「새국어 생활」. 국립국어연구원. 서울.

강신항. 1990. 「훈민정음연구」. 성균관대학교 출판부. 서울.

공재석. 1979. 「한어음운학(漢語音韻學)역서」. 범한도서. 서울.

구법회. 2003. 언론사는 외래어 만드는 공장인가? 「한글새소식」. 375. 10 – 11.

국어연구소. 1986. 「외래어 표기 용례집」(인명, 지명편).

권재선. 2000. 특집: 유희 선생의 학문 연구. 「한힌샘 주시경 연구」. 13. 한글학
        회. 서울.

권종성. 1987. 「문자학 개요」. 과학 백과사전출판사. 평양.

김기성. 1991. 구자라트글자를 찾아서. 「한글새소식」. 225, 한글학회. 서울.

김민수. 1987. 「국어생활」. 9호. 국립국어연구원. 서울.

김병모. 1999. 「김수로 왕비의 혼인길」. 푸른숲. 서울.

김복문. 1996. 「한일 로마자 표기의 비교연구」. 무역출판사.

김석산, 김권호, 문양수, 박순함, 최익환. 1985. 「영어발달사」. 서울: 신아사.

김승일 옮김. 1996. 「세계의 문자」. 범우사. 서울.

김완진. 1996. 「음운과 문자」. 신구문화사. 서울.

김윤학 외. 1988. 「가게, 물건, 상호, 상품이름연구」. 과학사.

김인숙, 김석산. 1989. 「영어사」. 한국방송통신대학 출판부. 서울

김진우. 1988. 「언어」. 탑출판사. 서울.

김충배. 1978. 우리말 로마자 표기 문제. 「언어」. 3 – 2.

김형규. 1987. 「국어생활」. 9호. 국립국어연구원. 서울.

김혜숙. 1991. 간판언어가 국어생활에 미치는 영향 — 1990년 서울지역 조사를
        바탕으로. 「목멱어문」. 4. 동국대학교국어교육학과. 3 – 5.

남기심. 1973. 「대중언어고 — 가설적 정의와 그 개선을 위한 제언」. 계명대학
        교 도성서문화연구소. 249 – 260.

민병훈. 1995. 의사소통의 매개체 언어. 「전망」 10월호. 대륙연구소. 서울.

민현식. 2001. 간판어의 의미론. 「한국어의미학」. 9. 221 – 259.

박종국. 1976. 「훈민정음」. 정음사. 서울.

백응진. 1999. 「한국어 역사음운론」. 박이정. 서울.

서정수. 1998. 서구 외국말의 문제. 「국어생활」. 14. 국립국어연구원. 35 – 45.

서정욱. 1992. 「국어 정서법의 이론과 실제」. 문창사.

송기중. 1996. 국어의 로마자 표기법 사용 실태 조사 연구. 문체부 보고서

송현. 1989. 「한글을 옳게 쓰기」. 대원사.

신향식. 1996. 말과 행동 따로 노는 신문 방송의 우리말 냉대. 「한글새소식」. 280. 12 – 15.

심소희. 1996. 「한글 234호」. 한글학회. 서울.

심소희. 1999. 한글 – 중국어 병음체계의 연구. 「한글」. 245호. 한글학회. 서울.

유창균. 1984. 「국어학논고」. 계명대학교출판부.

이덕호. 1984. 「현대 언어학사」. 이비츠 저. 종로서적.

이명수. 1996. 「중국인과 에로스」. 서울: 지성사

이익섭. 1997. 로마자 표기법의 성격. 「새국어생활」. 7(2). 여름.

이태극. 1956. 거리의 한글표정. 「한글」. 119. 100 – 108.

이환묵. 1992. 전통문법의 전통: 희랍문법의 낱말범주. 「언어학과 인지」. 한국문화사. 680 – 707.

이희승. 1955. 우리국어의 실태, 「서울대문리대학보」. 3(2). 25 – 39.

일연. 「삼국유사」(옮김. 김영수). 일신서적출판사. 서울.

임환재. 1992. 「언어학사」. *Geschichte der neueren Sprachwissenschaft* by Gerhard Helbig. 경문사(역서). 서울.

정희원. 2004. 외래어의 개념과 범위. 「새국어생활」. 14(2). 1 – 10.

조두상. 2000. 외국말글 홍수 속에 우리말글의 위기. 「한글새소식」. 340. 8 – 11.

조성식. 1967. 영어시제형의 역사적 고찰. 「영어영문학」. 21. 한국영어영문학회 79.

최용기. 1993. 옥외광고물 표기 실태분석 및 전망. 「한글새소식」. 253. 8.

최일성. 1961. 상호(다방, 미장원)를 통해 본국어의 전망. 「국어국문학연구」. 25, 청구대학국어국문학회. 35 – 45.

최현배. 1961. 「고친 한글 갈」. 정음사. 서울.

허 웅. 1973. 「국어음운론」. 정음사. 서울.

허 웅. 1990. 「언어학: 그 대상과 방법」. 샘문화사. 서울.

홍기문. 1946. 「정음발달사(상. 하)」. 서울신문사. 서울.


Alexander, M. 1970. *The Earliest English Poems*. University of California Press.

*An Anglo –Saxon Dictionary*. 1973. Oxford: Oxford University Press.

*An Anglo −Saxon Dictionary*. 1980. Supplement by Alistair Campbell. Oxford: Oxford University Press.

Andrews, R. 2003. 「문자이야기」. 박재욱 옮김. 사계절. 서울.

Barber, C. 1997. *Early Modern English*. Edinburgh University Press.

Baugh, A. 1957. *A History of The English Language*. Appleton Century Crofts, INC.

Bloomfield, L. 1914. *An Introduction to the Study of Language*. Kessinger Publishing.

Bloomfield, L. 1933. *Language*. New York: Holt, Rinehart and Winstone, Inc.

Bursill −Hall, G. 1971. *Speculative Grammars of the Middle Ages*. The Hague: Mouton.

Carey, W. 1806. *A Grammar of the Sanskrit Language*. Composed from the Works of the Most Esteemed Grammarians. Serampore: Printed at the Mission Press.

Chomsky, N. 1957. *Syntactic Structures*. The Hague.

__________. 1965. *Aspects of the Theory of Syntax*. Cambridge: The MIT Press.

__________. 1966. *Cartesian Linguistics*. New York: Harper & Row.

__________. 1970. Remarks on Nominalization. In Jacobs, R and P. Rosenbaum. (eds.), *Readings in English Transformational Grammar*. Waltham, Mass: Ginn.

__________. 1973. Conditions on Transformations. In *Essays on Form and Interpretation*. Amsterdam: North −Holland.

__________. 1977. On Wh −Movement. In *Formal Syntax*. In Culicover, Wasow and Akmajian. (eds.), New York: Academic Press.

__________. 1981. *Lectures on Government and Binding*. Dordrecht: Foris.

__________. 1982. *Some Concepts and Consequences of the Theory of Government and Binding*. Cambridge: The MIT Press.

Covington, M. 1984. *Syntactic Theory in the High Middle Ages*. Cambridge: Cambridge University Press.

Crystal, D. 1988. *The English Language*. Middlesex: Harmondsworth.

Deroles, D. 1954. Runica Manuscripta. "De Tempel," Tempelhof 37, Brugge (Belegië).

Dickens, B. and Ross, A. 1954. *The Dream of the Rood*. Methuen & Co, LTD. London.

Dinneen, F. 1967. *An Introduction to General Linguistics*. New York: Holt, Rinehart and Winstone, Inc.

Driver, G. 1976. *Semitic Writing*. London: Oxford University Press.

Ellis, H. 1904. *Man and Woman*. London: Hurst and Blackett.

Essence Koran −English Dictionary. 1986. 민중서림. 서울.

Farmer, J. and W. Henley. 1965. *Slang and its Analogues Past and Present* (1983.rpt.). New York: Kraus.

Flexner, S. 1975. *Preface to the Dictionary of American Slang*. (eds.), Harold, W. and S. Flexner. 2nd ed. New York: Crowell.

Fry, P. 1972. Psychodynamics of Sexual Humor: Man's View of Sex. *Medical Aspects of Human Sexuality* 6, 128－34.

Funk, W. 1950. *Word Origins and Their Romantic Stories*. New York: Funk and Wagnalls.

Gaskin, R. 1902. *Cœdmon the First English Poet*. London: Society for Promoting Christian Knowledge.

Gordon, R. 1954. *Anglo－Saxon Poetry*. London J. M. Dent & Sons LTD.

Greenough, B and G. Kittredge. 1901. *Words and Their Ways in English Speech*. New York: Macmillan.

Greer, G. 1971. *The Female Eunuch*. New－York: McGraw－Hill.

Grotjahn, M. 1972. Sexuality and Humor. Don't Laugh!, *Psychology Today* 6, 51－53.

Hall, T. 1973. *The Silent language*. New York: Fawcett.

Harris, Z. 1951. *Methods in Structural Linguistics*. University of Chicago Press.

Humboldt, W. 1936/1949. *Über die Verschiedenheit des menschlichen Sprachbaus und ihren Einfluss auf die geistige Entwicklung des Menschengeschlechts*. Darmstadt: Claassen & Roether.

Hyman, L. 1975. *Phonology*. New York: Holt, Rinehart, and Winston, Inc.

Jackendoff, R. 1977. *X－Bar Syntax: A Study of Phrase Structure*. Cambridge: The MIT Press.

Jakobson, R. and M. Halle. 1956. *Fundamentals of Language*. The Hague: Mouton.

Jespersen, O. 1905. *Growth and Structure of the English Language*.

Jespersen, O. 1922. *Language: Its Nature, Development and Origin*. London: Allen & Unwin.

Jespersen, O. 1954. *Growth and Structure of the English Language*. Oxford: Basil Blackwell.

Katz, J. and J. Fodor. 1963. The Structure of a Semantic Theory. *Language* 39. 170－210.

Katz, J. and P. Postal. 1964. *An Integrated Theory of Linguistic Descriptions*. Cambridge: The MIT Press.

KBS. 1983. <신왕오천축국전>. KBS, 서울.

Kennedy, C. 1952. *Early English Christian Poetry*. London, Hollis & Carter.

Key, R. 1972. Linguistic Behavior of Male and Female. *Linguistics* 88. 15－31.

Lakoff, R. 1973. Language and Woman's Place. *Language in Society* 2, 45 – 80.

Lancelot, C and A. Arnauld. 1660. *Grammaire Generale et Raisonne*. Paris: Pierre le Petit.

Lawrence, B. 1974. Dirty Words *can* Harm You. *Redbook* 143, 33.

Legman. G. 1968. *Rationale of the Dirty Joke: An Analysis of Sexual Humor*. New York: Grove Press.

MacDougald, D. 1961. Language and Sex. In Albert Ellis and Albert Abarbanel (eds.), *The Encyclopedia of Sexual Behavior*. Vol. II. 594. London: Hawthorne Books.

Mason, W. 1928. *A History of the Art of Writing*. New York: The Macmillan Company.

Mencken, H. 1936. *The American Language*, 4th ed. New York: Knopf.

Middle English Dictionary by Francis Henry Stratmann. 1978. Oxford University Press.

Miller, C. And K. Swift. 1972. De – sexing the English Language. *Ms* 1, 36.

Moore, S. and T. Knott. 1967. *The Elements of Old English*. Ann Arbor, Michigan.

Murray, J. 1973. Male Perspective in Language. *Women: A Journal of Liberation* 3(2), 46 – 50.

New Ace English – Korean Dictionary. 1990. 금정 교과서. 서울.

New World English – Korean Desk Dictionary. 1982. 시사영어사. 서울.

Nicholson, L. 1975. *Anglo – Saxon Poetry: Essays in Appreciation*. Notre Dame: University of Notre Dame Press.

Nielsen, H. 1985. Tendencies in the Evolution of the Modern English Irregular Verbs. *JEngL* 18.1.

Nilsen, P. 1972. Sexism in English: A Feminist View. In Nancy Hoffman, Clynthia Secor, and Adrian Tinsley. (eds.), *Female Studies VI*. Old Westbury. New York: The Feminist Press.

Nilsen, P. 1973. The Correlation Between Gender and Other Semantic Features in American English. Paper presented at *Linguistic Society of America Meetings*.

Onions, T. 1966. *Oxford Dictionary of English etymology*. Oxford: Clarendon Press.

Oxford Advanced Learner's Dictionary of Current English. 1981. 범문사. 서울.

Parsons, C. 1913. *The Old – Fashioned Woman: Primitive Fancies about the Sex*. New York: G.P. Putnam's Sons.

Peabody, P. 1867. *Conversation: Its faults and Graces*. Boston: James Munroe.

Pei, M. 1969. *Words in Sheep's Clothing*. New York: Hawthorn.

Pinborg, J. 1975. Classical Antiquity: Greece. In Sebeok. T. (ed.), *Current Trends in Linguistics* 13, 69 – 126.

Pyles, T. and J. Algeo. 1982. *The Origins and Development of the English Language*. New

York: Harcourt Brace Jovanovich IVC.

Reik, T. 1954. Men and Women Speak Different Language. *Psycho −analysis* 2(4), 3 − 15.

Reinhart, T. 1976. *The Syntactic Domain of Anaphora*. Ph. D. Dissertation, MIT.

Robins, R. 1992. *A Short History of Linguistics*. Longman: London and New York.

Sampson, G. 1985. *Writing System*. Stanford: Stanford University Press.

Saussure, F. 1916. *Course in General Linguistics*. Translated by Roy Harris. London: Duckworth. 1971.

Schulz, R. 1975. The Semantic Derogation of Woman. In Thorne, B. and N. Henley. (eds.), *Language and Sex: Difference and Dominance*. Rowley, Mass.: Newbury House.

Shippey, T. 1976. *Poem of Wisdom and Learning in Old English*, D. S. Brewer Ltd. Cambridge.

Skeat, W. 1910. *An Etymological Dictionary of the English Language*. 4th (ed.), Oxford: Clarendon Press.

Skinner, B. 1957. *Verbal Behavior*. New York: Appleton Century Crofts.

Skinner, S. 1989. *Gazophylacium Anglicanum: Containing the Derivation of English Words, Proper and Common*. London.

Standard English − Korean Dictionary. 1976. 성문각, 서울.

Stanley, P. 1972. Paradigmatic Woman: The Prostitute. Paper presented, in briefer versions, at South Atlantic Modern Language Assoc. American Dialect Society. 1972; and *Linguistic Society of America*, 1973.

Stanley, P. 1977. Paradigmatic Woman: the Prostitute. In Shores, D. and C, Hines (eds.), *Papers in Language Variation*. Birmingham: University of Alabama Press.

Strainchamps, E. 1971. Our Sexist Language. In Vivian Gornick and Barbara K. Moran. (eds.), *Woman in Sexist Society*. New York: Basic Books. 240 − 250.

Taylor, I. 1899. *The History of the Alphabet*, Charles Scribner's Sons. New York.

Taylor, G. 1975. *The Student's Gujarati Grammar*. Rajratan Press, Ahmedabad.

*The Advanced Learner' Dictionary of Current English*(second edition). 1963. Oxford: Oxford University Press.

Trubetzkoy, N. 1939. *Principles of Phonology*. Translated by Baitaxe, C. University of California Press. Berkeley. 1969.

Tucker, I. 1967. *Protean Shape: A Study in Eighteenth −Century Vocabulary and Usage*. London: University of London: the Athlone Press.

Ullman, B. 1989. *Ancient Writing and Its Influence*. USA: Medieval Academy of America.

Ullman, S. 1967. *Semantics: An Introduction to the Science of Meaning*. New York: Barnes & Noble.

Verstegan, R. 1605. *A Restitution of Decayed Intelligence: in Antiguities. Concerning the Most Noble and Renowned English Nation*. 325. Antwerp: Richard Verstegan Scolar Press.

Vyas, K. 1978. *Linguistics*. N.M. Tripathi pvt. Ltd.

Weseen, H. 1928. *Crewell's Dictionary of English Grammar and Handbook of American Usage*. New York: Crowell.

Wilkin, C. 1808. *A Grammar of the Sanskrit Language*. New Delhi, India.

# 찾아보기

변화사(variable word) ■ 54
병렬 구문(partaxi) ■ 276
병아리 비유법(chicken metaphor) ■ 293
보고문(report) ■ 24
보충어(complement) ■ 188
보충적 교체형(suppletive alternant) ■ 141
보편 문법(Universal Grammar) ■ 69, 86, 184
보편적(universal) ■ 151
보한재집(保閑齋集) ■ 372
복수 형태소(plural morpheme) ■ 143
복수(plural) ■ 46
복수형(plural form) ■ 141
복합 음소(compound phoneme) ■ 140
복합 형태(complex form) ■ 143
복합동사 ■ 299, 302, 305, 341
복합형(complex 혹은 compound form) ■ 25, 46
본질적 의미 양상(modi significandi essentiales) ■ 71
부견(符堅) ■ 358
부류 의미(class meaning) ■ 35
부정법(infinitive) ■ 40, 46
부정어(negation) ■ 167
분산성(diffuse) ■ 166
분절음(segment) ■ 164
분포(distribution) ■ 132, 135, 136, 142
불변적 대립(constant opposition) ■ 163
불변화사(invariable word) ■ 54, 78
불연속성(discontinuity) ■ 139
불완전성(incompleted action) ■ 41
비결합적 표현(uncombined expression) ■ 35
비교(comparison) ■ 54
비교급(comparative) ■ 45
비교언어학 ■ 88, 89, 90, 95, 96, 100, 101, 103, 106, 112, 113, 120, 123, 127, 148, 154
비례적 대립(proportional opposition) ■ 162

비모음성(nonvocalic) ■ 166
비블로스(Biblos) ■ 200, 226
비생산적인(unproductive) ■ 56
비억제성(unchecked) ■ 167
비예음조성(nonsharp) ■ 167
비원순 저모음(low unrounded vowel) ■ 165
비유법(metaphor) ■ 290
비음성(nasal) ■ 166
비음화(nasalization) ■ 93
비자음성(nonconsonantal) ■ 166
비잔틴파 ■ 206
비조음적 음성(vox inarticulata) ■ 60
비중의적 표현(univocal expression) ■ 35
비지속성(discontinuant) ■ 167
비한정 대명사(indefinite pronoun) ■ 59
비황(譬況) ■ 358
빠롤(parole) ■ 57, 150, 174
뾰족체(pointed hand) ■ 214

## (ㅅ)

사각체대문자(square capital) ■ 212
사격 명사(oblique case noun) ■ 73
사격(oblique Case) ■ 34, 39, 61, 187
사변 문법(speculative grammar) ■ 68
사변 문법가(speculative grammarian) ■ 83
사성 ■ 371
사성(四聖) ■ 357
사어(dead language) ■ 151
사전 편찬 작업(lexicographical work) ■ 66
삼단논법 규칙(syllogistic rule) ■ 27
상(aspect) ■ 36, 55
상보적 분포(complementary distribution) ■ 133, 142
상음조성(plain) ■ 167
상징(symbol) ■ 31, 38
상태 도표(state diagram) ■ 168
상태(state) ■ 31, 34, 149
상형문자 ■ 392

조두상

부산대학교 영어영문학과 졸업
고려대학교 대학원 영어영문학과 석·박사
동아대학교 영어영문과 조교수
부산대학교 영어영문과 교수
부산대학교 언어정보학과 교수
영국 Glasgow 대학교 Honorary Research Fellow
부산대학교 인문대학 학장
부산대학교 부대 신문사 주간
부산대학교 언어교육원 원장
현) 부산대학교 인문대학 언어정보학과 명예교수


『문법이론과 문체』
『문자학』
『영어의 역사를 알면 영어가 보인다』(2007년도 문화관광부 우수학술도서선정)
『쐐기문자에서 훈민정음까지』
『영문법의 이해와 문체』(2009년도 문화관광부 우수학술도서선정)
『영어사』(Otto Jespersen, The Growth and Structure of English Language)
『영어알파벳의 형성과 그 영향』(B.L Ullman, Ancient Writing and its Influence)
「세종임금이 훈민정음 창제 때 참고한 문자 연구」(2001)
「현대영어동사변화의 통시적 연구 관찰」(2003)
「영어철자형성에 관한 연구」(2006)
「영어철자의 원천에 관한 연구」(2007)
「가게이름의 글자 및 언어사용실태와 문제점」(2008)
외 다수

권연진 —————————————————————————

부산대학교 영어영문학과 졸업
부산대학교 대학원 영어영문학과 석사
미국 University of Florida 대학원 언어학과 박사
현) 부산대학교 언어정보학과 교수

『영어문법론』(공저, 2010년도 문화관광부 우수학술도서 선정)
『자율어휘통사론』(공역, Jerrold Sadock, Autolexical Syntax)
『현대언어학의 흐름』(Geoffrey Sampson, Schools of Linguistics)
「Universal Grammar: A Historical Perspective」(2007)
「인지언어학적 관점에서 본 공간 전치사 over의 다의성」(2008)
「A Study on Teaching Activities for Collocations in English」(2009)
「The Polysemy of the Motion Verbs *go* and *come*」(2010)
외 다수

# 언어학사와
# 언어학의 제 문제

**초판인쇄** | 2010년 11월 9일
**초판발행** | 2010년 11월 9일

**지 은 이** | 조두상, 권연진
**펴 낸 이** | 채종준
**펴 낸 곳** | 한국학술정보㈜
**주　　소** | 경기도 파주시 교하읍 문발리 파주출판문화정보산업단지 513-5
**전　　화** | 031) 908-3181(대표)
**팩　　스** | 031) 908-3189
**홈페이지** | http://ebook.kstudy.com
**E-mail** | 출판사업부　publish@kstudy.com
**등　　록** | 제일산-115호(2000. 6. 19)

ISBN　　978-89-268-1622-6 93740 (Paper Book)
　　　　　978-89-268-1623-3 98740 (e-Book)

내일을여는지식 은 시대와 시대의 지식을 이어 갑니다.